桜丘高等学校

〈収録内容〉

■ 2024年度入試の問題・解答解説・解答用紙・「合否の鍵はこの問題だ!!」、2024年度入試受験用の「出題傾向の分析と合格への対策」は、弊社HP の商品ページにて公開いたします。
■ 平成30年度は、弊社ホームページで公開しております。
本ページの下方に掲載しておりますQRコードよりアクセスし、データをダウンロードしてご利用ください。

2024 年度 ……………………… 2024 年 10 月 弊社 HP にて公開予定
※著作権上の都合により、掲載できない内容が生じることがあります。

2023 年度 ……………………… 一般（数・英・理・社・国）

2022 年度 ……………………… 一般（数・英・理・社・国）

2021 年度 ……………………… 一般（数・英・理・社・国）

2020 年度 ……………………… 一般（数・英・理・社・国）

2019 年度 ……………………… 一般（数・英・理・社・国）

平成 30 年度 ……………………… 一般（数・英・

解答用紙データ配信ページへスマホでアクセス！ ⇒

※データのダウンロードは 2024 年 3 月末日まで。
※データへのアクセスには、右記のパスワードの入力が必要となります。 ⇒ 672935

〈合格最低点〉

※学校からの合格最低点の発表はありません。

本書の特長

実戦力がつく入試過去問題集

- 問題 …………… 実際の入試問題を見やすく再編集。
- 解答用紙 …… 実戦対応仕様で収録。
- 解答解説 …… 詳しくわかりやすい解説には、難易度の目安がわかる「基本・重要・やや難」の分類マークつき（下記参照）。各科末尾には合格へと導く「ワンポイントアドバイス」を配置。採点に便利な配点つき。

入試に役立つ分類マーク

基本 確実な得点源！
受験生の 90％以上が正解できるような基礎的、かつ平易な問題。
何度もくり返して学習し、ケアレスミスも防げるようにしておこう。

重要 受験生なら何としても正解したい！
入試では典型的な問題で、長年にわたり、多くの学校でよく出題される問題。
各単元の内容理解を深めるのにも役立てよう。

やや難 これが解ければ合格に近づく！
受験生にとっては、かなり手ごたえのある問題。
合格者の正解率が低い場合もあるので、あきらめずにじっくりと取り組んでみよう。

合格への対策、実力錬成のための内容が充実

- 各科目の出題傾向の分析、合否を分けた問題の確認で、入試対策を強化！
- その他、学校紹介、過去問の効果的な使い方など、学習意欲を高める要素が満載！

解答用紙ダウンロード 解答用紙はプリントアウトしてご利用いただけます。弊社ＨＰの商品詳細ページよりダウンロードしてください。トビラのＱＲコードからアクセス可。

UD FONT 見やすく読みまちがえにくいユニバーサルデザインフォントを採用しています。

桜丘高等学校

▶交通　**交通「豊橋駅」自転車15分**
市電「競輪場前」徒歩15分
豊鉄バス「桜丘中学・高校前」,
旧道の牛川バス停，スクールバス

〒440-8516　豊橋市南牛川二丁目１-11
☎0532-61-6421

特　色

1　一人ひとりの個性を伸ばす
2　学ぶ喜びを体感させる
3　部活動・自主活動を大切にする
4　世界を視野に入れる
5　生徒から学ぶ
6　人生をともに考える

教育課程

●普通科普通コース

充実したキャリア教育により，地元私大への進学や有力企業への就職を目指す。日々の学習では，定期テストに加えて，学力診断テストを行い，その結果を分析して学習・進路指導に有効活用している。また，職業人の体験講座や企業見学，提携校である愛知大学での特別キャンパス体験に参加することにより，職業理解・進学理解を深めることができる。

●普通科英数コース

少人数グレード別７時間授業により，国公立大・難関私大，医歯薬系大への進学を目指す。英語の授業は３年生で最大週13時間。放課後の学習は自由に選択でき，部活動後も自主学習に参加することもできる。個別の学習指導や進路相談等の学習サポートにより，毎年現役進学率90％以上を維持している。

●音楽科

音楽に関する専門的な指導のもとに，音楽家・演奏家として活躍するために必要な専門技能の伸長を図る。到達段階に応じた個別指導や少人数で学習する専門科目，実技に専念できる充実の設備により，高い芸術性を育むことができる。

●普通科一貫コース

桜丘学園中高一貫コースの高等部。帰国子女入試および編入制度を設置している。自ら問題を発見し協同して解決策を考え発信する「探求型」の学習に取り組んでいる。

部活動

●運動部

陸上，弓道，柔道，剣道，サッカー，バレーボール，ハンドボール，バスケットボール，硬式野球，卓球，バドミントン，硬式テニス，自転車，チアリーダー，軟式野球，ダンス，ゴルフ，日本拳法

●文化部

美術，演劇，吹奏楽，料理，和太鼓，生物，地域活動，アニメーション，生徒フェス

●同好会

ＥＳＳ，平和，学習クラブ

年間行事

４月／入学式，個人面談，朝倉川清掃活動

５月／進路ガイダンス

６月／修学旅行（普通・音楽科２年）

７月／サマーセミナー，夏季補習，クラスマッチ

８月／海外研修旅行ニュージーランド，桜丘文化展

10月／体育祭，学園祭

11月／中国語弁論大会

12月／クラスマッチ，クリスマス会

１月／音楽科卒業演奏会

２月／卒業式，オーストラリア語学研修（中高一貫コース）

３月／海外研修旅行・中国，芸術祭，吹奏楽部定期演奏会

進　路

●主な合格実績

愛知大，浜松医科大（医），広島大，名古屋工業大，金沢大，東京大，東京工業大，静岡大，愛知教育大，豊橋技術科学大，名古屋大，京都大，大阪大，山口大，長崎大，早稲田大，青山学院大，上智大，中央大，立命館大，東京女子大，東京理科大，日本大，法政大，明治大，立教大，同志社大，関西学院大，近畿大，関西大，豊橋市立看護専門学校，東三河看護専門学校，名古屋医健スポーツ専門学校，トヨタ名古屋自動車大学校，日産自動車大学校，ＨＡＬ名古屋

●主な就職先

蒲郡信用金庫，豊川信用金庫，豊橋商工信用組合，豊橋信用金庫，日本郵便（株），アイシン・エィ・ダブリュ（株），（株）デンソー，（株）ジェイテクト，三菱ケミカル（株），（株）ジェイアール東海ホテルズ，スズキ（株），有楽製菓（株），日本車輌製造（株），ALSOK 愛知（株），横浜ゴム（株），（株）ラグーナテンボス，（株）ヴィ・ド・フランス，日東電工（株），愛知県警察，自衛隊

◎2023年度入試状況◎

学　科	普　通		音　楽
	普通コース	英数コース	
募集数	560		35
応募者数	2,105		5
受験者数	2,105		5
合格者数	非公表		

過去問の効果的な使い方

① **はじめに**　入学試験対策に的を絞った学習をする場合に効果的に活用したいのが「過去問」です。なぜならば，志望校別の出題傾向や出題構成，出題数などを知ることによって学習計画が立てやすくなるからです。入学試験に合格するという目的を達成するためには，各教科ともに「何を」「いつまでに」やるかを決めて計画的に学習することが必要です。目標を定めて効率よく学習を進めるために過去問を大いに活用してください。また，塾に通われていたり，家庭教師のもとで学習されていたりする場合は，それぞれのカリキュラムによって，どの段階で，どのように過去問を活用するのかが異なるので，その先生方の指示にしたがって「過去問」を活用してください。

② **目的**　過去問学習の目的は，言うまでもなく，志望校に合格することです。どのような分野の問題が出題されているか，どのレベルか，出題の数は多めか，といった概要をまず把握し，それを基に学習計画を立ててください。また，近年の出題傾向を把握することによって，入学試験に対する自分なりの感触をつかむこともできます。

過去問に取り組むことで，実際の試験をイメージすることもできます。制限時間内にどの程度までできるか，今の段階でどのくらいの得点を得られるかということも確かめられます。それによって必要な学習量も見えてきますし，過去問に取り組む体験は試験当日の緊張を和らげることにも役立つでしょう。

③ **開始時期**　過去問への取り組みは，全分野の学習に目安のつく時期，つまり，9月以降に始めるのが一般的です。しかし，全体的な傾向をつかみたい場合や，学習進度が早くて，夏前におおよその学習を終えている場合には，7月，8月頃から始めてもかまいません。もちろん，受験間際に模擬テストのつもりでやってみるのもよいでしょう。ただ，どの時期に行うにせよ，取り組むときには，集中的に徹底して取り組むようにしましょう。

④ **活用法**　各年度の入試問題を全問マスターしようと思う必要はありません。できる限り多くの問題にあたって自信をつけることは必要ですが，重要なのは，志望校に合格するためには，どの問題が解けなければいけないのかを知ることです。問題を制限時間内にやってみる。解答で答え合わせをしてみる。間違えたりできなかったりしたところについては，解説をじっくり読んでみる。そうすることによって，本校の入試問題に取り組むことが今の自分にとって適当かどうかが，はっきりします。出題傾向を研究し，合否のポイントとなる重要な部分を見極めて，入学試験に必要な力を効率よく身につけてください。

数学

各都道府県の公立高校の入学試験問題は，中学数学のすべての分野から幅広く出題されます。内容的にも，基本的・典型的なものから思考力・応用力を必要とするものまでバランスよく構成されています。私立・国立高校では，中学数学のすべての分野から出題されることには変わりはありませんが，出題形式，難易度などに差があり，また，年度によっての出題分野の偏りもあります。公立高校を含め，ほとんどの学校で，前半は広い範囲からの基本的な小問群，後半はあるテーマに沿っての数問の小問を集めた大問という形での出題となっています。

まずは，単年度の問題を制限時間内にやってみてください。その後で，解答の答え合わせ，解説での研究に時間をかけて取り組んでください。前半の小問群，後半の大問の一部を合わせて50％以上の正解が得られそうなら多年度のものにも順次挑戦してみるとよいでしょう。

英語

英語の志望校対策としては，まず志望校の出題形式をしっかり把握しておくことが重要です。英語の問題は，大きく分けて，リスニング，発音・アクセント，文法，読解，英作文の5種類に分けられます。リスニング問題の有無(出題されるならば，どのような形式で出題されるか)，発音・アクセント問題の形式，文法問題の形式(語句補充，語句整序，正誤問題など)，英作文の有無(出題されるならば，和文英訳か，条件作文か，自由作文か）など，細かく具体的につかみましょう。読解問題では，物語文，エッセイ，論理的な文章，会話文などのジャンルのほかに，文章の長さも知っておきましょう。また，読解問題でも，文法を問う問題が多いか，内容を問う問題が多く出題されるか，といった傾向をおさえておくことも重要です。志望校で出題される問題の形式に慣れておけば，本番ですんなり問題に対応することができますし，読解問題で出題される文章の内容や量をつかんでおけば，読解問題対策の勉強として，どのような読解問題を多くこなせばよいかの指針になります。

最後に，英語の入試問題では，なんと言っても読解問題でどれだけ得点できるかが最大のポイントとなります。初めて見る長い文章をすらすらと読み解くのはたいへんなことですが，そのような力を身につけるには，リスニングも含めて，総合的に英語に慣れていくことが必要です。「急がば回れ」ということわざの通り，志望校対策を進める一方で，英語という言語の基本的な学習を地道に続けることも忘れないでください。

国語

国語は，出題文の種類，解答形式をまず確認しましょう。論理的な文章と文学的な文章のどちらが中心となっているか，あるいは，どちらも同じ比重で出題されているか，韻文(和歌・短歌・俳句・詩・漢詩)は出題されているか，独立問題として古文の出題はあるか，といった，文章の種類を確認し，学習の方向性を決めましょう。また，解答形式は，記号選択のみか，記述解答はどの程度あるか，記述は書き抜き程度か，要約や説明はあるか，といった点を確認し，記述力重視の傾向にある場合は，文章力に磨きをかけることを意識するとよいでしょう。さらに，知識問題はどの程度出題されているか，語句(ことわざ・慣用句など)，文法，文学史など，特に出題頻度の高い分野はないか，といったことを確認しましょう。出題頻度の高い分野については，集中的に学習することが必要です。読解問題の出題傾向については，脱語補充問題が多い，書き抜きで解答する言い換えの問題が多い，自分の言葉で説明する問題が多い，選択肢がよく練られている，といった傾向を把握したうえで，これらを意識して取り組むと解答力を高めることができます。「漢字」「語句・文法」「文学史」「現代文の読解問題」「古文」「韻文」と，出題ジャンルを分類して取り組むとよいでしょう。毎年出題されているジャンルがあるとわかった場合は，必ず正解できる力をつけられるよう意識して取り組み，得点力を高めましょう。

数学

出題傾向の分析と 合格への対策

●出題傾向と内容

本年度の出題数は，大問3題，小問数にして18題と例年通りであった。①が広い範囲からの12題の小問で，②，③が各3題の小問で構成される大問である。

①は，数・式の計算，因数分解，平方根，方程式の応用問題，関数，確率，図形などの基本的な問題，②は関数・グラフと図形の融合問題，③は相似な図形の辺の長さや面積の比の問題で，いずれも基本的かつ重要な考え方について出題されている。また，大問は前の問題がヒントになる誘導形式となっている。

問題数がやや多く，難しいものも混じるので，手掛けられるものから仕上げていくとよい。

✔学習のポイント

問題の難易度にかかわらず，基礎力が肝要。教科書の説明や例題，まとめなどをしっかりやっておこう。

●2024年度の予想と対策

来年度も，中学数学の全範囲から小問数にして18題程度が出題されるだろう。前半に基本的・典型的な問題を含む12題の小問が配置され，誘導形式を取り入れた大問が2題出題されるという形も例年通りであると予想される。

小問群の中にもやや工夫を要するものが混じるだろうし，②以降の大問のなかには一筋縄ではいかないものが出題されることもある。難しい問題ほど基本をしっかり身につけておくことが大切である。教科書の例題やまとめ，基本定理などを復習し，章末問題などがすべて解ける力をつけておきたい。その後で，標準レベルの問題集で応用力，思考力を磨くとよいだろう。

▼年度別出題内容分類表 ……

出題内容			2019年	2020年	2021年	2022年	2023年
数と式		数の性質	○				○
		数・式の計算	○	○	○	○	○
		因数分解	○	○	○		○
		平方根	○	○	○	○	
方程式・不等式		一次方程式		○	○	○	○
		二次方程式	○	○	○	○	○
		不等式					
		方程式・不等式の応用	○	○	○	○	○
関数		一次関数	○	○	○	○	○
		二乗に比例する関数	○	○	○	○	○
		比例関数					○
		関数とグラフ	○	○	○	○	○
		グラフの作成					
図形	平面図形	角度	○	○	○	○	○
		合同・相似	○	○	○	○	○
		三平方の定理					
		円の性質		○		○	○
	空間図形	合同・相似					
		三平方の定理					
		切断					○
	計量	長さ		○	○	○	
		面積	○	○	○	○	○
		体積		○			○
		証明					
		作図					
		動点					
統計		場合の数		○			
		確率	○		○	○	○
		統計・標本調査					
融合問題		図形と関数・グラフ	○	○	○	○	○
		図形と確率					
		関数・グラフと確率					
		その他					
その他							

桜丘高等学校

英語

出題傾向の分析と 合格への対策

●出題傾向と内容

本年度は，リスニング問題，語句補充問題，会話文補充問題，メール文読解問題，長文読解問題の計5題が出題された。

リスニング問題は，写真の内容を最もよく表している文を選ぶ問題と，会話文・ナレーションを聞いて後の質問に答える問題だった。

長文読解問題は，例年メール文が1題出題されている。もう1題の長文読解は，物語文だった。設問は内容理解を問うものが中心で，細部まで正確に読み取る必要がある。

語句補充問題，会話文補充問題は，中学で学習する基本的な内容を問うものなので，確実に正解したい。

学習のポイント

長文問題では，英問英答問題を重点的に練習しよう。文法問題は基本を完璧にしよう。

●2024年度の予想と対策

ここ数年，一定の出題形式が続いているので，来年度も本年度同様の構成になることが予想される。

リスニング対策には，CDやインターネットを利用し，短い会話・スピーチの聞き取り練習をしよう。

文法問題は基本問題集を使い，入試頻出の典型的問題を確実に解けるようにしよう。

本校の長文読解問題には，例年メール文が出題されているので，必ず事前に練習しておこう。また，総合問題形式(文法・内容理解など，様々な問いを含む形式)の長文読解練習を充分行おう。

▼年度別出題内容分類表 ……

	出題内容	2019年	2020年	2021年	2022年	2023年
話し方・聞き方	単語の発音					
	アクセント					
	くぎり・強勢・抑揚					
	聞き取り・書き取り	○	○	○	○	○
語い	単語・熟語・慣用句	○	○	○	○	○
	同意語・反意語					
	同音異義語					
読解	英文和訳(記述・選択)					
	内容吟味	○	○	○	○	○
	要旨把握	○	○			
	語句解釈		○	○	○	○
	語句補充・選択	○	○	○	○	○
	段落・文整序		○		○	○
	指示語	○		○		
	会話文	○			○	○
文法・作文	和文英訳					
	語句補充・選択	○	○	○	○	○
	語句整序	○				
	正誤問題					
	言い換え・書き換え					
	英問英答	○	○	○		
	自由・条件英作文					
文法事項	間接疑問文		○			
	進行形		○			
	助動詞		○	○		
	付加疑問文					
	感嘆文		○			
	不定詞		○	○	○	
	分詞・動名詞		○	○	○	○
	比較		○		○	
	受動態		○			
	現在完了		○	○		
	前置詞		○	○	○	○
	接続詞		○	○		
	関係代名詞	○	○		○	○

桜丘高等学校

理科

出題傾向の分析と 合格への対策

●出題傾向と内容

問題は小問が20題で，すべてマークシート式である。試験時間は30分で，問題量は適量であるが，いくつかの小問の組み合わせ解答が多いので，見た目より分量は多い。時間配分には注意したい。

多くは文選択であり，語句選択，数値選択，図選択も出題される。文選択では，1つ1つの選択肢が長く，総合的な理解を問う形である。数量に関する問題は，基本的な法則や公式の理解を問う計算問題のほか，問題の図表から読み解く問題も多い。

✔学習のポイント

図，グラフ，表などを読み取る力が求められている。理科全般の知識が必要である。

●2024年度の予想と対策

教科書を中心とした学習を行うこと。各分野から偏りなく出題されるので，苦手分野を作らないことが大切である。

問題のレベルは標準的であり，出題も典型的なパターンのものが多いので，学校で使用する問題集などをしっかりと演習するとよいだろう。

図やグラフを読み解く問題も多く，練習問題でそのような形式のものに慣れていきたい。

計算問題は基礎的なものが多く，標準レベルの問題集で繰り返し練習しておくとよい。

小問を組み合わせて，すべて正解しないと得点にならない問題が多い。正確な知識が重要である。

▼年度別出題内容分類表 ……

	出題内容	2019年	2020年	2021年	2022年	2023年
第一分野	物質とその変化	○	○	○		○
	気体の発生とその性質	○	○	○		
	光と音の性質	○		○	○	○
	熱と温度				○	
	力・圧力		○	○	○	
	化学変化と質量				○	○
	原子と分子		○	○		
	電流と電圧	○	○	○		○
	電力と熱	○	○	○		
	溶液とその性質	○		○		
	電気分解とイオン	○			○	○
	酸とアルカリ・中和	○		○		○
	仕事		○	○		
	磁界とその変化			○	○	
	運動とエネルギー	○			○	○
	その他				○	○
第二分野	植物の種類とその生活			○		○
	動物の種類とその生活	○		○		
	植物の体のしくみ	○	○	○	○	
	動物の体のしくみ					○
	ヒトの体のしくみ	○	○	○		○
	生殖と遺伝	○	○		○	
	生物の類縁関係と進化			○	○	
	生物どうしのつながり	○	○			
	地球と太陽系					○
	天気の変化	○	○	○	○	○
	地層と岩石	○	○	○	○	○
	大地の動き・地震	○	○	○	○	
	その他					○

桜丘高等学校

社会

出題傾向の分析と合格への対策

●出題傾向と内容

本年度は大問が9題で，地理が3題，歴史が1題，公民が5題だった。小問数は，地理が9問，歴史が8問，公民が6問で，すべてマークシート方式である。

出題された内容として，日本地理は地形図の読み取りや世界遺産，各地の気候や産業が出題され，世界地理はオーストラリアに関する問題や日本の輸入の問題が出題された。歴史は世界史が1問だけ出されたもののその他は日本史で，古代から現代まで幅広く出題された。公民は日本国憲法や政治，経済について出題された。また，近年よく使われる時事的な用語についても問われた。

✔学習のポイント

地理：地形図の読み取りを特に練習する。
歴史：図版，写真にも目を通しておく。
公民：時事的用語を日ごろからチェック。

●2024年度の予想と対策

大問数，出題の順番に変動があるかもしれないが，小問数や解答形式は変わらないと思われる。試験時間の割に問題数が多いので，てきぱき解く練習を意識的に行っていきたい。

地理は地形図の読み取りが今年も出ると思われる。時間がかかりがちなのでいったん飛ばした上で，あとでじっくり解くとよい。

歴史は世界史よりも日本史の割合が高い。原始～現代までの政治史，文化史の基本を押さえておけば得点源となるだろう。

公民は，憲法や政治の問題に加え，経済や国際系の問題も多く出題されそう。時事的な問題も頻出なので，日ごろから意識しておこう。

▼年度別出題内容分類表 ……

出題内容			2019年	2020年	2021年	2022年	2023年
地理的分野	（日本）	地形図	○	○	○	○	○
		地形・気候・人口		○	○	○	○
		諸地域の特色			○	○	
		産業		○	○	○	○
		交通・貿易					○
	（世界）	人々の生活と環境					
		地形・気候・人口	○		○	○	○
		諸地域の特色	○	○			○
		産業					
		交通・貿易					
	地理総合						
歴史的分野	（日本史）	各時代の特色					
		政治・外交史	○	○	○	○	○
		社会・経済史	○	○	○	○	○
		文化史					○
		日本史総合					
	（世界史）	政治・社会・経済史	○	○	○	○	○
		文化史					
		世界史総合					
	日本史と世界史の関連		○	○	○	○	
	歴史総合						
公民的分野	家族と社会生活				○		
	経済生活		○	○		○	○
	日本経済			○			
	憲法（日本）			○	○	○	○
	政治のしくみ		○	○	○	○	○
	国際経済						
	国際政治					○	○
	その他		○	○	○	○	○
	公民総合						
各分野総合問題							

桜丘高等学校

国語

出題傾向の分析と合格への対策

●出題傾向と内容

本年度も，現代文の読解問題が2題，国語の知識に関する問題が3題の計5題という大問構成になっている。

現代文の読解問題では，随筆と論説文が採用されており，脱語補充による文脈把握や，内容の的確な読み取りが問われている。漢字の読み書きや語句の意味なども大問に含まれる形で出題されている。

国語の知識問題では，本年度は品詞の区別，故事成語・表現技法という幅広い内容が出題された。

解答形式は，すべて記号選択式となっており，記述力は要求されていない。

学習のポイント

漢字の問題数が比較的多い。記号選択式ではあるが，普段から書く練習をしておくことで，迷わず選べるようになる。

●2024年度の予想と対策

今後も，本年度のような読解問題の大問2題と知識問題という構成が続くと予想される。

論説文の読解問題では，語句の意味をとらえた上で，文脈を追い，筆者の主張を読み取ることが必要。長めのコラムやいろいろな文章に触れ，話題に関する予備知識をつけておきたい。

論説文，小説，随筆のどれも，長い文章を限られた時間内で解く練習を重ねておく必要がある。

知識問題には，21年度には，俳句と漢文，文学史に関する問題も出題されている。今後，これらが出題される可能性は十分にある。また，短歌(和歌)や古文に関する問題も出題される可能性がある。いろいろな問題にあたり，基礎知識を蓄えておきたい。

▼年度別出題内容分類表 ……

出題内容			2019年	2020年	2021年	2022年	2023年
内容の分類	読解	主題・表題	○				
		大意・要旨	○	○	○	○	○
		情景・心情	○				
		内容吟味	○	○	○	○	○
		文脈把握	○	○	○	○	○
		段落・文章構成					
		指示語の問題			○		
		接続語の問題		○	○	○	
		脱文・脱語補充	○	○	○	○	○
	漢字・語句	漢字の読み書き	○	○	○	○	○
		筆順・画数・部首					
		語句の意味	○	○		○	○
		同義語・対義語					
		熟語		○	○	○	
		ことわざ・慣用句	○	○	○	○	○
	表現	短文作成					
		作文(自由・課題)					
		その他					
	文法	文と文節	○		○	○	
		品詞・用法	○	○	○		○
		仮名遣い					
		敬語・その他					
	古文の口語訳						
	表現技法						○
	文学史						
問題文の種類	散文	論説文・説明文	○	○	○	○	○
		記録文・報告文					
		小説・物語・伝記	○				
		随筆・紀行・日記		○	○	○	○
	韻文	詩					
		和歌(短歌)					
		俳句・川柳					
	古文						
	漢文・漢詩						

桜丘高等学校

2023年度 合否の鍵はこの問題だ!!

数 学 【2】

問題文から各座標を表せるかがポイントである。また，表せない座標は文字を使って表すことが大切である。

問1　$y=-\frac{1}{4}x^2$に$x=-2$を代入して，$y=-\frac{1}{4}\times(-2)^2=-1$　よって，A$(-2,\ -1)$

問2　y軸と直線QRが平行なので，点Pのx座標が4より，点Q，Rのx座標も4である。$y=-\frac{1}{4}x^2$に$x=4$を代入すると，$y=-\frac{1}{4}\times4^2=-4$　よって，Q$(4,\ -4)$　$y=-\frac{1}{4}x^2$に$x=8$を代入すると，$y=-\frac{1}{4}\times8^2=-16$なので，B$(8,\ -16)$　直線ABの傾きは$\frac{-16-(-1)}{8-(-2)}=-\frac{3}{2}$　直線ABの式を$y=-\frac{3}{2}x+b$とおいて，A$(-2,\ -1)$を代入すると，$-1=-\frac{3}{2}\times(-2)+b$　$b=-4$　よって，直線ABの式は$y=-\frac{3}{2}x-4$であり，C$(0,\ -4)$　$y=-\frac{3}{2}x-4$に$x=4$を代入すると，$y=-\frac{3}{2}\times4-4=-10$なので，R$(4,\ -10)$　したがって，QR$=-4-(-10)=6$

問3　点P，Q，Rのx座標をtとすると，問2より，P$(t,\ 0)$，Q$\left(t,\ -\frac{1}{4}t^2\right)$，R$\left(t,\ -\frac{3}{2}t-4\right)$　OC$=0-(-4)=4$，PQ$=0-\left(-\frac{1}{4}t^2\right)=\frac{1}{4}t^2$，QR$=-\frac{1}{4}t^2-\left(-\frac{3}{2}t-4\right)=-\frac{1}{4}t^2+\frac{3}{2}t+4$，OP$=t-0=t$なので，四角形OCQP$=\left(4+\frac{1}{4}t^2\right)\times t\times\frac{1}{2}=\frac{1}{2}t\left(4+\frac{1}{4}t^2\right)$，△CRQ$=\frac{1}{2}\times\left(-\frac{1}{4}t^2+\frac{3}{2}t+4\right)\times t=\frac{1}{2}t\left(-\frac{1}{4}t^2+\frac{3}{2}t+4\right)$　四角形OCQP＝△CRQより，$\frac{1}{2}t\left(4+\frac{1}{4}t^2\right)=\frac{1}{2}t\left(-\frac{1}{4}t^2+\frac{3}{2}t+4\right)$　$4+\frac{1}{4}t^2=-\frac{1}{4}t^2+\frac{3}{2}t+4$　$\frac{1}{2}t^2-\frac{3}{2}t=0$　$t^2-3t=0$　$t(t-3)=0$　$t=0,\ 3$　$0<t<8$より，$t=3$　点Rのy座標をは$-\frac{3}{2}t-4$に$t=3$を代入すると，$-\frac{3}{2}\times3-4=-\frac{17}{2}$

英 語 【5】

【5】の長文問題は，このテストの中で最長の英文を使ったものなので，この問題で高得点をとることは重要である。【4】はメール文を使った問題で，やや長い英文が使われているが，メール文であるためより読みやすいと思われる。よって，【4】では得点差はつきにくいだろう。

この長文で用いられている語彙や文法はごく標準的なものである。また，英文も読みやすいように書かれているので，通常の勉強をしっかり行っていればあまり難しくはないだろう。中学で習う語彙や文法をしっかり復習しておくことが重要である。

設問を見ると内容を吟味する問題が並んでおり，長文内容をきちんと読み取れていれば，正答を得るのはそれほど難しくない。ただ，細かな内容が理解できているかどうかを確かめるものが多いので，要注意である。特に日付や数字には注意して読み進めたい。

このような問題を解くには，日頃から多くの長文問題を解く練習を積み重ねておくことが大切である。長文を読むのにあまり慣れていない人は，日本語訳を横において対照させながら読んだり，日本語訳を先に読んで内容を理解してから読んだりするのも一法である。一つでも多くの長文を読んでおいて，長い英文を読むことに抵抗を感じないようになれるよう努力すべきである。

理 科 【9】

全部で20題の出題であった。問題レベルは全般的に標準的である。出題範囲に偏りはなく，そのため，理科全般の広い知識が求められている。2，3問の小問を組み合わせて1題の問題として出題するものが多いのが特徴であり，すべての小問に正解しないと得点にならないので意外と難しい。

今回合否を分ける鍵となった問題として，【9】を取り上げる。酸化銅の還元反応の問題であり，計算を伴うものであった。

問2　酸化銅と炭素が反応すると，銅と二酸化炭素が生じる。酸化銅と炭素が過不足なく反応するのは，図13において2本の直線が交わる部分であり，4.00gの酸化銅と0.30gの炭素が過不足なく反応する。それで，酸化銅2.00gと過不足なく反応する炭素の質量は0.30÷2＝0.15(g)である。

問3　酸化銅3.60gと過不足なく反応する炭素の質量をx(g)とすると，4.00：3.60＝0.30：xよりx＝0.27gになる。しかし加えた炭素は0.24gなので，ここでは酸化銅が過剰量であり炭素がすべて反応することがわかる。逆に，炭素0.24gと過不足なく反応する酸化銅の質量をy(g)とすると，4.00：0.30＝y：0.24よりy＝3.2(g)であり，反応せずに残る酸化銅の質量は3.60－3.20＝0.40(g)である。また，このとき生じる銅の質量をz(g)とすると，図13より4.00gの酸化銅がすべて反応して3.20gの銅が生じるので，4.00：3.20＝3.20：zよりz＝2.56(g)である。よって反応後の試験管内に残った固体の質量は0.40＋2.56＝2.96(g)であった。

これらの問題では，いくつかの小問が組み合わされて1つの問題として出題されている。このような形式の問題では，他の答えが合っていても，どこか1つで間違えると得点できない。それだけに，幅広い正確な知識が求められる問題である。

全体の問題のレベルは標準的で典型的な内容である。それゆえ，標準的なレベルの問題集を十分に演習し，苦手分野をつくらないことが重要である。

社 会 【5】問2

今回出題されたのは人権に関する国連の取り組みだったが，環境や軍縮についても頻出なので一覧にしてまとめておこう。

1945年　国際連合が51か国で成立(2023年現在の加盟国は193か国)
1948年　世界人権宣言
1966年　国際人権規約
1968年　核拡散防止条約[NPT]
1972年　国連人間環境会議(スウェーデンのストックホルム)→人間環境宣言
1979年　女子差別撤廃条約

1989年　子どもの権利条約
　　　　死刑廃止条約(日本は未批准)
1992年　国連環境開発会議[地球サミット](ブラジルのリオデジャネイロ)
1996年　包括的核実験禁止条約[CTBT]
1997年　地球温暖化防止京都会議→京都議定書
2002年　環境開発サミット(南アフリカ共和国のヨハネスブルク)
2012年　国連持続可能な開発会議[リオ20]
2015年　パリ協定

国語 【一】問七，【二】問六

筆者の考えを問う選択式の設問で傍線がつけられていない場合に，どのように解答の手がかりをつかむかには頭を悩ませる。もちろん，手がかりになる言葉は示されるが，その言葉が文脈の中でどのように使われているかを捉える必要がある。筆者の考えをつかむことは，筆者の説明のすじみちを捉えるということである。筆者の論理をつかめるかどうかが合格の鍵である。

【一】の問七は，「環境問題」という言葉は最後の段落にある。しかし，正解の5にある言葉と最後の段落の内容は同じことを述べているとはすぐには気づけない。それは，環境問題について5のような観点から述べているのは，▼▲の部分であるからである。▼▲の部分は，環境問題を具体的な事例で説明している。そして，最後の部分で5の内容を述べている。

【二】の問六は，設問文中の「どのように勉強すると」とある言葉を「勉強法」と置き換えることができるかどうかが鍵である。すると，本文の初めでエピソードを紹介する部分で「昔，ある大学生が，入学早々，教授を訪れて勉強法の教示を乞うた」とあるのに気づく。さらに，続く「あるドイツ文学の研究者がドイツに留学した」というエピソードにも注目する。二つのエピソードを通じて筆者が述べているのは，正解の4の内容である。

筆者の考えを捉えるには，具体例と考え(主張)の関係をつかむとよい。論説文や思索的な随筆では，具体例と考え(主張)はセットになっていることをつかんでおこう。

MEMO

大切なことはメモしておこうネ！

ダウンロードコンテンツのご利用方法

※弊社 HP 内の各書籍ページより，解答用紙などのデータダウンロードが可能です。

※巻頭「収録内容」ページの下部 QR コードを読み取ると，書籍ページにアクセスが出来ます。（ **Step 4** からスタート）

Step 1 東京学参 HP（https://www.gakusan.co.jp/）にアクセス

Step 2 下へスクロール『フリーワード検索』に書籍名を入力

Step 3 検索結果から購入された書籍の表紙画像をクリックし，書籍ページにアクセス

Step 4 書籍ページ内の表紙画像下にある『ダウンロードページ』を

クリックし，ダウンロードページにアクセス

Step 5 巻頭「収録内容」ページの下部に記載されている

パスワードを入力し，『送信』をクリック

解答用紙・+αデータ配信ページへスマホでアクセス！ ⇒

＊データのダウンロードは 2024 年 3 月末日まで。

＊データへのアクセスには，右記のパスワードの入力が必要となります。 ⇒ ●●●●●●

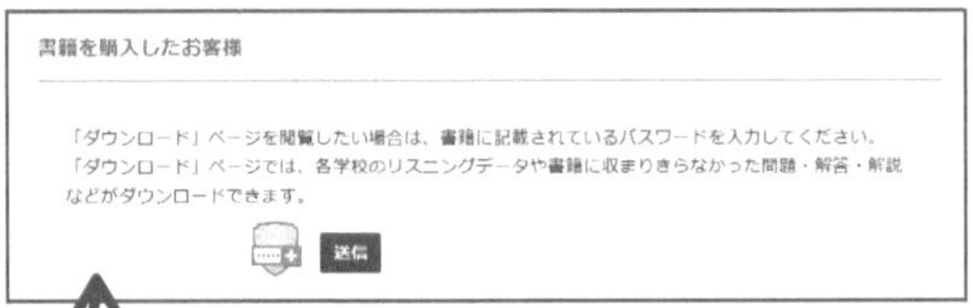

Step 6 使用したいコンテンツをクリック

※ PC ではマウス操作で保存が可能です。

2023年度

★★★★★★★★★★★★★★★★★★★★★★★★

入　試　問　題

2023年度

桜丘高等学校入試問題

【数　学】（40分）　＜満点：100点＞

【注意】定規・コンパス・分度器・計算機は使用してはいけません。

【1】 次の問いに答えなさい。

問1　$\left(-\frac{1}{2}\right)^2 \div 1.25 - \{8.7 + (-3^2)\} \times \frac{1}{3}$ を計算し，答えを次の(1)~(5)より1つ選びなさい。

[解答番号1]

(1) $\frac{1}{10}$　(2) $\frac{17}{80}$　(3) $\frac{3}{10}$　(4) $\frac{33}{80}$　(5) $\frac{61}{10}$

問2　$\frac{7x+8y}{9} - \frac{5x-y}{6} - (x+2y)$ を簡単にし，答えを次の(1)~(5)より1つ選びなさい。

[解答番号2]

(1) $\frac{-19x-17y}{18}$　(2) $\frac{-19x+49y}{18}$　(3) $\frac{-19x+55y}{18}$

(4) $\frac{-2x+17y}{18}$　(5) $\frac{-2x+21y}{18}$

問3　$16xy^2+48xyz+36xz^2$ を因数分解し，答えを次の(1)~(5)より1つ選びなさい。

[解答番号3]

(1) $(4xy+6z)^2$　(2) $x(4y+6z)^2$　(3) $4(2xy+3z)^2$

(4) $4x(2y+3z)(2y-3z)$　(5) $4x(2y+3z)^2$

問4　$\sqrt{\frac{360}{n}}$ が自然数となるような自然数 n の個数を求め，答えを次の(1)~(5)より1つ選びなさい。

[解答番号4]

(1) 2個　(2) 3個　(3) 4個　(4) 5個　(5) 6個

問5　一の位の数が0ではない3けたの整数がある。この整数の十の位の数は3であり，各位の数の和は16である。この整数の百の位の数と一の位の数を入れ替《か》えてできる整数は，もとの整数より297大きくなる。このとき，もとの整数を求め，答えを次の(1)~(5)より1つ選びなさい。

[解答番号5]

(1) 439　(2) 538　(3) 637　(4) 736　(5) 835

問6　ある正方形の縦の長さを9cm長くし，横の長さを1cm短くしてつくった長方形の面積は，もとの正方形の面積の2倍より2cm^2小さくなった。このとき，もとの正方形の1辺の長さを求め，答えを次の(1)~(5)より1つ選びなさい。

[解答番号6]

(1) 1cm　(2) 7cm　(3) 9cm　(4) 10cm　(5) 13cm

問７　関数 $y=-\dfrac{24}{x}$ のグラフ上にあり，x 座標と y 座標がどちらも整数である点の個数を求め，答えを次の(1)~(5)より１つ選びなさい。　[解答番号⑦]

(1)　４個　　(2)　８個　　(3)　10個　　(4)　12個　　(5)　16個

問８　関数 $y=ax^2$ と関数 $y=-4x+7$ について，x の値《あたい》が－５から－３まで増加するときの変化の割合は等しい。このとき，a の値を求め，答えを次の(1)~(5)より１つ選びなさい。

[解答番号⑧]

(1)　$a=-4$　　(2)　$a=-2$　　(3)　$a=-\dfrac{1}{2}$　　(4)　$a=\dfrac{1}{2}$　　(5)　$a=2$

問９　大小２つのさいころを同時に１回投げ，大きいさいころの出た目の数を a，小さいさいころの出た目の数を b とするとき，$2a+3b$ の値が15未満である確率を求め，答えを次の(1)~(5)より１つ選びなさい。ただし，２つのさいころはともに，１から６までのどの目が出ることも同様に確からしいものとする。　[解答番号⑨]

(1)　$\dfrac{1}{3}$　　(2)　$\dfrac{13}{36}$　　(3)　$\dfrac{7}{18}$　　(4)　$\dfrac{11}{18}$　　(5)　$\dfrac{2}{3}$

問10　右の図で，印をつけた角の大きさの和を求め，答えを次の(1)~(5)より１つ選びなさい。

[解答番号⑩]

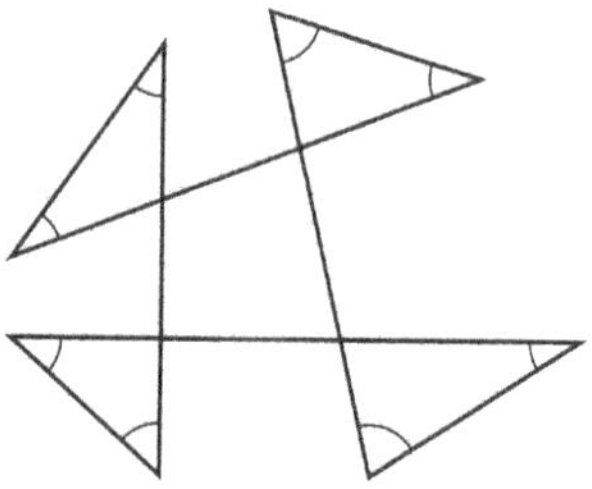

(1)　90°　　(2)　180°

(3)　270°　　(4)　360°

(5)　540°

問11　右の図の四角形ABCDで，∠ x の大きさを求め，答えを次の(1)~(5)より１つ選びなさい。

[解答番号⑪]

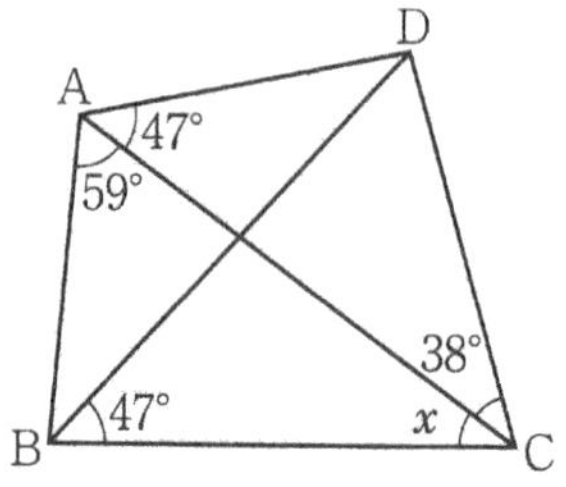

(1)　21°　　(2)　26°

(3)　36°　　(4)　38°

(5)　50°

問12　右の図は，ＡＢ＝13㎝，ＢＣ＝５㎝，ＣＡ＝12㎝，∠BCA＝90°の直角三角形ABCを底面とし，AD＝BE＝CF＝８㎝を高さとする三角柱ABC－DEFである。辺CFの中点をGとし，３つの頂点A，B，Gを含《ふく》む平面で三角柱ABC－DEFを２つの立体に分ける。このとき，頂点Ｆを含むほうの立体の表面積から頂点Ｃを含むほうの立体の表面積をひいた差を求め，答えを次の(1)~(5)より１つ選びなさい。

[解答番号⑫]

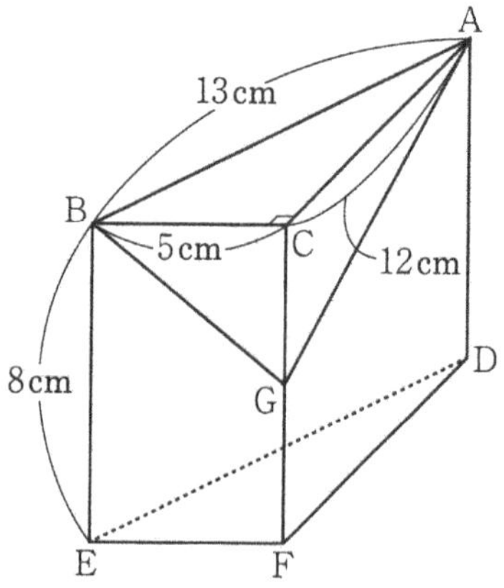

(1)　68㎝^{2}　　(2)　160㎝^{2}

(3)　172㎝^{2}　　(4)　200㎝^{2}

(5)　240㎝^{2}

【2】 右の図で，曲線 ℓ は関数 $y=-\frac{1}{4}x^2$ のグラフである。曲線 ℓ 上にあり，x 座標が -2，8である点をそれぞれA，Bとし，直線ABと y 軸《じく》との交点をCとする。x 軸上の x 座標が0より大きく8より小さい部分に点Pをとり，点Pを通り y 軸に平行な直線と曲線 ℓ，直線ABとの交点をそれぞれQ，Rとする。このとき，次の問いに答えなさい。

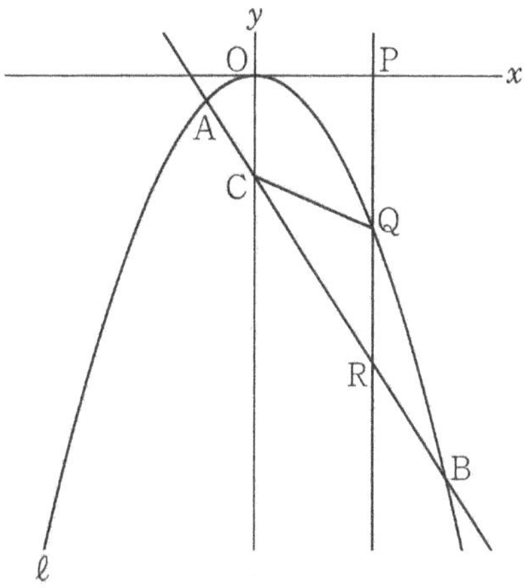

問1　点Aの y 座標を求め，答えを次の(1)～(5)より1つ選びなさい。 [解答番号13]

(1) -16　(2) -8　(3) -4
(4) -2　(5) -1

問2　点Pの x 座標が4のとき，線分QRの長さを求め，答えを次の(1)～(5)より1つ選びなさい。
[解答番号14]

(1) 4　(2) 6　(3) 8　(4) 10　(5) 14

問3　四角形OCQPの面積と△CRQの面積が等しいとき，点Rの y 座標を求め，答えを次の(1)～(5)より1つ選びなさい。 [解答番号15]

(1) $-\frac{23}{2}$　(2) $-\frac{75}{8}$　(3) $-\frac{17}{2}$　(4) $-\frac{25}{4}$　(5) $-\frac{9}{4}$

【3】 右の図で，△ABCは，AB＝15cm，BC＝25cm，CA＝20cm，∠BAC＝90°の直角三角形である。辺CAの中点をDとし，点Dから辺BCにひいた垂線と辺BCとの交点をEとする。このとき，次の問いに答えなさい。

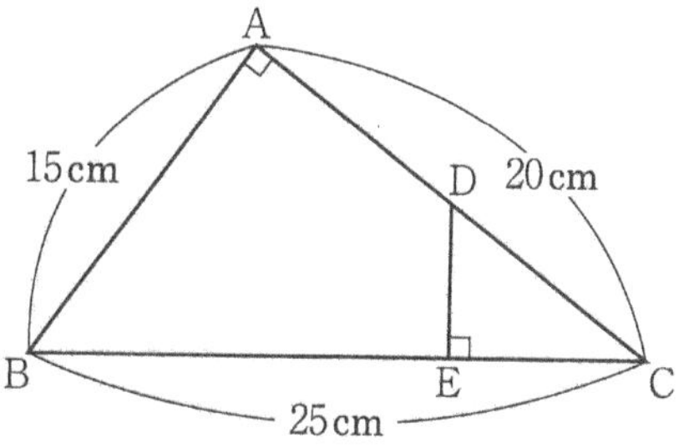

問1　△ABCの面積と△CDEの面積の比を求め，答えを次の(1)～(5)より1つ選びなさい。
[解答番号16]

(1) 2：1　(2) 4：1　(3) 5：2　(4) 16：9　(5) 25：4

問2　四角形ABEDの周の長さを求め，答えを次の(1)～(5)より1つ選びなさい。
[解答番号17]

(1) 42cm　(2) 44cm　(3) 46cm　(4) 48cm　(5) 50cm

問3　四角形ABEDを辺BEを軸として1回転させてできる立体の体積を求め，答えを次の(1)～(5)より1つ選びなさい。ただし，円周率は π とする。
[解答番号18]

(1) 1104π cm^3　(2) 1200π cm^3　(3) 1296π cm^3　(4) 3312π cm^3　(5) 3600π cm^3

【英　語】（40分）　＜満点：100点＞

【1】 リスニング問題 放送を聞いて，あとの問いに答えなさい。

〈Part 1〉 写真の内容を最もよく表している文を，それぞれの選択肢1～5より1つ選び，その番号を解答用紙の所定欄にマークしなさい。

No. 1

[解答番号1]

No. 2

[解答番号2]

〈Part 2〉 それぞれの問いに対する答えとして最も適切なものを，それぞれの選択肢1～5より1つ選び，その番号を解答用紙の所定欄にマークしなさい。 [解答番号3]

No.3　1．For two hours.　2．For three hours.　3．For four hours.
　4．For five hours.　5．For six hours.

No.4　1．He will practice the guitar harder.　[解答番号4]
2．He will send some books to Australia.
3．He will go to the music room with her.
4．He will carry the books to the library.
5．He will read many English books.

No.5　1．He cleaned around the station.　[解答番号5]
2．He helped children in the hospital.
3．He visited his friend.
4．He bought a new bed.
5．He went to see a doctor.

メモ欄

（リスニング問題について）

(1)　Part 1 は選択肢をすべて読むが，Part 2 については，問いに対する答え（選択肢）は読まないものとする。（選択肢は問題冊子に明記）

(2)　Part 1 は選択肢をそれぞれ 1 回のみ読み上げる。また Part 2 については，①放送用会話文とその会話文についての問い，②放送用問題文とその問題文についての問いは，それぞれ 1 回のみ読み上げる。

《放送用問題文》

受験生のみなさんは，問題用紙を開いてください。［1］番のリスニング問題を見てください。
ただ今からリスニングテストを行います。このテストは，Part 1，Part 2 の 2 部からなります。Part 1 は 2 題，Part 2 は 3 題出題されます。Part 1，Part 2 の全ての問いについて，放送される英文は問題冊子に表示されていません。英文はそれぞれ 1 度しか読まれません。それぞれの解答時間は10秒です。また，放送を聞きながらメモを取っても構いません。
それでは Part 1 から始めます。
問題用紙にあるNo.1，No.2 の写真を見てください。No.1，No.2 でそれぞれの 5 つの英文が放送されます。写真の内容を最もよく表している文を，それぞれの選択肢 1 ～ 5 より 1 つ選び，その番号を解答用紙の所定欄にマークしなさい。では，始めます。

〈Part 1〉

No.1　1．Two children are wearing *kimono*.
2．Three people are sitting on the chairs.
3．A man is wearing a cap.
4．A boy is running with a woman.
5．A man is holding a baby.

No. 2　1. Two people are standing by the tree.
2. A boy is taking pictures of the flowers.
3. A man is reading a book.
4. There are two benches near the people.
5. A boy is riding his bike.

続いてPart 2の問題に移ります。この問題では英語による会話やナレーションが流れます。その内容について1題ずつ英語で質問が読まれます。
それぞれの問いに対する答えとして最も適切なものを，それぞれの選択肢1～5より1つ選び，その番号を解答用紙の所定欄にマークしなさい。では，始めます。

〈Part 2〉

No. 3

Tom: Good morning, Yuko. You look tired today.

Yuko: Hi, Tom. I went to bed late last night because I talked with my sister on the Internet. She has lived in the U.K. for two years. I finished my homework at seven thirty and started talking with her at eight.

Tom: And what time did you finish talking?

Yuko: At eleven in the evening! I feel tired today, but I was happy to talk with her.

Question : How long did Yuko talk with her sister last night?

1. For two hours.　2. For three hours.　3. For four hours.
4. For five hours.　5. For six hours.

No. 4

Ms. Brown: Hi, Jim. Where are you going?

Jim: Hi, Ms. Brown. I'm going to the music room to practice the guitar. What is in these boxes?

Ms. Brown: The English books sent from our sister school in Australia are in them. I have to carry them to the library.

Jim: I see. Shall I help you? The library is on the way to the music room.

Ms. Brown: Oh, thank you, Jim. You're so helpful.

Jim: No problem. I also want to read the books later.

Question : What will Jim do for Ms. Brown?

1. He will practice the guitar harder.
2. He will send some books to Australia.
3. He will go to the music room with her.
4. He will carry the books to the library.
5. He will read many English books.

No. 5

Kaito is a member of the volunteer club. Every Monday morning, members clean around Asahi Station. They also help children at Minami Hospital on the third Saturday every month. Yesterday members of the club visited Minami Hospital, but Kaito couldn't join the activity because he felt ill. He went to a hospital and the doctor there told him to stay in bed.

Question : What did Kaito do yesterday?

1. He cleaned around the station.　2. He helped children in the hospital.
3. He visited his friend.　4. He bought a new bed.
5. He went to see a doctor.

それでは時間です。リスニングテストは以上で終わりです。引き続き問題冊子のページをめくり，筆記問題に入ってください。

【2】 次の英文の意味が通るように，(　) 内に入る最も適切なものを，それぞれの選択肢1～5より1つ選び，その番号を解答用紙の所定欄にマークしなさい。

問1 I'll let him (　　) the details of our school trip later. [解答番号6]
1. know　2. knows　3. knowing　4. knew　5. to know

問2 The e-mail from Mary reminded me (　　) my happy days in Sydney. [解答番号7]
1. at　2. on　3. of　4. from　5. for

問3 I want to become (　　) and make delicious dishes for people. [解答番号8]
1. a professor　2. a chef　3. a guide　4. an athlete　5. a dentist

問4 The man's speech was too long, so it made me (　　). [解答番号9]
1. difficult　2. attracted　3. perfect　4. bored　5. scared

問5 One of the actors (　　) in the musical is my brother. [解答番号10]
1. perform　2. performance　3. performs　4. performed　5. performing

問6 We bought a (　　) of Kyoto and decided where to go. [解答番号11]
1. map　2. message　3. ticket　4. report　5. bell

問7 These are the cookies (　　) I made for you. [解答番号12]
1. who　2. how　3. what　4. that　5. this

【3】 次の会話文を完成させるために，(13) から (17) に入る最も適切なものを，それぞれの選択肢1～5より1つ選び，その番号を解答用紙の所定欄にマークしなさい。

問1 A : Hi, Lucy. May I ask you a favor? [解答番号13]
B : Yes. (13)
1. That's too bad.　2. I have a headache.　3. I think so, too.
4. What can I do for you?　5. Be careful.

問2 A : Excuse me. (14) We want to share the main dish. [解答番号⑭]
B : Sure. I'll bring it right away.
1. Did you write this recipe?
2. Can you give us some advice?
3. Do we have to pay now?
4. Could you bring one more soup?
5. Can we have one more plate?

問3 A : Dad, I'll go to the park to play basketball with Naoko after lunch. [解答番号⑮]
B : Really? (15)
A : Oh, I'll wear warmer clothes then.
1. Tell Naoko to have dinner with us.
2. I hear it will be very cold in the afternoon.
3. Practice hard and you'll be a good player.
4. The park may be crowded with people.
5. Don't forget to take something cold to drink.

問4 A : Look, Bob. I made an apple cake. It looks delicious, right? [解答番号⑯]
B : Yes, Amy! Thanks. I'm hungry.
A : (16) I'll take it to Ken's house later.
B : Oh, no. Please make one for me next time.
1. Feel free to take it.
2. Let's enjoy it after dinner.
3. Oh, you mustn't eat it.
4. We have to eat it quickly.
5. Well, you are always a good cook.

問5 A : Hi, Jun. How was your weekend? [解答番号⑰]
B : It was great, Alice. (17) Look. This is the picture I took from our room.
A : Oh, are these wild foxes?
B : Yes. There were some wild rabbits around the hotel, too. They were cute.
A : That's nice! I also want to stay in a place with lots of nature.
1. We stayed in a hotel in the forest.
2. We visited a famous zoo in Tokyo.
3. We stayed at my uncle's house.
4. We enjoyed traveling by ship for two days.
5. We watched many movies about animals.

【4】 次のページは高校生の麻里（Mari）とイギリスに帰国したエマ（Emma）のＥメールでのやり取りです。次の文章を読み，文を完成させるのに最も適切なもの，またはあとの問いに対する答えとして最も適切なものを，それぞれの選択肢１～５より１つ選び，その番号を解答用紙の所定欄にマークしなさい。なお，＊の付いている語句には，あとに【注】がついています。

From : Mari Kimura *〈m_kmr@soh.co.jp〉
To : Emma Green *〈e_green@soh.co.jp〉
Date : September 10 (Saturday), 2022 7:55
*Subject : How is Taro?

Dear Emma,
Good morning. I've just come home with Anzu from Kita Park. It's still hot in Aichi, but we enjoyed walking. How is Taro after arriving in *London with you and your parents? Taro is still four months old, so it may be tough for a small dog to live in a different environment. Is he doing well in London?
Among Anzu's four *puppies, Taro stayed with her the longest. Even after Taro started living with you a month ago, we took them together to Kita Park every morning. So Anzu looks a little lonely when she walks there without Taro for these two weeks.
I'll attach a picture of Anzu to this e-mail. I took it when I went to my *grandfather's house three days ago. I hope you will also send me some pictures or videos of Taro.
Mari

From : Emma Green 〈e_green@soh.co.jp〉
To : Mari Kimura 〈m_kmr@soh.co.jp〉
Date : September 12 (Monday), 2022 6:50
Subject : Re: How is Taro?

Dear Mari,
Hi. Thank you for your e-mail with a nice picture of Anzu. And I'm sorry that I didn't write you back quickly. Actually, my parents, Taro, and I enjoyed camping by a *lake for three days and came home late last night. On the first day, we went fishing in the lake. Taro looked surprised when he saw the many fish we *caught. It was very hot the next day, so we swam in the lake. Taro enjoyed it, too. I took a video of him then, so I'll attach it to this e-mail. On the last day, we climbed the mountain by the lake.
Now, I have a question. We live with my grandmother now, but Taro isn't friendly with her. When he sees her, he always *barks at her, so she's afraid to touch him. What can I do? I hope you'll give me some advice in your next e-mail.
Emma

From : Mari Kimura 〈m_kmr@soh.co.jp〉
To : Emma Green 〈e_green@soh.co.jp〉
Date : September 12 (Monday), 2022 17:30
Subject : Re: Re: How is Taro?

Dear Emma,
Hi. I'm very happy that Taro enjoys his life in London. He got bigger, right? Anzu never swims, so I was surprised to see the video and learn that Taro is good at swimming. As for your grandmother, I think Taro is still nervous around her. He met her *for the first time in London, right? Shiba Inu are usually *cautious, but he will open his *mind to her soon. Tell your grandmother to spend more time with Taro. For example, she can give food to him and walk with him every day.
Well, it's time to go to Kita Park. Anzu barks at this time every day to tell me to take her there for walking! Can she tell time!?
Mari

【注】 〈m_kmr@soh.co.jp〉 キムラ　マリのメールアドレス
〈e_green@soh.co.jp〉 エマ・グリーンのメールアドレス
Subject 題　London ロンドン　puppies < puppy （子犬）の複数形　grandfather 祖父
lake 湖　caught < catch の過去形　barks at ~ < bark at ~ （～に吠える）の３人称単数現在形
for the first time 初めて　cautious 用心深い　mind 心

問1　How long has Taro lived in London?　[解答番号18]

1. For about two weeks.　2. For about a month.

3. For about six weeks.　4. For about four months.

5. For about five months.

問2　On September 10,　[解答番号19]

1. Taro arrived in London with Emma's family.

2. Emma got an e-mail from Mari and wrote her back right away.

3. Emma and her parents caught a lot of fish in the lake.

4. Emma and Taro enjoyed walking in the mountain.

5. Emma took a video of Taro when he was swimming in the lake.

問3　What does Emma want to know in the next e-mail from Mari?　[解答番号20]

1. She wants to know about how to take nice videos of dogs.

2. She wants to know how Taro can make a good relationship with her grandmother.

3. She wants to know why Taro barks at everyone in her family.

4. She wants to know how Taro can be kind to other dogs.

5. She wants to know about the good places to visit with Taro and her grandmother.

問4　What does Mari tell about Taro?　[解答番号21]

1. He doesn't like to walk with her grandmother every day.

2. He has a heart problem, so he should not swim for a long time.

3. He barks because he may want to spend more time with Emma.

4. He's still very young, so he should eat more food to become bigger.

5. He may be still nervous with her grandmother, but he'll change soon.

問5　本文の内容と会うものを1つ選びなさい。　[解答番号22]

1. Taro started to live with Mari, her parents, and her grandmother a month ago.

2. Mari's grandfather saw Mari and Anzu at his house on September 8.

3. Mari usually leaves home for Kita Park with Anzu at five thirty in the afternoon.

4. When Mari's grandmother touches Taro, he always gets angry and barks at her.

5. When Taro was in Aichi, he often enjoyed swimming with Anzu in Kita Park.

【5】 次の英文を読み，あとの問いに答えなさい。なお，＊印の付いている語句には，あとに【注】がついています。

Aya is a junior high school student in Kamome City. She's on the volleyball team at school and she's good at English. She also likes playing the piano. Her mother teaches Japanese to foreign people in Kamome City. Her father is a *baker and works at a *bakery in Midori City. He usually gets up and leaves home very early in the morning. When he comes home, he has dinner and goes to bed quickly. He even works on weekends.

At Aya's junior high school, the students in their second year have a work experience in November. ① One day, her teacher said to the students, "You'll have a work experience next month. You can choose where to work among a bakery, a supermarket, a post office, a train station, and a hospital. It's Friday today, so think well over the weekend. Now, I'll give you a *self-introduction card. Write your name, your club activity, your favorite thing, and where you want to work with the reason. Give it to me next Monday, on October 24." After school that day, Aya's classmate, Megumi, said to Aya, "I'll work at a hospital. I often visit hospitals with the members of our volunteer club. I want to help more *sick people. How about you?" Aya said, "Maybe I'll work at a bakery because my father is a baker." Megumi said, "That's nice. You like bread and want to be like him, right?" But Aya said, "No. I like rice better than bread. I don't like my father's job, either. He is always busy and doesn't have much time to spend with us." Later, Aya wrote ② her self-introduction card, and gave it to her teacher.

Aya's work experience started on November 22. Three students from Aya's school worked at Sakura Bakery. They started working at nine in the morning. One member of the staff, Mr. Kondo, taught them what to do. He said, "The first thing to do every morning is to clean the bakery. After that, for the first three days, you'll *serve customers. The most important thing is making our customers happy, so talk with them with a smile." At ten in the morning, the bakery opened. Sakura Bakery is the most popular bakery in Kamome City, so many customers buy bread there. The students had a lunch *break from one to two and continued working until five. They worked hard without having a break, so they felt ③ exhausted, but they were satisfied with their work.

The next day was a holiday, so the bakery had more customers. The students put the bread in paper bags, *received money and gave *change to the customers again and again. Then, a *female customer who bought some bread said to Aya, "*Treat my bread more carefully when you put it in a bag! Look. It's *damaged!" Aya got nervous and couldn't say anything. Then, Mr. Kondo said, "I'm very sorry. I'll bring you a new one."

During the lunch break that day, Aya was very sad and didn't want to eat lunch. Mr. Kondo told her, "Aya, I know there are many customers today. But you should treat bread more carefully. Think about both the customers who buy bread and the bakers who make bread. Your father is a baker, right? What do you think if the bread he made wasn't treated well?" Aya was *shocked to hear that and thought, "I never thought about that."

On the last day of the work experience, the students learned how to make bread. Mr. Kondo said, "We usually start making bread much earlier, at four in the morning. It's not an easy work but we always think about the customers' smiles and try to make delicious bread." *As Mr. Kondo said, making bread wasn't easy but the students enjoyed it. When some of the customers bought the bread they made, they were very excited. After finishing all the work, Aya said to Mr. Kondo, "I learned many things over these four days. Actually, I didn't like my father's job. But now, I know he works very hard because he wants the customers to enjoy eating his bread. I think he's wonderful." Mr. Kondo said, "I'm happy to hear that. Tell your father your feelings."

At home that evening, Aya talked about her work experience to her father *for the first time. When he heard about ④ Aya's feelings, he looked very happy and said, "I' m sorry that I don't spend much time with you. Tomorrow is my *day off. Why don't we make bread? I'll teach you everything!"

【注】 baker パン職人　bakery パン店　self-introduction 自己紹介　sick 病気の
serve customers < serve a customer 接客をする　break 休憩時間
received ~ < receive ~ （～を受け取る）の過去形　change おつり　female 女性の
treat ~ ～を扱う　damaged つぶれた　shocked ショックを受けた　as ~ ～ように
for the first time 初めて　day off 休日

問１　下線部①が指している日付として最も適切なものを，選択肢１～５より１つ選び，その番号を解答用紙の所定欄にマークしなさい。 [解答番号23]

１．10月14日　２．10月21日　３．10月24日　４．10月28日　５．10月31日

問２　下線部②の内容を表しているカードとして最も適切なものを，選択肢１～５より１つ選び，その番号を解答用紙の所定欄にマークしなさい。 [解答番号24]

1.
自己紹介カード
鈴木彩
・部活動：ボランティア部
・好きなこと：
英語を話すこと
・働きたい場所と理由：
（パン店）将来パン職人になりたいので

2.
自己紹介カード
鈴木彩
・部活動：バレーボール部
・得意な科目：
英語
・働きたい場所と理由：
（パン店）将来パン職人になりたいので

3.
自己紹介カード
鈴木彩
・部活動：バレーボール部
・好きなこと：
ピアノを弾くこと
・働きたい場所と理由：
（パン店）父親がパン店で働いているので

4.
自己紹介カード
鈴木彩
・部活動：ボランティア部
・得意な科目：
英語
・働きたい場所と理由：
（パン店）父親がパン店で働いているので

5\.

> 自己紹介カード
>
> 鈴木彩
>
> ・部活動：バレーボール部
>
> ・好きなこと：
> ピアノを弾くこと
>
> ・働きたい場所と理由：
> （パン店）パンが大好きなので

問3　下線部③の意味として最も適切なものを，選択肢1～5より1つ選び，その番号を解答用紙の所定欄にマークしなさい。［解答番号25］

1．満足した　2．興味を持った　3．緊張した　4．疲れ切った　5．イライラした

問4　下線部④が表す内容として最も適切なものを，選択肢1～5より1つ選び，その番号を解答用紙の所定欄にマークしなさい。［解答番号26］

1．I want to enjoy eating bread made by my father tomorrow.
2．Working at the bakery wasn't bad, but I still don't like my father's job.
3．I want to learn more from Mr. Kondo at Sakura Bakery.
4．I want to become a wonderful baker like my father in the future.
5．My father is great because he tries to make many people happy by making bread.

問5　英文の内容に関して，次のア～オの出来事が，起こった順に並んでいるものを，選択肢1～5より1つ選び，その番号を解答用紙の所定欄にマークしなさい。［解答番号27］

> ア　One of the customers' words made Aya very sad.
> イ　Aya's teacher told the students about a work experience.
> ウ　Aya and Megumi talked about where they wanted to work.
> エ　The students made bread by themselves to sell at Sakura Bakery.
> オ　Mr. Kondo told the students the most important thing about working at the bakery.

1．イ → ウ → オ → ア → エ　2．イ → オ → ア → ウ → エ
3．イ → オ → ア → エ → ウ　4．オ → ア → イ → エ → ウ
5．オ → イ → ア → ウ → エ

問6　英文の内容に関して，文を完成させるのに最も適切なもの，またはあとの問いに対する答えとして最も適切なものを，それぞれの選択肢1～5より1つ選び，その番号を解答用紙の所定欄にマークしなさい。

1）On November 25,［解答番号28］

1．Aya told her father how her work experience was.
2．Aya didn't eat lunch because she didn't feel good.
3．the students saw Mr. Kondo at Sakura Bakery for the first time.
4．the students started making bread at four in the morning.
5．Sakura Bakery had a lot of customers because it was a holiday.

2）Mr. Kondo said sorry to a female customer because ［解答番号㉙］

1．he received too much money from her.

2．one of the students brought her bread from the table.

3．the bread she wanted wasn’t in the bakery.

4．there were too many people in the bakery.

5．Aya’s way of treating bread wasn’t good.

3）Aya’s father ［解答番号㉚］

1．works very hard every day, so he usually stays home and does nothing on weekends.

2．heard from Aya about her job at the bakery every day during the work experience.

3．was happy to talk with Aya and wanted her to make bread with him.

4．was surprised to know that Aya decided to have the work experience at his bakery.

5．told Aya to think about the bakers who make bread for the customers.

4） 本文の内容と合うものを１つ選びなさい。 ［解答番号㉛］

1．Aya and other two students in her junior high school worked for four days at Sakura Bakery in Midori City.

2．Aya’s mother is a Japanese teacher and she goes to Midori City and teaches Japanese to the people from abroad.

3．Megumi told Aya that she wanted to work at a hospital or a bakery because she wanted to make people happy.

4．During the work experience, Aya worked at Sakura Bakery from nine in the morning and had lunch between one and two o’clock.

5．During the work experience, Aya served customers for two days and made bread for one day.

【理　科】（30分）　＜満点：100点＞

【1】 図1のように，方眼紙の上に鏡を垂直に立てて置き，方眼上の点A～Eの位置に，ろうそくを立てて置いた。このとき，点Pにおいて，ろうそくの炎《ほのお》と同じ高さから鏡を見たとき，鏡にうつって見えるろうそくの組み合わせとして，正しいものを1～5より1つ選び，答えなさい。ただし，図1は真上から見たようすを表している。〔解答番号1〕

1．A，B
2．A，B，C
3．B，C
4．B，C，D
5．B，C，E

図1

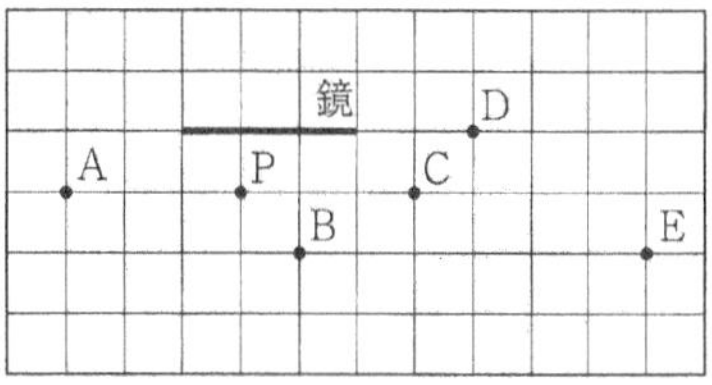

【2】 図2のように，抵抗の大きさがわからない抵抗器Xを用いて回路をつくり，電源装置の電圧の大きさを変えて，抵抗器Xを流れる電流の大きさを調べた。図3は，そのときの結果を表したものである。また，抵抗器Xを2つ用意し，図4や図5のような回路をつくった。次の各問いの答えの組み合わせとして，正しいものを1～5より1つ選び，答えなさい。ただし，抵抗器以外の抵抗は考えないものとする。〔解答番号2〕

図2

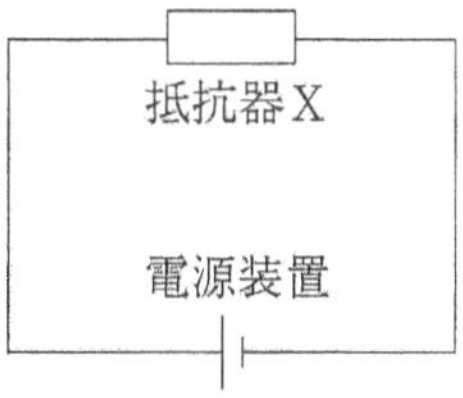

図3

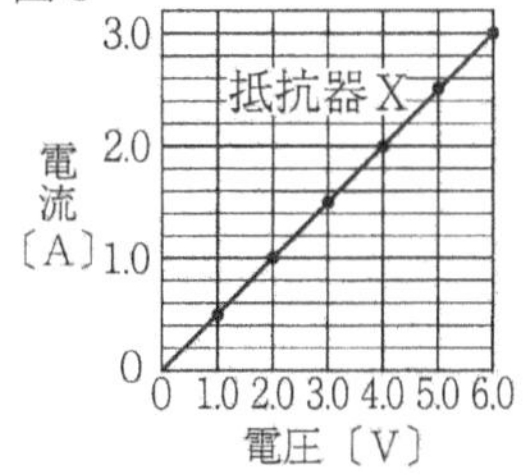

図4

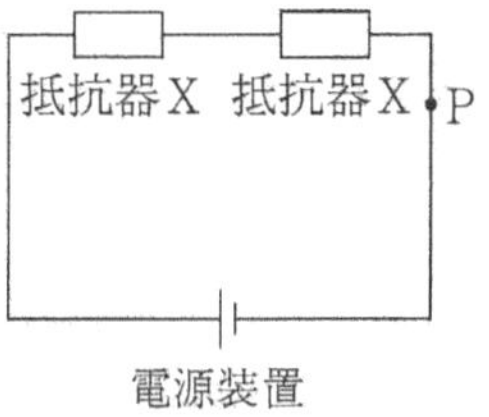

図5

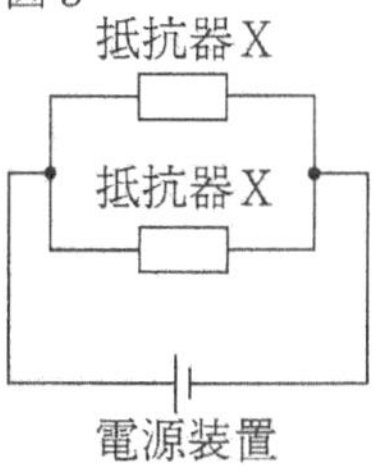

問1　図4の回路で，電源装置の電圧の大きさを6.0Vにしたとき，点Pを流れる電流の大きさは何Aか。

問2　図5の回路全体の抵抗の大きさは何Ωか。

	問1	問2
1	1.5 A	1.0 Ω
2	1.5 A	2.0 Ω
3	3.0 A	1.0 Ω
4	3.0 A	2.0 Ω
5	3.0 A	4.0 Ω

【3】 乗客を乗せたバスが加速するときと，減速するときの乗客のようすを説明した文として，正しいものを1～5より1つ選び，答えなさい。〔解答番号3〕

1．バスが加速するときには乗客の体はバスの進行方向に傾《かたむ》き，バスが減速するときにも乗客の体はバスの進行方向に傾く。
2．バスが加速するときには乗客の体はバスの進行方向に傾き，バスが減速するときには乗客の体はバスの進行方向と逆向きに傾く。

3．バスが加速するときには乗客の体はバスの進行方向とは逆向きに傾き，バスが減速するときには乗客の体はバスの進行方向に傾く。

4．バスが加速するときには乗客の体はバスの進行方向とは逆向きに傾き，バスが減速するときにも乗客の体はバスの進行方向と逆向きに傾く。

5．バスが加速するときには乗客の体は傾かないが，バスが減速するときには乗客の体はバスの進行方向に傾く。

【4】 図6のように，2本のプラスチックのストローA，Bをティッシュペーパーでよくこすり，図7のように，ストローAをまち針にかぶせて，回転できるようにした。ここにストローBを近づけ，ストローAの動きを観察した。次の各問いの答えの組み合わせとして，正しいものを1～5より1つ選び，答えなさい。 〔解答番号4〕

図6

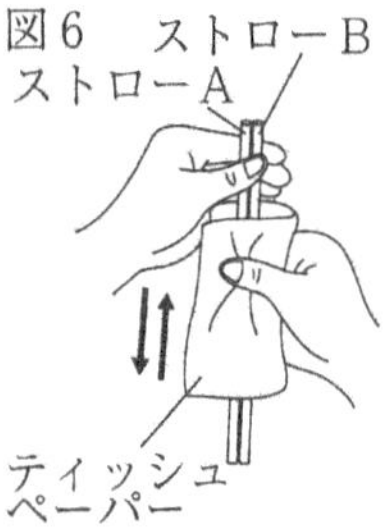

図7

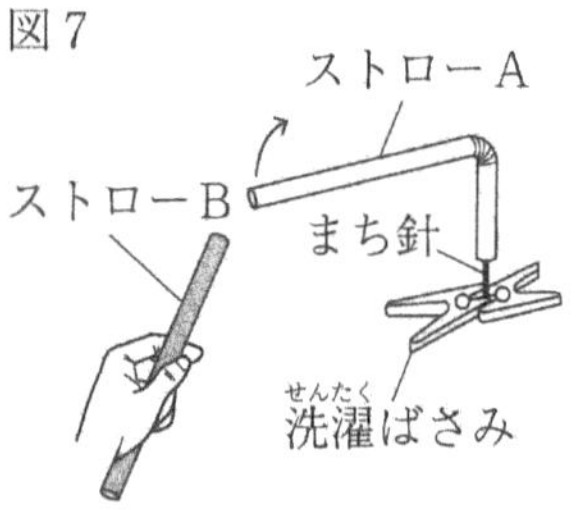

問1 静電気が生じる理由として，正しいものをア，イより1つ選びなさい。

ア．物体どうしを摩擦したとき，＋の電気を帯びた粒子がもう一方の物体に移動するから。

イ．物体どうしを摩擦したとき，－の電気を帯びた粒子がもう一方の物体に移動するから。

問2 図6で，ストローをティッシュペーパーでこすったとき，ティッシュペーパーが＋の電気を帯びたとすると，ストローAが帯びている電気の種類として，正しいものをア，イより1つ選びなさい。

ア．＋の電気　　イ．－の電気

問3 図7で，ストローBを近づけたとき，ストローAのようすとして，正しいものをア，イより1つ選びなさい。

ア．ストローBの方へ近づくように動く。

イ．ストローBから離れるように動く。

	問1	問2	問3
1	ア	ア	ア
2	ア	イ	イ
3	イ	ア	ア
4	イ	イ	イ
5	イ	イ	ア

【5】 図8のように，ふりこのおもりを糸がたるまないように点Aまで持ち上げて静かに手をはなしたところ，おもりは点Bを通り，点Aと同じ高さの点Cまで上がった。このとき，おもりがもつエネルギーについて述べたものとして，正しいものを1～5より1つ選び，答えなさい。

〔解答番号5〕

図8

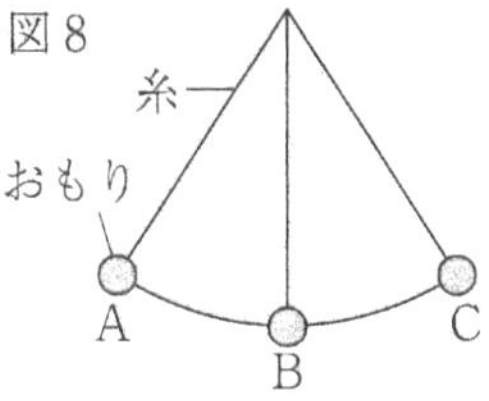

1．おもりの位置エネルギーは点A，点Cで最も大きく，運動エネルギーは点Bで最も大きい。
2．おもりの位置エネルギーは点Bで最も大きく，運動エネルギーは点A，点Cで最も大きい。
3．おもりの位置エネルギーは点Aで最も大きく，運動エネルギーは点Cで最も大きい。
4．おもりの位置エネルギーは点A，点Cで最も小さく，運動エネルギーは点Bで最も小さい。
5．おもりの位置エネルギーは点Bで最も小さく，運動エネルギーは点Cで最も大きい。

【6】 食塩，砂糖，かたくり粉（デンプン）のいずれかである白い粉末A～Cがある。これらをそれぞれ燃焼さじにとり，図9のように加熱し，粉末の変化を調べた。また，それぞれの粉末を水に加えてよく混ぜ，水にとけるかどうかを調べた。表は，そのときの結果を表したものである。白い粉末A～Cの組み合わせとして，正しいものを1～5より1つ選び，答えなさい。 〔解答番号6〕

図9

表

	粉末A	粉末B	粉末C
加熱した粉末の変化	燃えて炭になった。	燃えて炭になった。	燃えなかった。
水に加えたときのようす	ほとんどがとけ残った。	とけ残りがなかった。	とけ残りがなかった。

	粉末A	粉末B	粉末C
1	食塩	砂糖	かたくり粉
2	食塩	かたくり粉	砂糖
3	砂糖	食塩	かたくり粉
4	砂糖	かたくり粉	食塩
5	かたくり粉	砂糖	食塩

【7】 図10のような電気分解装置にうすい水酸化ナトリウム水溶液を満たし，一定の電圧を加えて水溶液に電流を流した。このとき，電極A，Bでは気体が発生した。次の各問いの答えの組み合わせとして，正しいものを次のページの1～5より1つ選び，答えなさい。

〔解答番号7〕

図10

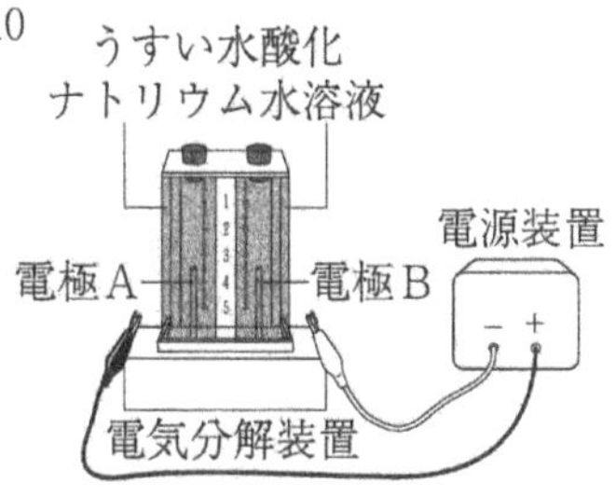

問１　電極Ａ側に集まった気体の性質として，正しいものをア～ウより１つ選びなさい。

ア．水でぬらした赤色リトマス紙を近づけると，青色に変化する。

イ．火をつけたマッチを近づけると，ポンと音を立てて燃える。

ウ．火をつけた線香を入れると，線香が激しく燃える。

問２　電極Ｂ側に集まった気体を何というか。

問３　電極Ａ側と電極Ｂ側に集まった気体の体積の比（電極Ａ：電極Ｂ）は，最も簡単な整数の比ではいくらか。

	問１	問２	問３
1	ア	酸素	１：１
2	イ	酸素	１：１
3	イ	水素	１：２
4	ウ	酸素	１：１
5	ウ	水素	１：２

【８】　図11のように，マイクロプレートの縦の列にマグネシウム板，亜鉛《あえん》板，銅板を３つずつ入れ，横の列に硫酸《りゅうさん》マグネシウム水溶液，硫酸亜鉛水溶液，硫酸銅水溶液を入れ，それぞれの金属板の表面のようすを観察した。表は，そのときの結果の一部を示したものである。表のＡ～Ｆのうち，金属板の表面に固体が付着するものの組み合わせとして，正しいものを１～５より１つ選び，答えなさい。

〔解答番号8〕

図11

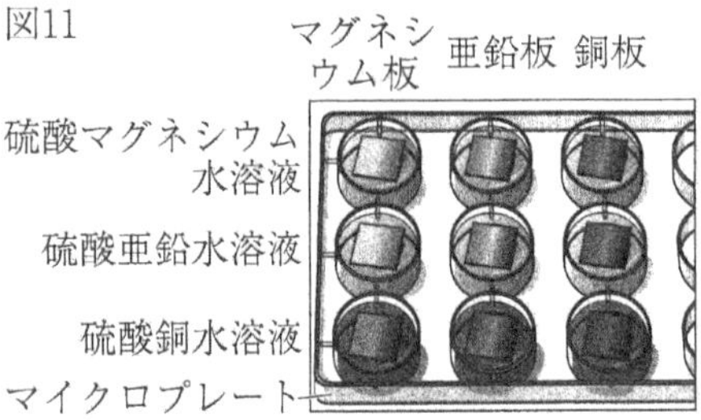

表

	マグネシウム板	亜鉛板	銅板
硫酸マグネシウム水溶液	変化なし	変化なし	変化なし
硫酸亜鉛水溶液	Ａ	Ｂ	Ｃ
硫酸銅水溶液	Ｄ	Ｅ	Ｆ

１．Ａ，Ｂ，Ｄ

２．Ａ，Ｄ，Ｅ

３．Ｂ，Ｃ，Ｄ，Ｅ

４．Ｃ，Ｄ，Ｆ

５．Ｃ，Ｅ，Ｆ

【９】　次のページの図12のように，酸化銅の粉末4.00 g と炭素の粉末0.10 g の混合物を試験管に入れて加熱した。気体が発生しなくなったところでガラス管を石灰水からとり出したあとに加熱をやめ，ピンチコックでゴム管を閉じ，試験管が冷めてから試験管内に残った固体の質量を調べた。同様の操作を，炭素の粉末の質量を変えて行った。次のページの図13は，そのときの結果を表したものである。次の各問いの答えの組み合わせとして，正しいものを次のページの１～５より１つ選び，答えなさい。

〔解答番号9〕

図12

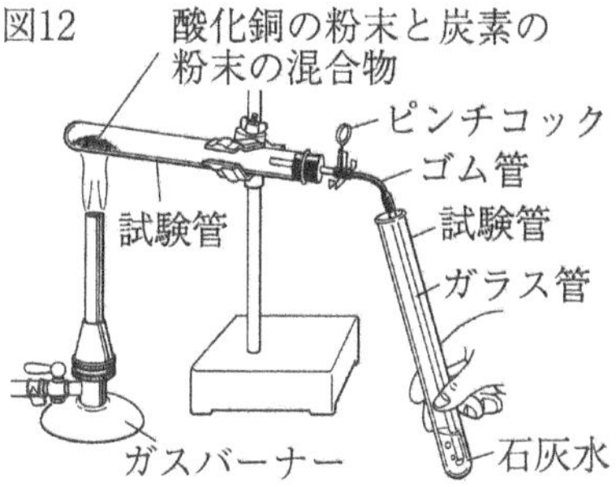

図13

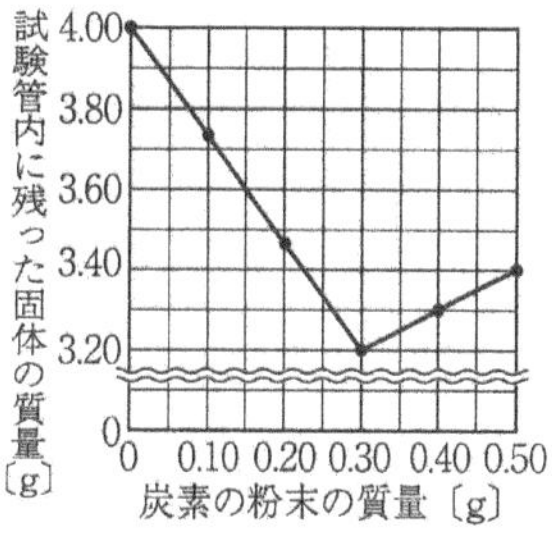

問1　実験では，加熱後の試験管の中に赤い固体が見られ，これは銅であることがわかった。これは，酸化銅が酸素を失って生じたものである。このように，酸化物が酸素を失う化学変化を何というか。

問2　酸化銅の粉末2.00 gと炭素の粉末の混合物を試験管に入れ，同様に加熱したとき，過不足なく反応する炭素の粉末の質量は何gか。

問3　酸化銅の粉末3.60 gと炭素の粉末0.24 gの混合物を試験管に入れ，同様にじゅうぶん加熱したあと，試験管に残った固体の質量をはかると何gになるか。

	問1	問2	問3
1	酸化	0.30g	2.56g
2	酸化	0.15g	2.96g
3	還元《かんげん》	0.30g	2.56g
4	還元	0.15g	2.96g
5	還元	0.30g	2.96g

【10】　ある濃度のうすい水酸化ナトリウム水溶液3.0㎝^{3}を試験管にとり，緑色のBTB溶液を数滴加えたところ，溶液の色は青色になった。これに，ある濃度のうすい塩酸2.0㎝^{3}を加えてよくふり混ぜたところ，溶液の色は緑色になった。試験管A～Eを用意し，同じ水溶液を用いて，表のように，水溶液の体積を変えて同様の操作を行ったとき，うすい塩酸を加えたあとの水溶液がアルカリ性となる組み合わせとして，正しいものを1～5より1つ選び，答えなさい。　〔解答番号⑩〕

表

	A	B	C	D	E
うすい水酸化ナトリウム水溶液の体積〔cm^3〕	1.0	2.0	4.0	5.0	6.0
加えたうすい塩酸の体積〔cm^3〕	0.7	1.5	2.0	3.2	4.0

1．A，B
2．B，C
3．C，D
4．C，E
5．D，E

【11】 次の各問いの答えの組み合わせとして，正しいものを１～５より１つ選び，答えなさい。

〔解答番号11〕

問１　ルーペでタンポポを観察するときの操作として，正しいものをア，イより１つ選びなさい。

ア．ルーペを目から離して持ち，タンポポと顔は動かさずにルーペだけ動かしてピントを合わせる。

イ．ルーペを目に近づけて持ち，ルーペと顔の位置は変えずにタンポポだけ動かしてピントを合わせる。

問２　図14は，植物について調べた公園とその付近の一部を模式的に表したものであり，ア～ウは植物が見つかったおもな場所を示してある。ドクダミが多く見つかったと考えられる地点のようすとして，正しいものをア～ウより１つ選びなさい。

図 14

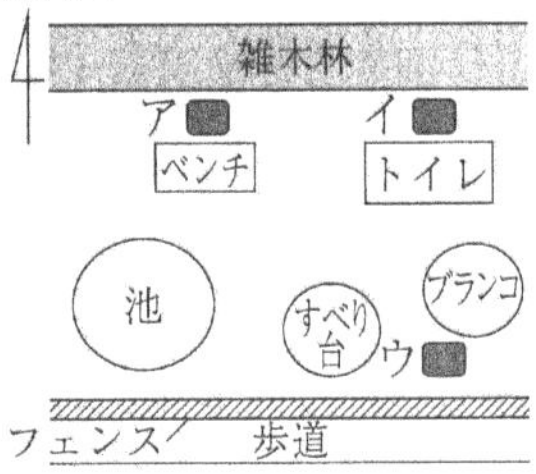

ア：日当たりが悪く，かわいている。

イ：日当たりが悪く，しめっている。

ウ：日当たりがよく，かわいている。

	問１	問２
1	ア	ア
2	ア	イ
3	イ	ア
4	イ	イ
5	イ	ウ

【12】 ヒトの呼吸について述べた，次の文の空欄《くうらん》(ア)～(ウ)に適する語句の組み合わせとして，正しいものを１～５より１つ選び，答えなさい。

〔解答番号12〕

肺には筋肉が（　ア　），息を吸うときには，肋骨《ろっこつ》が（　イ　），横隔膜《おうかくまく》が（　ウ　）ことで鼻や口から息が吸いこまれる。

	ア	イ	ウ
1	あり	引き上げられ	上がる
2	あり	引き下げられ	下がる
3	なく	引き上げられ	上がる
4	なく	引き下げられ	下がる
5	なく	引き上げられ	下がる

【13】 次の各問いの答えの組み合わせとして，正しいものを次のページの１～５より１つ選び，答えなさい。

〔解答番号13〕

問１　無セキツイ動物のうち，節足動物であるバッタを，その特徴《とくちょう》からさらになかま分けしたときの分類名として，正しいものをア，イより１つ選びなさい。

ア．昆虫《こんちゅう》類　　イ．甲殻《こうかく》類

問２　イカは，無セキツイ動物に属する軟体《なんたい》動物である。イカと同じなかまに分類される生物として，正しいものをア～ウより１つ選びなさい。

ア．マイマイ　　イ．サンショウウオ　　ウ．ザリガニ

	問1	問2
1	ア	ア
2	ア	イ
3	イ	ア
4	イ	イ
5	イ	ウ

【14】 タマネギの根の先端部の細胞を顕微鏡で観察したところ，細胞分裂がさかんに行われている場所があった。図15は，顕微鏡で観察したときのようすを模式的に表したものである。図15のA～EをAをはじめとして細胞分裂の順に並べたものとして，正しいものを1～5より1つ選び，答えなさい。

〔解答番号⑭〕

図15

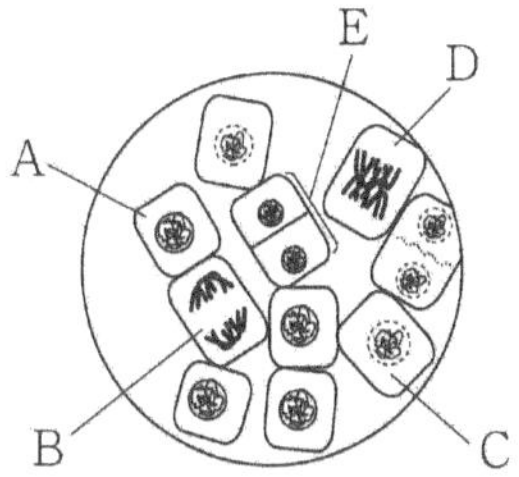

1．A→C→B→E→D
2．A→C→D→B→E
3．A→D→B→E→C
4．A→D→C→B→E
5．A→E→D→B→C

【15】 図16のように，10人で背中合わせに手をつなぎ，輪になった。最初の人は，左手でストップウォッチをおすと同時に右手でとなりの人の左手をにぎり，左手をにぎられた人はすぐに右手でとなりの人の左手をにぎった。このような動作を手を見ないように次々に行っていった。最後の人は，最初の人がストップウォッチをおした直後にそのストップウォッチを右手で受けとり，自分の左手がにぎられたらストップウォッチを止めた。同じ実験を3回繰り返し，表にその結果をまとめた。次のページの各問いの答えの組み合わせとして，正しいものを次のページの1～5より1つ選び，答えなさい。

〔解答番号⑮〕

図16

表

	1回目	2回目	3回目
時間〔秒〕	2.71	2.67	2.72

問１　刺激に対して反応する場合，脳やせきずいから命令の信号が出される。このとき，脳やせきずいからの信号を筋肉へ伝える神経を何というか。

問２　実験において，１人が刺激を受けてから反応するまでの時間を，１回目から３回目までの平均値から求めなさい。

	問１	問２
1	感覚神経	0.27 秒
2	感覚神経	0.30 秒
3	運動神経	0.27 秒
4	運動神経	0.30 秒
5	中枢《ちゅうすう》神経	0.27 秒

【16】　図17は，ある地点の露頭に見られる地層のようすを柱状図に表したものである。次の各問いの答えの組み合わせとして，正しいものを１～５より１つ選び，答えなさい。ただし，この地域の地層には上下の逆転は見られなかったものとする。　〔解答番号⑯〕

図17

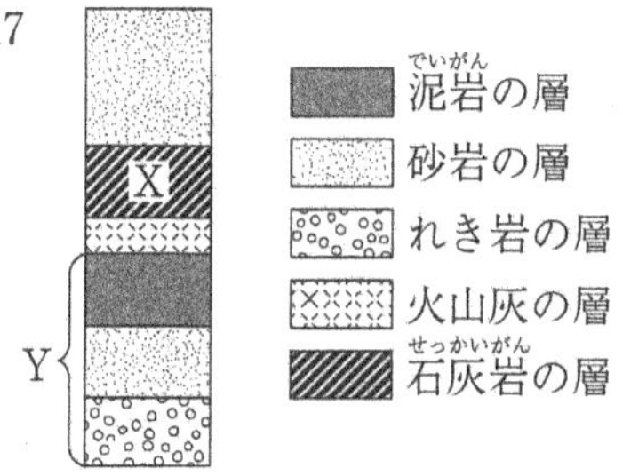

問１　Xの石灰岩の層からは，シジミの化石が見つかった。このことから，Xの層が堆積した当時の環境として，正しいものをア～ウより１つ選びなさい。

ア．あたたかく浅い海

イ．冷たく深い海

ウ．海水と河川の水が混ざるところ

問２　Yの地層が堆積した当時，この地点の河口からの距離《きょり》の変化として，正しいものをア，イより１つ選びなさい。

ア．しだいに河口から離れていった。

イ．しだいに河口へ近づいていった。

	問１	問２
1	ア	ア
2	ア	イ
3	イ	ア
4	イ	イ
5	ウ	ア

【17】　雲のでき方について述べた，次の文章の空欄(ア)～(ウ)に適する語句の組み合わせとして，正しいものを１～５より１つ選び，答えなさい。　〔解答番号17〕

空気のかたまりが上昇すると，上空に行くほど周囲の気圧が（　ア　）なり，空気が（　イ　）して，温度が（　ウ　）。空気のこのような変化によって，ある高さまで上昇すると雲ができる。

	ア	イ	ウ
1	高く	膨張	上がる
2	高く	収縮	下がる
3	低く	膨張	上がる
4	低く	収縮	下がる
5	低く	膨張	下がる

【18】　図18は，ある日の日本付近の天気図である。次の各問いの答えの組み合わせとして，正しいものを１～５より１つ選び，答えなさい。　〔解答番号18〕

図18

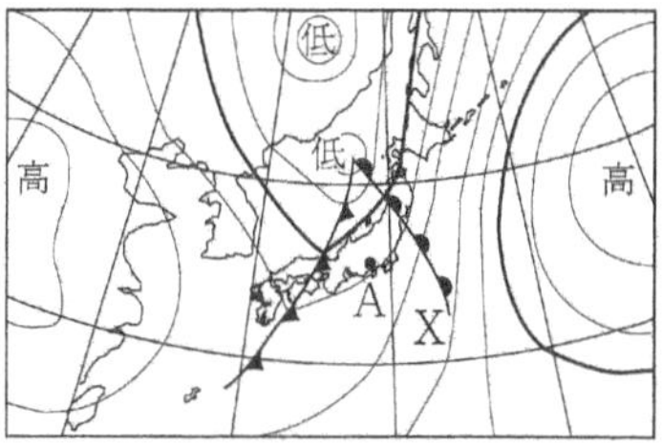

問１　地点Ａでの風向きとして，正しいものをア，イより１つ選びなさい。

ア．北よりの風　　イ．南よりの風

問２　前線Ｘが通過する前後の天気の変化として，正しいものをア～ウより１つ選びなさい。

ア．長い時間おだやかな雨が降り，通過後は気温が上がる。

イ．短い時間に激しい雨が降り，通過後は気温が上がる。

ウ．短い時間に激しい雨が降り，通過後は気温が下がる。

	問１	問２
1	ア	ア
2	ア	イ
3	イ	ア
4	イ	イ
5	イ	ウ

【19】　次のページの図19のように，日当たりのよい水平な場所に厚紙を置き，その上に透明半球を置いた。点Ｏは透明半球と同じ直径の円の中心である。８時から16時まで１時間ごとにサインペンを透明半球に当て，サインペンの先の影が円の中心にくるようにして，太陽の位置を透明半球上に点で記録した。記録した各点をなめらかに結び，透明半球のふちと厚紙との交点までのばした。こ

のとき，８時から16時までの各点の間隔はいずれも4.0㎝であり，点Ａと交点Ｐとの間隔が10.0㎝であったとき，日の出の時刻として，正しいものを１～５より１つ選び，答えなさい。

〔解答番号⑲〕

図19

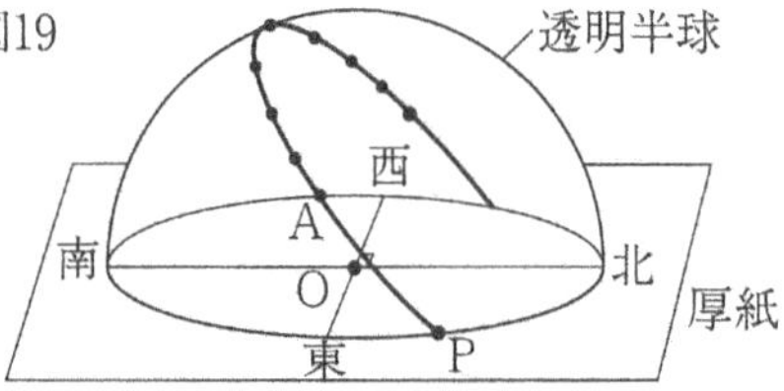

１．5時30分　　２．5時40分　　３．5時50分　　４．6時00分　　５．6時10分

【20】 図20のように，透明なふたのある容器の中央に火をつけた線香を立て，一方には砂，もう一方には水を入れた皿を置いた。このときの砂と水の温度はいずれも同じであった。この容器全体を日当たりのよい場所にしばらく置き，線香を外してから線香の煙の動くようすを調べた。次の各問いの答えの組み合わせとして，正しいものを１～５より１つ選び，答えなさい。　〔解答番号⑳〕

図20

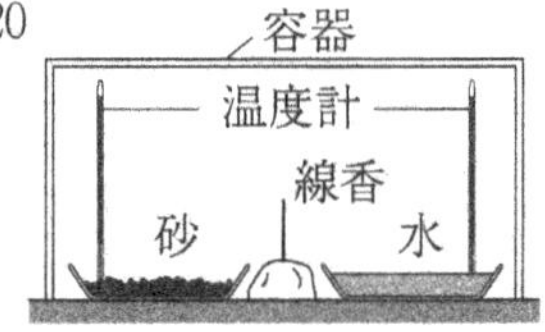

問１　線香を外してからの線香の煙の動くようすを矢印で表したものとして，正しいものをア～ウより１つ選びなさい。

ア．

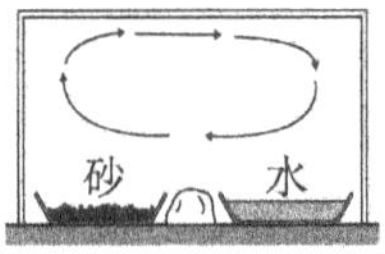

イ．

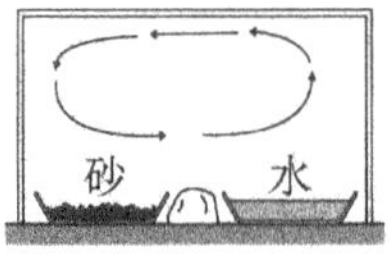

ウ．

問２　風が弱くよく晴れた夜間の海岸線をふく風の風向きとして，正しいものをア，イより１つ選びなさい。

ア．陸から海　　イ．海から陸

	問１	問２
1	ア	ア
2	ア	イ
3	イ	ア
4	イ	イ
5	ウ	ア

【社　会】（30分）　＜満点：100点＞

【1】 次の写真ならびに図版A～Hを見て，それぞれの問いに答えなさい。

A

B

C

D

E

F

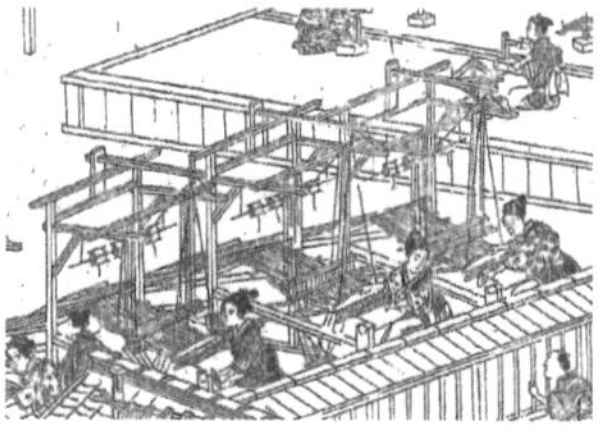

G

H

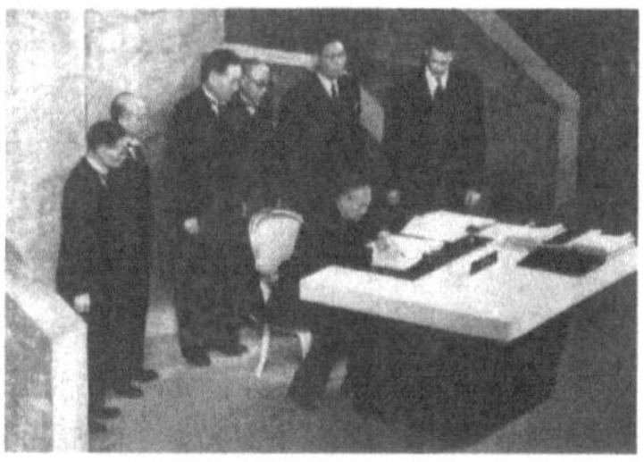

問1　写真Aは，ある古代文明でつくられた神殿を示しているが，この古代文明に関する説明文として，正しいものを次の1～5より1つ選び，答えなさい。［解答番号1］

1．世界最大級の都市であるローマを首都とし，浴場や水道，闘技場といった施設をつくるなど，高度な文明を築いた。

2．チグリス川とユーフラテス川に囲まれた地域でハンムラビ法典が整えられ，くさび形文字によって記録された。

3．都市国家としてポリスが建設され，成年男性市民全員が参加し国の方針を決定する民会を中心に民主政が行われた。

4．川のはんらんの時期を知るために天文学が発達するとともに，太陽を基準とした太陽暦がつくり出された。

5．政治における重要事項が占いによって決められ，占い結果は亀の甲や，牛や鹿の骨に文字として刻まれた。

問２　写真Ｂの金印が中国から日本に授けられた時代に関する説明文として，正しいものの組み合わせを次の１～５より１つ選び，答えなさい。　［解答番号2］

ア．朝鮮半島から日本に移り住む渡来人が増え，須恵器の作成などの技術のほか，漢字や儒教(儒学）といった文化を伝えた。

イ．天皇の死後，そのあとつぎをめぐって争った壬申の乱に勝利した人物が，天武天皇として即位した。

ウ．九州北部に伝来した稲作が東北地方まで広がり，人々は水田の近くにむらをつくり，収穫した米を高床倉庫に保存した。

エ．聖徳太子（厩戸皇子）が大王（天皇）中心の政治を目指し，小野妹子らを中国に派遣し，中国の進んだ制度や文化を学ばせた。

オ．邪馬台国の女王である卑弥呼が30あまりの国を治め，朝貢という形で中国に使いを送り，「親魏倭王」の称号を授けられた。

１．アとイ　　２．アとエ　　３．イとウ　　４．ウとオ　　５．エとオ

問３　図版Ｃは，空海を描いたものであるが，この人物に関する説明文として，正しいものを次の１～５より１つ選び，答えなさい。　［解答番号3］

１．遣唐使とともに中国にわたり，日本に戻ると高野山に金剛峯寺を建て，仏教の新しい教えとして真言宗を開いた。

２．度重なる航海の失敗により失明しながらも，日本側の願いに応じて来日し，日本に正しい仏教の教えを伝えた。

３．仏教を布教しながら人々のために橋や池をつくるとともに，天皇に協力し，東大寺の大仏造立に寄与した。

４．仏教や儒教の考え方を政治に取り入れ，現在の奈良県に，世界最古の木造建築として知られる法隆寺を建てた。

５．貴族や僧の間の権力争いが激しくなったことで社会が混乱したため，政治の立て直しを目的として都を移した。

問４　図版Ｄは，日本と元の戦いを描いたものであるが，この戦いが起こった時代の社会の様子として，正しいものの組み合わせを次の１～５より１つ選び，答えなさい。　［解答番号4］

ア．日本を従えようと使者を送ってきた元に対し，当時の幕府の執権であった北条時宗はその要求を退けた。

イ．天皇と上皇や貴族の間の権力争いが激しくなり，保元の乱と平治の乱とよばれる２つの内乱が起こった。

ウ．加賀国などで，浄土真宗の信仰と結びついた武士や農民たちが一向一揆を起こした。

エ．生活に困窮する御家人を救うため，幕府は永仁の徳政令を出したが，一時的な効果しか得られなかった。

オ．現在の沖縄県において，山北（北山）・中山・山南（南山）の３つの勢力を統一した中山王の尚氏が，首里を都とする琉球王国を建国した。

１．アとイ　　２．アとエ　　３．イとウ　　４．ウとオ　　５．エとオ

問５　図版Ｅは，ある運送業者を示しているが，この運送業者が活動したころの社会や産業に関する説明文として，正しいものを次のページの１～５より１つ選び，答えなさい。　［解答番号5］

1．幕府によって五人組の制度が定められ，農民たちは年貢の納入や犯罪の防止に対して連帯責任を負わされた。

2．商品作物の栽培がさかんになり，阿波の藍や出羽村山地方の紅花，薩摩のさとうきびなどが地方の特産物となった。

3．戸籍に登録された6歳以上の男女に口分田があたえられ，口分田をあたえられた人々は稲の収穫量に応じて租を負担した。

4．村には惣とよばれる自治組織がつくられ，借金の帳消しなどを求めて土一揆を起こすこともあった。

5．社会の乱れに対する人々の不安から浄土信仰がおこり，平等院鳳凰堂に代表される阿弥陀堂が各地につくられた。

問6　図版Fは，19世紀ごろにおこった工業の様子を描いたものであるが，19世紀に起こったできごととして，正しいものを次の1～5より1つ選び，答えなさい。　[解答番号6]

1．浅間山の大噴火による凶作などでききんが全国に広まり，各地で百姓一揆や打ちこわしが頻発した。

2．日露戦争の講和条約としてポーツマス条約が結ばれたが，賠償金が得られなかったことから，日比谷焼き打ち事件が起こった。

3．不公平な交易への不満から，シャクシャインを中心としてアイヌの人々が松前藩との戦いを起こした。

4．関東大震災が起こり，東京や横浜を中心とする都市部の地域が壊滅的な打撃を受け，多くの死者や行方不明者が出た。

5．日米修好通商条約の締結により，函館，神奈川（横浜），長崎，新潟，兵庫（神戸）の5港が開かれ，外国との貿易が始まった。

問7　図版Gは，米騒動の様子を描いたものであるが，米騒動が起こった時代のできごとに関する説明文として，正しいものの組み合わせを次の1～5より1つ選び，答えなさい。[解答番号7]

ア．東京，大阪，名古屋でラジオ放送が始まり，その後全国に広まったことで，新聞と並ぶ情報源となった。

イ．国産の綿糸の輸出量が輸入量を上回るなど産業革命の時代をむかえ，官営の製鉄所として八幡製鉄所が建設された。

ウ．満25歳以上の男子に選挙権をあたえる普通選挙法が成立し，同年には共産主義などを取り締まる治安維持法も成立した。

エ．国会の開設を求める自由民権運動が激化したことを受けて，伊藤博文が10年後の国会開設を約束した。

オ．軍需品の生産が最優先とされた結果，米や砂糖，マッチなどの生活必需品が不足し，配給制や切符制となった。

1．アとウ　2．アとエ　3．イとウ　4．イとオ　5．エとオ

問8　写真Hのできごとよりも後のできごととして，誤っているものをあとの1～5より1つ選び，答えなさい。　[解答番号8]

1．日中共同声明によって日本と中国との国交が正常化し，その6年後には日中平和友好条約が結ばれた。

2．二度にわたる世界大戦への反省から，世界の平和と安全を維持することを目的として国際連合が発足した。

3．冷戦の象徴となっていたベルリンの壁が取りこわされ，アメリカ合衆国とソ連の両首脳により冷戦の終結が宣言された。

4．ベトナム戦争への軍事介入を本格化させるアメリカ合衆国に対して，アメリカ合衆国をふくむ世界各地で反戦運動が高まった。

5．アメリカ合衆国で同時多発テロが起こったことで，アメリカ合衆国がアフガニスタンを攻撃した。

【2】 次の地形図を見て，それぞれの問いに答えなさい。

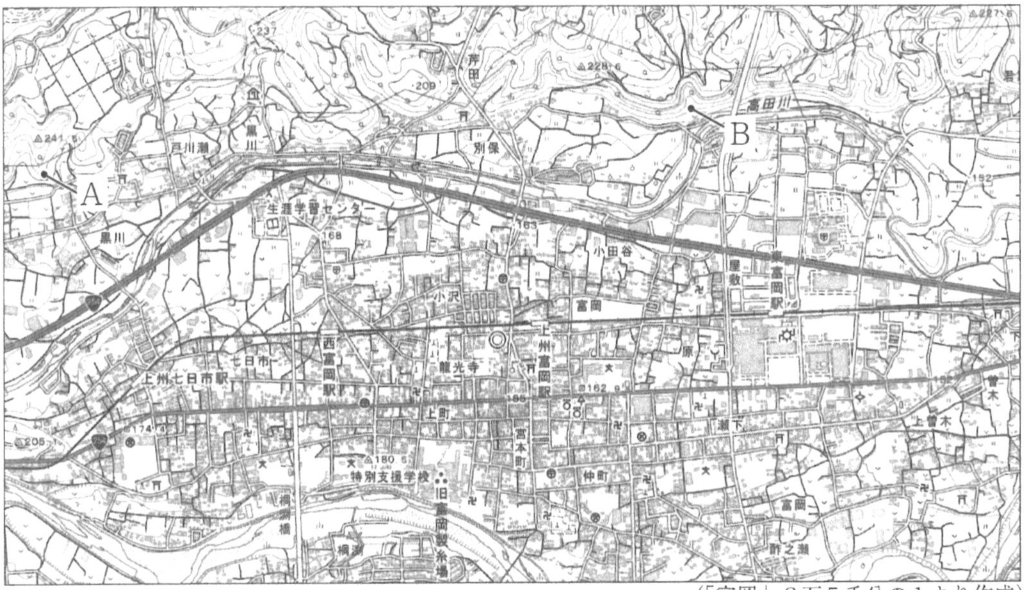

（「富岡」２万５千分の１より作成）

問１　地図で示されたのは富岡市の一部であるが，この地図に関する説明文として，正しいものを次の１～５より１つ選び，答えなさい。　[解答番号9]

1．市役所にむかう際の最寄り駅は，東富岡駅である。

2．龍光寺から見て，生涯学習センターは北東の方角にある。

3．富岡や酢之瀬の周辺には，おもに水田が広がっている。

4．地図中には川が見られないため，橋はかかっていない。

5．地図中の小・中学校は，すべて線路の南側に位置している。

問２　地図中に見られない施設を次の１～５より１つ選び，答えなさい。　[解答番号10]

1．官公署

2．発電所

3．城跡

4．病院

5．老人ホーム

問3　地図中A地点とB地点とでは，標高差はおよそどれくらいあるか，正しいものを次の1～5より1つ選び，答えなさい。　[解答番号11]

1．20m　2．40m　3．60m　4．80m　5．100m

問4　地図中の旧富岡製糸場は世界遺産に登録されているが，同様に世界遺産に登録されているものとその遺産が位置する都府県の組み合わせとして，誤っているものを次の1～5より1つ選び，答えなさい。　[解答番号12]

1．石見銀山－山口県
2．小笠原諸島－東京都
3．厳島神社－広島県
4．姫路城－兵庫県
5．百舌鳥・古市古墳群－大阪府

【3】　次の地図を見て，それぞれの問いに答えなさい。

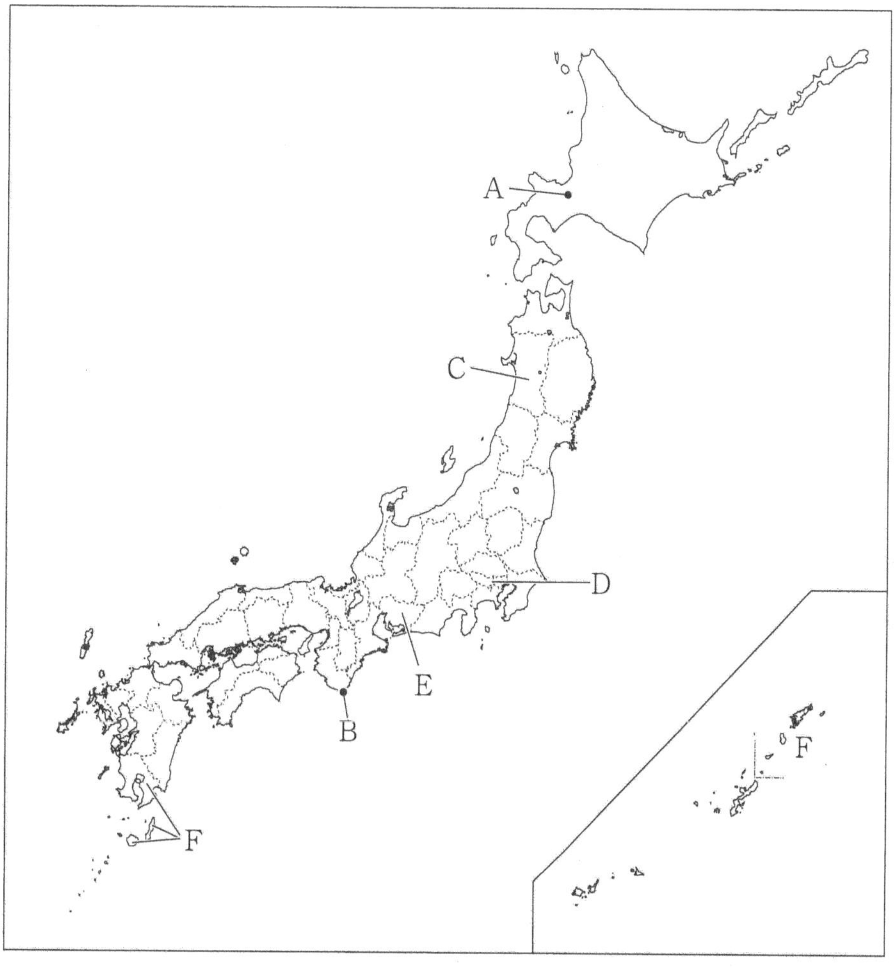

問1　地図中の都市Aと都市Bの気温と降水量を示すグラフとして，正しいものの組み合わせを次のページの1～5より1つ選び，答えなさい。　[解答番号13]

ア.

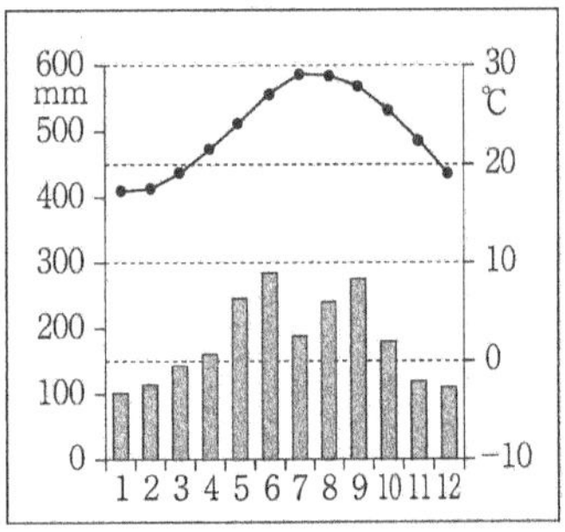

イ.

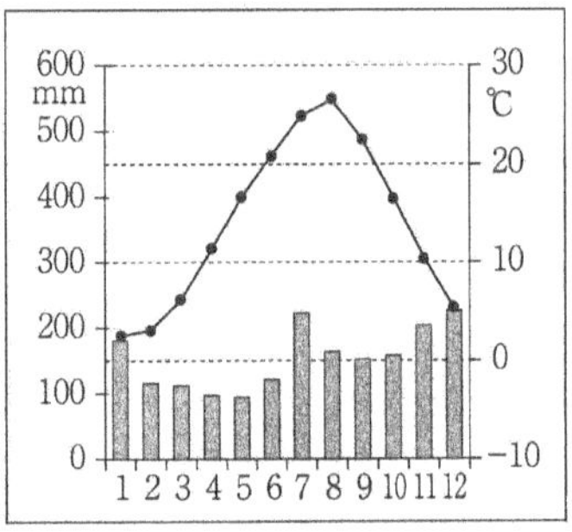

ウ.

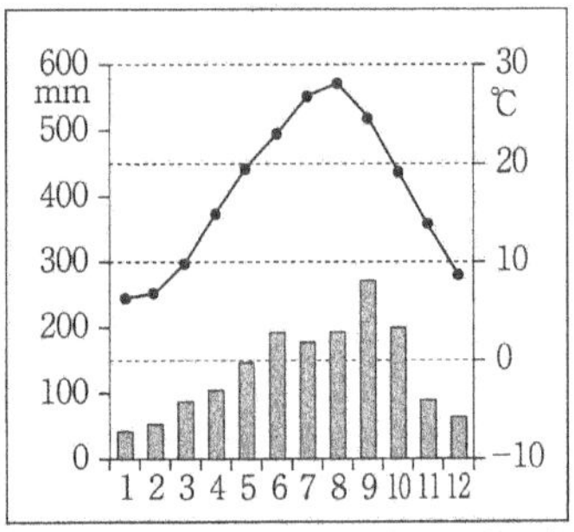

（「理科年表」令和４年より作成）

エ.

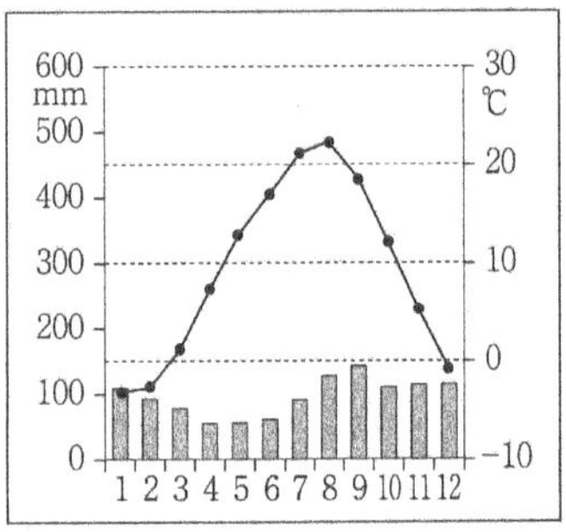

オ.

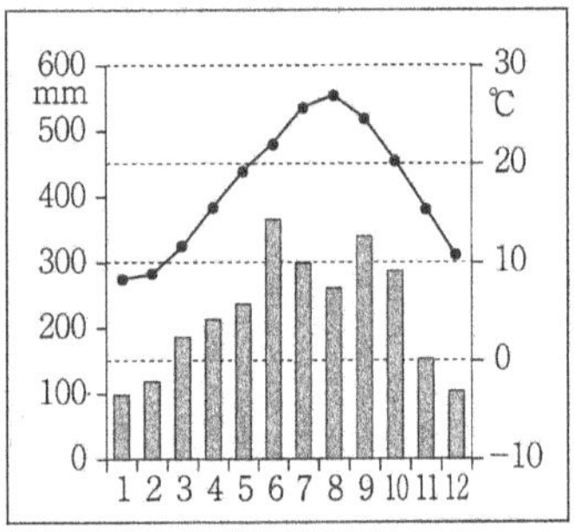

1．A　イ　　B　ア
2．A　ウ　　B　オ
3．A　ウ　　B　エ
4．A　エ　　B　オ
5．A　エ　　B　ア

問２　次のグラフは，地図中のＣ・Ｄ・Ｅ・Ｆの都県の製造品出荷額等の割合を示したグラフであるが，Ｄの都県のグラフとして，正しいものを次の１～４より１つ選び，答えなさい。

［解答番号⑭］

1.

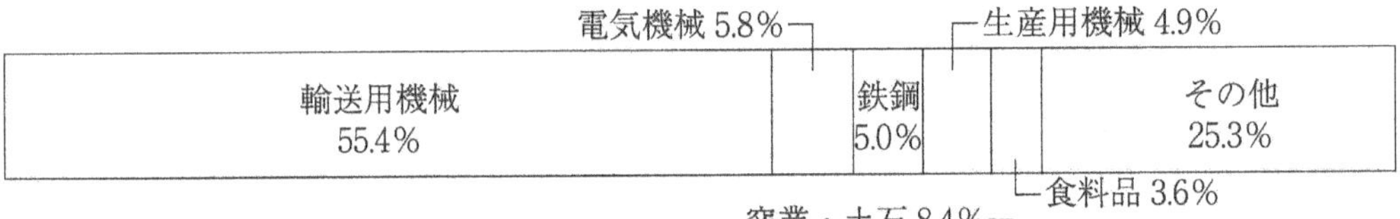

2.

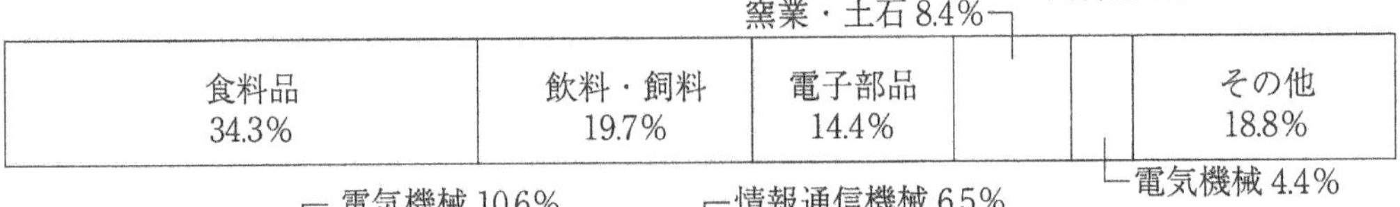

3.

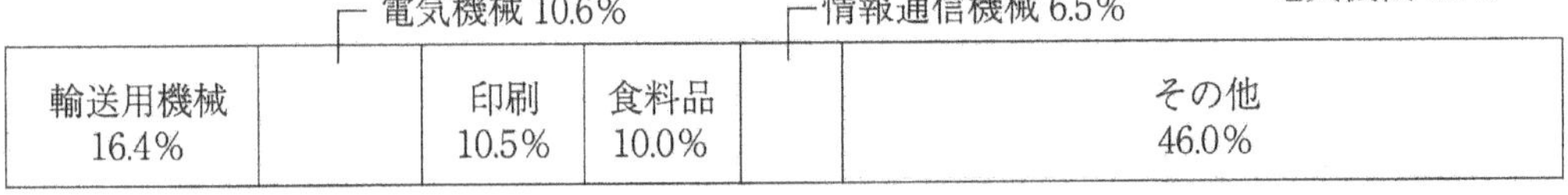

4.

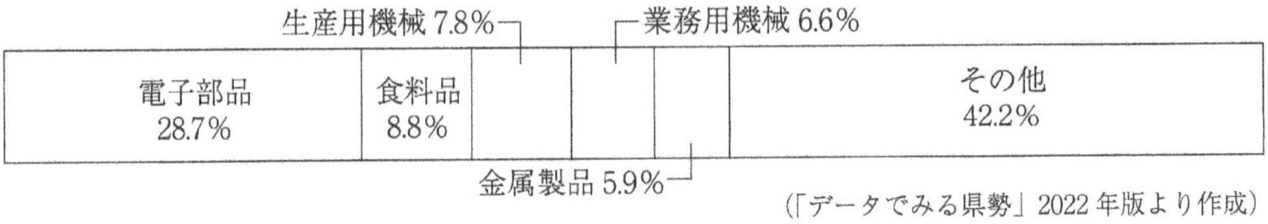

（「データでみる県勢」2022年版より作成）

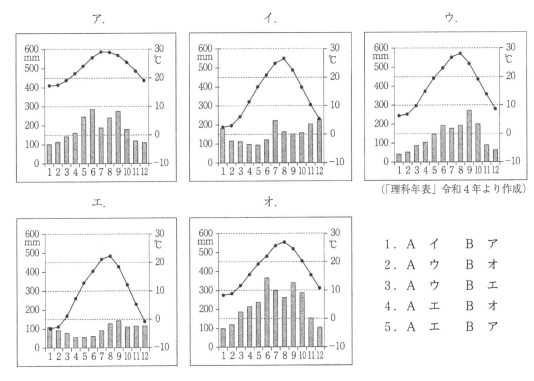

【4】 オセアニア州の地図について，それぞれの問いに答えなさい。

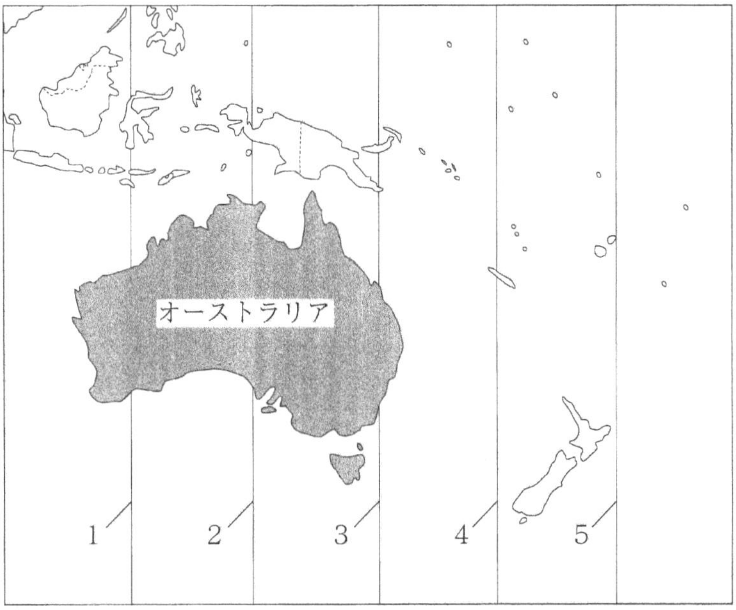

問1　東経135度を示す経線として正しいものを地図中の1～5より1つ選び，答えなさい。

[解答番号⑮]

問2　地図中のオーストラリアと他地域のつながりについての説明文として，正しいものを次の1～5より1つ選び，答えなさい。　[解答番号⑯]

1．アメリカ合衆国と昼夜が反対であることを活かし，アメリカ合衆国の企業のコールセンターなどが設置されている。

2．地理的に近いことからASEANに加盟しており，東南アジア諸国との間での貿易や交流が活発に行われている。

3．かつてヨーロッパの国によって植民地支配をされていたことから，現在でもスペイン語やポルトガル語が公用語となっている。

4．周辺の国から，ヒスパニックとよばれる人々が多く移住してきており，オーストラリアの経済を支える基盤となっている。

5．かつてはヨーロッパ系以外の移民を制限する白豪主義をとっていたが，現在では多文化社会が目指されている。

問3　次のページのグラフは，オーストラリア，アメリカ合衆国，中国，サウジアラビア，ブラジルの日本への輸出品目上位5品目の割合を示している。オーストラリアを示すグラフとして，正しいものを次のページの1～5より1つ選び，答えなさい。　[解答番号⑰]

1．

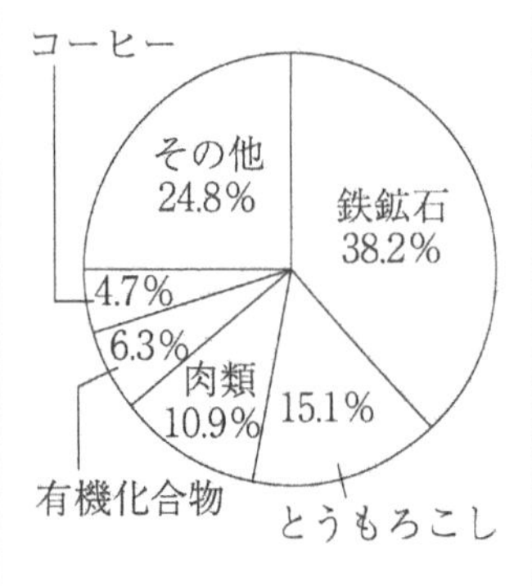

2．

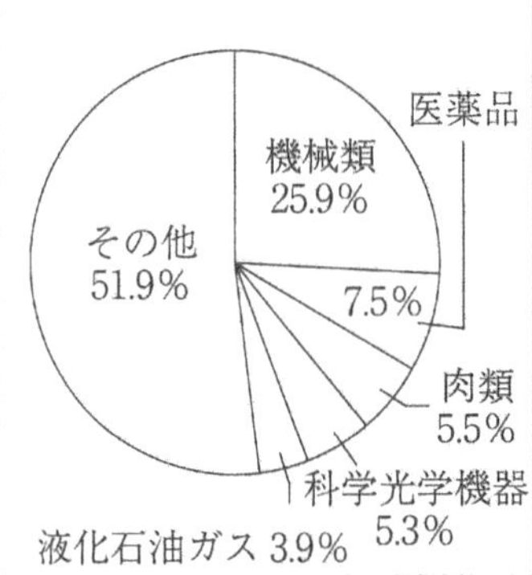

3．

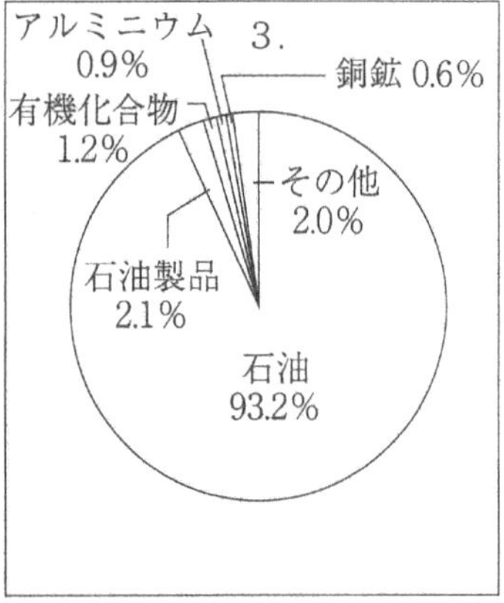

4．

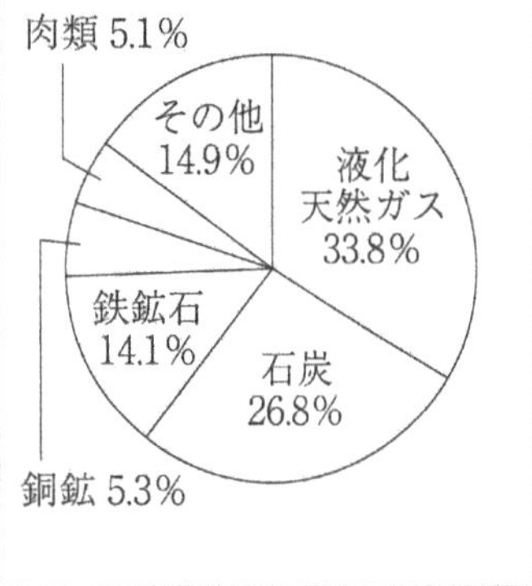

5．

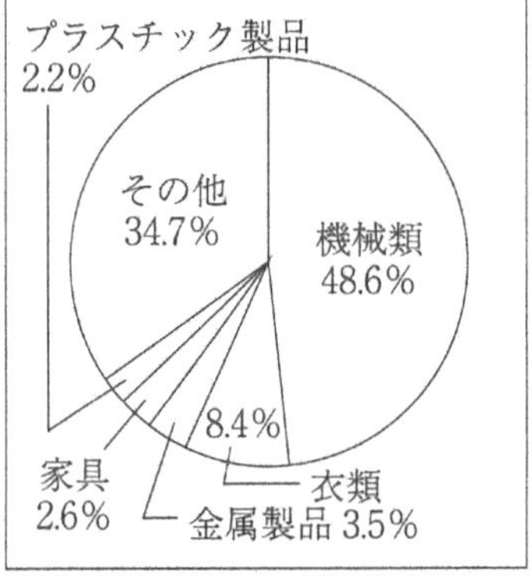

（「日本国勢図会」2021/22年版より作成）

【5】 次の先生と生徒の会話文を読み，それぞれの問いに答えなさい。

生徒 「先生，豊橋市は平和への取り組みに力を入れていると聞きました。具体的にどのような活動を行っているのでしょうか。」

先生 「豊橋市は『平和・交流・共生の都市宣言』の理念にもとづいて平和行政を行っています。戦争体験談を映像化したり，図書館で『子どものための平和の集い』を開催したりするなど，さまざまな活動を行っていますよ。」

生徒 「平和行政に力を入れることには，どのような背景があるのでしょう？」

先生 「豊橋市が太平洋戦争中に空襲によって大きな被害を受けた都市の1つだということが，背景としてあると思います。」

生徒 「なるほど。日本国憲法の三大原則の一つであるA平和主義では，戦争によって大きな被害を受けたからこそ，戦争を放棄して平和のために努力することが定められていると習いましたが，豊橋市も同じ考え方なんですね。」

先生 「その通りだと思います。また，現在はグローバル化が進んでいますから，B国際的な取り決めや国同士で話し合う機会も大切にしなければいけませんね。」

生徒 「平和主義だけでなく，基本的人権を考える際にも大切な考え方ですね。」

問1　文中下線部Aについて，平和主義に関連する事項の説明文として，正しいものを次の1～5より1つ選び，答えなさい。［解答番号18］

1．日本は，日本国憲法第9条において，戦争を放棄するとともに，陸海空軍は自衛のためにのみ用い，自衛のための交戦のみを認めている。

2．国際平和協力法（PKO協力法）にもとづき，自衛隊が海外で活動できるようになったが，まだ実際に参加はしていない。

3．アメリカ合衆国との間に日米安全保障条約が結ばれており，アメリカ軍が日本に駐留することを認めている。

4．自衛隊発足時と比較すると，世界情勢や世界の中での日本のあり方の変化などを受けて，日本の防衛関係費は減少している。

5．被爆国である日本は，核兵器を「持たない，つくらない，使わない」とする非核三原則をかかげている。

問2　文中下線部Bについて，人権に関する国際的な取り決めについての説明文として，正しいものを次の1～5より1つ選び，答えなさい。［解答番号19］

1．近年では，それぞれの国の政府の組織と異なり，国境をこえて活動するNPO（非政府組織）も活躍している。

2．人権に関する国際的な条約は多岐にわたるが，日本も数多くの条約を批准しており，近年では，死刑廃止条約を批准している。

3．日本で男女雇用機会均等法が制定されると，女性差別撤廃の動きが国際的に広まり，女子差別撤廃条約がつくられた。

4．1948年に世界人権宣言が出され，1966年には条約として法的拘束力を持つ国際人権規約が採択された。

5．国際的な人権保障の機関として，国際連合に所属し，紛争地域や被災地に医師などを派遣する「国境なき医師団」がある。

【6】　行政や内閣についての説明文として，正しいものを次の1～5より1つ選び，答えなさい。［解答番号20］

1．すべての公務員は「全体の奉仕者」として，公共の利益に貢献しなければならないとされている。

2．内閣における国務大臣は内閣総理大臣が指名し，国会が任命するが，その過半数は国会議員でなければならない。

3．社会保障や教育，雇用対策など，国民生活におけるあらゆることを行政が担当しようという考え方を，「小さな政府」という。

4．日本では近年行政改革が行われ，公務員の数を増やし，より大規模な行政を進めようとする方針が示された。

5．行政と立法の関係は大きく議院内閣制と大統領制に分かれるが，行政と立法がより密接に結びつくのは大統領制である。

【7】　労働や労働者の権利に関する説明文として，誤っているものを次のページの1～5より1つ選び，答えなさい。［解答番号21］

1．少子高齢化に伴う生産年齢人口の減少や，国民全体の人口減少が続く日本では，外国人労働者を必要な労働力として受け入れる方針をとっている。

2．労働者は雇用する側に対して立場が強いことが多いので，労働組合を結成し，労働条件向上の交渉を行うことができる。

3．現在の日本では，パートやアルバイト，派遣労働者などの非正規雇用が増えているが，非正規労働者は，正規労働者と比べて賃金が低い傾向にある。

4．現在の日本では長時間労働が問題となっており，仕事と個人の生活の両立を意味するワーク・ライフ・バランスの実現が目指されている。

5．日本では労働者の権利を法律によって保障しており，代表的なものとして労働基準法，労働組合法，労働関係調整法の3つがある。

【8】 次の3つの用語の説明文として，正しい組み合わせを次の1～5より1つ選び，答えなさい。

［解答番号㉒］

A　セーフティネット　　B　民主主義の学校　　C　インクルージョン

ア．雇用保険や生活保護，職業訓練など，失業したときなどに備えた準備やしくみ。

イ．障がいがあっても，教育や就職の面で不自由することがないといった状態。

ウ．公共の交通機関や建物などで，障がいのある人も利用しやすい状態。

エ．地方自治が，国の政治よりも人々の生活に身近な民主主義を行う場であること。

オ．治安の維持や安全保障など，政府が必要最小限の仕事のみを行うこと。

1．A　エ　　B　ア　　C　ウ

2．A　エ　　B　ウ　　C　ア

3．A　オ　　B　エ　　C　ア

4．A　ア　　B　オ　　C　イ

5．A　ア　　B　エ　　C　イ

【9】 契約や流通についての説明文として，正しいものを次の1～5より1つ選び，答えなさい。

［解答番号㉓］

1．契約を結ぶことに関しては当事者の自由であるという契約自由の原則があることから，買う側か売る側どちらか片方の同意が必要である。

2．契約を結ぶときは，買う側は売る側の情報を十分に理解した上で契約を結んでいるので，契約を結んだあとに問題が起こることはない。

3．現在では卸売業者を介さず，大規模小売業者がまとめて仕入れるなど，流通の合理化が進められている。

4．POSシステムとは，小売業者や卸売業者が独自のブランドとして販売する商品のことを示している。

5．インターネット・ショッピングの普及により流通の経路は短縮されたが，倉庫の保管費用などのためコストは実店舗よりも多くかかるようになった。

【四】 次の（ア）～（エ）の故事成語の意味を、それぞれ後の1～5より一つずつ選び、答えなさい。

〔（ア）…解答番号 24 、（イ）…解答番号 25 、（ウ）…解答番号 26 、（エ）…解答番号 27 〕

（ア） 四面楚歌《そか》
（イ） 呉越同舟
（ウ） 背水の陣
（エ） 塞翁が馬

1. 決死の覚悟で物事に取り組むこと。
2. 仲の悪い者どうしが一緒にいること。
3. 第三者が利益を得ること。
4. 人生の幸福や不幸は予測しがたいこと。
5. 周りが敵ばかりの状況にあること。

【五】 次の（ア）～（ウ）の文で用いられている表現技法を、それぞれ後の1～5より一つずつ選び、答えなさい。

〔（ア）…解答番号 28 、（イ）…解答番号 29 、（ウ）…解答番号 30 〕

（ア） 私は半世紀後も覚えているだろう、みんなと過ごした青春を。
（イ） 今日は風がないから、湖の水面が鏡みたいに景色を映しているね。
（ウ） 頭上には青い空が広がる。地上には緑の大地が続く。

1. 直喩　2. 隠喩　3. 擬人法　4. 倒置　5. 対句

3．本を読みながらノートをとる作業は年をとると面倒に感じるようになるため、楽に作業できるのはよいと感じたから。
4．本を読みながらノートをとると、何でも書いてしまって密になるので読みづらいが、コピーなら読みやすいと考えたから。
5．本を読みながらノートをとると時間と労力がかかりすぎると感じていたところに、よりよい方法が登場したと感じたから。

問五　空欄 ④ に入れるのに最も適切なものを、次の1～5より一つ選び、答えなさい。　［解答番号 17 ］

1．風前の灯火《ともしび》　2．無用の長物　3．机上の空論
4．砂上の楼閣　5．鶴の一声

問六　筆者の考えによると、私たちはどのように勉強すると最も効果を得られるのですか。最も適切なものを、次の1～5より一つ選び、答えなさい。　［解答番号 18 ］

1．講義を聴くときも本を読むときも、重要なこととそうでない部分をきちんと区別して、大事なことだけ選んでノートにとるようにする。
2．講義を聴いたり本を読んだりすることにできるだけ集中することと、手書きによって手で覚えることのバランスをとるようにする。
3．講義を聴いたり本を読んだりしながらノートをとるだけではなく、記録したものは必ず読み返して、確実に頭に収める習慣をつける。
4．ノートをとらずに講義を聴いたり本を読んだりして、重要なことだけを整理して頭に収め、どうでもいいことは忘れていくようにする。
5．人間はいずれ忘却するのだから、忘れることを気にせずに気楽に講義を聞き流したり、本を読むときにはコピー機器を活用したりする。

問七　本文の内容について当てはまるものを、次の1～5より一つ選び、答えなさい。　［解答番号 19 ］

1．人間は忘却するが、古い情報を忘却して新しい情報を得ることの大切さをもっと意識すべきである。
2．コピーはノート以上に読み返さないため、コピー機器の登場以来、本を読む喜びを知らない人が増えた。
3．人間の記憶力は昔よりも低下しているはずだが、その分、人間は新しい思考をすることが可能になった。
4．現在と昔では大学の講義のやり方が変わっているため、学生に適した勉強の仕方も以前と変わっている。
5．人間の頭のはたらきを考えると、大事なことだけを選んで述べている講義や本で勉強できると都合がよい。

【三】　次の（ア）～（エ）の傍線部の品詞名を、それぞれ後の1～5より一つずつ選び、答えなさい。

［（ア）…解答番号 20 、（イ）…解答番号 21 、（ウ）…解答番号 22 、（エ）…解答番号 23 ］

（ア）　彼はいつもおだやかに話す。
（イ）　張った氷の厚さに驚く。
（ウ）　今朝はおかしな夢をみた。
（エ）　彼は少しも納得していない。

1．名詞　2．副詞　3．連体詞
4．形容詞　5．形容動詞

問一　二重傍線部（a）「途方にくれた」、（b）「さわりの部分」とあるが、ここではどういう意味ですか。最も適切なものを、それぞれ次の1～5より一つずつ選び、答えなさい。

［（a）…解答番号 12 、（b）…解答番号 13 ］

（a）「途方にくれた」

1．大変な努力と苦労をした
2．どうにもできなくて諦めた
3．難しくて驚きあきれた
4．どうしてよいかわからず困った
5．うまくいかなくて落ち込んだ

（b）「さわりの部分」

1．中心となる重要な部分　　2．ほとんど全体
3．冒頭にある導入の部分　　4．終わりにある結末や結論
5．おおまかな主旨や流れ

問二　傍線部①「文字や記録が、われわれの忘却力を高める」とあるが、その理由として最も適切なものを、次の1～5より一つ選び、答えなさい。

［解答番号 14 ］

1．記憶力を鍛えないと人間の忘却力は高まっていくが、文字を記すことは記憶力を鍛えることにつながらないから。
2．われわれは文字信仰や記録信仰をいだくようになって、文字で記すことのできない情報を重視しなくなったから。
3．忘れたときの保険として文字で記録するという方法を取り入れたため、無理に覚えておかなくてもよくなったから。
4．われわれは文字による記録の便利さを味わううちに、物事を記憶することは無意味だと考えるようになったから。
5．われわれは情報を文字で記録したあとで、情報を意識的に忘却することによって頭の中を整理しようとするから。

問三　傍線部②「学生はそれを自分のノートへ書きうつす」とあるが、この行動について、筆者はどのように考えていますか。最も適切なものを、次の1～5より一つ選び、答えなさい。

［解答番号 15 ］

1．ノートをとらないほうが聴いている内容の理解は高まるが、聴くことを苦手としている日本人には合っている方法である。
2．文字を書くことに気をとられて聴くことに集中できないため、忘れたり重要なところを聴き逃したりすることがありうる。
3．講義内容の理解が高まるので大事なことを忘れずにすむ一方で、つまらないことまで一緒に覚えてしまうこともありうる。
4．聴いている内容を片っ端から書きうつさないと安心できなくなり、非効率的にほとんど全部を書くような状態になりうる。
5．ノートに記録しながら覚えるので目先の試験の準備をするにはよいが、長い間記憶しておくことには向かない方法である。

問四　傍線部③「ノートをとりながら本を読む苦労をしたものはコピー機器があらわれたとき、ほとんど狂喜せんばかりであった」とあるが、その理由として最も適切なものを、次の1～5より一つ選び、答えなさい。

［解答番号 16 ］

1．本を読みながら書き取る作業をしているうちに飽きてしまうためノートは見返さないが、コピーなら見返すと思ったから。
2．本を読みながらノートをとるのは無理だと一般的に認識されるようになっていたところに、代わりの方法ができたから。

中、講義内容の理解も高まる。大事なことを忘れるようなことは、まず、おこらない。何でも書きつけるメモ魔と言われるような人には、とても信じられないだろうが、ノートはとらない方が、よく理解できるのはたしかである。

　これはさきの話よりずっと後年のことであるが、あるドイツ文学の研究者がドイツに留学した。ドイツ語の講義をノートにとることができず、(a)途方にくれたそうだが、まわりのドイツ人学生は、だれひとりノートをとっていないで、ただ、聴いているだけ。ときどき、数字などを心覚えにメモするだけだったそうで、日本人の耳の弱さを痛感したそうだ。ノートは、かつて考えられたほどありがたいものではない。ひょっとするとノートをとることで、つまらぬことを記録するかわりに、大切なことを落《おと》してしまうおそれがある。

　ノートをとらず聴いていると、その瞬間に重要なこととそうでない部分を区別して、どうでもいいことは忘れて、大事なことの方を頭に収めることをしているのだと想像される。はじめから整理された情報が入ってくるわけで、頭のはたらきのためにも、好都合であるのははっきりしている。

　勉強のために読む本は、ノートをとりながら読むことが少なくない。いかにも手堅い読み方のように思われるが、これもあとでふりかえってみると、思ったほどよい方法ではないようである。まず、せっかく、書き取ったのに、それを見返すことがほとんどない。あとで読みもしないものに、多くの時間を費《ついや》し、その間読むのが中断されて、本の理解も悪くなる。

　それよりもっと困るのは、ノートをとっていると、大事なところと、そうでないところの区別がだんだんはっきりしなくなり、なんでも片っ端からノートしないと安心できなくなることである。だんだんノートする部分が多く密になってきて、全部を写すに近いようになりかねない。

　ノートをとりながら本を精読するのは、時間と労力に見合った成果をあげないことがわかってくるのか、すこし年をとると自然にやめてしまう人が多い。怠けものになるのではなく経験の知恵であろう。

　③ノートをとりながら本を読む苦労をしたものはコピー機器があらわれたとき、ほとんど狂喜せんばかりであった。これであの書き写しから解放されると思った。ノートをとりながら勉強する習慣もぱったり止まった。

　ここはと思うところに印をつけて、あとでまとめてコピー、それで万事ＯＫ。すっかり忘れることができる。得やすきものは失いやすし、でコピーしたものは、後でまず読まない。手書きのノートはとにかく一部、手が覚えているが、本を読む喜びを知らない人が多くなったのは、(b)さわりの部分をコピーするのが普通になったのと無関係ではないように思われる。

　メモもノートも抜き書きも、忘れては困るから、その保険のために書きしるされるものである。しかし、いったん記録されると、安心して忘れることができる。しかしメモもノートも読み返さなくては、まったく　④　である。やはり、聞き流し、読み流すのが、自然で、またもっとも有効な情報の収得方法になる。記憶と記録と忘却と理解は、一般に考えられているよりずっと複雑な関係にある。

（外山滋比古『忘却の整理学』より抜粋）

注1　ディクテーション…人が話していることをそのまま書き取ること。

2．人々が、地球はすべての人類の共有地であるという意識をもっておらず、自分が利益を得るための場所だとしか考えていないから。

3．人々が、資源が枯渇しつつあることを現実的に捉えておらず、自分が得ている利益を上回る損失があるとは予想していないから。

4．人々が、自分に見える近場で発生する利益や損失は気にかけるのに、地球全体で発生する利益や損失は気にかけようとしないから。

5．人々が、いつか全体で負うことになる間接的な損失よりも、自分がすぐに得をしたり便利に暮らしたりすることを優先するから。

問八　筆者の考えに当てはまるものを、次の1～5より一つ選び、答えなさい。［解答番号 11 ］

1．現在の環境問題は多様化しているので、私たちは近代民主主義に基づく多様な思想を身につけて、環境問題に対応すべきである。

2．環境について問題になることは時代によって変わるので、私たちは近代民主主義に固執せず、新しい時代の思想を生むべきである。

3．私たちは環境問題に対応するために、近代民主主義の思想に加えて、未来についての責任を負う新たな思想を獲得すべきである。

4．私たちは環境問題を解決するために、近代民主主義の誤った思想から抜け出して、これに代わる新しい思想を探し出すべきである。

5．私たちは近代民主主義より前の思想を取り戻し、たとえ個人の自由や利益を制限されてでも、環境問題の解決を目指すべきである。

【二】　次の文章を読んで、後の問いに答えなさい。

実際に文字が使用されるようになって、人間の記憶力ははっきり低下したはずである。安心して忘れるくせがついて、記憶力が衰弱する。目の見えない人は、文字に頼ることができないから、たいてい普通の人より記憶力がすぐれている。何年も会ったことのない人の足音で、誰であるかを言い当てたりすることができる。

われわれは文字信仰、記録信仰をいだいているが、そのために、どれだけ記憶力が落ちているか考えることもない。そして、「①文字や記録が、われわれの忘却力を高める」ことが、別の面で人間のためになる、ということにも同じくらい無関心である。文字のおかげで、われわれは安心して忘れられるようになった。忘却力をのばし、新しい思考を可能にした功は決して小さくない。

昔、ある大学生が、入学早々、教授を訪れて勉強法の教示を乞うた。

「ノートはどういうふうにとったらよろしいのでしょうか」

と学生が尋ねた。いまとは違い、大学は講義が中心。講義は教授が作ってきた講義案を読み上げる、のではなく、学生が書き取りやすいように区切って、ゆっくり読む。②学生はそれを自分のノートへ書きうつす。注1ディクテーションで、そのために「大学ノート」というものが市販されていた。横罫《よこけい》のノートである。国文学の講義でも学生は横書きにしてノートを作った。期末には、そのノートで勉強して試験に臨む大事な記録である。ノートのとり方は新入生にとってとくに大きな関心事である。

先生の答えは意外なものだった。

「ノートはとらず、じっとよく聴いていなさい」

と言うのであった。学生は不安を覚えながらもそれを実行して成功、後年、すぐれた学者となったという。

文字を書くのに気をとられて、頭がお留守になったのでは、肝心なところを聴き洩《も》らすおそれがある。ノートがないと思えば、聴くのに集

問三　傍線部②「共有地の悲劇」とあるが、これはどのようなことですか。最も適切なものを、次の1～5より一つ選び、答えなさい。［解答番号 6 ］

1. みんなで羊を多く飼って荒れると困るので、共有地なのに一部の人しか使えないこと。
2. みんなで羊を多く飼うことの問題点に誰も気づかないうちに、共有地が使えなくなること。
3. 羊を多く飼って利益を上げることと、共有地の荒れを防ぐことを、両立できなくなること。
4. 共有地が荒れ果てない程度に、羊を多く飼って儲けるという方法が見つけられないこと。
5. みんなが羊を多く飼って利益を上げることを優先したために、共有地が荒れ果てること。

問四　空欄 ③ に入れるのに最も適切なものを、次の1～5より一つ選び、答えなさい。ただし、空欄 ③ は二か所あり、同じものが入ります。［解答番号 7 ］

1. 能動的　2. 合理的　3. 多面的　4. 画一的
5. 一義的

問五　文章中の▼　▲で囲まれた部分の役割の説明として最も適切なものを、次の1～5より一つ選び、答えなさい。［解答番号 8 ］

1. 前で取り上げた問題について、具体的な事例に沿いながら、なぜその問題が起きるのかという説明を補足している。
2. 前で提起した問題について、具体的な事例を挙げながら説明したうえで結論を述べ、新たな話題へと転換している。
3. 前で述べた内容を、具体的な事例に当てはめながら改めて説明してまとめたうえで、筆者の主張へとつなげている。
4. 前で主張した内容について、根拠となる具体的な事例を複数挙げることで、筆者の主張に説得力をもたせている。
5. 前で挙げた事例に関連して、現在の環境問題の具体的な事例を別の視点から検証することで、論を発展させている。

問六　傍線部④「この状況は、私たちの近代の価値に関する思考とも深くからんでいる」とあるが、これはどういうことですか。最も適切なものを、次の1～5より一つ選び、答えなさい。［解答番号 9 ］

1. 個人はみな対等に利益や損失を共有すべきだという思考が、近代の問題の解決を妨げているということ。
2. 現在起きている問題が、過去に関係なく自由でいられる私たちの権利をおびやかしているということ。
3. 門閥や家という封建時代の価値を完全に否定した思考が、近代の問題をいっそう悪化させたということ。
4. 個人や現在というものに対して価値を置いている思考が、近代の問題を引き起こしているということ。
5. 多くの問題を抱えている現在の状況のままだと、近代の価値に関する思考から抜けられないということ。

問七　筆者の考えによると、環境問題が放置されてしまうのは主になぜですか。最も適切なものを、次の1～5より一つ選び、答えなさい。［解答番号 10 ］

1. 人々が、自分が儲けたり便利に暮らしたりすることは悪いことばかりではなく、他の人々の儲けにもつながると知っているから。

て、地球という共有地は荒れる一方なのだ。▲

④この状況は、私たちの近代の価値に関する思考とも深くからんでいる。近代民主主義は、「今」という時点での「個人」の価値を最優先させた。過去の注2門閥や血統に関係なく、目の前にある「今」の平等性を重視して「個人」は対等であると宣言した。そして、人間の過去の履歴にはかかわらず、誰にも「今」の自由があることをも宣言した。「今」の時点の「個人」こそが至高なのである。いわゆる「共時的価値」であって、これはこれで正しい思考であった。「共時的価値」は、封建時代に評価された門閥や家という過去の価値を否定し、「今」の「個人」を大事にする思想であったからだ。それが近代に獲得した私たちの(c)財サンなのである。

しかし、環境問題を考える上では、共時的価値のみでは限界がある。未来について何らの責任を負わないからだ。どのような環境を子孫に残すか、(d)キ重な資源を使い潰さずいかに子孫に手渡すか、環境問題においては、このような時間を超えた「注3通時的価値」が重要になってくる。未来への責任である。共有地の悲劇を避けるためには、「今」の利益のみではなく「未来」の利益を考え、「個人」の利得だけでなく「みんな」の損失を共有する思想を獲得しなければならない。未来に対する通時的な思考を取り戻さねばならないのだ。その意味では、再び「近代の注4超克」が求められていると言えそうである。

（池内了『ゆっくり、時間を長く　ソフトランディングの科学』より抜粋）

注1　些事…ささいなこと。
注2　門閥…家がら。
注3　通時的…ものの流れを時間的・歴史的に見ること。
注4　超克…困難なことに打ち勝ち、乗りこえること。

問一　二重傍線部（a）「（提）ショウ」、（b）「（得）サク」、（c）「（財）サン」、（d）「キ（重）」について、二重傍線部のカタカナと同じ漢字になるものを、それぞれ次の1～5より一つずつ選び、答えなさい。

［（a）…解答番号 1 、（b）…解答番号 2 、（c）…解答番号 3 、（d）…解答番号 4 ］

（a）…1．ショウ待状を送る　2．気ショウ予報士　3．依頼をショウ知する　4．歌の輪ショウ　5．対ショウ的な二人

（b）…1．野山を散サクする　2．サク夜の出来事　3．記録をサク除する　4．時代サク誤　5．百科事典のサク引

（c）…1．神社にサン拝する　2．サン味のある果物　3．勝サンのあるゲーム　4．議案にサン成する　5．世界遺サン

（d）…1．キ節が変わる　2．実力を発キする　3．高キな精神をもつ　4．キ望を抱く　5．キ則正しい生活

問二　傍線部①「漫然と」とあるが、ここではどういう意味ですか。最も適切なものを、次の1～5より一つ選び、答えなさい。

［解答番号 5 ］

1．意識的に避けるようにして　2．気にかけずぼんやりして
3．意図的に包み隠して　4．少しずつ先送りにして
5．悪くないと判断して

【国　語】（四〇分）〈満点：一〇〇点〉

【一】　次の文章を読んで、後の問いに答えなさい。

地球という限られた空間に生きる人類は、今大きな難問に遭遇している。地球環境がどんどん劣化しているにもかかわらず、何事をなすことなく、①漫然となすがままに放置している状態にあるからだ。このままでは人類の未来は暗いと知りつつ、日常の注1些事《さじ》に紛れ、目の前の利益に目が眩《くら》んで、ひたすら同じ道を歩もうとしているのである。そのことを暗示的に表現しているエピソードが思い出される。一九六八年にイギリスのガレット・ハーディングが(a)提ショウした「②共有地の悲劇」である。

ここに誰でもが使える共有地がある。羊飼いは、共有地になるべく多くの羊を飼おうとする。羊を飼うことは自らの利益になり、それも多く飼えば多いほど利益が上がる。それは、羊飼いとしては当然の行為であり、[③]な選択である。そして、他の羊飼いも同様に考えて羊を多く飼おうとする。しかし、羊が増えると共有地は当然荒れることになる。多くの羊が限られた面積の草を食《は》み、歩き回ることによって土が硬くなるからだ。そのため損失も増えてくる。

ここで羊飼いは考える。さらに多くの羊を飼うべきか、それとも羊を飼うのを控えて共有地が荒れるのを防ぐべきか、と。羊を多く飼えば自分は儲《もう》けることはできる。他方、共有地が荒れてもみんなの損でしかない。儲けは直接的だけれど、損失は間接的なのだ。あるいは、儲けは今すぐの問題だが、損失は今後の話である。ならば、羊飼いはどう判断するだろうか。いっそう多くの羊を飼って今の儲けを大きくする方が[③]と考えるだろう。そうすれば、少なくとも当面はうまくいくからだ。しかし、そうなれば共有地は完全に荒れ、使い物でなくなってしまうことになる。共有地に悲劇が訪れるしかないのだ。

▼この話は、共有地を「地球」に置き換えれば、多くの事柄に適用できる。例えば、海洋資源がある。現在、占有海域である沿岸二〇〇カイリ以遠の海洋は、いわば地球上の誰にでも開かれている共有地である。そこでは、（クジラ以外）どのような魚種を獲っても構わない。すると、漁業を営む者は誰でも多くの魚を獲りたいと思う。多く獲れば獲るほど儲けになるからだ。そのために漁業資源が減っても個人の損失ではなく、みんなが損を被るだけである。損失は薄められるのだ。ならば、より多く船を出してより多く漁をする方が(b)得サクである。こうして、海は荒れ、漁業資源はどんどん枯渇《こかつ》してゆくことになる。現実に、世界の漁業資源は枯渇に向かっていることが報告されている。一〇〇年保つかどうか心許《こころもと》ない状況に追い込まれつつあるのだ。漁業における共有地の悲劇が近々にやってくることは確実である。

漁業資源の問題だけではない。クルマによる大気汚染も、フロンによるオゾン層の破壊も、タバコのポイ捨ても同じである。クルマに乗ることは個人の得だが、大気という共有地の汚染はみんなの損。フロンの使用によって冷蔵庫やクーラーを便利に使えるのは個人の利得で、オゾン層という共有地の破壊はみんなの損失。タバコのポイ捨てによって自分の利益になるが、それで共有の都市を汚してもみんなが迷惑するだけ。いずれも問題は共通している。近場における個人の利益と地球大に薄められたみんなの損失なのだ。その場合の人々の選択も共通している。個人の利益を優先して、みんなの損失には目をつむることである。こうし

2023年度

解　答　と　解　説

《2023年度の配点は解答欄に掲載してあります。》

＜数学解答＞

【1】 問1　3　　問2　1　　問3　5　　問4　3　　問5　2　　問6　2　　問7　5　　問8　4
　　問9　1　　問10　4　　問11　3　　問12　3

【2】 問1　5　　問2　2　　問3　3

【3】 問1　5　　問2　4　　問3　1

○配点○

【1】 問11・問12　各5点×2　　他　各6点×10　　【2】 各5点×3　　【3】 各5点×3
計100点

＜数学解説＞

【1】 (数・式の計算，因数分解，平方根，方程式の利用，反比例，変化の割合，確率，角度，円周角の定理，立体の表面積の計量)

問1　$\left(-\frac{1}{2}\right)^2\div1.25-\{8.7+(-3^2)\}\times\frac{1}{3}=\frac{1}{4}\div\frac{125}{100}-(8.7-9)\times\frac{1}{3}=\frac{1}{4}\times\frac{100}{125}-(-0.3)\times\frac{1}{3}=\frac{1}{5}+\frac{3}{10}\times\frac{1}{3}=\frac{1}{5}+\frac{1}{10}=\frac{2}{10}+\frac{1}{10}=\frac{3}{10}$

問2　$\frac{7x+8y}{9}-\frac{5x-y}{6}-(x+2y)=\frac{2(7x+8y)-3(5x-y)-18(x+2y)}{18}=\frac{14x+16y-15x+3y-18x-36y}{18}=\frac{-19x-17y}{18}$

基本　問3　$16xy^2+48xyz+36xz^2=4x(4y^2+12yz+9z^2)=4x\{(2y)^2+2\times2y\times3z+(3z)^2\}=4x(2y+3z)^2$

重要　問4　360を素因数分解すると，$360=2^3\times3^2\times5$であるから，考えられる最小のnは$n=2\times5=10$　$\sqrt{\frac{360}{n}}$が自然数となるような自然数nは他に$n=10\times2^2=40$，$10\times3^2=90$，$10\times2^2\times3^2=360$の3個あるから，全部で4個である。

重要　問5　もとの整数の百の位をx，一の位をyとすると，もとの整数は$100x+30+y$，百の位の数と一の位の数を入れ替えてできる整数は$100y+30+x$と表せる。各位の数の和は16であるから，$x+3+y=16$より，$x+y=13$…①　　もとの整数の百の位の数と一の位の数を入れ替えてできる整数は，もとの整数より297大きいので，$100y+30+x=100x+30+y+297$より，$-99x+99y=297$　　$x-y=-3$…②　　①＋②より，$2x=10$　　$x=5$　　①に$x=5$を代入すると，$5+y=13$　　$y=8$　よって，もとの整数は538である。

重要　問6　$x>1$として，もとの正方形の1辺の長さを$x$cmとする。縦の長さを9cm長くすると$x+9$(cm)，横の長さを1cm短くすると$x-1$(cm)の長方形ができる。できた長方形の面積はもとの正方形の面積の2倍より2cm^{2}小さいので，$(x+9)(x-1)=x^2\times2-2$より，$x^2+8x-9=2x^2-2$　$-x^2+8x-7=0$　　$x^2-8x+7=0$　　$(x-1)(x-7)=0$　　$x=1,\ 7$　　$x>1$より，$x=7$　よって，もとの正方形の1辺の長さは7cm

重要 問7 $(x,\ y)=(1,\ -24)$，$(2,\ -12)$，$(3,\ -8)$，$(4,\ -6)$，$(6,\ -4)$，$(8,\ -3)$，$(-12,\ 2)$，$(-24,\ 1)$，$(-1,\ 24)$，$(-2,\ 12)$，$(-3,\ 8)$，$(-4,\ 6)$，$(-6,\ 4)$，$(-8,\ 3)$，$(12,\ -2)$，$(24,\ -1)$の16個である。

基本 問8 $y=ax^2$に$x=-5$，-3をそれぞれ代入すると，$y=a\times(-5)^2=25a$，$y=a\times(-3)^2=9a$であるから，関数$y=ax^2$において，xの値が-5から-3まで増加するときの変化の割合は，$\dfrac{9a-25a}{-3-(-5)}=\dfrac{-16a}{2}=-8a$　また，1次関数において変化の割合は傾きに等しいから，関数$y=-4x+7$において，xの値が-5から-3まで増加するときの変化の割合は-4である。よって，$-8a=-4$より$a=\dfrac{1}{2}$

基本 問9 2つのさいころを同時に投げるときの場合の数は$6\times6=36$(通り)　$2a+3b$の値が15未満となるのは$(a,\ b)=(1,\ 1)$，$(1,\ 2)$，$(1,\ 3)$，$(1,\ 4)$，$(2,\ 1)$，$(2,\ 2)$，$(2,\ 3)$，$(3,\ 1)$，$(3,\ 2)$，$(4,\ 1)$，$(4,\ 2)$，$(5,\ 1)$の12通りなので，求める確率は$\dfrac{12}{36}=\dfrac{1}{3}$

重要 問10 図のように頂点にアルファベットを振ると，内角と外角の関係より，$\angle BAC+\angle ABC=\angle BCF$，$\angle EDF+\angle DEF=\angle EFI$，$\angle HGI+\angle GHI=\angle HIL$，$\angle KJL+\angle JKL=\angle KLC$であるから，印をつけた角の大きさの和は$\angle BAC+\angle ABC+\angle EDF+\angle DEF+\angle HGI+\angle GHI+\angle KJL+\angle JKL=\angle BCF+\angle EFI+\angle HIL+\angle KLC$となる。多角形の外角の和は必ず360°となるので，$\angle BCF+\angle EFI+\angle HIL+\angle KLC=360°$である。

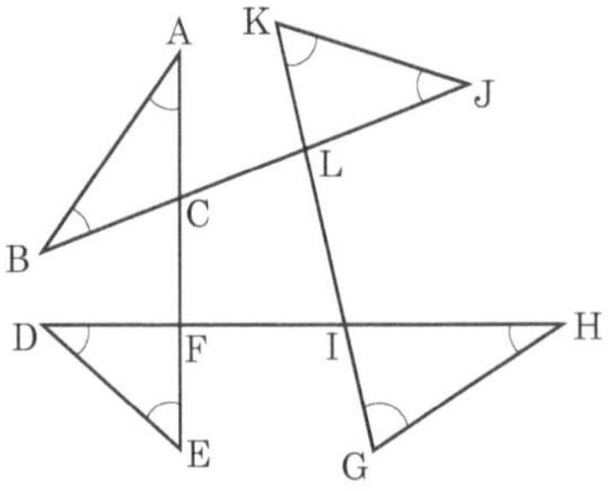

重要 問11 頂点A，Bは線分CDに対して同じ側にあって，$\angle CAD=\angle CBD=47°$であるから，円周角の定理の逆より，頂点A，B，C，Dは同一円周上にある。よって，円周角の定理より，$\angle ABD=\angle ACD=38°$　△ABCにおいて，$59°+38°+47°+x=180°$より，$144°+x=180°$　$x=36°$

やや難 問12 点Gは辺CFの中点なので，$CG=GF=4$(cm)である。三角柱ABC－DEFの表面積は△ABC＋△DEF＋四角形ABED＋四角形BCFE＋四角形CADF$=\dfrac{1}{2}\times BC\times AC\times2+(AB+BC+CA)\times AD=\dfrac{1}{2}\times5\times12\times2+(13+5+12)\times8=60+30\times8=60+240=300$(cm²)　三角錐C－ABGの表面積は△ABC＋△BCG＋△ACG＋△ABG$=\dfrac{1}{2}\times BC\times AC+\dfrac{1}{2}\times BC\times CG+\dfrac{1}{2}\times AC\times CG+$△ABG$=\dfrac{1}{2}\times5\times12+\dfrac{1}{2}\times5\times4+\dfrac{1}{2}\times12\times4+$△ABG$=30+10+24=64+$△ABG(cm²)　立体ABG－DEFの表面積は四角形ABED＋四角形BGFE＋四角形GADF＋△DEF＋△ABG＝四角形ABED＋(四角形BCFE－△BCG)＋(四角形CADF－△ACG)＋△DEF＋△ABG＋(△ABC－△ABC)＝(△ABC＋△DEF＋四角形ABED＋四角形BCFE＋四角形CADF)－(△BCG＋△ACG＋△ABC)＋△ABG$=300-64+$△ABG$=236+$△ABG(cm²)　よって，求める表面積の差は$(236+$△ABG$)-(64+$△ABG$)=172$(cm²)

【2】 (2次関数，長さ・面積の計量)

問1 $y=-\dfrac{1}{4}x^2$に$x=-2$を代入して，$y=-\dfrac{1}{4}\times(-2)^2=-\dfrac{1}{4}\times4=-1$　よって，$A(-2,\ -1)$

重要 問2 点Pのx座標が4なので点Q，Rのx座標も4である。$y=-\dfrac{1}{4}x^2$に$x=4$を代入すると，$y=-\dfrac{1}{4}\times4^2=-\dfrac{1}{4}\times16=-4$　よって，$Q(4,\ -4)$　$y=-\dfrac{1}{4}x^2$に$x=8$を代入すると，$y=-\dfrac{1}{4}\times8^2=-\dfrac{1}{4}\times64=-16$なので，$B(8,\ -16)$　直線ABの傾きは$\dfrac{-16-(-1)}{8-(-2)}=\dfrac{-15}{10}=-\dfrac{3}{2}$　直線ABの式を$y=-\dfrac{3}{2}x+b$とおいて，$A(-2,\ -1)$を代入すると，$-1=-\dfrac{3}{2}\times(-2)+b$　$-1=3+b$

$b=-4$　よって，直線ABの式は$y=-\frac{3}{2}x-4$であり，C(0, -4)　$y=-\frac{3}{2}x-4$に$x=4$を代入すると，$y=-\frac{3}{2}\times4-4=-6-4=-10$なので，R(4, -10)　したがって，QR$=-4-(-10)=6$

やや難　問3　点P，Q，Rのx座標をtとすると，問2より，P(t, 0)，Q$\left(t,\ -\frac{1}{4}t^2\right)$，R$\left(t,\ -\frac{3}{2}t-4\right)$　OC$=0-(-4)=4$，PQ$=0-\left(-\frac{1}{4}t^2\right)=\frac{1}{4}t^2$，QR$=-\frac{1}{4}t^2-\left(-\frac{3}{2}t-4\right)=-\frac{1}{4}t^2+\frac{3}{2}t+4$，OP$=t-0=t$なので，四角形OCQP$=\left(4+\frac{1}{4}t^2\right)\times t\times\frac{1}{2}=\frac{1}{2}t\left(4+\frac{1}{4}t^2\right)$，△CRQ$=\frac{1}{2}\times\left(-\frac{1}{4}t^2+\frac{3}{2}t+4\right)\times t=\frac{1}{2}t\left(-\frac{1}{4}t^2+\frac{3}{2}t+4\right)$　四角形OCQP＝△CRQより，$\frac{1}{2}t\left(4+\frac{1}{4}t^2\right)=\frac{1}{2}t\left(-\frac{1}{4}t^2+\frac{3}{2}t+4\right)$　$4+\frac{1}{4}t^2=-\frac{1}{4}t^2+\frac{3}{2}t+4$　$\frac{1}{2}t^2-\frac{3}{2}t=0$　$t^2-3t=0$　$t(t-3)=0$　$t=0,\ 3$　$0<t<8$より，$t=3$　点Rのy座標をは$-\frac{3}{2}t-4$に$t=3$を代入すると，$-\frac{3}{2}\times3-4=-\frac{9}{2}-4=-\frac{17}{2}$

【3】（三角形の相似，面積比，四角形の周の長さ，回転体の体積の計量）

基本　問1　△ABCと△EDCにおいて，∠BAC＝∠DEC＝90°，∠ACB＝∠ECDより，2組の角がそれぞれ等しいので，△ABC∽△EDC　点Dは辺CAの中点なので，AD＝DC＝10cmであるから，△ABCと△EDCの相似比はBC：DC＝25：10＝5：2　面積比は相似比の2乗であるから，△ABC：△EDC$=5^2:2^2=25:4$

基本　問2　相似な図形の対応する辺の比は等しいので，AB：ED＝5：2より，15：ED＝5：2　5ED＝30　ED＝6(cm)，AC：EC＝5：2より，20：EC＝5：2　5EC＝40　EC＝8(cm)　よって，BE＝25－8＝17(cm)なので，四角形ABEDの周の長さは15＋17＋6＋10＝48(cm)

重要　問3　頂点Aから辺BCに下した垂線の足をHとする。△ABCと△HACにおいて，∠BAC＝∠AHC＝90°，∠ACB＝∠HCAより，2組の角がそれぞれ等しいので，△ABC∽△HAC　よって，BC：AC＝AB：HAなので，25：20＝15：HA　5：4＝15：HA　5HA＝60　HA＝12(cm)　△ABCを辺BCを軸として1回転させてできる立体の体積は$\frac{1}{3}\times$AH$\times$AH$\times\pi\times$BC$=\frac{1}{3}\times12\times12\times\pi\times25=1200\pi$(cm^3)，△EDCを辺ECを軸として1回転させてできる立体の体積は$\frac{1}{3}\times$ED$\times$ED$\times\pi\times$EC$=\frac{1}{3}\times6\times6\times\pi\times8=96\pi$(cm^3)なので，求める体積は$1200\pi-96\pi=1104\pi$(cm^3)

★ワンポイントアドバイス★

やや工夫しなければならない問題もあるが，ほとんどは典型的な問題である。

＜英語解答＞

【1】　Part 1　No. 1　5　No. 2　2　Part 2　No. 3　2　No. 4　4　No. 5　5

【2】　問1　1　問2　3　問3　2　問4　4　問5　5　問6　1　問7　4

【3】　問1　4　問2　5　問3　2　問4　3　問5　1

【4】　問1　1　問2　5　問3　2　問4　5　問5　3

【5】　問1　2　問2　3　問3　4　問4　5　問5　1

問6　1)　1　　2)　5　　3)　3　　4)　4

○配点○

【2】,【3】　各2点×12　　他　各4点×19　　計100点

＜英語解説＞

【1】 リスニング問題解説省略。

【2】 (語句補充問題：動詞，前置詞，名詞，形容詞，分詞，関係代名詞)

問1 「後で，彼に私たちの修学旅行の詳細を知らせよう。」 <let + O +原形動詞>で「Oに～させる」という意味を表す。

問2 「メアリーからの電子メールは，私にシドニーでの幸福な日々を思い出させた。」 <remind A of B>で「AにBを思い出させる」という意味を表す。

問3 「私はシェフになって，人々のためにおいしい料理を作りたい。」「おいしい料理」とあるので，2が答え。1「教授」，3「ガイド」，4「アスリート」，5「歯医者」

問4 「その人のスピーチはとても長かったので，私を退屈させた。」「とても長かった」とあるので，4が答え。1「難しい」，2「ひきつけた」，3「完全な」，5「怖がらせた」

問5 「そのミュージカルで演じている役者の一人は私の兄だ。」 現在分詞は「～している」という進行中の意味を表し，直前にある名詞を修飾する。

基本　問6 「私たちは京都の地図を買い，どこに行くか決めた。」「どこに行くか」とあるので，1が答え。2「メッセージ」，3「切符」，4「レポート」，5「ベル」

問7 「これは私があなたのために作ったクッキーです。」 I made for you の部分が cookies を修飾するので，目的格の関係代名詞を使う。

【3】 (会話文問題：語句補充)

問1　A：やあ，ルーシー。お願いしてもいいですか？

B：何をすればいいですか。

1「それは，残念。」，2「頭が痛いです。」，3「私もそう思います。」，5「注意して。」

問2　A：すみません。もう一枚お皿をもらえますか。私たちはメインディッシュを分け合いたいです。

B：もちろんです。すぐお持ちします。

1「あなたがこのレシピを書きましたか。」，2「何かアドバイスをもらえますか。」，3「今支払わねばいけませんか。」，4「もう一杯スープをもってきてもらえますか。」

問3　A：お父さん，私は昼食後に，ナオコといっしょにバスケットボールをしに公園へ行きます。

B：そうかい？　午後にはとても寒くなるらしいよ。

A：まあ，じゃあ暖かい服を着ていきます。

1「ナオコにいっしょに夕食を食べようと言って。」，3「熱心に練習すれば，いい選手になれるよ。」，4「公園は人でいっぱいだよ。」，4「何か冷たい飲み物を持っていくのを忘れないで。」

問4　A：見て，ボブ。私はアップルケーキを作ったよ。おいしそうでしょう。

B：そうだね，エイミー！　ありがとう。お腹がすいたよ。

A：ああ，それを食べないで。後でケンの家に持っていくんだから。

B：えっ，なんだ。次はぼくにひとつ作ってよ。

1「ご自由にどうぞ。」，2「夕食後に楽しみましょう。」，4「すぐにそれを食べねばなりま

せん。」，5「ええと，あなたはいつでも料理がうまいね。」

問5　A：やあ，ジュン。週末はどうだった？

B：よかったよ，アリス。森の中のホテルにとまったんだ。見て。これは部屋から撮った写真だよ。

A：あら，これは野生のキツネなの？

B：そう。ホテルの周りには野生のウサギもいたよ。かわいかったよ。

A：すばらしいね！　私も自然が豊かな場所に滞在したいな。

2「東京の有名な動物園を訪ねた。」，3「おじさんの家を訪問した。」，4「2日間，船の旅行を楽しんだ。」，5「動物についての映画をたくさん見た。」

【4】（メール文問題：内容吟味）

送信者：木村麻里　＜m_kmr@soh.co.jp＞
送信先：エマ・グリーン　＜e_green@soh.co.jp＞
日付　：2022年9月10日（土曜日）　7:55
件名　：タロウはどう？

親愛なるエマへ，

おはよう。アンズと一緒に北公園から帰ってきました。愛知はまだまだ暑いですが，楽しくお散歩しました。あなたとあなたの両親と一緒にロンドンに到着した後，タロウはどうですか？　タロウはまだ生後4ヶ月なので，小型犬にとって違う環境で暮らすのは大変かもしれません。彼はロンドンで元気に暮らしていますか？

アンズの4匹の子犬の中で，タロウはアンズと一番長く一緒にいました。1ヶ月前にタロウがあなたと暮らし始めた後も，私たちは犬たちを一緒に北公園に連れて行きました。それで，この2週間，タロウなしでそこを歩いているとき，アンズは少し寂しそうに見えます。

このメールにアンズの写真を添付します。3日前に祖父の家に行ったときに撮りました。タロウの写真やビデオも送ってくれるとうれしいです。

マリ

送信者：エマ・グリーン　＜e_green@soh.co.jp＞
送信先：木村麻里　＜m_kmr@soh.co.jp＞
日付　：2022年9月12日（月曜日）　6:50
件名　：タロウはどう？

親愛なる麻里へ，

やあ。アンズの素敵な写真付きのメールをありがとう。そして，すぐに返事を書かなかったことをお詫びします。実は両親，タロウと私は3日間湖畔でキャンプを楽しんでいて，昨夜遅くに帰宅しました。初日，私たちはその湖に釣りに行きました。タロウは私たちが釣ったたくさんの魚を見て驚いた様子でした。次の日はとても暑かったので，私たちは湖で泳ぎました。タロウも泳いで楽しみました。その時の彼をビデオに撮ったので，このメールに添付します。最終日，私たちは湖のほとりの山に登りました。

さて，質問があります。私たちは今祖母と住んでいますが，タロウは祖母と仲良くありません。彼は彼女を見るといつも吠えるので，彼女は彼に触れるのを怖がっています。私に何ができるでしょうか？　次のメールでアドバイスをもらえたらうれしいです。

エマ

送信者：木村麻里　＜m_kmr@soh.co.jp＞

送信先：エマ・グリーン　＜e_green@soh.co.jp＞
日付　：2022年9月12日(月曜日)　17:30
件名　：タロウはどう？

親愛なるエマへ,

やあ。タロウがロンドンでの生活を楽しんでいることがとてもうれしいです。彼は大きくなりましたね？　アンズは泳がないので，動画を見てタロウが泳ぎが得意だと知り驚きました。お祖母さんについては，タロウはまだその前では緊張していると思います。彼はロンドンで初めて彼女に会ったんですよね？　普段は警戒心が強い柴犬ですが，すぐに心を開くでしょう。お祖母さんに，タロウともっと一緒に過ごすように伝えてください。たとえば，彼女は彼に食べ物を与えたり，毎日一緒に歩いたりすることができます。

さて，北公園へ行く時間です。アンズは毎日この時間になると，散歩に連れて行ってと吠えます！　彼女は時間がわかるのでしょうか？

麻里

問1 「タロウはどれくらいの間ロンドンに住んでいるか。」「この2週間，タロウなしで」とあるので，エマは2週間前にタロウを連れていったことがわかる。よって，1が答え。

1 「約2週間。」　2 「約1か月。」　3 「約6週間。」　4 「約4か月。」　5 「約5か月。」

問2 「9月10日に,」 エマの9月12日の電子メールに「3日間湖畔でキャンプを楽し」み,「昨夜帰宅した」とある。よって10日はその2日目にあたる。2日目について「次の日はとても暑かったので，私たちは湖で泳ぎました。タロウも泳いで楽しみました。その時の彼をビデオに撮った」とあるので，5が答え。

1 「タロウはエマの家族と共にロンドンに到着した。」 9月10日より前のことなので，誤り。

2 「エマは麻里から電子メールを受けとり，すぐに返信した。」「すぐに返信」していないので，誤り。　3 「エマと両親は湖で多くの魚をとった。」 初日の出来事なので，誤り。　4 「エマとタロウは山の中を歩いて楽しんだ。」 山に登ったのは最終日なので，誤り。　5 「エマはタロウが湖の中で泳いでいたときビデオを撮った。」

問3 「エマは麻里からの次の電子メールで何を知りたいと思っているか。」 タロウと祖母について,「彼は彼女を見るといつも吠えるので，彼女は彼に触れるのを怖がっています」とあり，その解決策を知りたがっているので，2が答え。2以外はいずれも文中に書かれていない内容なので，誤り。

1 「犬のビデオの撮り方について知りたいと思っている。」　2 「タロウが彼女の祖母とよい関係を持つにはどうしたらいいかを知りたいと思っている。」　3 「タロウが家族全員に吠える理由を知りたいと思っている。」　4 「タロウが他の犬に親切にするにはどうしたらいいかを知りたいと思っている。」　5 「タロウや祖母と一緒に訪れるのによい場所について知りたいと思っている。」

問4 「麻里はタロウについて何を言うか。」 タロウについて「彼はロンドンで初めて彼女に会ったんですよね？」「すぐに心を開くでしょう」とあるので，5が答え。5以外はいずれも文中に書かれていない内容なので，誤り。

1 「彼は毎日祖母と歩くのが好きでない。」　2 「彼は心臓に問題があるので，長い間泳ぐべきでない。」　3 「エマと一緒にもっと過ごしたいので，彼は吠える。」　4 「彼はまだ幼いので，大きくなるにはもっと食物を食べるべきだ。」　5 「彼は祖母について神経質になっているかもしれないが，すぐに変わるだろう。」

重要　問5　1 「タロウは1か月前に，麻里やその両親や祖母と暮らし始めた。」 1か月前に暮らし始めたのはエマなので，誤り。　2「麻里の祖父は，9月8日に麻里やアンズに会った。」文中に書かれていない内容なので，誤り。　3「麻里はいつも午後の5時30分にアンズとともに北公園に向かって家を出る。」麻里の2つ目の電子メールの内容に合うので，答え。　4「麻里の祖母がタロウに触れると，彼はいつも怒って彼女に吠える。」エマの祖母のことなので，誤り。　5「タロウが愛知にいたとき，彼はよく北公園でアンズと一緒に泳いで楽しんだ。」麻里は「タロウが泳ぎが得意だと知り驚きました」と言っているので，誤り。

【5】（長文読解問題：内容吟味，語彙，文整序）

（全訳）アヤはかもめ市の中学生です。彼女は学校でバレーボールチームに所属しており，英語が得意です。彼女はピアノを弾くのも好きです。彼女の母親はかもめ市で外国人に日本語を教えています。父親はパン屋で，みどり市のパン屋で働いています。彼はいつも朝早く起きて家を出ます。彼は家に帰ると夕食を食べてすぐに寝ます。彼は週末も働きます。

アヤの中学校では11月に2年生が職場体験をします。①ある日，先生が生徒たちにこう言いました。「来週職場体験があります。パン屋，スーパーマーケット，郵便局，電車の駅，病院の中から働く場所を選べます。今日は金曜日なので，週末によく考えてください。さて，自己紹介カードを渡します。名前，部活動，好きなこと，働きたい場所を理由とともに書きます。来週の月曜日，10月24日に渡してください。」その日の放課後，アヤの同級生のメグミはアヤに「私は病院で働くわ。ボランティア部のメンバーとよく病院に行くのよ。病気の人をもっと助けたいの。あなたはどうするの？」と言いました。アヤは「お父さんがパン屋なのでパン屋で働こうかな」と言いました。メグミは「それはいいね。パンが好きで，彼のようになりたいんだよね？」と言いました。しかしアヤは，「いいえ，私はパンよりご飯の方が好きなの。父の仕事も好きじゃないわ。父はいつも忙しくて，あまり一緒に過ごす時間がないから。」と言いました。その後，アヤは②自己紹介カードを書いて，先生に渡しました。

アヤの職場体験は11月22日から始まり，アヤの学校の生徒3人がサクラベーカリーで働きました。彼女らは朝9時に働き始めました。スタッフの一人の近藤さんが彼らに何をすべきかを教えました。彼はこう言いました。「毎朝最初にすることはパン屋の掃除です。その後，最初の3日間は接客業務を行います。一番大切なのはお客様に喜んでいただくことなので，笑顔で話しください。」朝10時にパン屋が開店しました。サクラベーカリーはかもめ市で一番人気のパン屋さんなので，パンを買うお客さんもたくさんいます。生徒たちは1時から2時まで昼休みをとり，5時まで働きました。休憩も取らずに一生懸命働いたので，③疲れはありましたが，やりがいを感じていました。

次の日は休日だったので，そのパン屋にはもっとお客さんが来ていました。生徒たちはパンを紙袋に入れ，お金を受け取り，客におつりを渡す作業を何度も繰り返しました。すると，パンを買った女性客が「私のパンを袋に入れるときは，もっと丁寧に扱ってください！」とアヤに言いました。「見て。破損してるよ！」アヤは緊張して何も言えませんでした。すると近藤さんは「申し訳ありません。新しいものをお持ちします。」と言いました。

その日の昼休み，アヤはとても悲しくてお昼を食べたくありませんでした。近藤さんは彼女に「アヤ，今日はお客さんが多いですね。しかし，パンはもっと慎重に扱う必要があります。パンを買うお客さんとパンを作るパン屋さんの両方のことを考えてください。あなたのお父さんはパン屋さんですよね？　もし彼の作ったパンが適切に扱われなかったらどう思いますか？」と言いました。それを聞いたアヤは「そんなこと考えたこともなかった」とショックを受けました。

職場体験最終日はパン作りを学びました。近藤さんは「普段はもっと早く，早朝4時からパン作りを始めます。決して楽な仕事ではありませんが，常にお客様の笑顔を思い浮かべて美味しいパン作りを心がけています」と言いました。近藤さんの言葉通り，パン作りは簡単ではありませんでしたが，生徒たちはとても楽しんでいました。自分の作ったパンを買ってくれるお客さんもいて，とても興奮しました。すべての作業を終えたアヤは，「この4日間でたくさんのことを学びました。実は父の仕事は嫌いでした。でも今は，お客さんにパンを楽しんで食べてもらいたいから一生懸命頑張っているんだとわかりました。素晴らしい人だと思います。」と近藤さんに言いました。近藤さんは「そう言ってくれると嬉しいです。お父さんに自分の気持ちを伝えてください。」と言いました。

その夜，家でアヤは初めて父親に自分の仕事の経験について話しました。彼は④アヤの気持ちを聞くと，とても嬉しそうな表情で「あまり一緒に過ごせなくてごめんね。明日は休みだからパンを作らないか？　全部教えてあげるから！」と言いました。

問1　「今日は金曜日」「来週の月曜日，10月24日に」とあるので，2が答え。

問2　「彼女は学校でバレーボールチームに所属しており，英語が得意です。彼女はピアノを弾くのも好きです」とある。また，「お父さんがパン屋なのでパン屋で働こうかな」とあるので，3が答え。

問3　exhausted は「疲れている」という意味。

問4　アヤは職場体験を通じて，自分の父親について「お客さんにパンを楽しんで食べてもらいたいから一生懸命頑張っている」「素晴らしい人だ」と思うようになったので，5が答え。

1「私は明日，父親が作ったパンを食べて楽しみたい。」　文中に書かれていない内容なので，誤り。　2「パン屋で働くことは悪くなかったが，今でも父親の仕事は好きでない。」　父親の仕事について素晴らしいと思うようになったので，誤り。　3「私はサクラベーカリーで近藤さんからもっと習いたい。」　文中に書かれていない内容なので，誤り。　4「私は将来父のようなすばらしいパン屋になりたい。」　パン屋になりたいとは言っていないので，誤り。　5「私の父は，パンを作ることによって多くの人々を幸せにしようとしているので，偉大だ。」

問5　イ「アヤの先生は生徒たちに職場体験について話した。」→ウ「アヤとメグミはどこで働きたいか話し合った。」→オ「近藤さんはパン屋で働くことについて一番重要なことを生徒たちに話した。」→ア「客のひとりの言葉がアヤを悲しくさせた。」→エ「生徒たちはサクラベーカリーで売るために自分たちでパンを作った。」

問6　1）「11月25日に，」

1「アヤは父に，職場体験がどうであったかを話した。」　職場体験は11月22日から始まり，4日目に父と話したので，答え。　2「アヤは気分が悪かったので，昼食を食べなかった。」「食べなかった」とは書かれていないので，誤り。　3「生徒たちはサクラベーカリーで初めて近藤さんに会った。」　11月22日に会っているので，誤り。　4「生徒たちは午前4時にパンを作り始めた。」　近藤さんが「普段はもっと早く，午前4時から作り始める。」と生徒に言っているので，誤り。　5「休日だったので，サクラベーカリーにはたくさんの客がいた。」　11月23日のことなので，誤り。

2）「近藤さんは＿＿＿なので女性の客にわびた。」　第4段落の内容に合うので，5が答え。4以外はいずれも文中に書かれていない内容なので，誤り。

1「彼女からお金をもらいすぎた」　2「生徒のひとりがテーブルから彼女のパンをもってきた」　3「彼女がほしかったパンが店になかった」　4「パン屋に人が多すぎた」　5「アヤのパンの扱い方がよくなかった」

3）「アヤの父は」

1「毎日熱心に働くので，普段いつも週末には家にいて，何もしない。」　いつも店にいて，週末も店に行くので，誤り。　2「職場体験のあいだ，ベーカリーでの仕事について毎日アヤから聞いた。」　文中に書かれていない内容なので，誤り。　3「アヤの話を聞いてうれしく思い，一緒にパンを作ってほしいと思った。」 最後の段落の内容に合うので，答え。 4 「自分のベーカリーで職場体験をすることにアヤが決めたと知って驚いた。」 父のベーカリーで働いたわけではないので，誤り。 5 「客のためにパンを作るパン屋について考えるようにアヤに言った。」 文中に書かれていない内容なので，誤り。

重要 4） 1 「アヤと彼女の中学の他の2人の生徒は，ミドリ市のサクラベーカリーで4日間働いた。」 サクラベーカリーはかもめ市なので，誤り。 2 「アヤの母親は日本語の先生で，ミドリ市へ行って外国から来た人たちに日本語を教える。」 かもめ市で教えるので，誤り。 3 「メグミはアヤに，他の人たちを幸せにしたいので，病院かパン屋で働きたいと言った。」 パン屋とは言っていないので，誤り。 4 「職場体験の間，アヤは朝9時からサクラベーカリーで働き，1時と2時の間に昼食を食べた。」 第3段落の内容に合うので，答え。 5 「職場体験の間，アヤは2日間接客を行い，1日パンを作った。」 3日間接客したので，誤り。

★ワンポイントアドバイス★

【2】の問1には<let+O+原形動詞>が使われている。この表現は使役構文と言われるもので，<make+O+原形動詞>でも同じ意味を表せる。ただし，makeを使った場合には「命令する」というニュアンスが生まれる。

＜理科解答＞

【1】 3　【2】 1　【3】 3　【4】 4　【5】 1　【6】 5　【7】 5
【8】 2　【9】 4　【10】 3　【11】 4　【12】 5　【13】 1　【14】 2
【15】 4　【16】 5　【17】 5　【18】 3　【19】 1　【20】 1

○配点○

各5点×20　　計100点

＜理科解説＞

基本 【1】 (光と音の性質―光の性質)

入射角と反射角は等しく，それぞれの点から出た光が鏡に反射されてP点に達するものを選ぶ。B，Cが鏡に映る。

【2】 (電流と電圧―オームの法則)

基本 問1 抵抗＝電圧÷電流より，1.0Aで2.0Vになるので抵抗は2.0Ωである。図4の回路では抵抗を直列につなぐので，全体の抵抗の大きさは4.0Ωになる。電圧が6.0Vなので，電流は6.0÷4.0＝1.5Aである。

問2 図5では抵抗を並列につなぐので，全体の抵抗をRとすると$\frac{1}{R}=\frac{1}{2}+\frac{1}{2}$より，R＝1.0(Ω)である。

重要 【3】 (運動とエネルギー―慣性力)

止まっているバスが加速すると，乗客は後ろ向きに力が働くように感じ，動いているバスが止まろうとすると，乗客は前向きに力が働くように感じる。この見かけの力を慣性力という。

【4】 (その他―静電気)

重要 問1　静電気は一方の物質から他方の物質へ電子が移動し，電子の移動した側がマイナスの電気を帯び，他方がプラスの電気を帯びた状態である。

基本 問2　ティッシュペーパーの方が＋の電気を帯びるので，ストローは－の電気を帯びる。

問3　どちらのストローも－の電気を帯びているので，反発力が生じストローは離れる。

基本 【5】 (運動とエネルギー―ふりこの振動)

おもりの高さが一番高い位置のAとCで位置エネルギーが最大になり，速度が一番大きいBで運動エネルギーが最大になる。

基本 【6】 (化学変化と質量―燃焼)

燃焼すると炭になるものは，炭素原子を含む砂糖とかたくり粉である。そのうち，水に溶ける粉末Bは砂糖であり，とけない粉末Aがかたくり粉である。粉末Cは燃焼せず水に溶けるので食塩である。

基本 【7】 (電気分解とイオン－水酸化ナトリウム水溶液の電気分解)

問1　水酸化ナトリウム水溶液を電気分解すると，陽極からは酸素，陰極からは水素が発生する。酸素の性質は他の物質の燃焼を助けることである。

問2　陰極では水素が発生する。

問3　酸素と水素の体積比は1：2である。

【8】 (物質とその変化―金属のイオン化傾向)

金属にはイオンになりやすいものとなりにくいものがあり，これをイオン化傾向という。3種類の金属では，マグネシウム＞亜鉛＞銅の順で金属になりやすい。イオン化傾向の小さい金属のイオンを含む水溶液にそれよりイオン化傾向の大きな金属を入れると，イオン化傾向の大きな金属が溶け出しイオン化傾向の小さい金属が析出する。ここでは，Aでは亜鉛がマグネシウムの表面に析出し，Dでは銅が析出する。またEでは銅が亜鉛の表面に析出する。

【9】 (化学変化と質量―酸化銅の還元)

基本 問1　化合物から酸素が奪われる反応を還元反応という。

重要 問2　図13より，酸化銅4.00gと炭素0.30gが過不足なく反応することがわかる。酸化銅が2.00gでは炭素は0.15gで過不足なく反応する。

問3　炭素0.24gと過不足なく反応する酸化銅の質量をx(g)とすると，4.00：0.30＝x：0.24　x＝3.20(g)になる。このとき発生する銅をy(g)とすると，3.20：0.3＝y：0.24　y＝2.56(g)である。さらに試験管には反応せずに残っている銅も3.60－3.20＝0.40(g)含まれるので，反応後試験管に残る固体の質量は2.56＋0.40＝2.96(g)である。

重要 【10】 (酸とアルカリ・中和―中和反応)

BTB溶液が緑色になるとき中性であり，ちょうど中和したことがわかる。このとき水酸化ナトリウム水溶液と塩酸の体積比は3：2になる。CとDでこの比より水酸化ナトリウム水溶液の割合が多くなり，アルカリ性になる。

【11】 (その他―実験・観察)

重要 問1　ルーペは動かさず，観察する物質を動かしてピントを合わせる。

問2　ドクダミは日当たりが悪く湿った場所を好む。イはトイレと雑木林に囲まれ日当たりが悪く，湿っている。

【12】 (ヒトの体のしくみ―呼吸)

肺には筋肉がなく，息を吸うときには肋骨が引き上げられたり横隔膜が下がることで胸腔が広がり，圧力が低くなるため外気が入ってくる。

【13】 (動物の体のしくみ—無セキツイ動物)

基本 問1 無セキツイ動物には，節足動物，軟体動物などが含まれ，節足動物には昆虫類，甲殻類，クモ類，多足類などが含まれる。バッタは昆虫類である。

問2 マイマイは軟体動物である。サンショウウオは両生類，ザリガニは甲殻類である。

【14】 (植物の体のしくみ—細胞分裂)

体細胞分裂では，初めに染色体が集まって太いひも状になり，その後染色体が中心部分(赤道面)に並ぶ。さらに染色分体が割れて両極に移動し，その後細胞が2つに分かれる。

【15】 (ヒトの体のしくみ－反射)

問1 脳やせきずいから命令を伝える神経を運動神経という。

問2 1回目から3回目までの平均値が$(2.71+2.67+2.72)\div 3=2.70$(秒)であり，2人目から10人目までの9人の間に信号が伝わり，最後にストップウォッチを左手で押すので，1人が刺激を受けてから反応するまでの時間は$2.70\div 9=0.30$(秒)である。

【16】 (地層と岩石—地層のでき方)

問1 シジミは淡水や，海水と淡水が混ざり合う場所に生息する。そのためシジミの化石が見つかった場所は，その当時海水と河川の水が混ざり合う場所であったと推定される。このような，地層の堆積した当時の環境を知る手掛かりになる化石を示相化石という。

基本 問2 れき→砂→泥と堆積していったので，次第に河口から遠くなっていったことがわかる。粒の大きい岩石は河口の近くに堆積し，粒の小さな岩石は河口から遠くまで運ばれて堆積するためである。

重要 【17】 (天気の変化—気圧)

上空ほど気圧が低く，上昇する空気は膨張し温度が下がる。そのため，露点に達した水蒸気が水滴に変わり雲ができる。

【18】 (天気の変化—低気圧，前線)

問1 低気圧に向かって反時計回りで風が吹き込む。そのため，地点Aでは南よりの風が吹く。

重要 問2 Xは温暖前線であり，温暖前線が通過するときには長時間おだやかな雨が降り，前線の通過後は気温が上がる。

重要 【19】 (地球と太陽系—太陽の日周運動)

太陽は1時間で透明半球上を4.0cm移動するので，10.0cm移動するには$10.0\div 4.0=2.5$(時間)かかる。日の出の時刻は，8時の2時間半前なので5時30分である。

【20】 (天気の変化—風の吹き方)

重要 問1 砂の方が水より温度が上がりやすい。そのため，砂の上で空気が暖められて上昇し，その部分へ水の方から空気が移動してきて風が吹く。図アのような循環になる。

問2 夜間は，昼間に暖められた海水の方が冷めにくいので温度が高い。そのため風は陸から海に向かって吹く。

★ワンポイントアドバイス★

出題範囲は全分野で偏りがない。小問を組み合わせて出題する形式なので，理科全般の正確で幅広い知識が求められる。

＜社会解答＞

【1】 問1 3 問2 4 問3 1 問4 2 問5 4 問6 5 問7 1 問8 2
【2】 問1 5 問2 3 問3 2 問4 1
【3】 問1 4 問2 3 【4】 問1 2 問2 5 問3 4
【5】 問1 3 問2 4 【6】 1 【7】 2 【8】 5 【9】 3

○配点○

【1】 問1・問3・問5・問6 各4点×4 他 各5点×4 【2】 各4点×4
【3】 各5点×2 【4】 各4点×3 【5】 問1 4点 問2 5点
【6】 4点 【7】 4点 【8】 4点 【9】 5点 計100点

＜社会解説＞

【1】 (日本と世界の歴史－古代文明と原始～近現代)

重要 問1 写真Aはパルテノン神殿で，古代ギリシャ文明に関する遺跡である。古代ギリシャでは，ポリスと呼ばれる都市国家が建設され，青年男性市民全員が参加する民会を中心に民主政が行われた。なお，1は古代ローマ文明，2はメソポタミア文明，4はエジプト文明，5は中国文明である。

問2 写真Bの金印は，弥生時代の1世紀に奴国王が後漢から授けられた。弥生時代は大陸から稲作と金属器が伝来した紀元前4世紀から3世紀の間のことをいい，3世紀前半には女王卑弥呼をリーダーとする邪馬台国も存在した。よってウとオが正しい。なお，アは古墳時代，イとエは飛鳥時代に関する記述である。

基本 問3 空海は平安時代初期の9世紀初めに唐へ渡り，帰国後は高野山金剛峰寺を開き，真言宗の開祖となった。なお，2は鑑真，3は行基，4は聖徳太子[厩戸皇子]，5は桓武天皇である。

基本 問4 図版Dは元寇の様子を描いた『蒙古襲来絵詞』の一部である。モンゴル[元]軍・高麗軍は二度にわたって日本を攻めたが，鎌倉幕府8代執権北条時宗を中心とする幕府軍に撃退された。その後，十分な恩賞をもらえずに困窮した御家人を救済するための永仁の徳政令を出したものの，効果は一時的なものだった。よってアとエが正しい。なお，イは平安時代，ウとオは室町時代に関する記述である。

問5 図版Eは馬借と呼ばれる陸上運送業者で，室町時代に特に盛んに活動した。室町時代の農村では，惣と呼ばれる自治を行う村が発生し，寄合を開いて村の掟を作ったり，結託して土一揆を起こしたりした。なお，1と2は江戸時代，3は奈良時代，5は平安時代に関する記述である。

問6 図版Fは19世紀ごろの江戸時代中～後期に日本でおこった工場制手工業[マニュファクチュア]に関するものである。19世紀(1801年～1900年)に起こったできごととして，日米修好通商条約は1858年に締結された条約なので5が正しい。なお，1は18世紀後半，2は1905年，3は1669年，エは1923年のできごとである。

重要 問7 米騒動は，1918年に富山県から全国へ広がった暴動であり，大正時代(1912年～1926年)のできごとである。同じ時代のできごととして，アのラジオ放送開始とウの普通選挙法・治安維持法成立がどちらも1925年なので，アとウの組み合わせが正しい。なお，イとエは明治時代(1868年～1912年)，オは昭和時代(1926年～1989年)の説明文である。

問8 写真Hは，吉田茂総理大臣がサンフランシスコ平和条約に署名しているものであり，1951年のこと。これより後のできごととして誤っているのは2で，国際連合の発足は1945年10月のことである。なお，1の日中共同声明は1972年，日中平和友好条約は1978年，3は1989年，4はアメリカ軍がベトナムから撤退した1975年より前，5は2001年のできごとである。

【2】 (日本の地理－地形図の読み取りと世界遺産)

問1　地図の中央を東西に私鉄が通っているが，小・中学校(文)は線路の北側には見られず，南側に位置しているので5が正しい。なお，1は，市役所の最寄り駅は市役所の東にある上州富岡駅である。2は，龍光寺から見て生涯学習センターは北西の方角にある。3は，富岡や酢之瀬の周辺には水田(ıı)は見られず，畑(∨)が見られる。4は，地図中央のやや北部と，地図の南側に川が東西方向に流れているが，どちらの川にも橋がかかっている。

重要 問2　官公署(ö)，発電所(☼)，病院(⛨)，老人ホーム(⌂)は地図中に見られるが，城跡(凸)は見られないので3が正答である。

問3　A地点は，すぐ南にある200mの計曲線と，北に241mの三角点があることから，およそ210mである。また，B地点は，北東に228mの三角点があることや，すぐ北に200mの計曲線があることから，およそ170mである。よって両地点の標高差はおよそ40mである。

重要 問4　2023年1月現在，日本には文化20，自然5のあわせて25か所の世界遺産がある。このうち，1の石見銀山遺跡は島根県西部にあるので，組み合わせとして誤っている。

【3】 (日本の地理－日本各地の気候と工業)

問1　都市Aは北海道の札幌市で，年間を通して降水量が少なく，1月と12月の平均気温は氷点下となるのでエである。都市Bは和歌山県の串本町で，近くに本州最南端の潮岬がある。串本町は沿岸を流れる暖流の黒潮の影響で冬でも温暖で，降水量は特に夏に多いため，オである。

問2　Dの東京都は印刷業の出荷額割合が高いので，3が正しい。なお，輸送用機械の割合が特に高い1はEの愛知県，食料品や飲料・飼料など農産物の割合が高い2はFの鹿児島県，電子部品の割合が高い4はCの秋田県である。

【4】 (地理－オーストラリアの立地や貿易など)

重要 問1　日本の標準時子午線でもある東経135度の経線は，オーストラリア大陸のほぼ中央を通っているので，2が正しい。なお，地図中の経線は15度ごとに引かれている。

基本 問2　オーストラリアでは，20世紀の後半まで白人移民を優先し，有色人種の移民を禁止する白豪主義をとっていたが，現在では多文化共生社会を目指した取り組みが行われている。よって5が正しい。なお，1はインド，3は南米諸国，4はアメリカ合衆国に関する説明文で，2の文については，オーストラリアはASEAN[東南アジア諸国連合]に加盟していないので誤りである。

問3　日本はオーストラリアから，液化天然ガスや石炭，鉄鉱石などの資源を多く輸入している。よって4のグラフが正しい。ちなみに，液化天然ガス，石炭，鉄鉱石のいずれも日本の輸入相手国1位はオーストラリアである。なお，1は鉄鉱石やコーヒーがあることからブラジル，2は機械類や医薬品，肉類があることからアメリカ合衆国，3は石油が90％以上を占めているのでサウジアラビア，5は機械類，衣類，家具があることから中国のグラフである。

【5】 (公民－平和主義と人権)

基本 問1　日本はアメリカと1951年に日米安全保障条約を締結し(1960年に改定)，国内にアメリカ軍の駐留を認めている。よって3が正しい。なお，1について，日本国憲法第9条では戦争の放棄，戦力の不保持，交戦権の否認を明記している。2について，1992年に国際平和協力法[PKO協力法]が成立し，直後に自衛隊がカンボジアへ派遣された。4について，1954年に自衛隊が発足した時と比べると，防衛関係費の金額自体は増加している。5について，非核三原則は，核兵器を「持たない，つくらない，持ち込ませない」であり，「使わない」ではない。

重要 問2　人権を守るための取り組みとして，国連総会で1948年に世界人権宣言が，1966年には国際人権規約がそれぞれ採択されたので4が正しい。なお，1について，国境をこえて活動する非政府組織の略称はNPOではなく，NGOである。2について，死刑廃止条約は1989年に採択されたが，日本はこの条約を批准していない。3について，女子差別撤廃条約が採択されたのは1979年で，それを受けて日本で男女雇用機会均等法が成立したのは1985年である。5について，紛争地域や被災地に医師などを派遣する「国境なき医師団」は代表的な国際NGOで，国際連合に所属している機関ではない。

やや難 **【6】** （公民－行政や内閣）

1 すべての公務員は全体の奉仕者であって，一部の奉仕者ではないことが憲法第15条に明記されているので正しい。 2 国務大臣は内閣総理大臣が任命も罷免もできるので誤り。なお，国務大臣の過半数は国会議員でなくてはならない。 3 国が国民に対して，社会保障や教育，雇用対策などの公共サービスを手厚く行う代わりに国民の税負担も大きくなるようなものを「大きな政府」といい，その逆が「小さな政府」であるので誤り。 4 日本では1980年代から行政改革が進められ，2001年には1府22省庁が1府12省庁に統合再編されるなど，「小さな政府」作りが行われているので，誤り。 5 議院内閣制は，内閣は国会の信任に基づいて成立し，連帯して責任を負う仕組みである。一方大統領制は，議会と大統領がそれぞれ独立して成立している。このため，行政と立法がより密接に結びついているのは議院内閣制であるので誤り。

【7】 （公民－労働や労働者の権利に関する問題）

2について，一般的に労働者は雇用者[使用者]よりも弱い立場にあるため，憲法では労働者を保護するために労働基本権[労働三権]を保障している。なお，労働基本権とは，団結権・団体交渉権・団体行動権の3つである。その他の説明文はすべて正しい。

やや難 **【8】** （公民－公民分野の用語）

Aの「セーフティネット」とは，雇用保険や生活保護，職業訓練など，国民が失業したときなどに備えた準備やしくみを表す。Bの「民主主義の学校」とは，地方自治が国の政治よりも人々の生活に身近な民主主義を行う場であるうえ，民主主義の基本を学べる場でもあることを表す言葉である。Cの「インクルージョン」とは，障がいがあっても，教育や就職の面で不自由することがないという状態を表している。よって5の組み合わせが正しい。なお，ウは「バリアフリー」，オは「小さな政府」の説明である。

【9】 （公民－契約や流通に関する問題）

1 契約を結ぶ際には，買う側と売る側の双方の同意が必要となるので誤り。 2 契約を結ぶ時，売る側は買う側に十分な説明をする必要があるが，買う側が十分に理解しないまま契約が結ばれ，契約後に問題が起こることもあり，注意を要するので誤り。 3 商品が，生産者から消費者へ届くまでの流れを流通といい，生産者→卸売業者→小売業者→消費者，の流れが一般的だが，近年では卸売業者を介さずに，生産者から小売業者へ商品を届け，時間やコストを抑える合理化が進められているので正しい。 4 POSシステムとは，小売店で商品が販売された時点の情報を管理し，それに基づいて生産量や在庫を調整するなどを行うシステムのことである。小売業者や卸売業者が独自のブランドとして販売する商品は，プライベートブランド[PB]であるので誤り。 5 近年飛躍的に普及しているインターネット・ショッピングにより，流通経路は大きく短縮されたうえ，商品を保管する倉庫や販売を行う実店舗の必要性が従来よりも小さくなり，必要経費は下がったため，誤りである。

★ワンポイントアドバイス★

小問数が多く，処理に手間取ると時間切れになってしまう恐れがある。選択肢の文も長めなので，素早く読んで答える練習は必須である。時事的な問題も比較的多く出題されるため，日ごろからニュースに関心を持つようにしたい。

＜国語解答＞

【一】 問一 (a) 4 (b) 1 (c) 5 (d) 3 問二 2 問三 5 問四 2
問五 3 問六 4 問七 5 問八 3

【二】 問一 (a) 4 (b) 1 問二 3 問三 2 問四 5 問五 2 問六 4
問七 3

【三】 (ア) 5 (イ) 1 (ウ) 3 (エ) 2

【四】 (ア) 5 (イ) 2 (ウ) 1 (エ) 4

【五】 (ア) 4 (イ) 1 (ウ) 5

○配点○

【一】 問一 各2点×4 問二・問四 各4点×2 他 各5点×5

【二】 問一・問五 各4点×3 他 各5点×5

【三】 各2点×4 【四】 各2点×4 【五】 各2点×3 計100点

＜国語解説＞

【一】 **（論説文―要旨，内容吟味，文脈把握，脱語補充，漢字の書き取り，語句の意味）**

問一 (a) 「提唱」は，ある意見・主張を示して広く人々に呼びかけること。「唱」の訓は「とな‐える」。「輪唱」は，同じ旋律を，二つ以上の声部が追いかけるように歌う歌い方。1.「招待状」。2.「気象」。3.「承知」。5.「対照的」。 (b) 「得策」は，得になる方法。「散策」は，はっきりした目的を持たず，気の向くままにぶらぶらと歩くこと。2.「昨夜」。3.「削除」。4.「錯誤」は，事実と観念の不一致。5.「索引」。 (c) 「財産」は，個人や団体などがもつ，金銭・土地・建物・品物など経済的に価値があるもの。「遺産」は，ここでは，過去の人が残した業績。1.「参拝」。2.「酸味」。3.「勝算」は，相手に勝てそうな見込み。4.「賛成」。
(d) 「貴重」は，非常に大切である様子。「高貴」は，気高く上品である様子。1.「季節」。2.「発揮」。4.「希望」。5.「規則」。

基本 問二 「漫然」は，ただ何となく物事をする様子。一文は，「なすがままに放置している」と続いているので，地球環境が劣化しているのに，気にかけずぼんやりして，劣化するままに放置している状態にあるという意味になる。

問三 続く二つの段落で「共有地の悲劇」について説明している。羊が増えてみんなの共有地が荒れることになっても，それぞれが「いっそう多くの羊を飼って今の儲けを大きくする」ことを選択する。その結果，「共有地は完全に荒れ，使い物でなくなってしまうことになる」というのである。共有地が荒れることはわかっていても，利益を上げることを優先するのである。

やや難 問四 「合理的」は，理論や道理にかなっている様子。問三で捉えたように，「いっそう多くの羊を飼って今の儲けを大きくする」ことが理論にかなっていると考えたから，「共有地は完全に荒れ，使い物でなくなってしまうことになる」のである。

問五　「共有地を『地球』に置き換えれば」「例えば，海洋資源がある」「漁業資源の問題だけではない。クルマによる大気汚染も，フロンによるオゾン層の破壊も，タバコのポイ捨ても同じである」という表現に注目する。「例えば」と具体的な事例をいくつか挙げて，「共有地の悲劇」になぞらえて説明して，「個人の利益を優先して，みんなの損失には目をつむる」という考え方を批判する筆者の主張につなげている。

問六　筆者は「近代の価値」を「共時的価値」であるとして，「『今』の『個人』を大事にする思想」であるとしている。しかし，「共時的価値のみでは限界がある。未来について何らの責任を追わないからだ」と問題点を指摘している。3は紛らわしいが，「近代の問題をいっそう悪化させた」が誤り。「共時的価値」という思想が，そのまま近代の問題なのである。

重要　問七　環境問題について述べているのは，▼▲の部分である。問五で捉えたように，環境問題を「共有地の悲劇」になぞらえて説明して，「個人の利益を優先して，みんなの損失には目をつむる」と説明している。「個人の利益」は「近場における個人の利益」であり，「自分がすぐに得をしたり便利に暮らしたりすること」である。「みんなの損失」は「地球大に薄められたみんなの損失」であり，「いつか全体で負うことになる間接的な損失」である。1.「他の人々の儲け」という内容は述べていない。2.「地球はすべての人類の共有地」であるが，「地球大に薄められたみんなの損失」となるという内容が説明されていない。3.「資源が枯渇している」という観点からは述べていない。4. 近場の損失，地球全体の利益という内容は説明されていない。

重要　問八　3については，文章の終わりで「共時的価値のみでは限界がある」「環境問題においては……『通時的価値』が重要になってくる。未来への責任である」と述べている。1.「多様な思想」という内容は述べていない。2.「近代民主主義に固執せず」とは述べていない。4.「近代民主主義の誤った思想」とは述べていない。5.「近代民主主義より前の思想を取り戻し」とは述べていない。

【二】　**(随筆 - 要旨，内容吟味，文脈把握，脱語補充，語句の意味)**

基本　問一　(a)「途方にくれる」は，どうしてよいかわからなくなるの意味。「途方」は，手段・方法。「くれる」は，どうしてよいか見通しが立たない状態になるの意味。　(b)「さわりの部分」の「さわり」は，小説や話の肝心なところ。3.「冒頭にある導入の部分」とする間違いが多いので注意する。

問二　続く文に，「文字のおかげで，われわれは安心して忘れられるようになった」とある。これは，文字で記録しておけば，忘れたとしても文字で記録したものを見ればよいのだから，無理して覚えなくてもよい，ということである。「安心して忘れられる」のは，文字で記録しているからである。4.「物事を記憶することは無意味」，5.「情報を意識的に忘却する」という内容は述べていない。

問三　傍線部②は，「昔，ある大学生が，入学早々，教授を訪れて勉強法の教示を乞うた」というエピソードを紹介した部分の一部である。先生(教授)の答えは意外なもので，「ノートはとらず，じっとよく聴いていなさい」と言うのであった，とある。筆者はこの答えについて，「文字を書くのに気をとられて，頭がお留守になったのでは，肝心なところを聴き洩らすおそれがある」と述べて，賛同している。

問四　「狂喜」は，大喜びすること。直後に「これであの書き写しから解放されると思った」とある。さらに，傍線部の前では「ノートをとりながら本を精読するのは，時間と労力に見合った成果をあげない」とある。5で説明されているように，時間と労力がかかりすぎる作業から解放され，よりよい方法が登場したと感じたから大喜びしたのである。

やや難 問五 「無用の長物」は，役に立たず，あってもかえってじゃまになるもの。記録をしてもノートを読み返さないのであれば，役に立たず，あってもかえってじゃまになるものだというのである。1.「風前の灯火」は，危機が迫って，滅ぶ寸前であること。3.「机上の空論」は，頭の中だけで考えて，実際には役に立たない案・理論。4.「砂上の楼閣」は，実現不可能な物事。5.「鶴の一声」は，人の意見や議論を押さえつける，権威や権力をもつ人の一言。

重要 問六 問三と関連させて考える。筆者は，勉強に関してノートをとらないことに賛同している。ノートをとらないことについて筆者は，「ノートをとらず聴いていると，その瞬間に重要なこととそうでない部分を区別して，どうでもいいことは忘れて，大事なことの方を頭に収めることをしているのだと想像される」「やはり，聞き流し，読み流すのが，自然で，またもっとも有効な情報の収得方法になる」と述べている。

重要 問七 3については，第一・二段落で述べている内容と一致する。「実際に文字が使用されるようになって，人間の記憶力ははっきり低下したはずである」，「忘却力をのばし，新しい思考を可能にした功は決して小さくない」とある。1.「古い情報」「新しい情報」という説明はしていない。2.「コピーはノート以上に読み返さない」というコピーとノートを比較した説明はない。4.「学生に適した勉強の仕方」という説明はない。5.「大事なことだけを選んで述べている講義や本」という内容はない。

【三】 (品詞・用法)

(ア) 終止形は「おだやかだ」。「おだやかでない」(未然形)，「おだやかな人」(連体形)などの活用形がある。形容動詞。 (イ) 「厚さ」は，形容詞「厚い」の語幹に名詞を作る接尾語の「さ」がついた形。名詞。 (ウ) 「おかしな」は，名詞「夢」を修飾する活用のない自立語の連体詞。

(エ) 「少しも」は，「ない」を伴って「ちっとも……しない」，「全然……しない」の意味を表す呼応(陳述)の副詞。

【四】 (故事成語)

(ア) 「四面楚歌」は，周りが全て敵で，完全に孤立すること。反対者ばかりで，ひとりも味方や助けがないこと。楚の項羽が漢軍に包囲されたとき，漢の高祖が自軍に楚の歌を歌わせたので，楚はすでに降伏して自分は孤立したと思った項羽が嘆いたという故事による。 (イ) 「呉越同舟」は，仲の悪い者同士や敵味方となって争うべき者同士が同じ場所にいたり，共通の利害のためにいっしょに行動したりすること。宿敵同士の呉と越の者が同じ舟に乗り合わせたが，暴風に襲われて舟が転覆しそうになると協力して助け合ったという故事による。 (ウ) 「背水の陣」は，川や海などを後ろにして，退却できない所に敷いた陣。失敗すれば次の機会はないとの条件のもとで，事に当たること。漢の韓信が趙との戦いで，河を後ろにして陣を敷き，味方に決死の覚悟で戦わせて敵を破ったという故事による。 (エ) 「塞翁が馬」は，人生における幸福や不幸は予測しがたいこと。中国の北辺の塞(とりで)に住んでいた老人(翁)の馬が逃げたことに始まる禍福の様子を伝える故事による。

【五】 (表現技法)

(ア) 文末が「～青春を」と助詞で終わっている。本来であれば「私はみんなと過ごした青春を半世紀後も覚えているだろう」という語順になる。語順を入れ替えて印象を強める倒置。

(イ) 「水面が鏡みたいに」の形で，「みたい」を使って水面を鏡にたとえている。たとえるもの(鏡)とたとえられるもの(水面)がはっきりしている直喩。 (ウ) 「頭上」と「地上」，「青い」と「緑」，「空」と「大地」，「広がる」と「続く」が対応する構造が同じ文を対比させている。対句。

★ワンポイントアドバイス★

論説文は，筆者の考えや主張，引用されている言葉について，どういうことなのか，なぜそう言えるのかなど内容を丁寧に読み取る。随筆では，エピソードを通して筆者がどのようなことを考え，どのようなことを伝えたいのかを読み取る。漢字・語句・文法の知識も押さえておこう。

2022年度

★★★★★★★★★★★★★★★★★★★★★★

入　試　問　題

2022年度

桜丘高等学校入試問題

【数　学】（40分）　　＜満点：100点＞

【注意】 定規・コンパス・分度器・計算機は使用してはいけません。

【1】 次の問いに答えなさい。

問1　$\frac{5}{6}\times(-3^2)+2.5\div\left\{\left(-\frac{2}{3}\right)^2-\frac{1}{6}\right\}$ を計算し，答えを次の(1)～(5)より１つ選びなさい。

[解答番号$\boxed{1}$]

(1)　$-\frac{3}{2}$　　(2)　$-\frac{23}{2}$　　(3)　$\frac{33}{2}$　　(4)　$\frac{23}{2}$　　(5)　$\frac{3}{2}$

問2　$(6x^3y^2)^2\div\frac{4}{9}xy^2\div(-x^2y)^2$ を簡単にし，答えを次の(1)～(5)より１つ選びなさい。

[解答番号$\boxed{2}$]

(1)　$\frac{27}{2}x$　　(2)　$16x$　　(3)　$81x$　　(4)　$16x^3y^4$　　(5)　$81x^3y^4$

問3　$x=-3$，$y=\frac{1}{4}$のとき，$7x^2+56xy+112y^2$の値を求め，答えを次の(1)～(5)より１つ選びなさい。

[解答番号$\boxed{3}$]

(1)　14　　(2)　28　　(3)　56　　(4)　63　　(5)　112

問4　$5<\sqrt{3n+2}<6$ が成り立つような自然数 n の個数を求め，答えを次の(1)～(5)より１つ選びなさい。

[解答番号$\boxed{4}$]

(1)　１個　　(2)　２個　　(3)　３個　　(4)　４個　　(5)　５個

問5　ある博物館において，土曜日の入館者数は，大人と子どもを合わせて410人だった。日曜日は土曜日と比べて，大人の入館者数は10％減少し，子どもの入館者数は20％増加したので，大人と子どもを合わせて28人増加した。日曜日の子どもの入館者数を求め，答えを次の(1)～(5)より１つ選びなさい。

[解答番号$\boxed{5}$]

(1)　162人　　(2)　180人　　(3)　230人　　(4)　276人　　(5)　438人

問6　ある自然数 n に５をたして２乗するところを，誤って５をたして２倍してしまったので，計算結果が正しい計算結果より120小さくなった。このとき，n の値を求め，答えを次の(1)～(5)より１つ選びなさい。

[解答番号$\boxed{6}$]

(1)　3　　(2)　5　　(3)　7　　(4)　15　　(5)　21

問7　直線 $y=-\frac{1}{2}x+1$，直線 $x=6$，x 軸《じく》で囲まれた部分の図形の面積を求め，答えを次の(1)～(5)より１つ選びなさい。

[解答番号$\boxed{7}$]

(1)　4　　(2)　6　　(3)　8　　(4)　9　　(5)　12

問8　関数 $y=2x^2$ について，x の変域が $-2\leqq x\leqq a$ のとき，y の変域は $b\leqq y\leqq 18$ である。このとき，a，b の値を求め，答えを次の(1)～(5)より１つ選びなさい。

[解答番号$\boxed{8}$]

(1)　$a=0$，$b=0$　　(2)　$a=-3$，$b=0$　　(3)　$a=-3$，$b=8$

(4)　$a=3$，$b=0$　　(5)　$a=3$，$b=8$

問9　2つの袋《ふくろ》A，Bがある。袋Aには，1，3，4，7，9の数が1つずつ書かれた5枚のカードが，袋Bには，1，2，3，4の数が1つずつ書かれた4枚のカードがそれぞれ入っている。袋A，Bからカードを1枚ずつ同時に取り出し，袋Aから取り出したカードに書かれた数を a，袋Bから取り出したカードに書かれた数を b とする。このとき，$\frac{b}{a}$ が整数になる確率を求め，答えを次の(1)~(5)より1つ選びなさい。ただし，袋A，Bからどのカードが取り出されることも，それぞれ同様に確からしいものとする。　[解答番号9]

(1) $\frac{3}{10}$　(2) $\frac{7}{20}$　(3) $\frac{2}{5}$　(4) $\frac{9}{20}$　(5) $\frac{1}{2}$

問10　右の図は，∠CAB＝57°の△ABCである。同じ印がついた角の大きさが等しいとき，∠x の大きさを求め，答えを次の(1)~(5)より1つ選びなさい。　[解答番号10]

(1) 98°　(2) 108°
(3) 114°　(4) 123°
(5) 139°

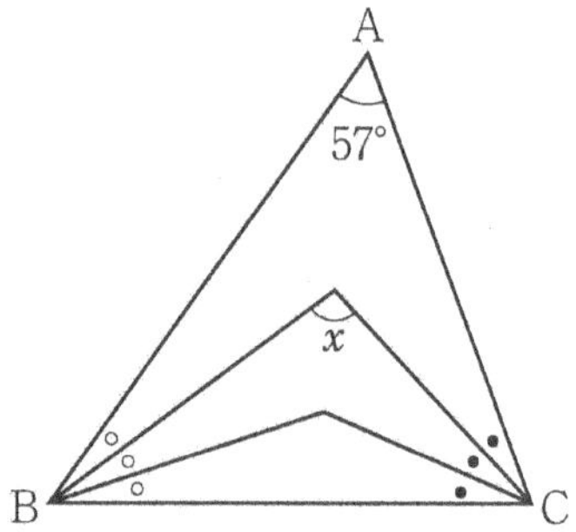

問11　右の図で，5点A，B，C，D，Eは円Oの周上の点で，この順に並んでいる。∠BOD＝140°，∠CED＝63°のとき，∠x の大きさを求め，答えを次の(1)~(5)より1つ選びなさい。　[解答番号11]

(1) 14°　(2) 27°
(3) 47°　(4) 70°
(5) 77°

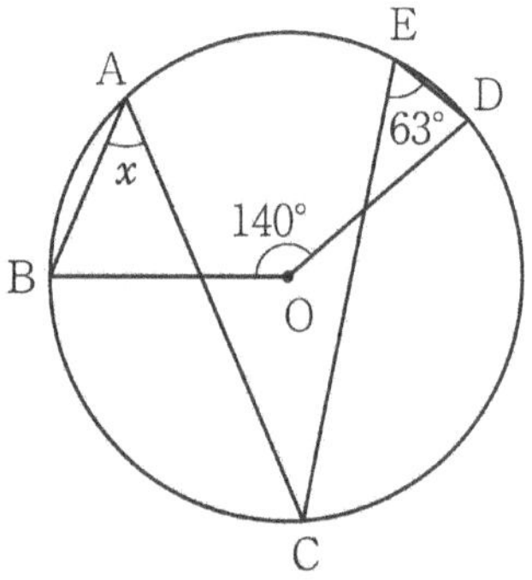

問12　右の図は，円錐《えんすい》の投影《とうえい》図《ず》である。この円錐の表面積を求め，答えを次の(1)~(5)より1つ選びなさい。ただし，円周率は π とする。　[解答番号12]

(1) 9π cm^2　(2) 15π cm^2
(3) 24π cm^2　(4) 29π cm^2
(5) 36π cm^2

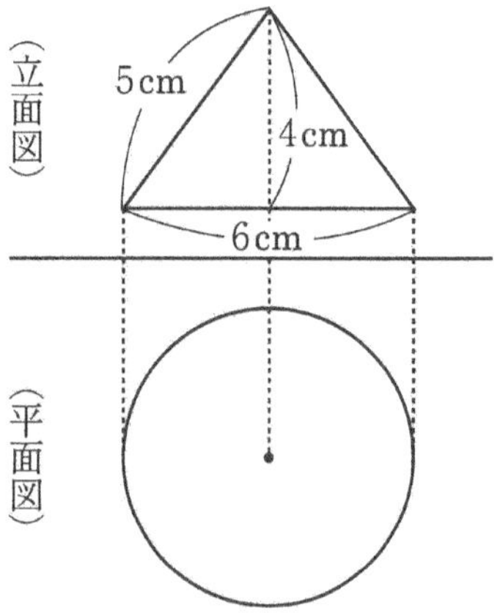

【2】 右の図で，曲線 ℓ は関数 $y=\frac{1}{2}x^2$ のグラフであり，曲線 m は関数 $y=\frac{1}{5}x^2$ のグラフである。曲線 ℓ 上の x 座標が正の部分に点Aをとる。曲線 ℓ 上にあり，点Aと y 座標が等しく x 座標が負である点をBとする。また，曲線 m 上に，四角形ABCDが長方形になるように2点C，Dをとる。点Aの x 座標を t とするとき，次の問いに答えなさい。

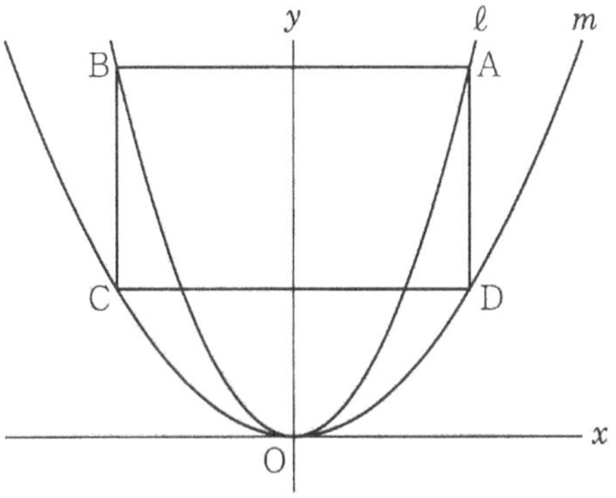

問1 $t=3$ のとき，点Aの y 座標を求め，答えを次の(1)~(5)より1つ選びなさい。 [解答番号13]

(1) $\frac{1}{2}$ (2) $\frac{3}{5}$ (3) $\frac{3}{2}$ (4) $\frac{9}{5}$ (5) $\frac{9}{2}$

問2 $t=5$ のとき，直線BDの式を求め，答えを次の(1)~(5)より1つ選びなさい。 [解答番号14]

(1) $y=-\frac{3}{4}x+\frac{5}{4}$ (2) $y=-\frac{3}{4}x+\frac{35}{4}$ (3) $y=-\frac{5}{4}x+\frac{5}{4}$

(4) $y=\frac{3}{4}x+\frac{5}{4}$ (5) $y=\frac{3}{4}x+\frac{35}{4}$

問3 四角形ABCDが正方形になるとき，t の値を求め，答えを次の(1)~(5)より1つ選びなさい。

[解答番号15]

(1) $t=\frac{20}{7}$ (2) $t=4$ (3) $t=\frac{20}{3}$ (4) $t=10$ (5) $t=20$

【3】 右の図で，四角形ABCDは，AD//BC，AD：BC＝3：4の台形である。辺BC上に，AB//DEとなるような点Eをとる。また，対角線ACと対角線DB，線分DEとの交点をそれぞれF，Gとする。このとき，次の問いに答えなさい。

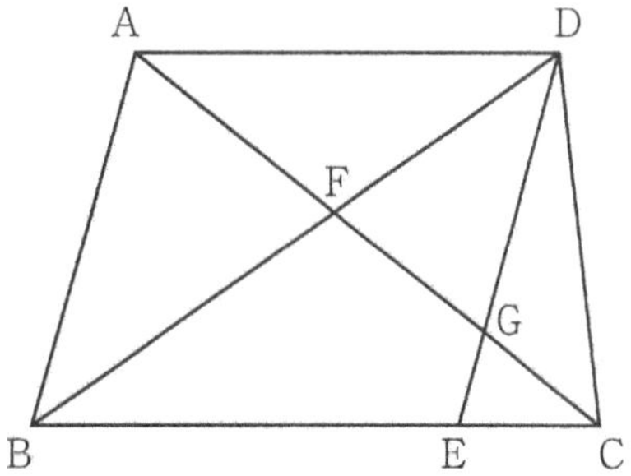

問1 線分AGと線分GCの長さの比を求め，答えを次の(1)~(5)より1つ選びなさい。 [解答番号16]

(1) 2：1 (2) 3：1 (3) 3：2

(4) 4：1 (5) 4：3

問2 四角形ABEGと△GECの面積の比を求め，答えを次の(1)~(5)より1つ選びなさい。

[解答番号17]

(1) 3：1 (2) 8：1 (3) 9：1 (4) 15：1 (5) 16：1

問3 四角形FBEGの面積が57cm²のとき，台形ABCDの面積を求め，答えを次の(1)~(5)より1つ選びなさい。 [解答番号18]

(1) 168cm² (2) 189cm² (3) 196cm² (4) 210cm² (5) 228cm²

【英　語】（40分）　＜満点：100点＞

【1】 リスニング問題 放送を聞いて，あとの問いに答えなさい。

〈Part 1〉 写真の内容を最もよく表している文を，それぞれの選択肢１～５より１つ選び，その番号を解答用紙の所定欄にマークしなさい。

No. 1

[解答番号1]

No. 2

[解答番号2]

〈Part 2〉 それぞれの問いに対する答えとして最も適切なものを，それぞれの選択肢１～５より１つ選び，その番号を解答用紙の所定欄にマークしなさい。

No.3 1．He walked to school. [解答番号3]
2．He came to school by car.
3．He came to school by bike.
4．He came to school by train.
5．He came to school by bus.

No.4 1．Twelve students. [解答番号4]
2．Eight students.
3．Seven students.
4．Five students.
5．Four students.

No.5 1．His grandmother. [解答番号5]
2．His father.
3．His mother.
4．His brother.
5．His sister.

メモ欄

（リスニング問題について）

(1) Part 1 は選択肢をすべて読むが，Part 2 については，問いに対する答え（選択肢）は読まないものとする。（選択肢は問題冊子に明記）

(2) Part 1 は選択肢をそれぞれ１回のみ読み上げる。また Part 2 については，①放送用会話文とその会話文についての問い，②放送用問題文とその問題文についての問いは，それぞれ１回のみ読み上げる。

《 放送用問題文 》

受験生のみなさんは，問題用紙を開いてください。［１］番のリスニング問題を見てください。
ただ今からリスニングテストを行います。このテストは，Part 1，Part 2 の２部からなります。
Part 1 は２題，Part 2 は３題出題されます。Part 1，Part 2 の全ての問いについて，放送される英文は問題冊子に表示されていません。英文はそれぞれ１度しか読まれません。それぞれの解答時間は10秒です。また，放送を聞きながらメモを取っても構いません。

それでは Part1 から始めます。
問題用紙にある No.1, No.2 の写真を見てください。No.1, No.2 でそれぞれの５つの英文が放送されます。写真の内容を最もよく表している文を，それぞれの選択肢１～５より１つ選び，その番号を解答用紙の所定欄にマークしなさい。では，始めます。

〈Part 1〉

No.1
1．A white dog is running around the tree.
2．Four people are sitting by the tree.
3．A girl is holding a white dog.
4．Some people are standing by the tree.
5．Two people are wearing a hat.

No.2
1．A woman is not looking at a computer.
2．A woman is not using a computer.
3．There are some flowers on the wall.
4．A woman is reading a book.
5．One of the woman's eyes is closed.

続いて Part 2 の問題に移ります。この問題では英語による会話やナレーションが流れます。その内容について１題ずつ英語で質問が読まれます。
それぞれの問いに対する答えとして最も適切なものを，それぞれの選択肢１～５より１つ選び，その番号を解答用紙の所定欄にマークしなさい。では，始めます。

〈Part 2〉

No.3

Mike: Hi, Yuka. Did you walk to school today?

Yuka: Hi, Mike. I usually walk to school, but it's rainy today, so my father took me to school by car. How about you, Mike? You usually come to school by bike, right?

Mike: Right. I usually come to school by bike, but today I got on the bus near the station and came to school by bus.

Yuka: I see.

Question : How did Mike come to school today?

1．He walked to school.
2．He came to school by car.
3．He came to school by bike.
4．He came to school by train.
5．He came to school by bus.

No.4

Aya: Tom, in my class yesterday, our teacher asked us what sport we like the best.

Tom: Oh, really, Aya? What was the most popular sport in your class?

Aya: Basketball. Twelve students like it.

Tom: I see. I like baseball. How about baseball?

Aya: Seven students like baseball, but soccer was more popular than baseball. Eight students like soccer. I like tennis. I thought tennis was popular, but only five students like it. Four students like other sports.

Tom: I see. That's very interesting.

Question : How many students like soccer the best?

1. Twelve students. 2. Eight students. 3. Seven students.
4. Five students. 5. Four students.

No.5

Yesterday was Kenji's birthday. His family had a party for him. His grandmother gave him a bag. His father played the guitar for him. His brother gave him a book. His mother cooked a special dinner for him, and his sister made a cake. Kenji had a good time that day.

Question : Who gave a book to Kenji on his birthday?

1. His grandmother. 2. His father. 3. His mother.
4. His brother. 5. His sister.

それでは時間です。リスニングテストは以上で終わりです。引き続き問題冊子のページをめくり，筆記問題に入ってください。

【2】 次の英文の意味が通るように，（ ）内に入る最も適切なものを，それぞれの選択肢１～５より１つ選び，その番号を解答用紙の所定欄にマークしなさい。

問１ That man is one of the （　　） famous musicians in the world. ［解答番号6］
1. many 2. most 3. much 4. any 5. no

問２ Students came out of the room one （　　） one. ［解答番号7］
1. on 2. at 3. by 4. for 5. to

問３ This is a picture （　　） by my sister. ［解答番号8］
1. take 2. takes 3. took 4. taking 5. taken

問４ We usually use （　　） when we cut something. ［解答番号9］
1. a glue stick 2. a stapler 3. a marker
4. scissors 5. an eraser

問５ It is difficult for Sam （　　） math. ［解答番号10］
1. learn 2. learns 3. learning 4. learned 5. to learn

問６ My father is （　　）. He grows crops. ［解答番号11］
1. a farmer 2. an interpreter
3. an actor 4. a care worker
5. a lawyer

問７ Look at that boy （　　） is running over there. ［解答番号12］
1. this 2. what 3. that 4. which 5. how

【3】 次の会話文を完成させるために，(13) から (17) に入る最も適切なものを，それぞれの選択肢1～5より1つ選び，その番号を解答用紙の所定欄にマークしなさい。

問1　A：It's a little hot in this room. Can you open the window?　［解答番号⑬］

B：(　13　)

1．Yes, please.　2．Thank you.　3．Me, too.

4．No problem.　5．Here you are.

問2　A：Hello, this is Yuta. (　14　)　［解答番号⑭］

B：Sorry. She is out now.

1．May I speak to Kate?　2．May I have your name?

3．Nice to meet you.　4．Can I leave a message?

5．Where was Kate then?

問3　A：Excuse me. (　15　)　［解答番号⑮］

B：Sure. I'm going to a shop near the station, so I'll take you there.

A：Thank you.

1．What happens to you?

2．How will you go to the station?

3．What are you going to do today?

4．Where should I go?

5．Could you tell me the way to the station?

問4　A：I visited you at two yesterday, but you weren't at home.　［解答番号⑯］

B：Sorry. I was at the library then.

A：I see. Why did you go there?

B：(　16　) I did it on the computer.

1．I will read a book about science.

2．To do my science homework.

3．It's near my house.

4．I want to work there in the future.

5．Because you went there.

問5　A：Hi, Miki. Where are you going?　［解答番号⑰］

B：Hi, Peter. I'm going to the hospital.

A：What's wrong? Are you OK?

B：Well, my mother is working there. She asked me to bring her some food for her lunch. I'm going there to give it to her.

A：Oh, I see. (　17　)

1．You are a good cook.　2．Get well soon.

3．I hope so, too.　4．You are very kind.

5．That's too bad.

【4】 次は高校生の雄二（Yuji）とオーストラリアに帰国したジャック（Jack）のＥメールでのやり取りです。次の文章を読み，文を完成させるのに最も適切なもの，またはあとの問いに対する答えとして最も適切なものを，それぞれの選択肢１～５より１つ選び，その番号を解答用紙の所定欄にマークしなさい。なお，＊印の付いている語句には，あとに【注】がついています。

From : Yuji Yamada * 〈y_yama@soh.co.jp〉
To : Jack Brown * 〈j_brown@soh.co.jp〉
Date : November 6 (Saturday), 2021 10:41
*Subject : a school trip

Dear Jack,
Good morning. How are you? I'm fine. It's cool here in Aichi.
Last month, we visited Kyoto on a school trip. You wanted to come with us, so I'll tell you about it.
We arrived there on October 18, and stayed there for three days. On the first day, we visited some temples. I liked *Kiyomizu-dera*, but I liked *Kinkaku-ji* the best of all the temples we visited. On the second day, we visited a famous museum and enjoyed seeing *historical things in Kyoto. On the third day, we went to a Japanese restaurant and had lunch there. I had *udon*, and it was delicious. After that, we walked in the park and then enjoyed shopping. We went back home on that day.
We had a very good time. Please write back to me.
Yuji

From : Jack Brown 〈j_brown@soh.co.jp〉
To : Yuji Yamada 〈y_yama@soh.co.jp〉
Date : November 7 (Sunday), 2021 9:12
Subject : Re: a school trip

Dear Yuji,
Good morning. I'm happy to know you are fine. I'm fine, too. Thank you for your e-mail. I'm sorry for writing back to you so late. I was at my grandfather's house, so I wasn't at home yesterday. My sister and I visited his house by train two days ago, and just came back home this morning. It's cool now in Aichi. Here in Australia, it's getting hotter and my sister and I went to the beach near our grandfather's house and enjoyed swimming in the sea!
Thank you for telling me about your school trip to Kyoto. I really wanted to go there with you. I'm very interested in Japanese history and I learned that Kyoto *historically *played an important role in Japan. I want to see *kabuki* there. I hope I can go to see it with you someday. Tell me if you know about any other interesting places in Kyoto in your next e-mail. Talk to you soon.
Jack

From : Yuji Yamada 〈y_yama@soh.co.jp〉
To : Jack Brown 〈j_brown@soh.co.jp〉
Date : November 7 (Sunday), 2021 14:02
Subject : Re: Re: a school trip

Dear Jack,
Hi. Thank you for your e-mail. Did you go swimming? Nice! I went to Australia with my family once when I was small. I enjoyed swimming in the sea then. I went to see *Uluru/Ayers Rock, too. I didn't see koalas, so I want to see them when I visit your country next time.
I'm also interested in *kabuki*, and I want to go to see it with you, too. I know another interesting place in Kyoto. It's called *Toei Kyoto Studio Park. I have never been there, but I heard about it from my brother. He said it was a very exciting place. You like Japanese movies, right? If you do, I'm sure you'd enjoy visiting it when you come back to Japan.
Yuji

【注】〈y_yama@soh.co.jp〉ヤマダユウジのメールアドレス
〈j_brown@soh.co.jp〉ジャック・ブラウンのメールアドレス　Subject　題
historical　歴史的な　historically　歴史的に
played a ~ role < play a ~ role（～な役割を果たす）の過去形
Uluru/Ayers Rock　ウルル／エアーズ・ロック（オーストラリアの観光名所）
Toei Kyoto Studio Park　東映太秦映画村（京都の観光名所）

問1　On October 19,　[解答番号18]

1．Yuji visited some temples in Kyoto.
2．Yuji enjoyed seeing historical things at a museum in Kyoto.
3．Yuji had *udon* at a Japanese restaurant in Kyoto.
4．Yuji walked with other students at a park in Kyoto.
5．Yuji enjoyed shopping in Kyoto.

問2　When did Jack and his sister go to their grandfather's house?　[解答番号19]

1．On November 3.　2．On November 4.　3．On November 5.
4．On November 6.　5．On November 7.

問3　What did Jack want to know in the next e-mail from Yuji?　[解答番号20]

1．He wanted to know about Yuji's school life.
2．He wanted to know about a school trip at Yuji's school.
3．He wanted to know how Kyoto played an important role in Japan.
4．He wanted to know when Yuji saw *kabuki* in Kyoto.
5．He wanted to know about other interesting places in Kyoto.

問4　What does Yuji want to do when he goes to Australia next time?[解答番号21]

1．He wants to enjoy swimming in the sea.
2．He wants to see Uluru/Ayers Rock.
3．He wants to see koalas.
4．He wants to see *kabuki* with Jack.
5．He wants to see Japanese movies with Jack.

問5　本文の内容と合うものを1つ選びなさい。　[解答番号22]

1．Yuji liked *Kiyomizu-dera* the best of all the temples he visited during his school trip.
2．Yuji had *soba* at a Japanese restaurant in Kyoto and it was delicious.
3．Jack wrote an e-mail to Yuji when he was at his grandfather's house.
4．Jack enjoyed swimming in the sea near his grandfather's house with his sister.
5．Yuji has never been to Australia, and he wants to go there with his family.

【5】次の英文を読み，あとの問いに答えなさい。なお，＊印の付いている語には，あとに【注】がついています。

Kazuya is a high school student in Japan. He stayed with a host family in

Canada for a week during the summer vacation. Before leaving Japan, Kazuya got a card written about the host family. Kazuya learned about them from ① the card. There are three people in his host family. They are Mr. and Mrs. White, and their son, Nick. Mr. Bill White is forty-three years old, and he works at a restaurant. He is a very good chef. He likes listening to piano music. Mrs. Lucy White is forty-five years old, and she teaches science at a school. She likes reading books. Her favorite book is one about tennis. Nick is fourteen years old, and he is a junior high school student. He likes watching baseball. He is good at playing the guitar.

On August 10, Kazuya arrived in Canada. On the first day, he talked with his host family in English about *himself and his family in Japan. Mr. White said, "You are a very good English speaker. When did you begin studying English?" Kazuya said, "About four years ago. I like studying English very much. I've read a lot of books written in English." Mrs. White said, "That's nice. Oh, I've read some books about Japan. I saw some pictures of traditional Japanese *toys in one of them. For example, *kendama*, *otedama*, and *koma*." Kazuya said, "Oh, I have a *kendama* in my bag." Nick said, "I know *kendama*! I have seen it on TV. Please show us how to play *kendama*." Kazuya said, "Sure," and played it. After that, Nick looked surprised and said, "You play it very well!" Kazuya said to Nick, "This *kendama* is a present for you." Nick said, "Wow. I'm happy. Thank you very much."

The next day, Nick told Kazuya a lot of things about Canada. After that, he said, "My friend, Emily, went to Aichi and visited a castle last month. She gave me a picture of the castle. Please look at this." Kazuya said, "This is a famous castle, *Nagoya-jo*." Nick asked, "When was this castle built? Who built it? Please tell me everything." Kazuya said, "Well, I don't know." Nick asked some other questions about *Nagoya-jo*, but Kazuya could not *answer them. Nick said, "OK, I have another question. I heard Japanese people don't *wear shoes at home. Why?" Kazuya said, "I'm sorry, but I don't know." Nick asked other questions about Japan, but Kazuya could not answer most of them. Kazuya was ② embarrassed.

That night, Kazuya could not sleep well. He thought, "I have studied English hard and tried to learn a lot about other countries. But I don't know anything about Japan! I have to study about Japan as much as I do about English."

The next morning, Kazuya said to Nick, "I'm sorry. I could not answer many of your questions about Japan well." Nick said, "That's OK. Don't worry. Actually, my family will go to Japan next year. I want to know more about Japan, so I asked you a lot of questions." Kazuya was surprised and said, "Really? I want to see you in Japan next year! Will you give me a *chance to tell you more about Japan? I'll study more about the things you are interested in." Nick looked happy and said, "Sure. I'm looking forward to seeing you in Japan."

③ On the last day in Canada, Mr. White said, "Kazuya, we had a good time with you." Kazuya said, "Me, too! I learned a lot of things here. Also, I learned ④ an important thing." Mrs. White asked, "What is it?" Kazuya said, "I have been interested only in English and other countries, but I should also know about my own country."

One year later, Kazuya visited *Nagoya-jo* and some other places in Aichi with Mr. and Mrs. White, and Nick. Kazuya said, "I had a good time with you all." Nick said, "Thank you, Kazuya. You told me a lot about *Nagoya-jo* and some other places." Kazuya said, "You're welcome. You gave me a good reason to learn about Japan a year ago while I was in Canada. After coming back to Japan, I read a lot of books about it. I want to study more about Japan." Then Nick said, "Kazuya, look at me. I can play *kendama*. I practiced hard!" He played it very well. Kazuya said, "Wonderful!"

【注】 himself 彼自身　toys < toy（おもちゃ）の複数形　answer ～ ～に答える
wear ～ ～をはく　chance 機会

問1 下線部①の内容を表しているカードとして最も適切なものを，選択肢1～5より1つ選び，その番号を解答用紙の所定欄にマークしなさい。 [解答番号23]

1.
ホワイト家
ビル・ホワイト（43歳）
・職業…教師
・好きなこと…音楽鑑賞
ルーシー・ホワイト（45歳）
・職業…シェフ
・好きなこと…読書
ニック・ホワイト（14歳）
・好きなこと…テニス観戦
・得意なこと…ギターの演奏

2.
ホワイト家
ビル・ホワイト（43歳）
・職業…教師
・好きなこと…音楽鑑賞
ルーシー・ホワイト（45歳）
・職業…シェフ
・好きなこと…読書
ニック・ホワイト（14歳）
・好きなこと…野球観戦
・得意なこと…ギターの演奏

3.
ホワイト家
ビル・ホワイト（43歳）
・職業…シェフ
・好きなこと…音楽鑑賞
ルーシー・ホワイト（45歳）
・職業…教師
・好きなこと…読書
ニック・ホワイト（14歳）
・好きなこと…テニス観戦
・得意なこと…ピアノの演奏

4.
ホワイト家
ビル・ホワイト（43歳）
・職業…シェフ
・好きなこと…読書
ルーシー・ホワイト（45歳）
・職業…教師
・好きなこと…音楽鑑賞
ニック・ホワイト（14歳）
・好きなこと…野球観戦
・得意なこと…ピアノの演奏

5.

ホワイト家
ビル・ホワイト（43歳） ・職業…シェフ ・好きなこと…音楽鑑賞
ルーシー・ホワイト（45歳） ・職業…教師 ・好きなこと…読書
ニック・ホワイト（14歳） ・好きなこと…野球観戦 ・得意なこと…ギターの演奏

問2　下線部②の意味として最も適切なものを，選択肢1～5より1つ選び，その番号を解答用紙の所定欄にマークしなさい。　[解答番号24]

1．恥ずかしい　2．うれしい　3．誇らしい　4．すがすがしい　5．勇ましい

問3　下線部③が指している日付として最も適切なものを，選択肢1～5より1つ選び，その番号を解答用紙の所定欄にマークしなさい。　[解答番号25]

1．8月12日　2．8月14日　3．8月16日　4．8月20日　5．8月25日

問4　下線部④が表す内容として最も適切なものを，選択肢1～5より1つ選び，その番号を解答用紙の所定欄にマークしなさい。　[解答番号26]

1．Kazuya should be more interested in other countries.
2．Kazuya should talk to foreign people in Japanese.
3．Kazuya should study English harder at school.
4．Kazuya should know more about his own country.
5．Kazuya should ask foreign people a lot of questions.

問5　英文の内容に関して，次のア～オの出来事が，起こった順に並んでいるものを，選択肢1～5より1つ選び，その番号を解答用紙の所定欄にマークしなさい。　[解答番号27]

ア　When Kazuya played *kendama*, Nick looked surprised.
イ　Emily went to Aichi and visited *Nagoya-jo*.
ウ　Nick played *kendama* well and Kazuya watched.
エ　Nick asked Kazuya some questions about *Nagoya-jo*, but Kazuya could not answer them.
オ　Kazuya talked with his host family about himself and his family.

1．イ → ウ → オ → ア → エ
2．イ → オ → ア → ウ → エ
3．イ → オ → ア → エ → ウ
4．オ → ア → イ → エ → ウ
5．オ → イ → ア → ウ → エ

問6　英文の内容に関して，文を完成させるのに最も適切なもの，またはあとの問いに対する答えとして最も適切なものを，次のページのそれぞれの選択肢1～5より1つ選び，その番号を解答用紙の所定欄にマークしなさい。

1） On Kazuya's first day in Canada, ［解答番号28］

1. Mr. White said that Kazuya was a very good English speaker.
2. Nick and Kazuya saw *kendama* on TV together.
3. Mrs. White showed some pictures of traditional Japanese toys.
4. Nick showed Kazuya a picture of *Nagoya-jo*.
5. Nick asked Kazuya some questions about Japan.

2） In Canada, Mrs. White ［解答番号29］

1. asked Kazuya when he began to study English.
2. said that she read some books about Japan.
3. asked Kazuya to show how to play *kendama*.
4. asked Kazuya why Japanese people don't wear shoes at home.
5. said that her family would go to Japan the next year.

3） One night in Canada, Kazuya could not sleep well because ［解答番号30］

1. he enjoyed talking with Nick about different things.
2. he learned about the culture of the country.
3. he listened to the story about other countries from Mr. White.
4. he could not answer many of Nick's questions about Japan.
5. he read a lot of books about Japan and learned about it.

4） 本文の内容と合うものを１つ選びなさい。 ［解答番号31］

1. Kazuya likes English, but he didn't read a lot of books written in English before he came to Canada.
2. When Kazuya and Nick talked about *Nagoya-jo* in Canada, Nick knew who built it, but Kazuya didn't know that.
3. On Kazuya's last day in Canada, Kazuya told Nick to tell him more about Japan the next year.
4. In Canada, Kazuya told Mrs. White that he was not interested in other countries, but he would try hard to learn more about them.
5. When Kazuya visited *Nagoya-jo* and some other places in Aichi with Mr. and Mrs. White, and Nick one year later, Kazuya told them a lot about those places.

【理　科】（30分）　＜満点：100点＞

【1】図1のようなモノコードを使って，音の性質を調べる実験を行った。図2は，モノコードの弦PQ間の中央を指ではじき，出た音の波形をコンピュータに表示したものである。次の各問いの答えの組み合わせとして，正しいものを1～5より1つ選び，答えなさい。［解答番号1］

図1

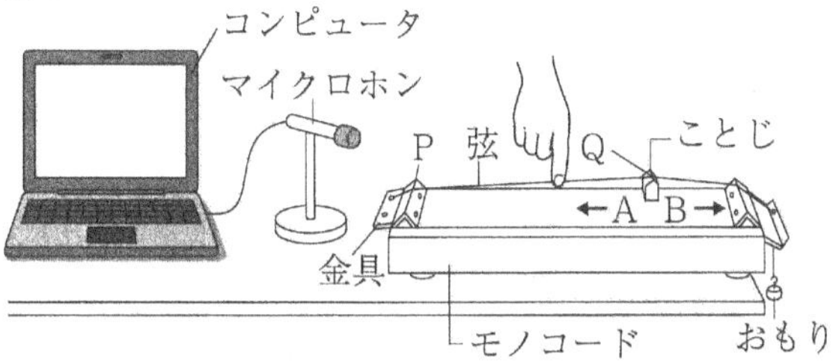

図2

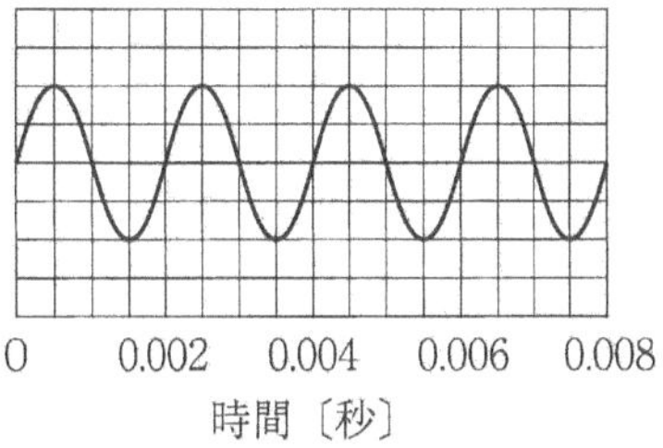

問1　図2から，この音の振動数は何Hzか。

問2　モノコードの弦を強くはじいたとき，音はどのように変化するか。

問3　図1のA，Bのうち，モノコードから出る音を高くしたいときには，ことじをA，Bのどちらに動かすか。

	問1	問2	問3
1	500Hz	大きくなる	A
2	1000Hz	大きくなる	B
3	500Hz	高くなる	A
4	1000Hz	高くなる	A
5	500Hz	高くなる	B

【2】図3は，物体から光軸に平行な光が出ているようすを表したものである。このとき，凸レンズを通る光の進み方として，正しいものを図3の1～5より1つ選び，答えなさい。ただし，図3は真横から見たようすを模式的に表していて，点aはこの凸レンズの焦点を表している。また，光はレンズの中心線で屈折するものとする。［解答番号2］

図3

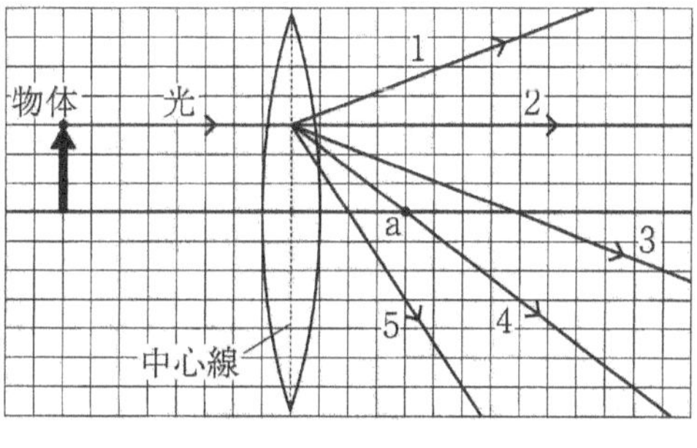

【3】図4のように，検流計をつないだコイルに棒磁石を近づけると，検流計の針は左にふれた。次の各問いの答えの組み合わせとして，正しいものを1～5より1つ選び，答えなさい。

[解答番号3]

図4

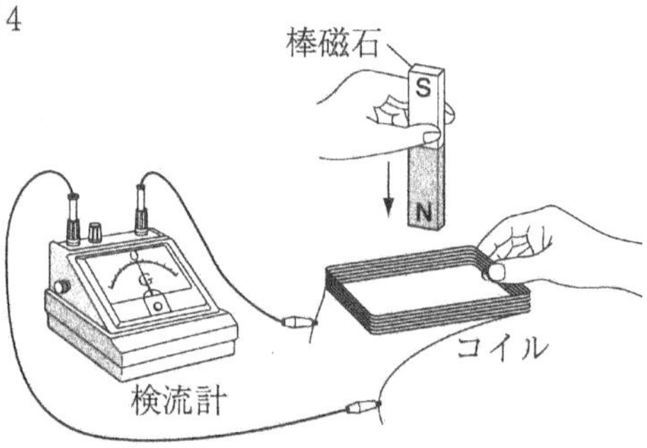

問1　コイルに流れる電流を大きくする方法として，誤っているものをア～ウより1つ選びなさい。

ア．より強力な棒磁石を用いる。

イ．棒磁石をゆっくり近づける。

ウ．コイルの巻き数を増やす。

問2　棒磁石を上下反対に持ちかえてS極をコイルから遠ざけたとき，検流計の針は右と左のどちらにふれるか。

	問1	問2
1	ア	左
2	ア	右
3	イ	左
4	イ	右
5	ウ	左

【4】図5のような装置を組み立て，小球の運動について調べる実験を行った。次の各問いの答えの組み合わせとして，正しいものを次のページの1～5より1つ選び，答えなさい。ただし，小球とレールの間の摩擦や空気抵抗は考えないものとする。

[解答番号4]

図5

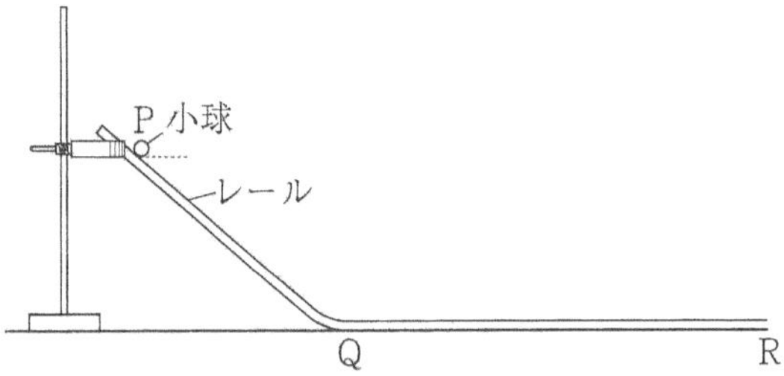

問1　小球を図5の点Pの位置に置いて静かに手をはなすと，小球はレールの上を下り，点Qを通って点Rに達した。このときの時間と速さの関係を表したグラフとして，正しいものをア～ウより1つ選びなさい。

ア.

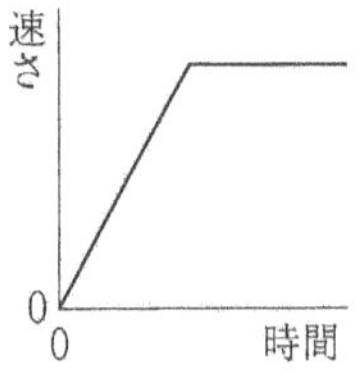

イ.

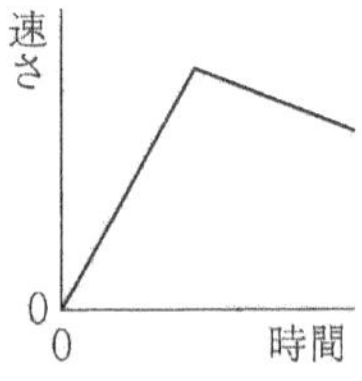

ウ.

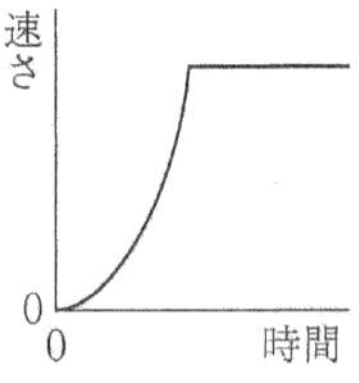

問2　前のページの図5のレールの一部を折り曲げて図6のような装置をつくり，小球を点Pの位置に置いて静かに手をはなすと，小球はレールの上を進み，ある地点まで上昇した。このとき，小球が上昇した地点として正しいものを図6のS，Tより1つ選びなさい。

図6

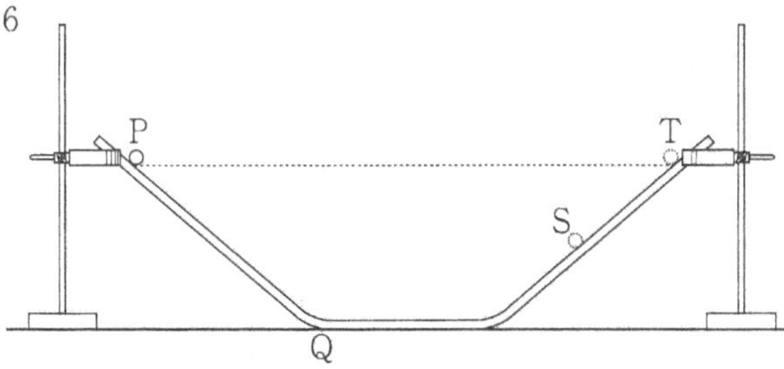

	問1	問2
1	ア	S
2	ア	T
3	イ	S
4	イ	T
5	ウ	S

【5】図7のように，机の上に本を置いたとき，この本にはたらいている力をすべて表したものとして，正しいものを1～5より1つ選び，答えなさい。ただし，アとウの矢印はイの矢印からずらしてかいてあり，長さはすべて等しいものとする。

[解答番号5]

図7

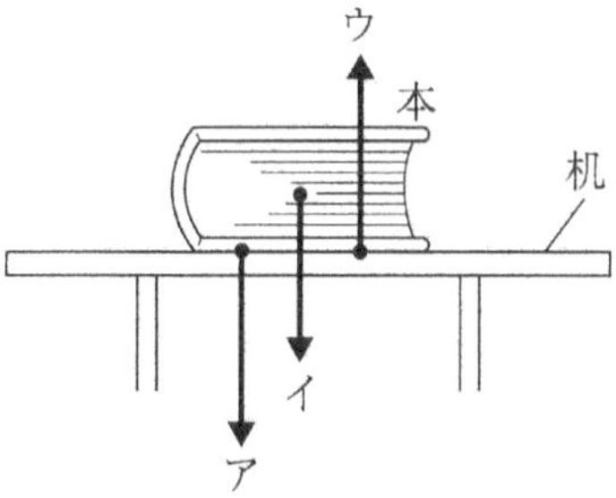

1	アのみ
2	イのみ
3	ア，ウ
4	イ，ウ
5	ア，イ，ウ

【6】マグネシウムの粉末をステンレス皿にうすく広げ，ガスバーナーで粉末全体の色が変わるまでよく加熱した。図8は，加熱したマグネシウムの粉末の質量と結びついた酸素の質量の関係を表したグラフである。次の各問いの答えの組み合わせとして，正しいものを1～5より1つ選び，答えなさい。

[解答番号6]

問1　マグネシウムの粉末を加熱したときに起こった反応を化学反応式で表しなさい。

問2　この反応のように，物質が酸素と結びつく反応を何というか。

問3　マグネシウムの粉末2.4gを完全に反応させたときに得られる加熱後の物質の質量は何gか。

図8

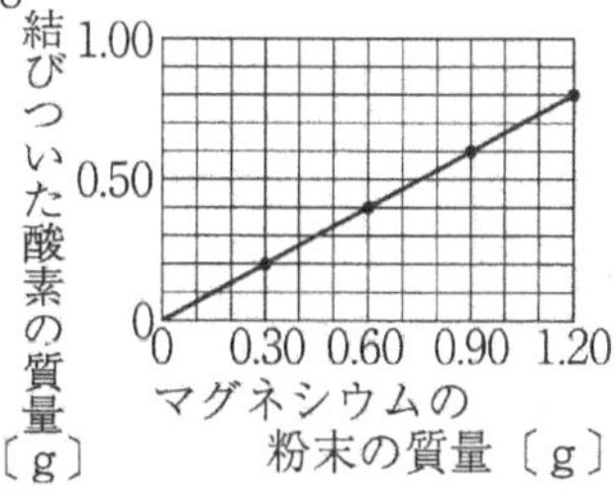

	問1	問2	問3
1	$2Mg + O_2 \rightarrow 2MgO$	酸化	3.0g
2	$2Mg + O_2 \rightarrow 2MgO$	酸化	4.0g
3	$2Mg + O_2 \rightarrow 2MgO$	還元	3.0g
4	$4Mg + O_2 \rightarrow 2Mg_2O$	酸化	4.0g
5	$4Mg + O_2 \rightarrow 2Mg_2O$	還元	3.0g

【7】 図9のような装置をつくって塩化銅水溶液に電流を流すと，炭素棒Aに赤褐色の物質が付着し，炭素棒Bから気体が発生した。次の各問いの答えの組み合わせとして，正しいものを1～5より1つ選び，答えなさい。 [解答番号7]

問1　塩化銅のように，水に溶かすと水溶液に電流が流れる物質のことを何というか。

問2　水に溶かすと電流が流れる物質として，正しいものをア，イより1つ選びなさい。

ア．食塩　　イ．砂糖

問3　炭素棒Aに付着した赤褐色の物質の性質として，誤っているものをウ，エより1つ選びなさい。

ウ．電気をよく通す。　　エ．磁石にくっつく。

問4　炭素棒Bから発生した気体の性質として，正しいものをオ，カより1つ選びなさい。

オ．火のついたマッチを近づけると気体が音を出して燃える。

カ．漂白作用がある。

図9

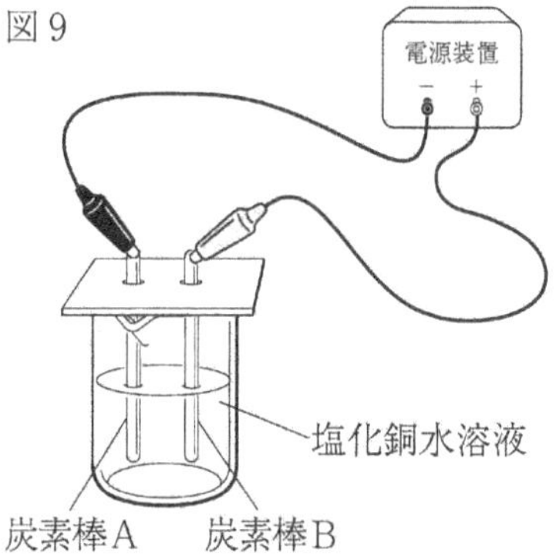

	問1	問2	問3	問4
1	溶質	ア	ウ	オ
2	溶質	イ	エ	カ
3	電解質	ア	ウ	オ
4	電解質	イ	エ	オ
5	電解質	ア	エ	カ

【8】 図10のような装置を組み立て，水15mLとエタノール5mLの混合溶液を蒸留し，出てきた液体を試験管A，B，Cの順に約3mLずつ集めた。次の各問いの答えの組み合わせとして，正しいものを次のページの1～5より1つ選び，答えなさい。 [解答番号8]

図10

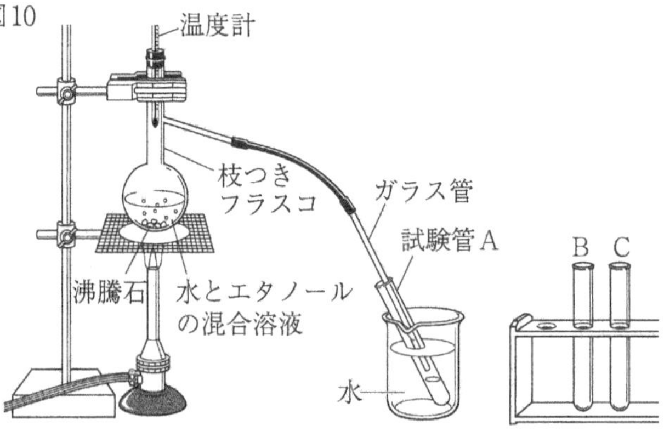

問1　混合溶液を加熱した時間と温度計が示す温度の関係をグラフに表したものとして，正しいものを次のページのア～ウより1つ選びなさい。

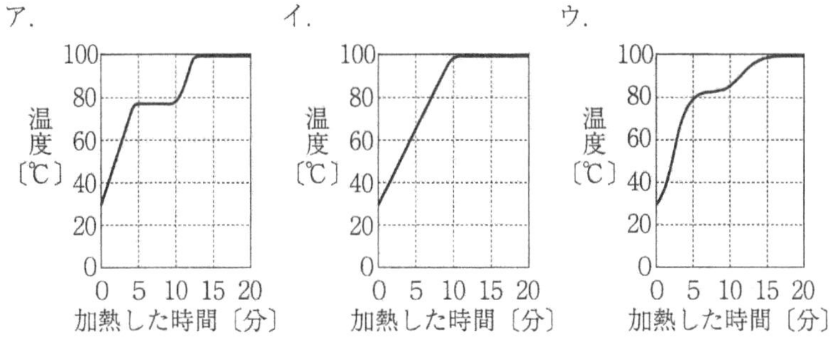

問２　試験管Ａ～Ｃに集めた液体について説明した文として，正しいものをエ～カより１つ選びなさい。

エ．集めた液体のエタノールの割合は，試験管Ａが最も小さく，試験管Ｃが最も大きい。

オ．集めた液体のエタノールの割合は，試験管Ｃが最も小さく，試験管Ａが最も大きい。

カ．試験管Ａ～Ｃに集めた液体のエタノールの割合はすべて同じである。

	問１	問２
1	ア	エ
2	ア	カ
3	イ	オ
4	ウ	エ
5	ウ	オ

【９】種類がわからない質量10gのプラスチック片Ａを，メスシリンダーに入った密度1.00g/cm^3の水50.0cm^3の中に入れたところ，水の表面が図11のようになった。このとき，プラスチック片Ａの種類として，正しいものを表の１～５より１つ選び，答えなさい。 [解答番号9]

図11

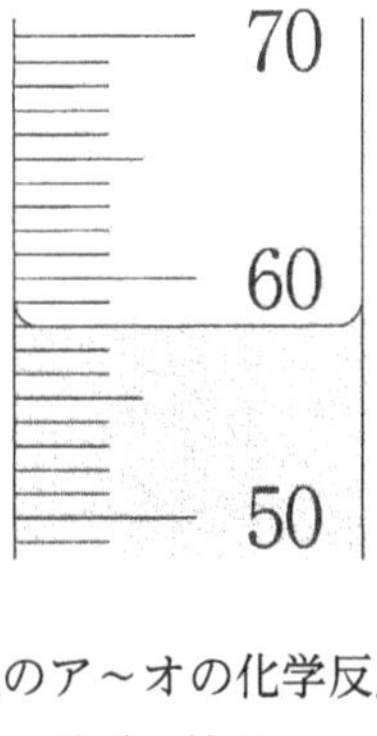

	プラスチックの種類	密度〔g/cm^3〕
1	ポリエチレン	0.92～0.97
2	ポリスチレン	1.05～1.07
3	ポリエチレンテレフタラート	1.38～1.40
4	ポリ塩化ビニル	1.2～1.6
5	ナイロン	1.12～1.14

【10】次のア～オの化学反応のうち，吸熱反応であるものの組み合わせとして，正しいものを１～５より１つ選び，答えなさい。 [解答番号10]

ア．鉄と酸素の反応　　イ．塩化アンモニウムと水酸化バリウムの反応

ウ．鉄と硫黄の反応　　エ．炭酸水素ナトリウムとレモン汁（クエン酸）の反応

オ．酸化カルシウムと水の反応

１．アとエ　　２．アとオ　　３．イとエ　　４．イとオ　　５．ウとエ

【11】 丸い種子をつくる純系のエンドウの花粉を，しわのある種子をつくる純系のエンドウの柱頭につけて受粉させたところ，種子はすべて丸くなった。こうしてできた丸い種子を育ててできたエンドウが自家受粉したときにできる丸い種子としわのある種子の数の比（丸：しわ）として，正しいものを１～５より１つ選び，答えなさい。 ［解答番号11］

１．１：３　２．１：２　３．１：１　４．２：１　５．３：１

【12】 同じ大きさのメスシリンダーを４つ用意し，葉の大きさや数，茎の太さなどが同じツユクサに，図12のＡ～Ｄのような処理をしてメスシリンダーにさした。水位がすべて同じになるように水を注ぎ，水面に少量の油をたらし，風通しのよい明るい場所に置き，一定時間後に水の減少量を調べた。表は，そのときの結果を表したものである。次の各問いの答えの組み合わせとして，正しいものを１～５より１つ選び，答えなさい。 ［解答番号12］

図12

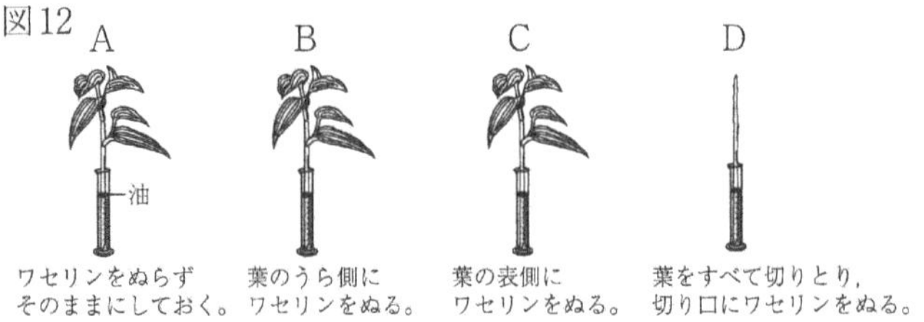

表

	水の減少量〔cm^3〕
A	2.8
B	0.7
C	2.4
D	0.3

問１　水面に油をたらした理由として，正しいものをア～ウより１つ選びなさい。

ア．水の温度が上がるのを防ぐため。　イ．水の温度が下がるのを防ぐため。

ウ．水面からの水の蒸発を防ぐため。

問２　葉の表側から出ていった水の量は何cm^3か。

	問１	問２
1	ア	2.1cm^3
2	イ	0.4cm^3
3	イ	2.1cm^3
4	ウ	0.4cm^3
5	ウ	2.1cm^3

【13】 デンプン溶液10cm^3を入れた試験管Ａ，Ｂを用意し，試験管Ａには水でうすめただ液を，試験管Ｂには水をそれぞれ２cm^3ずつ加えた後，40℃の湯の中で20分間あたためた。その後，試験管ア，イに試験管Ａの液を，試験管ウ，エに試験管Ｂの液をそれぞれ半分ずつ取り分けた。

試験管ア，ウにはヨウ素液を入れ，試験管イ，エにはベネジクト液を入れてガスバーナーで加熱し，それぞれの反応を観察した。

だ液のはたらきによってデンプンが分解されたことは，試験管ア～エのうち，どの実験結果を比べることでわかるか。正しいものを１～５より１つ選び，答えなさい。 ［解答番号13］

１．アとイ　２．アとウ　３．アとエ　４．イとウ　５．ウとエ

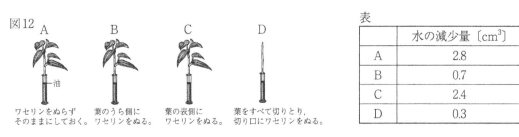

【14】 A～Dは，顕微鏡を用いて観察した水中の小さな生物のスケッチである。生物A～Dを，実際の大きさが大きい順に左から並べたものとして，正しいものを1～5より1つ選び，答えなさい。ただし，生物の下の数字は，それぞれの生物を観察したときに用いた顕微鏡の倍率を示していて，スケッチの大きさは顕微鏡で見えた大きさとそろえている。　[解答番号⑭]

A

×10

B

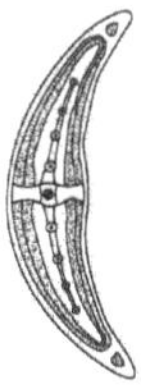

×25

C

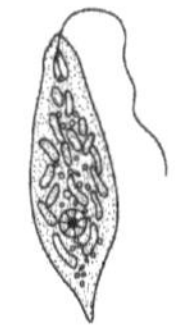

×100

D

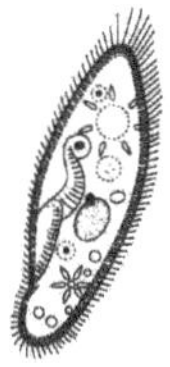

×50

1．C，B，A，D　2．A，B，C，D　3．A，B，D，C
4．C，D，B，A　5．A，D，B，C

【15】 図13は，シソチョウの骨格の復元図である。また，表はシソチョウの特徴をまとめたものである。シソチョウの特徴から考えられることとして，正しいものを1～5より1つ選び，答えなさい。　[解答番号⑮]

図13

表

特徴A	からだが羽毛でおおわれている
特徴B	前あしがつばさになっている
特徴C	つばさの中ほどにつめがある
特徴D	口に歯がある

1．シソチョウは，特徴A，Bのような鳥類の特徴と，特徴C，Dのようなほ乳類の特徴をあわせもっていることから，ほ乳類は鳥類から進化したと考えられる。
2．シソチョウは，特徴A，Bのような鳥類の特徴と，特徴C，Dのようなほ乳類の特徴をあわせもっていることから，鳥類はほ乳類から進化したと考えられる。
3．シソチョウは，特徴A，Bのような鳥類の特徴と，特徴C，Dのようなは虫類の特徴をあわせもっていることから，は虫類は鳥類から進化したと考えられる。
4．シソチョウは，特徴A，Bのような鳥類の特徴と，特徴C，Dのようなは虫類の特徴をあわせもっていることから，鳥類はは虫類から進化したと考えられる。
5．シソチョウは，特徴A，Bのような鳥類の特徴と，特徴C，Dのような両生類の特徴をあわせもっていることから，鳥類は両生類から進化したと考えられる。

【16】 日本列島付近のプレートのようすとその動きを表したものとして，正しいものを次のページの1～5より1つ選び，答えなさい。ただし，次のページの図の矢印はプレートの動きを表している。
[解答番号⑯]

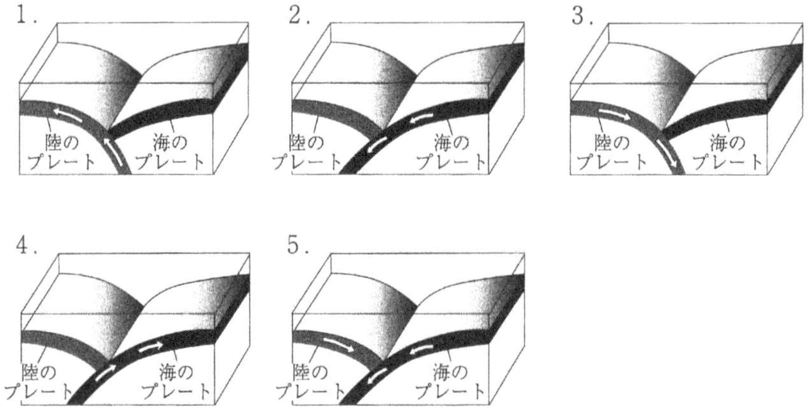

【17】 小笠原気団の特徴を説明したものとして，正しいものを１～５より１つ選び，答えなさい。

［解答番号⑰］

1．北の陸上で発達し，冷たくて湿っている。
2．北の陸上で発達し，冷たくて乾いている。
3．北の陸上で発達し，暖かくて湿っている。
4．南の海上で発達し，暖かくて湿っている。
5．南の海上で発達し，暖かくて乾いている。

【18】 天気についての次の各問いの答えの組み合わせとして，正しいものを１～５より１つ選び，答えなさい。

［解答番号⑱］

問１　低気圧のまわりや中心付近の風のふき方として，正しいものをア～ウより１つ選びなさい。

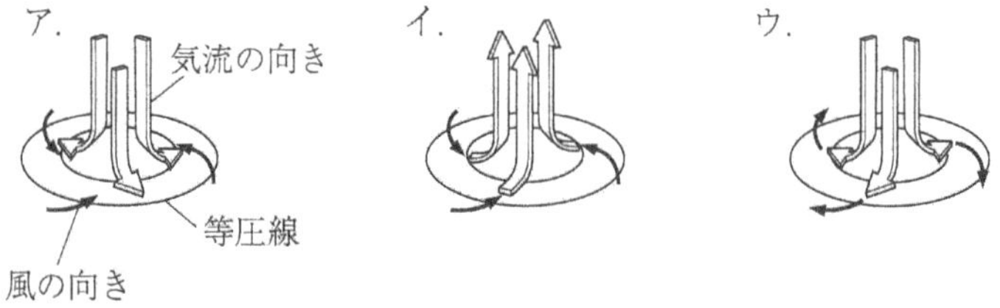

問２　温暖前線が通過する前後の天気や風向きのようすを説明した文として，正しいものをエ，オより１つ選びなさい。

エ．長い時間おだやかな雨が降り，通過後は風向きが南寄りになる。
オ．短い時間に激しい雨が降り，通過後は風向きが北寄りになる。

	問１	問２
1	ア	エ
2	ア	オ
3	イ	エ
4	イ	オ
5	ウ	エ

【19】図14は，ある火山で採取した火成岩の表面をルーペで観察したときの模式図である。これについて述べた，次の文の空欄（ア），（イ）に適する語句の組み合わせとして，正しいものを１～５より１つ選び，答えなさい。 [解答番号⑲]

図14のような火成岩のつくりを（　ア　）といい，この火成岩はマグマが（　イ　）固まってできたと考えられる。

図14
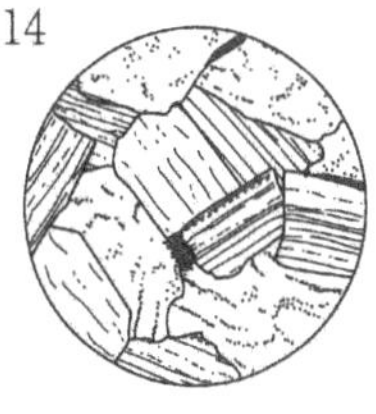

	ア	イ
1	等粒状組織	地下深くで，ゆっくり冷やされて
2	等粒状組織	地表付近で，急速に冷やされて
3	斑状組織	地下深くで，ゆっくり冷やされて
4	斑状組織	地表付近で，急速に冷やされて
5	斑状組織	地下深くで，急速に冷やされて

【20】地層の重なり方や広がり方を調べるために，ある地域の地点A～Cについて，ボーリング調査を行った。図15は，ボーリング調査の結果を柱状図で模式的に表したものである。また，図16は，地点A～Cの位置関係と標高を表していて，地点Aは地点Bの真西に，地点Cは地点Bの真南にある。この地域のそれぞれの地層は同じ厚さで平行に重なっていて，ある方向に同じ角度で傾いている。地層の傾きはどの方位に向かって低くなっているか，正しいものを１～５より１つ選び，答えなさい。ただし，図16で示した地域の地層の上下の逆転や断層，しゅう曲はないものとする。また，この地域に凝灰岩の層は１つしかなかった。 [解答番号⑳]

図15
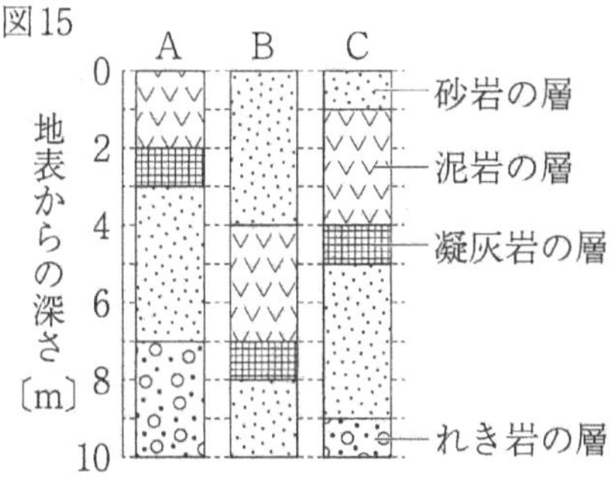

図16
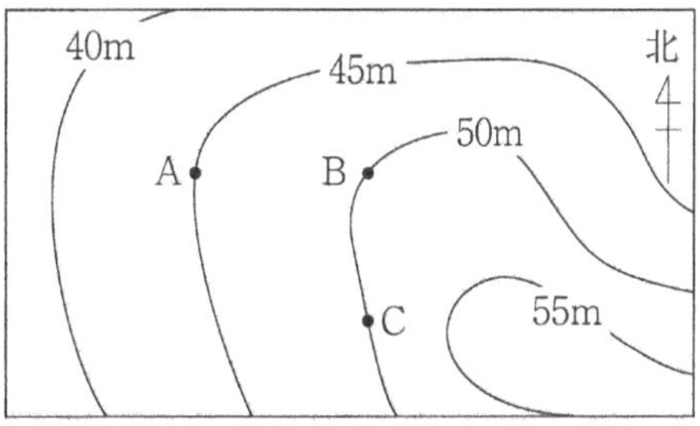

1．東　　2．西　　3．北　　4．南東　　5．南

【社　会】（30分）　＜満点：100点＞

【1】次の写真ならびに図版Ａ～Ｈを見て，それぞれの問いに答えなさい。

Ａ

Ｂ

（一般財団法人奈良県ビジターズビューロー）

Ｃ

（平等院）

Ｄ

Ｅ

Ｆ

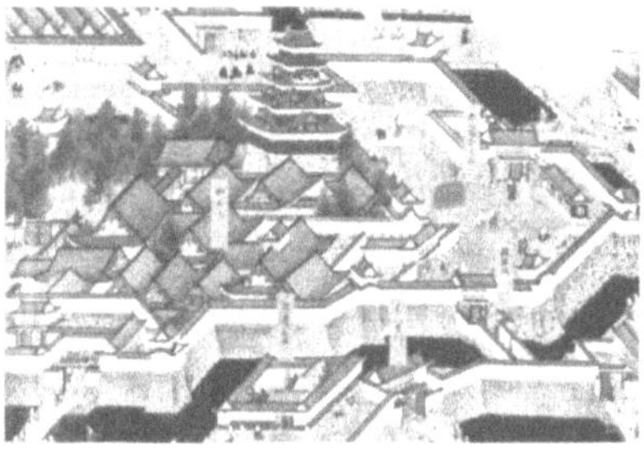

（国立歴史民俗博物館所蔵）

Ｇ

Ｈ

問１　写真Ａは，ある古代文明でつくられた聖塔を示しているが，この古代文明に関する説明文として，正しいものを次の１～５より１つ選び，答えなさい。［解答番号1］

１．60進法という記数法が考え出されて時間や角度の単位となり，法律などがくさび形文字によって粘土板に刻まれた。

２．道路や水路が整備された都市を中心に文明が発展し，やがて神官を頂点にした身分制度を持つ国々がつくられた。

３．川のはんらんの時期を知るために天文学が発達して太陽暦がつくられ，象形文字が発明されて「死者の書」などに記された。

４．ポリスとよばれる都市国家が各地に建設され，アテネでは男性の市民全員による民主政が行われた。

５．占いの結果を示すための甲骨文字や優れた青銅器がつくられ，孔子が説いた儒学のようなさまざまな思想も生まれた。

問２　写真Ｂの仏像がつくられた奈良時代に関する説明文として，正しいものを次の１～５より１つ選び，答えなさい。　[解答番号2]

１．進んだ制度や文化を取り入れるために，小野妹子をはじめとする使者が数回にわたって隋に送られた。

２．中大兄皇子や中臣鎌足らによって改革が始められ，土地と人々を国家が直接支配する公地公民の原則が示された。

３．奈良盆地に発達した大王を中心とする政権の勢力が広がるにつれて，全国で前方後円墳がつくられるようになった。

４．家がらではなく才能や功績によって役人を登用するために，かんむりの色などで地位を区別する冠位十二階が定められた。

５．口分田の不足を補うために墾田永年私財法が出され，開墾した土地を永久に私有することが認められた。

問３　写真Ｃの建物が建てられた時代に活躍した人物に関する説明文として，正しいものの組み合わせを次の１～５より１つ選び，答えなさい。　[解答番号3]

ア．鑑真は，何度も遭難しながらも唐から来日し，唐招提寺をつくるなどして正しい仏教の教えを日本で広めた。

イ．後鳥羽上皇は，幕府を倒そうと西国の武士を集めて兵を挙げたが，幕府の軍に敗れて隠岐に流された。

ウ．菅原道真は，唐への航路が危険なことや，唐がおとろえていることを理由に，遣唐使の停止を進言した。

エ．後醍醐天皇は，政治の実権を武士から朝廷に取り戻すと，建武の新政とよばれる天皇や貴族中心の政治を始めた。

オ．桓武天皇は，貴族や僧の間で権力争いが激しくなり社会が混乱したことを受けて，都を移して政治を立て直そうとした。

１．アとイ　　２．アとエ　　３．イとウ　　４．ウとオ　　５．エとオ

問４　図版Ｄは，源氏と平氏の戦いを描いたものであるが，源氏と平氏に関する説明文として，誤っているものを次の１～５より１つ選び，答えなさい。　[解答番号4]

１．平氏の滅亡後，源頼朝は源義経をとらえることを口実に，各地に守護と地頭を置くことを朝廷に認めさせた。

２．保元の乱では天皇の勢力と上皇の勢力が争い，平清盛と源義朝は後白河天皇に味方して勝利した。

３．源頼朝が派遣した源義経は，平氏の軍を各地で破って追いつめたのち，壇ノ浦で平氏をほろぼした。

４．源頼朝は，平泉を拠点に東国の武士を結集し，栄華をほこっていた平氏に対して兵を挙げた。

５．平清盛は，平治の乱で源義朝を破ったのち，後白河上皇の院政を助け，武士として初めて太政大臣となった。

問５　図版Ｅが貿易で使われた時代における国外のできごとや国際関係に関する説明文として，正しいものの組み合わせを次の１～５より１つ選び，答えなさい。　[解答番号5]

ア．尚氏が沖縄島で北山・南山・中山の３つに分かれていた勢力を統一し，首里を都とする琉球

王国を建国した。

イ．モンゴル帝国が拡大する中，国号を改めて中国を支配するようになった元が，日本を従えようと２度にわたって九州北部に攻め込んだ。

ウ．足利義満は，明からの要求に応じて倭寇を取りしまるとともに，明に対して朝貢する形で貿易を行った。

エ．鉄砲を持ったポルトガル人が種子島に漂着したことをきっかけに，ポルトガル人やスペイン人との南蛮貿易が始まった。

オ．幕府が朱印状を持った船の保護を東南アジアの国々に依頼したことで，東南アジアに多くの日本人が移住し，各地に日本町ができた。

１．アとイ　２．アとウ　３．イとオ　４．ウとエ　５．エとオ

問６　図版Ｆが描かれた時代に行われた改革の内容に関する説明文として，誤っているものを次の１～５より１つ選び，答えなさい。　[解答番号6]

１．徳川綱吉は，幕府の財政が苦しくなると，貨幣の質を落として発行する量を増やし，幕府の収入を増やそうとした。

２．寛政の改革を行った松平定信は，昌平坂学問所を江戸の湯島に設置し，試験を行って有能な人材の登用を図った。

３．天保の改革を行った水野忠邦は，異国船（外国船）打払令を出し，日本に近づいた外国船を打払うことを命じた。

４．享保の改革を行った徳川吉宗は，上米の制を定め，参勤交代をゆるめるかわりに大名に米を納めさせた。

５．田沼意次は，商工業者が同業者組合である株仲間をつくることを奨励し，特権をあたえる代わりに営業税を取った。

問７　図版Ｇの風刺画は，日清戦争前の国際関係を示したものであるが，日清戦争に関する説明文として，誤っているものを次の１～５より１つ選び，答えなさい。　[解答番号7]

１．日清戦争後，ロシアはドイツ・フランスとともに，日本が獲得した遼東半島を清へ返還するように迫った。

２．戦争後の講和条約として下関条約が結ばれたが，日本は新たな領土を手に入れることはできたものの，賠償金を得ることはできなかった。

３．朝鮮で起こった甲午農民戦争の鎮圧のため清が朝鮮に出兵すると，日本も対抗して出兵し，日清戦争へと発展した。

４．日清戦争で清の弱体化が明らかになると，欧米列強はさまざまな利権を清から手に入れ，それぞれの勢力圏を中国に築くようになった。

５．清が敗北したことでそれまでの中国を中心にした東アジアの国際関係はくずれ，朝鮮は独立を宣言して大韓帝国となった。

問８　写真Ｈに関連する政治や社会の様子に関する説明文として，正しいものの組み合わせを次の１～５より１つ選び，答えなさい。　[解答番号8]

ア．1938年に国家総動員法が制定され，議会の承認がなくても物資や労働力を動員できるようになった。

イ．農地改革が行われ，政府が地主の持つ小作地を買い上げて小作人に安く売りわたしたこと

で，多くの自作農が生まれた。

ウ．高度経済成長によって大気汚染や水質汚濁などの公害問題が深刻化し，被害を受けた住民が全国で公害反対運動を起こした。

エ．戦争のための物資の生産が最優先になったため，生活必需品である米や砂糖，衣料品が不足し，配給制になった。

オ．シベリア出兵を見こした買いしめによって米の値段が大幅に上がり，米の安売りを求める米騒動が全国に広まった。

1．アとウ　　2．アとエ　　3．イとウ　　4．イとオ　　5．エとオ

【2】次の地形図を見て，それぞれの問いに答えなさい。　（編集の都合で90%に縮小してあります。）

（「札幌」2万5千分の1より作成）

問1　地図で示されたのは札幌市の一部であるが，この地図に関する説明文として，誤っているものを次の1～5より1つ選び，答えなさい。　[解答番号9]

1．円山公園駅は，西11丁目駅と西18丁目駅の間にある。

2．札幌管区気象台の東側に，美術館が2つある。

3．東本願寺から見て，札幌医科大は北西の方角にある。

4．円山の斜面は広葉樹林が広がっている。

5．大通公園は，地下鉄東西線の北側にある。

問2　地図中に見られない施設を次の1～5より1つ選び，答えなさい。　[解答番号10]

1．老人ホーム　　2．図書館　　3．消防署　　4．神社　　5．発電所

問3　地図中A地点とB地点とでは，標高差はおよそどれくらいあるか，正しいものを次の1～5より1つ選び，答えなさい。　[解答番号11]

1．75m　　2．100m　　3．125m　　4．150m　　5．175m

問4　地図中の札幌市は北海道の道庁が位置する都市であるが，北海道の稲作の中心となっている平野として，正しいものを次の1～5より1つ選び，答えなさい。　[解答番号12]

1．十勝平野　　2．庄内平野　　3．越後平野　　4．石狩平野　　5．濃尾平野

【3】次の地図を見て，それぞれの問いに答えなさい。

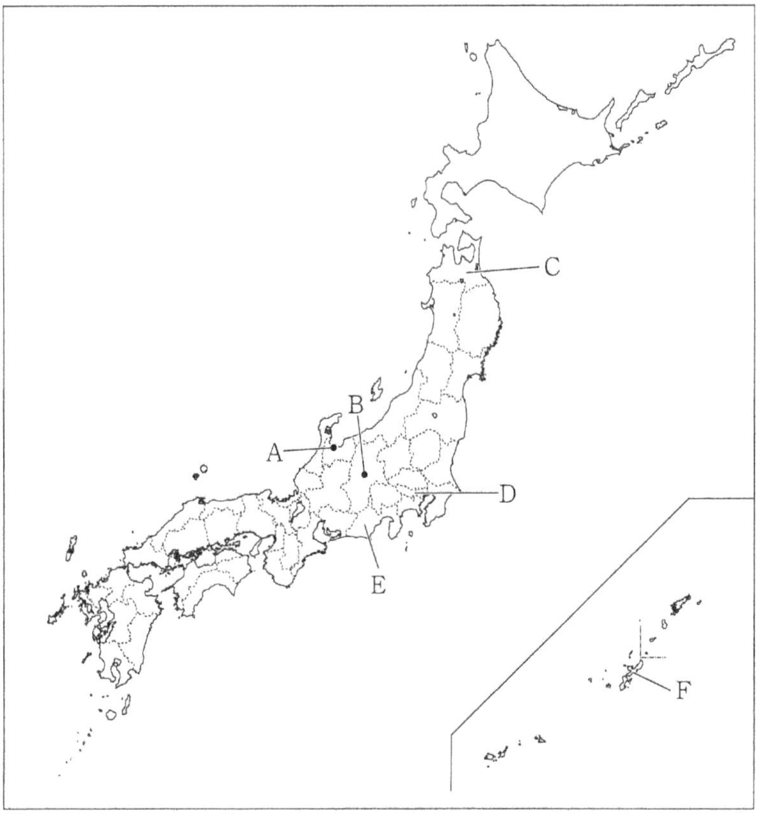

問1　地図中の都市Aと都市Bの気温と降水量を示すグラフとして，正しいものの組み合わせを次の1～5より1つ選び，答えなさい。　［解答番号13］

ア.

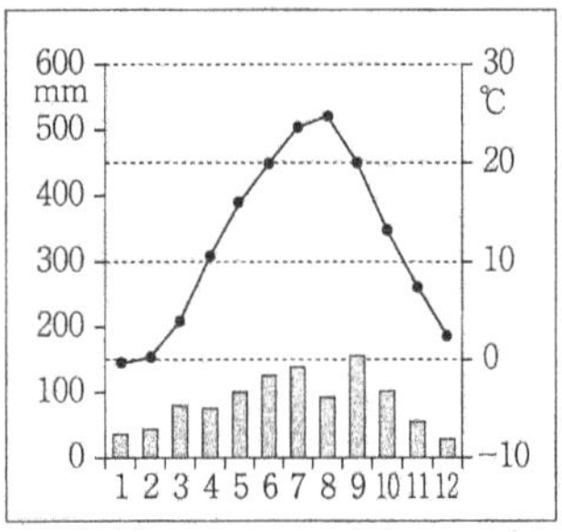

イ.

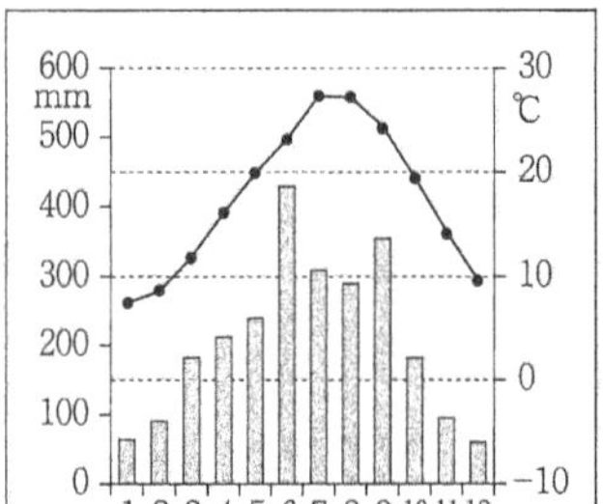

ウ.

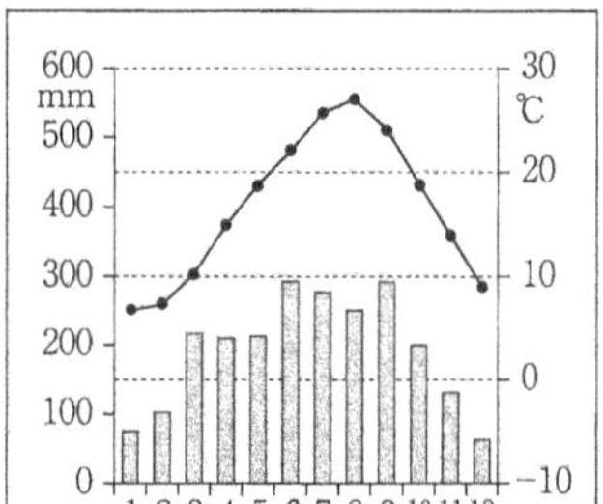

（「理科年表」令和３年より作成）

エ.

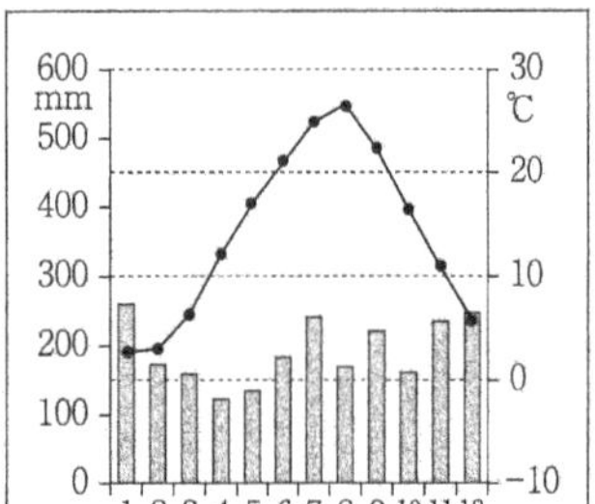

オ.

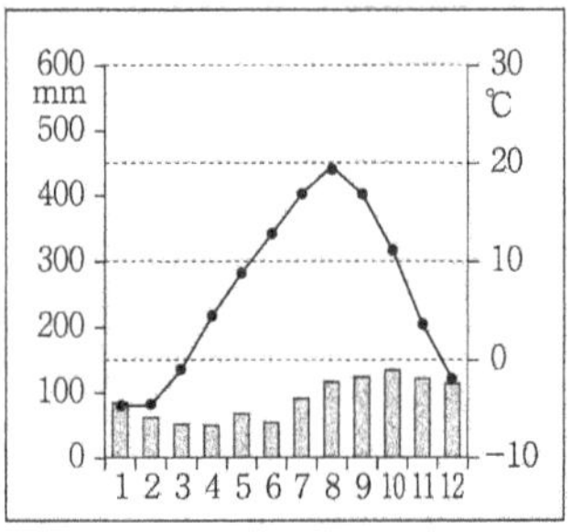

1．A　イ　　B　ア
2．A　ウ　　B　オ
3．A　ウ　　B　エ
4．A　エ　　B　オ
5．A　エ　　B　ア

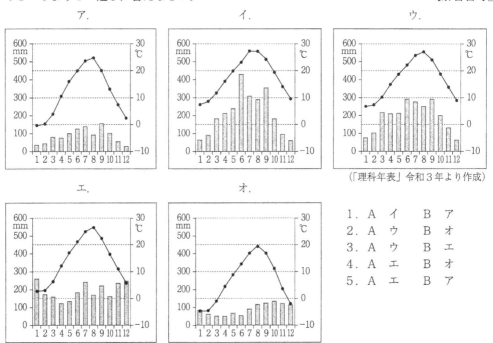

問２　次のグラフは，前のページの地図中のＣ・Ｄ・Ｅ・Ｆの都県の産業別の就業者数の割合を示したグラフであるが，Ｅの都県のグラフとして，正しいものを次の１～４より１つ選び，答えなさい。

[解答番号⑭]

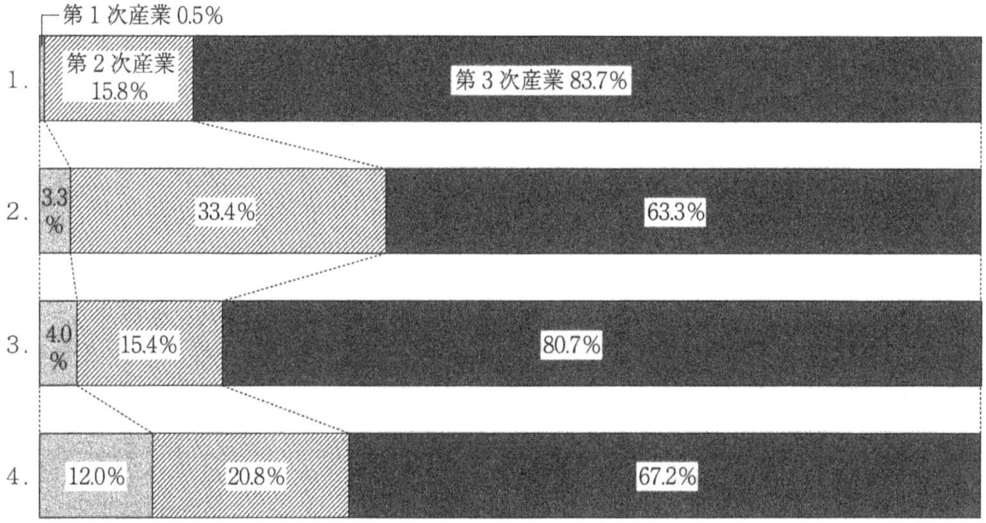

※四捨五入の関係で合計が100%にならないことがある。

（「データでみる県勢」2021年版より作成）

【４】アフリカの地図について，それぞれの問いに答えなさい。

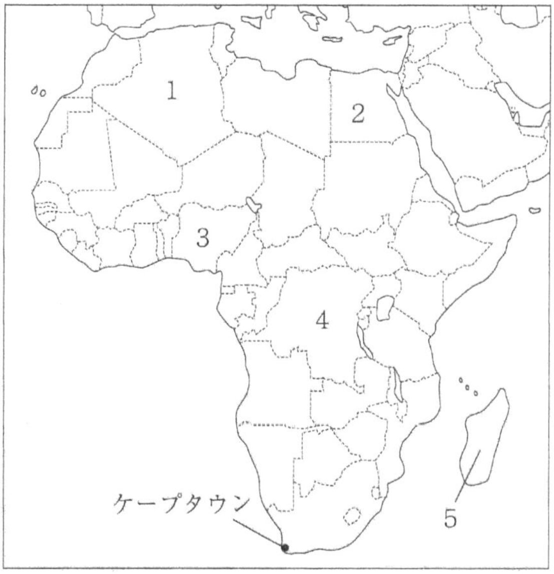

問１　本初子午線が通る国として正しいものを地図中の１～５より１つ選び，答えなさい。

[解答番号⑮]

問２　地図中のケープタウンの気候についての説明文として，正しいものを次のページの１～５より１つ選び，答えなさい。

[解答番号⑯]

1．季節の変化がなく，年間を通して気温が高く降水量が多い。

2．温暖で，冬に降水量が多く，夏は降水量が少なく乾燥する。

3．一年を通して降水量が非常に少なく，砂漠が広がっている。

4．一年を通して気温が非常に低く，地面が雪と氷におおわれている。

5．夏は暑くなるが，冬は気温が氷点下を大きく下回る。

問３　次のグラフは，南極大陸をのぞいた５つの大陸の気候帯別の面積の割合を示している。アフリカ大陸を示すグラフとして，正しいものを次の１～５より１つ選び，答えなさい。

［解答番号⑰］

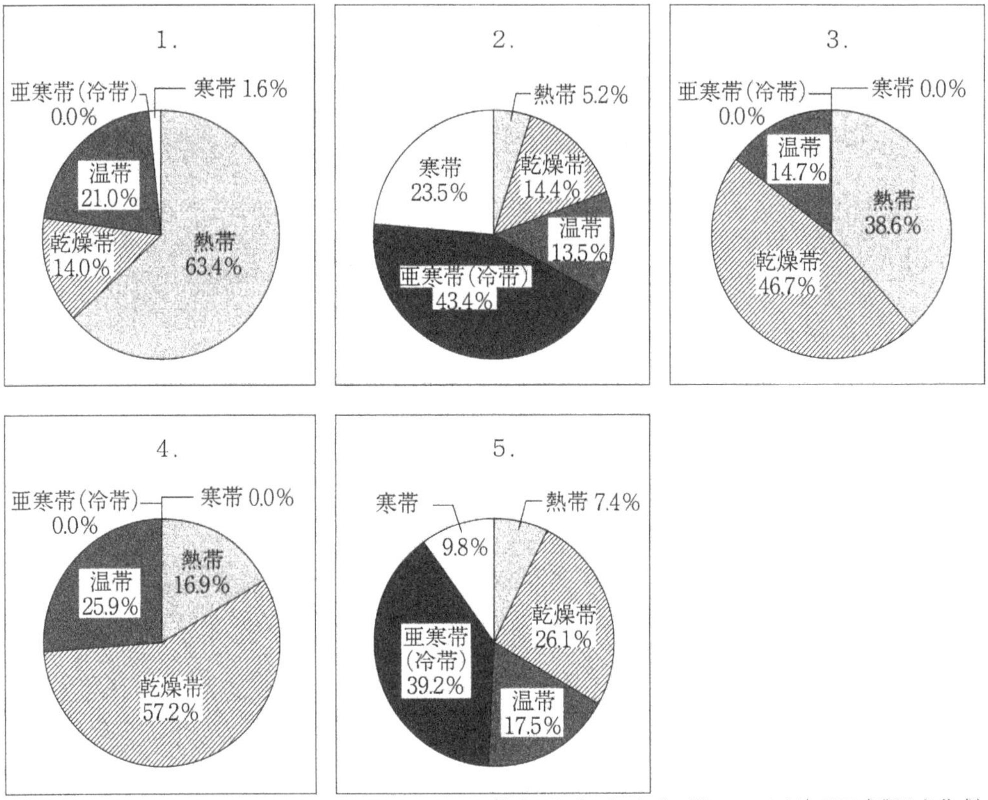

（「データブック オブ・ザ・ワールド」2021年版より作成）

【５】次の先生と生徒の会話文を読み，それぞれの問いに答えなさい。

生徒　「先生，豊橋市には，『コロナ禍《か》からみんなで豊橋のまちを守る条例』というものがあるそうですね。これはどのような条例なのでしょうか。」

先生　「新型コロナウイルス感染症対策の方針を定めた条例です。市の責務や市民の責務などを定めていますが，なかでも，人権の尊重ということが強調されていますね。」

生徒　「そこにはどのような意図が込められているのでしょう？」

先生　「感染してしまったことを理由に不当な差別や誹謗《ひぼう》中傷を受けるといった，人権侵害が起こることを防ぐ意図があります。」

生徒　「なるほど。授業では，人権の内容や，A人権の歴史を学びました。コロナ禍のような非常時だからこそ，私たちも，人権を強く意識する必要があるのかもしれませんね。」

先生　「その通りだと思います。ちなみにこの条例には，日本国憲法には直接的に規定されていない，B新しい人権の考え方も盛り込まれています。この機会に，コロナ禍と人権について深く調べてみるのもいいかもしれませんよ。」

生徒　「興味が出てきました。いろいろと調べてみたいと思います。」

問１　文中下線部Aについて，人権の歴史に関する説明文として，正しいものを次の１～５より１つ選び，答えなさい。　[解答番号18]

1．1889年，日本国憲法が制定されたが，国民の権利は法律の範囲内に限って認められるものであった。

2．1789年，フランスでマグナ・カルタが制定され，人は生まれながらに自由で平等な権利を持つということが明記された。

3．1948年，国際連盟で世界人権宣言が制定され，人権が全世界共通で保障されるべきものとして示された。

4．1919年，ドイツでワイマール憲法が制定され，人間らしい豊かな生活を保障する社会権が，世界で初めて認められた。

5．1689年，アメリカで権利章典が制定され，国民の権利が国王の侵すことのできないものとして認められた。

問２　文中下線部Bについて，日本国憲法には直接的に規定されていない新しい人権に関する説明文として，正しいものを次の１～５より１つ選び，答えなさい。　[解答番号19]

1．臓器提供意思表示カードは，自分の生き方や生活の仕方について自由に決定する権利である自己決定権を尊重するためのものである。

2．プライバシーの権利の一つとして日照権が認められており，日当たりをさえぎらない工夫がされたマンションなどがつくられている。

3．個人情報保護制度は，国や地方の役所に集まっている情報を手に入れる権利である知る権利を保障するために設けられている。

4．顔などを勝手に撮影されたり，その写真や映像などを勝手に公表されたりしないという肖像権は，環境権の一つである。

5．インターネットの発達による情報化は，著作物やアイディアの盗用といった知的財産権の侵害を防ぎやすくした。

【６】裁判や裁判所に関する説明文として，誤っているものを次の１～５より１つ選び，答えなさい。

[解答番号20]

1．裁判所は最高裁判所と下級裁判所に分けられ，下級裁判所には高等裁判所，地方裁判所，家庭裁判所，簡易裁判所がふくまれる。

2．裁判所は国会や内閣などから干渉されず，裁判官は自分の良心に従い憲法と法律のみに拘束されるという原則を，「司法権の独立」という。

3．最高裁判所は，法律などが合憲か違憲かについての最終決定権を持っていることから，「憲法の番人」とよばれている。

4．刑事裁判は，検察官が，罪を犯した疑いがあり，刑罰を科すべきだと判断した被疑者を被告人として起訴することで始まる。

5．2009年から始まった裁判員制度は，重大な民事事件の第一審に，国民から選ばれた裁判員が参加する制度である。

【7】生産活動や企業に関する説明文として，誤っているものを次の1～5より1つ選び，答えなさい。 ［解答番号㉑］

1．ベンチャー企業とは，新たに起業し，新しい技術や独自の経営ノウハウを元に革新的な事業を展開する中小企業のことをいう。

2．公企業は，国や地方公共団体の資金で運営され，水道やガス，公立病院などを提供するなど，公共の目的のために活動する。

3．株式会社は，株式を発行して生産活動を行うことで配当を得るが，その配当の一部は，利潤として株主に分配される。

4．企業は，資本金や従業員数によって大企業と中小企業に分けられ，日本での中小企業の企業数は全体の99％以上をしめている。

5．企業は，魅力的な財やサービスを生産して売り上げをのばすとともに，生産の必要経費をできるだけ減らすことを目指す。

【8】次の3つの用語の説明文として，正しい組み合わせを次の1～5より1つ選び，答えなさい。 ［解答番号㉒］

A　CSR　　B　インフォームド・コンセント　　C　ユニバーサルデザイン

ア．患者に治療方法などを十分に説明した上で同意を得ること。

イ．障害の有無などにかかわらず誰もが利用しやすいように，製品などを設計すること。

ウ．自分たちの利益を目的にせず，公共の利益のために活動する団体。

エ．年齢や性別，人種，宗教などが異なる，多様な属性の人が集まっていること。

オ．教育や文化，環境保護などの面で，企業が果たすべき社会的責任。

1．A　エ　　B　ア　　C　ウ　　　2．A　エ　　B　ウ　　C　ア

3．A　オ　　B　ウ　　C　ア　　　4．A　オ　　B　ア　　C　イ

5．A　ア　　B　エ　　C　イ

【9】消費者の権利について，誤っているものを次の1～5より1つ選び，答えなさい。［解答番号㉓］

1．消費者基本法は，消費者の権利を明確に規定するとともに，消費者を守るための国や地方公共団体の責務を定めた法律である。

2．クーリング・オフ制度は，訪問販売などで商品を購入した場合の契約を，購入後8日以内（マルチ商法などの場合は20日以内）であれば無条件に解除できるしくみである。

3．消費者契約法は，欠陥商品で消費者が被害を受けたときの企業の責任について定めた法律である。

4．消費者問題とは，消費者が，生産者や販売者と比べて情報に関して不利な立場にあることで，不利益を受ける問題のことである。

5．消費者は，権利を持つとともに，情報を集めて的確な判断を行ったり，資源の節約や環境への配慮を心がけたりする責任がある。

（ウ）…解答番号 26 、（エ）…解答番号 27 」

（ア）彼はギターを熱心に練習して［　　］。

（イ）隣の家の子犬のかわいさに、つい［　　］。

（ウ）職人の巧みな技に、私たちは［　　］。

（エ）周囲の騒がしさに、彼女は［　　］。

1．眉をひそめた　2．頬が緩んだ　3．足をすくわれた

4．腕を上げた　5．舌を巻いた

【五】次の（ア）～（ウ）の文の傍線部の言葉の意味を、それぞれ次の1～5より一つずつ選び、答えなさい。

「（ア）…解答番号 28 、（イ）…解答番号 29 、（ウ）…解答番号 30 」

（ア）彼はデジタル技術に明るい。

1．知識や経験が豊富である　2．澄んでいる

3．陽気で朗らかである　4．やましさがない

5．希望が持てる

（イ）国際社会で活躍するため、英語力に磨きをかける。

1．気持ちを相手に向ける　2．おとしいれる

3．費やす　4．委ねる

5．さらに加える

（ウ）私たちはさまざまな手を使って問題を解決しようとした。

1．労働力　2．方角　3．手間　4．方法　5．関係

4．枝を広げて窮屈さをなくし、花がいちばん美しい姿で咲いているように見せる生け方。

5．花がもっともいきいきとするように、花のそのときの偶然の要素を大切にする生け方。

問五　空欄 ④ に入れるのに最も適切なものを、次の1～5より一つ選び、答えなさい。　［解答番号 17 ］

1．因果応報　2．臨機応変　3．百花繚乱《りょうらん》
4．千変万化　5．用意周到

問六　本文によると、生け花とはどのようなものですか。最も適切なものを、次の1～5より一つ選び、答えなさい。　［解答番号 18 ］

1．目立たないようにして周囲のものを引き立て、空間のよさを際立《きわだ》たせるもの。

2．私たちが呼吸をし生活をしている空間を花で埋め、生きた空間に変えるもの。

3．私たちがいる空間を生かすとともに、その空間によって引き立てられるもの。

4．都会の無機質な空間を、自然の風が吹く命を宿した空間だと感じさせるもの。

5．空間と対立し合うことなく一体となり、新しい生きた空間をつくり出すもの。

問七　本文の内容について当てはまるものを、次の1～5より一つ選び、答えなさい。　［解答番号 19 ］

1．外国人の中にも生け花を好む人がいるのは、文化の違いにかかわらず人間は「間」を大切にしているからである。

2．日本に昔からある生け花には、日本の人々が長い間もち続けてきた、風や野山を愛する気持ちが表現されている。

3．生け花をフラワーアレンジメントと英訳する場合もあるが、両者は全く異なるので英訳として使うべきではない。

4．生け花とフラワーアレンジメントの違いには、日本と西洋の文化との空間に対する感じ方の違いが表れている。

5．生け花とフラワーアレンジメントの違いは、外国での滞在や外国人との交流の経験が豊富な人ならば理解できる。

【三】　次の（ア）～（エ）の文の文節の数と単語の数の組み合わせを、それぞれ次の1～5より一つずつ選び、答えなさい。

［（ア）…解答番号 20 、（イ）…解答番号 21 、
（ウ）…解答番号 22 、（エ）…解答番号 23 ］

（ア）空が晴れて赤い夕日がとてもきれいに見えた。
（イ）次に旅行するときはもっと写真を撮ろう。
（ウ）海が見える丘に新しい家がたくさん並んでいる。
（エ）今度の春休みは多くの本を読むと思う。

1．文節…六　単語…十　2．文節…六　単語…十一
3．文節…七　単語…十一　4．文節…七　単語…十二
5．文節…八　単語…十二

【四】　次の（ア）～（エ）の文の空欄 □ に入れるのに最も適切なものを、それぞれ次の1～5より一つずつ選び、答えなさい。

［（ア）…解答番号 24 、（イ）…解答番号 25 、

いものなのだ。

（長谷川櫂『和の思想』より抜粋）

注1　草月流…生け花の流派の一つ。

問一　二重傍線部（a）「たちどころに」、（b）「門外漢」とあるが、ここではどういう意味ですか。最も適切なものを、それぞれ次の1～5より一つずつ選び、答えなさい。

【（a）…解答番号 12 、（b）…解答番号 13 】

（a）「たちどころに」

1. 短くまとめて　2. その場ですぐに
3. 丁寧な言い方で　4. 自信に満ちたさまで
5. 説得させるように

（b）「門外漢」

1. 自然を好んでいる人　2. 興味をもっていない人
3. 習得しようとしている人　4. 専門ではない人
5. 新しく参加した人

問二　傍線部①「師匠と弟子はこうも違うものか」とあるが、筆者が見た「師匠と弟子」の生け花の違いの説明として最も適切なものを、次の1～5より一つ選び、答えなさい。【解答番号 14 】

1. 生け花の技術が高く見えるか、上手ではなく小ぢんまりして見えるかという違い。
2. 生け花の約束事を超えて見えるか、修得できていないように見えるかという違い。
3. 大きい花材を使い堂々と見えるか、小さい花材でまとまって見えるかという違い。
4. 花がずっと同じ様子に見えるか、刻々と変幻しているように見えるかという違い。
5. 花がのびのびとした自由な姿に見えるか、決まりきった形に見えるかという違い。

問三　傍線部②「目の前にある花の姿がほんとうは見えていない」とあるが、これはどういうことですか。最も適切なものを、次の1～5より一つ選び、答えなさい。【解答番号 15 】

1. ひとつひとつが違い多様な面をもつ花の一面しか見ておらず、そのときの花の状態を見極めていないということ。
2. リハーサルからライブまでの間に時間が経過したことによって生じた花の変化に、追いついていないということ。
3. 枝ぶり、花や葉のつき方、色合いについての知識を入れ込みすぎてしまい、それにとらわれてしまうということ。
4. リハーサルでのぎこちなく窮屈な花の姿を覚えているため、広いステージでどうすべきかわからないということ。
5. リハーサルのときに見ていた花の様子を、緊張したり生け花の約束事を意識したりして忘れてしまうということ。

問四　傍線部③「福島の生け方」とあるが、その説明として最も適切なものを、次の1～5より一つ選び、答えなさい。【解答番号 16 】

1. 時間がたち花や葉がいきいきとしなくなっても、それを生かして美しく見せる生け方。
2. 生け花の基礎を念頭に置きつつ、枝の一本ずつ、花の一輪ずつを鮮明に生かす生け方。
3. 花をもっとも生かすために、その花が自然の野山にあるときの状態に近づける生け方。

ライブでは二、三人の弟子もステージに上がって生けることがある。それを見ていて①師匠と弟子はこうも違うものかと思ったことがあった。というのは、師匠の福島の生ける花はどれも堂々として大きく見えるのに、弟子が生けた花は、たしかに上手にちがいないのだが、どこか小ぢんまりしてしまう。なぜ、師匠と弟子でこんな違いが出てしまうのか。それはひとえに花というもののもつ偶然の要素をかけがえのないものとしてどれだけ生かしているかどうかにかかっている。

一口に松、一口に桜といっても一枝ごとに枝ぶりや花や葉のつき方、色合いがみな違っていて同じものなどひとつもない。もちろん本番の前に花材《かざい》を調べたり、リハーサルをしたりするのだろうが、ステージに上がって実際、その花を目の前にすると、リハーサルでは気づかなかったところが急に見えてきたり、あるいは、同じ枝かと思うほどまったく違うものに見えたりすることもあるにちがいない。

弟子はステージの上でこの変幻する花を手にしたとき、もちろん緊張もあるだろうし、師匠から教わったいろいろの約束事に縛られることもあるだろうが、そのため花のそのときの姿が見えない。弟子が自分では見ていると思っている花はリハーサルのときに見た花であって、もはやそこにある花ではない。そうなると、②目の前にある花の姿がほんとうは見えていないわけだから、花を生かそうとしても生かすことなどできないわけだ。その結果、生けられた花はどこかぎこちなく型にはめられているような窮屈な感じがし、小ぢんまりしたものになってしまう。

一方、③福島の生け方を眺めていると、片時もとどまらない雲や水のように刻々と変幻する花をどう生かすか、どこをどう切り、どこにどう生ければ、その花がもっとも生きるかということだけを考えている。百人を超す観衆の目の前で自分の手にある一本の枝、一輪の花の今の姿を一瞬にして見極めると、その花の姿に応じてまさに［　④　］に鋏《はさみ》を入れ、生けてゆく。生け花の難しい約束事などもはや眼中になく、すべてを忘れて花のそのときの姿を生かすことに夢中になっている。

ときには背丈より高い松や桜の枝を手にし、見上げ、まるで自分のいちばん好きな姿になりなさいと呼びかけるかのように揺らし、枝を広げてやる。ライブは高層ビルの林立する東京《とうきょう》の真ん中で開かれているのだが、その松の枝のあった空や桜の花を吹いていた風を感じているようでもある。まるで童女が広々とした野山で花と遊んでいるような自由自在さであって観客の目にはそれがすがすがしいものに映る。

こうして生けられた花は枝の一本一本、花の一輪一輪がみなのびのびとしているばかりではなく、花の生けられた空間、東京のとあるホールの無機質な空間が、どこからか風が通い、命を宿したかのようにいきいきと輝きはじめるのだ。

生け花は花を生かすと書くのだから花を生かすのはいうまでもないが、「フラワーアレンジメントとどこが違うのか」という私の疑問に対する「花によって空間を生かす」という即答は花を生かすことによって空間を生かし、その花によって生かされた空間が今度は逆に花を生かすということなのだろう。

このように日本の生け花では空間は花によって生かすべきものであって、フラワーアレンジメントのように花で埋め尽くすものではない。花とそのまわりの空間は敵対するものではなく、互いに引き立てあうものとしてある。その花の生けられる空間とはいうまでもなく私たちが呼吸をし、生活をしている空間である。それはそのまま、間《ま》といいかえてい必要がないから。

4．自分で断言せずに相手に決めてもらうことによって相手を尊重しようとするから。

5．断言しないようにすれば責任を押しつけたり押しつけられたりせずに済むから。

問七　空欄 ⑥ に入れるのに最も適切なものを、次の1～5より一つ選び、答えなさい。【解答番号 10 】

1．喚起　2．猶予《ゆうよ》　3．当惑　4．誤解　5．抵抗

問八　筆者の考えに当てはまるものを、次の1～5より一つ選び、答えなさい。【解答番号 11 】

1．日本の「間柄の文化」は欧米の文化に対抗できるすばらしいものなので、日本の人々は自分たちの文化を学んでもっと発展させるべきである。

2．日本の「間柄の文化」にも欧米の文化にもそれぞれ長所と短所があるので、日本の人々の主張の仕方や曖昧表現だけを批判するべきではない。

3．日本の「間柄の文化」の価値を理解しないで、何でも欧米を基準にして、欧米流の自己主張や表現の仕方を取り入れようとするべきではない。

4．日本の人々は欧米の文化に合わせるのではなく、「間柄の文化」に合う形で自己主張のスキルを磨いたり曖昧表現を避けたりするほうがよい。

5．日本人が欧米流の自己主張や表現の仕方を取り入れるのではなく、日本の「間柄の文化」の価値を世界に広めていくことを目指すべきである。

【二】 次の文章を読んで、後の問いに答えなさい。

日本には昔から生け花がある。今では海外でもイケバナという日本語がそのまま通じるが、英語にしてフラワーアレンジメントということもある。しかし、日本の生け花と外国でフラワーアレンジメントと呼ばれるものは、どこか違うのではないかと前々から思っていた。そこで、いつだったか、福島光加《ふくしまこうか》という注1草月《そうげつ》流の花道家に会ったとき、「生け花とフラワーアレンジメントはどう違うのですか」と尋ねてみた。

福島は日本在住の多くの外国人に生け花を教えているだけでなく、しばしば外国に出かけて指導もしている人なので、きっとこういうことに詳しいだろうと思ったのだ。すると、(a)たちどころに、「フラワーアレンジメントは花によって空間を埋めようとするのですが、生け花は花によって空間を生かそうとするのです」という明快な答えが返ってきた。

そのとき、この答えは生け花とフラワーアレンジメントの違いをいいえているだけでなく、日本の文化と西洋の文化の違いにも触れているのではないかと思ったことを今でも覚えている。

福島は「花のライブ」というショーを開くことがあって、ときどき妻と見に出かけることがある。ふつう生け花といえば、すでに花瓶に生けて飾ってある花を眺めるものだが、このライブでは目の前のステージで花を生けて見せてくれるので、花がどのようにして生けられるのか、目《ま》の当たりにすることができて(b)門外漢の私などにはおもしろい。

（d）…1．問題がフン出する　2．大いにフン起する
3．明るいフン囲気　4．花フンが舞う
5．ひどくフン慨する

問二　傍線部①「日本の学校教育でいくら自己主張のスキルを高める教育をしたところで、子どもや若者が自己主張が苦手なまま」とあるが、その理由として最も適切なものを、次の1～5より一つ選び、答えなさい。［解答番号 5 ］

1．周囲との間柄を互いに大切にしたうえで自己主張する日本の文化に、欧米流の一方的な自己主張は馴染まないから。
2．自己主張する心の構えは欧米の文化によるものなので、自己主張の仕方を教育できる人が日本にあまりいないから。
3．日本の教育界を動かす人たちが自己主張のスキルにこだわり、欧米流の自己中心の文化を学ばせようとしないから。
4．自分が思うことを一方的に主張する姿勢は、相手や周りの人の気持ちや立場に配慮する日本の文化に合わないから。
5．自己主張しても相手と気まずくならない欧米と違い、日本では自己主張しないほうが周囲とうまく付き合えるから。

問三　傍線部②「棚上げして」とあるが、ここではどういう意味ですか。最も適切なものを、次の1～5より一つ選び、答えなさい。［解答番号 6 ］

1．他者に押しつけて　2．振り返って反省して
3．とりあえず後回しにして　4．何より大切にして
5．慎重に包み隠して

問四　空欄 ③ に入れるのに最も適切なものを、次の1～5より一つ選び、答えなさい。［解答番号 7 ］

1．だから　2．すなわち　3．なぜなら
4．だが　5．あるいは

問五　傍線部④「間柄の文化のもつやさしさ」とあるが、これはどのようなものですか。最も適切なものを、次の1～5より一つ選び、答えなさい。［解答番号 8 ］

1．困ったり怒ったりしている人を見たときに、謝罪することで相手の気持ちを落ち着けて事情を聞こうとするやさしさ。
2．相手の視点を尊重して、自己正当化にこだわるよりも謝罪して相手の気持ちをこれ以上傷つけないようにするやさしさ。
3．だれにも落ち度がない場合に、互いに謝罪することによってその場にいる人が腹を立てずに済むようにするやさしさ。
4．謝罪することによって相手の視点に立ち、相手の主張を聞くことで気持ちを少しでも楽にしてあげようとするやさしさ。
5．非がある人が一方的に責め立てられることがないように、さまざまな人が謝罪し合い責任の所在を曖昧にするやさしさ。

問六　傍線部⑤「曖昧な表現が多い」とあるが、日本語に「曖昧な表現が多い」理由として最も適切なものを、次の1～5より一つ選び、答えなさい。［解答番号 9 ］

1．断言することで自分の考え方や感じ方を押しつけてしまうことを避けたいから。
2．断定的な表現より曖昧な表現のほうがやさしい印象で思いやりが感じられるから。
3．日本では自己主張があまり求められないので断定的な表現を使う

自分には何も落ち度はないけれど、相手が困っているのはわかるし、腹を立てるのもわかるというような場合、自分には責任がないからといって開き直るのは大人げないし、思いやりに欠けると感じる。

そこで、相手の気持ちに救いを与える意味で、自分に非がなくても容易に謝る。それが④間柄の文化のもつやさしさと言える。

人身事故で電車が遅れているときなど、困惑し(d)興フンして文句を言ってくる乗客に対して、自分にはまったく責任がないのに「すみません」と丁重に頭を下げる駅員も、このような思いやりの心理によって謝っているのである。

自分中心の視点から自己主張することがない間柄の文化の特徴は、曖昧な表現の仕方にも表れている。

日本語を学ぶ外国人が戸惑うのは、日本語の曖昧表現だと言われる。実際に私も、日本語が堪能《たんのう》な外国人たちから、

「母国語を日本語に訳すのがとても難しい。⑤曖昧な表現が多いから」

と言われたりする。

欧米コンプレックスが強く、欧米基準でものを考えようとする日本人は、欧米文化が何でも正しくて、日本は遅れてる、ズレてると思いがちなため、日本語の曖昧表現にも批判的で、日本人も欧米人のようにハッキリものを言うべきだなどと言う。

だが、そのような人たちは、日本語の注1婉曲《えんきょく》表現のもつ意味をわかっていない。そもそも間柄の文化について何もわかっていない。

日本語の婉曲表現は、相手を尊重し、自分の考えや感じ方を押しつけようとしないやさしい心の反映とも言えるのである。

自己主張をするようになったと言われる今どきの若者でさえ、「……とか」「……っぽい」「……かも」「……みたいな」など、ハッキリ断言せずに「ぼかす表現」をしきりに使っている（身近な関係でもその表現を使うのは、ちょっと淋《さび》しくないかと思うが）。

ハッキリ自己主張するようにといくら教育しても、若者たちがこのようにハッキリものを言わないのも、もともと間柄の文化には自分の意見を押しつけないやさしさがあるからだ。

ハッキリした物言いは、押しつけになりやすい。だからハッキリ言うのには　⑥　があり、曖昧な表現を好むのである。

（榎本博明『「やさしさ」過剰社会』より抜粋）

注1　婉曲表現…遠回しな表現。

問一　二重傍線部（a）「ユウ（利）」、（b）「（単）ジュン」、（c）「（想）ゾウ」、（d）「（興）フン」について、二重傍線部のカタカナと同じ漢字になるものを、それぞれ次の1～5より一つずつ選び、答えなさい。

［（a）…解答番号 1 、（b）…解答番号 2 、（c）…解答番号 3 、（d）…解答番号 4 ］

（a）…1．ユウ良な商品　2．部活動に勧ユウする　3．ユウ好を深める　4．ユウ気を出す　5．土地を所ユウする

（b）…1．ジュン粋な探究心　2．矛ジュンが生じる　3．ジュン調に進む　4．構内のジュン回　5．温暖湿ジュンな気候

（c）…1．建物の構ゾウ　2．食物を貯ゾウする　3．映ゾウを確認する　4．本を寄ゾウする　5．人口がゾウ加する

【国　語】（四〇分）〈満点：一〇〇点〉

【一】　次の文章を読んで、後の問いに答えなさい。

私は、欧米の文化を「自己中心の文化」、日本の文化を「間柄の文化」と名づけている。

①日本の学校教育でいくら自己主張のスキルを高める教育をしたところで、子どもや若者が自己主張が苦手なままなのは、そもそも日本の文化には自己主張は馴染《なじ》まないからだ。

自己主張する心の構えは、もともと欧米流の自己中心の文化のものであり、間柄の文化のものではない。そこを教育界を動かす人たちは見逃している。

欧米などの自己中心の文化では、自分が思うことを思う存分主張すればよい。何の遠慮もいらない。ある事柄を持ち出すかどうかは、自分自身がどうしたいのか、自分にとって(a)ユウ利かどうかで判断すればよい。あくまでも基準は自分自身がどうしたいかにある。

それに対して、日本のような間柄の文化では、一方的な自己主張は避けなければならない。ある事柄を持ち出すかどうかは、相手や周りの人の気持ちや立場を配慮して判断することになる。基準は自分自身がどうしたいかにあるのではなく、相手と気まずくならずにうまくやっていけるかどうかにある。

謝罪するかどうかも、自己中心の文化と間柄の文化では、基準が違ってくる。

欧米などの自己中心の文化では、謝るかどうかは「自分が悪いかどうか」で決まる。自分が悪いとき、自分に責任があるときは謝る。悪いのは自分ではない、自分に責任はないというようなときは謝らない。(b)単ジュン明快だが、それは自分だけが基準だからだ。

一方、日本のような間柄の文化では、自分が悪いわけではなくても、相手の気持ちを配慮して謝るということがある。だれにも落ち度がないからだれも謝らないとなると、被害を受けた人や今実際に困っている人の気持ちが救われないと感じれば、自分に責任がなくても、「すみません」と容易に謝る。

間柄の文化では、単に「自分が悪いかどうか」を基準に謝るかどうかを決めるのではない。間柄を大切にするために、自分に非がない場合でも、相手の気持ちや立場に(c)想ゾウ力を働かせ、思いやりの気持ちから謝ることもある。

そこには、自己中心の文化にはみられない二つの心理が働いている。

ひとつは、思いやりによってホンネを②棚上げして謝罪し、相手の気持ちをこれ以上傷つけないようにしようとする心理、いわば相手の気持ちに少しでも救いを与えたいという心理である。

もうひとつは、自分に非がないことをどこまでも主張するのは見苦しいと感じる心理、言いかえれば、自己正当化にこだわるのはみっともないし、大人げないと感じる心理である。

自分の視点からしかものを見ることがなく、自分の視点に凝り固まりがちな欧米人には、このような意味での謝罪は理解できないに違いない。

［　③　］、間柄の文化では、自分の視点を絶対化しない。相手には相手の視点があり、それを尊重しなければと思えば、自分の視点からの自己主張にこだわることはできなくなる。

2022年度

解　答　と　解　説

《2022年度の配点は解答欄に掲載してあります。》

＜数学解答＞

【1】 問1　5　　問2　3　　問3　2　　問4　4　　問5　4　　問6　3　　問7　1　　問8　4
問9　4　　問10　1　　問11　3　　問12　3

【2】 問1　5　　問2　2　　問3　3

【3】 問1　2　　問2　4　　問3　3

○推定配点○

【1】 問11，問12　各5点×2　　他　各6点×10　　【2】 各5点×3　　【3】 各5点×3
計100点

＜数学解説＞

【1】 (数・式の計算，式の値，平方根の大小，方程式の応用問題，図形と関数・グラフの融合問題，関数の変域，確率，角度，投影図と表面積)

問1　$\frac{5}{6}\times(-3^2)+2.5\div\left\{\left(-\frac{2}{3}\right)^2-\frac{1}{6}\right\}=\frac{5}{6}\times(-9)+\frac{5}{2}\div\left(\frac{4}{9}-\frac{1}{6}\right)=-\frac{15}{2}+\frac{5}{2}\div\left(\frac{8}{18}-\frac{3}{18}\right)=-\frac{15}{2}+\frac{5}{2}\times\frac{18}{5}=-\frac{15}{2}+9=\frac{3}{2}$

問2　$(6x^3y^2)^2\div\frac{4}{9}xy^2\div(-x^2y)^2=36x^6y^4\times\frac{9}{4xy^2}\times\frac{1}{x^4y^2}=81x$

問3　$7x^2+56xy+112y^2=7(x^2+8y+16y^2)=7(x+4y)^2=7\left(-3+4\times\frac{1}{4}\right)^2=7\times(-2)^2=28$

問4　$5<\sqrt{3n+2}<6$　　2乗して，$25<3n+2<36$　　$23<3n<34$　　$\frac{23}{3}<n<\frac{34}{3}$　　$\frac{23}{3}=7.6\cdots$　$\frac{34}{3}=11.3\cdots$　　nは自然数だから，$8\leqq n\leqq 11$　　よって，8，9，10，11の4個

問5　土曜日の子どもの入館者数をx人とすると，大人の入館者数は$410-x$(人)　　$x\times0.2-(410-x)\times0.1=28$　　$0.2x-41+0.1x=28$　　$0.3x=69$　　$x=230$　　よって，日曜日の子どもの入館者数は，$230\times1.2=276$(人)

問6　$2(n+5)=(n+5)^2-120$　　$2n+10=n^2+10n+25-120$　　$n^2+8n-105=0$　　$(n+15)(n-7)=0$　　nは自然数だから，7

重要　問7　$y=-\frac{1}{2}x+1\cdots$①　　$x=6\cdots$②　　①に$y=0$を代入して，$0=-\frac{1}{2}x+1$　　$\frac{1}{2}x=1$　　$x=2$　よって，①とx軸との交点をPとすると，P(2，0)　　①に②を代入して，$y=-\frac{1}{2}\times6+1=-2$　よって，①と②の交点をQとすると，Q(6，−2)　　②とx軸との交点をRとすると，R(6，0)　求める面積は，△PQRの面積だから，$\frac{1}{2}\times PR\times RQ=\frac{1}{2}\times(6-2)\times2=4$

問8　$y=2x^2\cdots$①　　①に$x=-2$を代入すると，$y=2\times(-2)=8$　　$8\neq18$から①は$x=a$のとき，$y=18$になる。$18=2a^2$　　$a^2=9$　　$a>0$から，$a=3$　　①は$x=0$のとき最小値0をとるから，$b=0$

問9　カードの取り出し方は全部で，$5\times4=20$(通り)　そのうち，$\frac{a}{b}$が整数になる場合は，$(a,\ b)=(1,\ 1),\ (3,\ 1),\ (3,\ 3),\ (4,\ 1),\ (4,\ 2),\ (4,\ 4),\ (7,\ 1),\ (9,\ 1),\ (9,\ 3)$の9通り　よって，求める確率は，$\frac{9}{20}$

問10　○$=a$，●$=b$とすると，$3a+3b=180°-57°=123°$　$3(a+b)=123°$　$a+b=41°$　$\angle x=180°-2(a+b)=180°-2\times41°=98°$

問11　円周角の定理から，$\angle COD=2\angle CED=2\times63°=126°$　$\angle BOC=2\angle BAC=2x$　$140°+126°+2x=360°$から，$2x=360°-266°=94°$　$x=94°\div2=47°$

問12　底面の半径は，$6\div2=3$　よって，表面積は，$\pi\times5^2\times\frac{2\pi\times3}{2\pi\times5}+\pi\times3^2=15\pi+9\pi=24\pi(\text{cm}^2)$

【2】（図形と関数・グラフの融合問題）

基本　問1　$y=\frac{1}{2}x^2\cdots$①　①に$x=3$を代入して，$y=\frac{1}{2}\times3^2=\frac{9}{2}$　よって，点Aのy座標は$\frac{9}{2}$

問2　①に$x=5$を代入して，$y=\frac{1}{2}\times5^2=\frac{25}{2}$　よって，$A\left(5,\ \frac{25}{2}\right)$，$B\left(-5,\ \frac{25}{2}\right)$　$y=\frac{1}{5}x^2\cdots$②　②に$x=5$を代入して，$y=\frac{1}{5}\times5^2=5$　$D(5,\ 5)$，$C(-5,\ 5)$　直線BDの傾きは，$\left(5-\frac{25}{2}\right)\div\{5-(-5)\}=-\frac{15}{2}\times\frac{1}{10}=-\frac{3}{4}$　直線BDの式を$y=-\frac{3}{4}x+b$として点Dの座標を代入すると，$5=-\frac{3}{4}\times5+b$　$b=5+\frac{15}{4}=\frac{35}{4}$　よって，直線BDの式は，$y=-\frac{3}{4}x+\frac{35}{4}$

重要　問3　四角形ABCDが正方形になるのは，AB＝ADになるときである。$AB=t-(-t)=2t$　$AD=\frac{1}{2}t^2-\frac{1}{5}t^2=\frac{5}{10}t^2-\frac{2}{10}t^2=\frac{3}{10}t^2$　$\frac{3}{10}t^2=2t$から，$3t^2=20t$　$3t^2-20t=0$　$t(3t-20)=0$　$t>0$から，$3t-20=0$　$3t=20$　$t=\frac{20}{3}$

【3】（平面図形の計量問題－平行線と線分の比の定理，三角形の相似，面積比）

基本　問1　$BE=AD=3$　$EC=BC-BE=4-3=1$　平行線と線分の比の定理から，$AG:GC=AD:EC=3:1$

問2　$\triangle ABC\backsim\triangle GEC$で相似比は$BC:EC=4:1$　よって，面積比は，$\triangle ABC:\triangle GEC=4^2:1^2=16:1$　したがって，(四角形ABEG)$:\triangle GEC=(16-1):1=15:1$

重要　問3　$AF:FC=AD:BC=3:4$　$\triangle ABF=\frac{3}{7}\triangle ABC$　問2より，$\triangle GEC=\frac{1}{16}\triangle ABC$　$\triangle ABF:\triangle GEC=\frac{3}{7}:\frac{1}{16}=48:7$，(四角形ABEG)$:\triangle GEC=15:1=105:7$より，(四角形FBEG)$:\triangle GEC=(105-48):7=57:7$　したがって，$\triangle GEC=57\times\frac{7}{57}=7$　(台形ABCD)$=\frac{7}{4}\triangle ABC=\frac{7}{4}\times16\triangle GEC=28\times7=196(\text{cm}^2)$

★ワンポイントアドバイス★

【1】問12の円錐の側面積は，$\pi\times$(母線の長さ)$\times$(底面の半径)で求めることもできる。公式として覚えておくとよいだろう。また求めるのは表面積なので，底面積を加えるのを忘れないようにしよう。

＜英語解答＞

【1】 Part 1　No. 1　4　No. 2　1　Part 2　No. 3　5　No. 4　2　No. 5　4
【2】 問1　2　問2　3　問3　5　問4　4　問5　5　問6　1　問7　3
【3】 問1　4　問2　1　問3　5　問4　2　問5　4
【4】 問1　2　問2　3　問3　5　問4　3　問5　4
【5】 問1　5　問2　1　問3　3　問4　4　問5　3
問6　1）1　2）2　3）4　4）5

○推定配点○
【2】，【3】 各2点×12　他　各4点×19　計100点

＜英語解説＞

【1】 リスニング問題解説省略。

【2】 (語句補充問題：比較，前置詞，分詞，名詞，不定詞，関係代名詞)

基本 問1 「あの人は世界で一番有名なミュージシャンのひとりだ。」 famous や popular などの形容詞は，the most を使って最上級形にする。

問2 「生徒たちは一人ずつ部屋から出てきた。」 one by one で「一人(一つ)ずつ」という意味を表す。

問3 「これは私の姉によって撮られた写真だ。」「～された」という意味を表して，直前にある名詞を修飾するときには，過去分詞の形容詞的用法を使う。

問4 「私たちはふつう何かを切るときハサミを使う。」 4が文意に合う。1「糊のスティック」，2「提灯」，3「マーカー」，5「消しゴム」

問5 「サムにとって数学を学ぶのは難しい」 <it is ～ for S to …>で「Sが…することは～である」という意味になる。

問6 「私の父は農夫だ。彼は穀物を育てる。」 1が文意に合う。2「通訳」，3「俳優」，4「ケア・ワーカー」，5「法律家」

問7 「向こうを走っている少年を見て。」 is 以下が boy を修飾するので，主格の関係代名詞を使う。先行詞が人なので，4は使えない。

【3】 (会話文問題：語句補充)

問1 A：この部屋は少し暑いです。窓を開けてもらえますか。
B：問題ありません。
1「はい，どうぞ。」，2「ありがとう。」，3「私もです。」，5「はい，どうぞ。」

問2 A：もしもし，ユウタです。ケイトはいますか。
B：すみません。彼女は今いません。
2「名前を教えてください。」，3「お会いできてうれしいです。」，4「伝言を預かりましょうか。」，5「その時ケイトはどこにいましたか。」

問3 A：すみません。駅への道を教えてもらえませんか。
B：もちろんです。私は駅の近くのお店に行くところなので，そこにお連れしましょう。
A：ありがとう。
1「あなたに何が起きますか。」，2「あなたはどうやって駅に行きますか。」，3「あなたは今日何をするつもりですか。」，4「私はどこに行くべきですか。」

問4　A：昨日2時にあなたを訪ねましたが，あなたは家にいませんでした。
B：すみません。私はその時図書館にいました。
A：なるほど。なぜそこに行ったのですか。
B：理科の宿題をするためです。私はコンピューターでそれをしました。
1「私は理科の本を読むつもりです。」，3「それは私の家の近くにあります。」，4「私は将来そこで働きたいです。」，5「あなたがそこに行ったからです。」

問5　A：やあ，ミキ。どこに行くのですか。
B：やあ，ピーター。私は病院に行くところです。
A：どうしたのですか。大丈夫ですか。
B：ええと，母がそこで働いています。彼女は私に昼食用に何か食べ物をもってくるよう頼みました。私はそれを渡すために行くところです。
A：ああ，なるほど。あなたはとても親切です。
1「あなたは料理が上手です」，2「すぐよくなってください。」，3「私もそう望みます。」，5「それは気の毒に。」

【4】（メール文問題：内容吟味）

送信者：山田雄二　<y_yama@soh.co.jp>
送信先：ジャック・ブラウン　<j_brown@soh.co.jp>
日付　：2021年11月6日（土曜日）　10:41
件名　：修学旅行

親愛なるジャックへ，
おはよう。元気ですか？　ぼくは元気です。ここ愛知は涼しいです。
先月，ぼくたちは学校旅行で京都を訪れました。君はぼくたちと一緒に行きたかったので，それについて話します。ぼくたちは10月18日にそこに到着し，3日間滞在しました。初日はお寺を訪ねました。ぼくは清水寺が好きでしたが，金閣寺はぼくたちが訪れたすべての寺の中で一番好きでした。2日目は有名な美術館を訪れ，京都の歴史的な物を見て楽しみました。3日目は日本食レストランに行って昼食をとりました。うどんをいただき，美味しかったです。その後，公園を散歩して買い物を楽しみました。ぼくたちはその日に家に帰りました。とても楽しい時間を過ごしました。
返事を書いてくださいね。
雄二

送信者：ジャック・ブラウン　<j_brown@soh.co.jp>
送信先：山田雄二　<y_yama@soh.co.jp>
日付　：2021年11月7日（日曜日）　9:12
件名　：修学旅行

親愛なる雄二へ，
おはよう。君が元気であることを知ってうれしいです。ぼくも元気です。メールありがとう。返信が遅くなってすみません。ぼくは祖父の家にいたので，昨日は家にいませんでした。姉とぼくは2日前に電車で彼の家を訪れ，今朝帰宅しました。愛知は今涼しいんですね。ここオーストラリアでは，暑くなり，姉とぼくは祖父の家の近くのビーチに行き，海で泳ぐのを楽しみました！
京都への学校旅行について教えてくれてありがとう。ぼくは本当に君と一緒にそこに行きたかったです。ぼくは日本の歴史にとても興味があり，京都が歴史的に日本で重要な役割を果たしていることを学びました。そこで歌舞伎が見たいです。いつか君と一緒に見に行けるといいのですが。次のメールで，京都の他の面白い場所を知っているかどうか教えてください。すぐに返事します。
ジャック

送信者：山田雄二　<y_yama@soh.co.jp>
送信先：ジャック・ブラウン　<j_brown@soh.co.jp>
日付　：2021年11月7日(日曜日)　14:02
件名　：修学旅行

親愛なるジャックへ，
やあ。メールありがとう。泳ぎに行ったんですね？　良いですね！　小さい頃，家族と一緒にオーストラリアに行ったことがあります。その時は海で泳ぐのが好きでした。ウルル／エアーズロックも見に行きました。コアラは見なかったので，次回君の国に行ったら見たいです。
ぼくも歌舞伎に興味があるので，一緒に見に行きたいです。京都のもう一つの面白い場所を知っています。東映太秦映画村と呼ばれています。ぼくはそこに行ったことがありませんが，兄から聞いたことがあります。彼はそこがとてもエキサイティングな場所だったと言いました。あなたは日本の映画が好きですよね？　もしそうなら，日本に戻ったときにそれを訪れて楽しめると思います。
雄二

問1 「10月19日に，」 雄二の1つ目の電子メールに，18日に出発し，2日目に京都の有名な美術館を訪れ，京都の歴史的な物を見て楽しんだとあるので，2が答え。　1 「雄二は京都でいくつか寺を訪れた。」 最初の日に行ったので，誤り。　2 「雄二は京都の美術館で歴史的な物を見て楽しんだ。」　3 「雄二は京都の日本食レストランでうどんを食べた。」 3日目に行ったので，誤り。　4 「雄二は京都の公園で他の生徒たちと一緒に歩いた。」 3日目に行ったので，誤り。　5 「雄二は京都で買い物を楽しんだ。」 書かれていない内容なので，誤り。

問2 「ジャックと姉はいつ祖父の家に行ったか。」 11月7日のメールに「2日前」とあるので，3が答え。

問3 「ジャックは雄二からの次のメールで何を知りたいか。」「京都の他の面白い場所を知っているかどうか教えてください」とあるので，5が答え。　1 「彼は雄二の学校生活について知りたかった。」 書かれていない内容なので，誤り。　2 「彼は雄二の学校の修学旅行について知りたかった。」 書かれていない内容なので，誤り。　3 「彼は京都が日本でどのように重要な役割を果たしたかを知りたかった。」 書かれていない内容なので，誤り。　4 「彼は雄二がいつ京都で歌舞伎を見たのか知りたかった。」 雄二は歌舞伎を見ていないので，誤り。　5 「彼は京都の面白い場所について知りたかった。」

問4 「雄二は次にオーストラリアに行ったとき何をしたいか。」「コアラは見なかったので，次回君の国に行ったら見たいです」とあるので，3が答え。　1 「彼は海で泳ぎたい。」 書かれていない内容なので，誤り。　2 「彼はウルル／エアーズロックを見たい。」 書かれていない内容なので，誤り。　3 「彼はコアラを見たい。」　4 「彼はジャックと歌舞伎を見たい。」 京都でのことなので，誤り。　5 「彼はジャックと日本の映画を見たい。」 書かれていない内容なので，誤り。

重要 問5　1 「雄二は修学旅行中に訪ねたすべての寺の中で清水寺が一番好きだった。」 金閣寺が一番好きだったと言っているので，誤り。　2 「雄二は京都の日本レストランでそばを食べ，それはおいしかった。」 うどんを食べたので，誤り。　3 「ジャックは彼の祖父の家にいたときに雄二に電子メールを書いた。」 家に帰ってから書いたので，誤り。　4 「ジャックは祖父の家の近くの海で姉と一緒に泳いで楽しんだ。」 ジャックの電子メールの内容に合うので，答え。

5 「雄二はオーストラリアに行ったことがなく，家族と一緒にそこに行きたい。」 小さいときに行ったとあるので，答え。

【5】 (長文読解問題：内容吟味，語彙，文整序)

(全訳) カズヤは日本の高校生だ。彼は夏休みの間，カナダのホストファミリーと1週間滞在した。日本を離れる前に，カズヤはホストファミリーについて書かれたカードをもらった。カズヤは①そのカードから家族について学んだ。彼のホストファミリーには3人がいる。彼らはホワイト夫妻とその息子のニックだ。ビル・ホワイトさんは43歳で，レストランで働いている。彼はとても優秀なシェフだ。彼はピアノ音楽を聴くのが好きだ。ルーシー・ホワイト夫人は45歳で，学校で科学を教えている。彼女が好きなのは読書だ。彼女の好きな本はテニスに関するものだ。ニックは14歳で，中学生だ。彼は野球を見るのが好きだ。彼はギターを弾くのが得意だ。

8月10日，カズヤはカナダに到着した。初日，彼はホストファミリーと英語で自分自身と日本の家族について話した。ホワイト氏は「君は英語が上手だね。英語を勉強し始めたのはいつですか？」と言った。カズヤは「約4年前です。ぼくは英語を勉強するのがとても好きです。ぼくは英語で書かれた本をたくさん読みました。」と言った。ホワイト夫人は「それはいいですね。ああ，私は日本についての本を何冊か読んだことがあります。そのうちの1つに日本の伝統的なおもちゃの写真がいくつかありました。たとえば，けん玉，お手玉，駒です。」と言った。カズヤは「ああ，バッグの中にけん玉が入っています。」と言った。ニックは「けん玉を知っているよ！ テレビで見たことがあるんだ。けん玉の遊び方を教えてください。」と言った。カズヤは「もちろん」と言って遊んだ。その後，ニックは驚いたように見え，「あなたはそれをとても上手にできますね！」と言った。カズヤはニックに「このけん玉は君へのプレゼントです。」と言った。ニックは「うわー。うれしい。ありがとう。」と言った。

翌日，ニックはカズヤにカナダについて多くのことを話した。その後，「先月，友達のエミリーが愛知に行って城を訪れました。彼女はぼくに城の写真をくれました。これを見てください。」と言った。カズヤは「これは有名な名古屋城です。」と言った。ニックは「このお城はいつ建てられたの？誰が建てたの？ 全部教えてください」とたずねた。カズヤは「ええと，わからないです。」と言った。ニックは名古屋城について他の質問をしたが，カズヤは答えることができなかった。ニックは「わかりました。別の質問があります。日本人は家では靴を履かないそうですね。どうしてですか。」と言った。カズヤは「ごめんなさい，でもわかりません。」と言った。ニックは日本について他の質問をしたが，カズヤはそれらのほとんどに答えることができなかった。カズヤは②恥ずかしかった。

その夜，カズヤはよく眠れなかった。彼は「ぼくは英語を一生懸命勉強し，他の国について多くを学ぼうとした。でも日本については何も知らない！ 英語と同じくらい日本について勉強しなければならない。」と思った。

翌朝，カズヤはニックに「ごめんなさい。日本についての質問の多くにうまく答えられませんでした。」と言った。ニックは「大丈夫です。心配しないでください。実は，ぼくの家族は来年日本に行く予定です。日本についてもっと知りたいので，たくさん質問をしました。」と言った。カズヤは驚いて，「本当に？ 来年日本で会いたいです！ 日本についてもっと話す機会をもらえませんか？ 君が興味のあることについてもっと勉強します。」と言った。ニックはうれしそうにして，「もちろん。日本でお会いできるのを楽しみにしています。」と言った。

カナダでの③最終日，ホワイト氏は「カズヤ，私たちはあなたと楽しい時間を過ごしました。」と言った。カズヤは「ぼくもです！ ここでたくさんのことを学びました。また，ぼくは④大切なことを学びました。」と言った。ホワイト夫人は「それはなんですか。」と尋ねた。カズヤは「ぼくは英語と他の国にしか興味がありませんでしたが，自分の国についても知っておくべきです。」と言った。

一年後，カズヤはホワイト夫妻とニックと一緒に名古屋城や愛知県の他の場所を訪れた。カズヤは「みなさんと楽しい時間を過ごしました。」と言った。ニックは「ありがとう，カズヤ。名古屋城や他の場所についてたくさん教えてくれました。」と言った。カズヤは「どういたしまして。ぼくがカナダにいた1年前，君はぼくに日本について学ぶよい理由を与えてくれました。日本に戻った後，ぼくはそれについてたくさんの本を読みました。日本についてもっと勉強したいです。」と言った。するとニックは「カズヤ，ぼくを見てください。ぼくはけん玉ができます。一生懸命練習しました！」と言った。彼はそれをとても上手にやった。カズヤは「素晴らしい！」と言った。

問1　第1段落の内容に合うので，5が答え。

問2　embarrass は「恥ずかしい思いをさせる」という意味。

問3　第1段落に，オーストラリアに「1週間」滞在するとある。カズヤがオーストラリアに到着したのは10月8日なので，3が答え。

問4　カズヤはニックから日本について色々な質問をされて答えることができなかったため，日本についてもっと学ぶべきだと気づいたので，4が答え。　1「カズヤは他の文化についてもっと興味を持つべきだ。」日本について学ぶので，誤り。　2「和也は外国の人々と日本語で話すべきだ。」書かれていない内容なので，誤り。　3「カズヤは学校でもっと熱心に英語を学ぶべきだ。」日本について学ぶので，誤り。　4「カズヤは自分の国についてもっと知るべきだ。」　5「カズヤは外国の人々にたくさん質問するべきだ。」書かれていない内容なので，誤り。

問5　イ「エミリーは愛知に行って名古屋城を訪れた。」→オ「カズヤは自分と自分の家族についてホストファミリーに話した。」→ア「カズヤがけん玉をしたとき，ニックは驚いたようだった。」→エ「ニックは名古屋城についてカズヤにいくつか質問をしたが，カズヤはそれらに答えられなかった。」→ウ「ニックはけん玉を上手にやって，カズヤはそれを見た。」

問6　1）「カナダでのカズヤの最初の日に，」第2段落に「君は英語が上手だね」とあるので，1が答え。　1「ホワイトさんはカズヤは英語を話すのが上手いと言った。」　2「ニックとカズヤは一緒にテレビでけん玉を見た。」書かれていない内容なので，誤り。　3「ホワイト夫人は伝統的な日本のおもちゃの写真を見せた。」書かれていない内容なので，誤り。　4「ニックはカズヤに名古屋城の写真を見せた。」書かれていない内容なので，誤り。　5「ニックはカズヤに日本についていくつか質問をした。」質問をしたのは2日目のことなので，誤り。

2）「カナダで，ホワイト夫人は，」第2段落に「私は日本についての本を何冊か読んだことがあります」とあるので，2が答え。　1「いつ英語を勉強し始めたのかカズヤにたずねた。」たずねたのはホワイト氏なので，誤り。　2「日本について何冊か本を読んだと言った。」　3「けん玉のやり方を教えてくれるようカズヤに頼んだ。」書かれていない内容なので，誤り。　4「日本人はなぜ家で靴をはかないのかとカズヤにたずねた。」ニックがたずねたので，誤り。　5「彼女の家族が来年日本に行くと言った。」ニックが言ったので，誤り。

3）「______ので，カナダでのある晩，カズヤはよく眠れなかった。」第3段落の内容に合うので，4が答え。　1「彼は色々なことについてニックと話して楽しんだ」眠れなかった理由ではないので，誤り。　2「その国の文化について学んだ」眠れなかった理由ではないので，誤り。　3「ホワイト氏から他の国々について話を聞いた」書かれていない内容なので，誤り。　4「彼は日本に関するニックの質問の多くに答えられなかった」　5「彼は日本について多くの本を読み，それについて学んだ」書かれていない内容なので，誤り。

重要　4）1「カズヤは英語が好きだが，カナダに来る前英語で書かれた多くの本を読まなかった。」

第2段落に「ぼくは英語で書かれた本をたくさん読みました」とあるので，誤り。 2 「カズヤとニックがカナダで名古屋城について話したとき，ニックは誰がそれを建てたか知っていたが，カズヤはそれを知らなかった。」 ニックは知らなかったので，誤り。 3 「カズヤのカナダでの最後の日，カズヤはニックに，来年日本についてもっと話してくれるよう言った。」 文中に書かれていない内容なので，誤り。 4 「カナダで，カズヤはホワイト夫人に，彼は他の国々に興味がないが，それらについてもっと学ぶよう熱心に努力すると言った。」 文中に書かれていない内容なので，誤り。 5 「1年後，カズヤが愛知でホワイト夫妻やニックと名古屋城や他のいくつかの場所を訪ねたとき，カズヤはそれらの場所について彼らに多くを話した。」 最後の段落の内容に合うので，答え。

★ワンポイントアドバイス★

【2】の問5には<it is ~ for S to …>が使われている。「~」に入る語が人の性質を表すものである場合，for ではなく of になることを覚えておこう。(例)It is kind of you to help me.（私を助けてくれてあなたは親切です。）

<理科解答>

【1】 1 【2】 4 【3】 3 【4】 2 【5】 4 【6】 2 【7】 5
【8】 5 【9】 4 【10】 3 【11】 5 【12】 4 【13】 2 【14】 3
【15】 4 【16】 2 【17】 4 【18】 3 【19】 1 【20】 3

○推定配点○

各5点×20　　計100点

<理科解説>

基本 **【1】** (光と音の性質―音の性質)

問1 1秒間にいくつの波が定点を通過するかを振動数という。 図2より1つの波の通過に0.002秒かかるので，振動数は1÷0.002＝500(Hz)である。

問2 弦を強くはじくと，音の大きさが大きくなる。

問3 弦の長さを短くすると，音の高さは高くなる。

基本 **【2】** (光と音の性質―光の性質)

レンズに入った光はレンズで屈折し，物体と反対側の焦点を通る光となる。図で点aが焦点なので，4のコースをたどる。

重要 **【3】** (磁界とその変化―誘導電流)

問1 コイルを流れる電流を大きくするには，強力な磁石を用いたり，コイルの巻き数を増やしたり，磁石を速く動かす。

問2 誘導電流は磁石の磁力の変化を妨げる方向に流れる。N極を近づけるとコイルの上側がN極になるように電流が流れ，このとき検流計の針が左にふれる。S極を遠ざけるとコイルの上側がN極になるように電流が流れるので，検流計の針は左にふれる。

【4】（運動とエネルギー―斜面の運動）

重要 問1　P～Qの間は物体に加速度がはたらき，速度は一定の割合で増加する。Q～Rの間は等速直線運動を行い，速度は一定になる。

基本 問2　摩擦や空気抵抗がないので，初めに物体がもっていたエネルギーと同じエネルギーをもつ位置まで小球は上昇する。よって高さは同じになる。

基本 【5】（力・圧力―物体にはたらく力）

本には，下向きに重力(イ)が，上向きに机から受ける垂直抗力(ウ)がはたらく。

【6】（化学変化と質量―マグネシウムの燃焼反応）

重要 問1　燃焼は酸素との反応である。マグネシウムが燃焼すると酸化マグネシウムが生じる。このときの化学反応式は，$2Mg + O_2 \rightarrow 2MgO$である。

基本 問2　酸素と結びつく反応を，酸化という。

重要 問3　1.2gのマグネシウムと反応する酸素の質量は0.80gであり，反応後の質量は2.0gになる。よって2.4gのマグネシウムが反応すると，2.0×2＝4.0(g)の酸化マグネシウムが生じる。

【7】（電気分解とイオン－塩化銅水溶液の電気分解）

基本 問1　水に溶けるとイオンに分かれる物質を電解質という。

問2　食塩は水に溶けると，ナトリウムイオンと塩化物イオンに電離するので電流が流れる。

重要 問3　炭素棒Aに付着する赤褐色の物質は銅であり，銅は電流をよく通すが，磁石にはくっつかない。

重要 問4　炭素棒Bから発生する気体は塩素であり，塩素には漂白作用がある。

【8】（熱と温度―沸点）

問1　混合物の沸点は一定の温度を示さず，混合比率によって変化する。

問2　エタノールの方が水より蒸発しやすいので，初めに出てくる液体中ではエタノールの割合が大きい。徐々にエタノールの量が減り，水の量が増える。

重要 【9】（その他―密度）

質量10gの物体の体積が58－50＝8(mL)なので，この物体の密度は10÷8＝1.25(g/cm^3)である。密度がこの範囲にあるのはポリ塩化ビニルである。

やや難 【10】（熱と温度―反応熱）

化学反応の際に周囲に熱を放出する反応を発熱反応，周囲から吸収する反応を吸熱反応という。燃焼は発熱反応である。また，オの反応の際に出る熱を利用して，弁当を温めたりするものもある。個々の反応が発熱か吸熱かは知識の問題であり，知っていないと答えられない。

重要 【11】（生殖と遺伝―遺伝の法則）

丸い種子をつくる純系のエンドウの遺伝子型をRR，しわのある種子をつくるエンドウの遺伝子型をrrとすると，子どもの遺伝子型はRrになる。これを自家受粉すると孫の遺伝子型の比がRR：Rr：rr＝1：2：1になり，これは丸い種子：しわの種子＝3：1になる。

【12】（植物のからだのしくみ―蒸散）

基本 問1　メスシリンダーの水面からの水分の蒸発を抑えるために，油をたらす。

重要 問2　Aでは葉の表，裏，茎すべてから蒸散が起きる。Bでは葉の表と茎からの蒸散，Cでは葉の裏と茎からの蒸散，Dでは茎からの蒸散が起きる。葉の表からの蒸散量はB－Dで求まり，0.7－0.3＝0.4(cm^3)になる。もしくは，A－Cでも求めることができる。

【13】（ヒトの体のしくみ―分解酵素）

ヨウ素液を加えて青紫色になれば，デンプンがあることがわかる。ベネジクト液を加えて加熱し赤褐色になれば，デンプンが分解されたことがわかる。試験管Aではデンプンは分解されるが，B

ではされない。だ液のはたらきでデンプンが分解されたことを確かめるには，だ液の有無以外の条件を同じにして実験するとよい。それでアとウを比較する。

【14】 (その他―顕微鏡による観察)

図の大きさが同じ程度なので，倍率の低いものほど実際の大きさが大きい。A＞B＞D＞Cの順になる。

【15】 (生物の類縁関係と進化)

始祖鳥は特徴A，Bのように鳥の特徴と，C，Dのようにハ虫類の特徴をあわせもち，鳥類はハ虫類から進化したとされている。

【16】 (大地の動き・地震―プレートの移動)

日本付近のプレートの動きは，海洋のプレートが大陸のプレートの下側に沈み込んでいる。その際，陸側のプレートが海のプレートに引きずられ，ひずみが溜まる。このひずみのエネルギーが限界に達したとき巨大地震が発生する。

基本 【17】 (天気の変化―気団)

小笠原気団は太平洋上で発達し，暖かく湿った気団である。夏の時期に日本列島をおおう。

【18】 (天気の変化―低気圧，前線)

基本 問1 低気圧の中心付近では上昇気流が発生し，反時計回りで風が吹き込む。

重要 問2 温暖前線が通過するときには，長時間おだやかな雨が降り，前線の通過後は風が南寄りに変わる。

重要 【19】 (地層と岩石―深成岩)

マグマが冷えてできた岩石には，火山岩と深成岩がある。マグマが急激に冷えてできるのが火山岩で，地下の深いところでゆっくり冷えてできるのが深成岩である。深成岩の特徴は，鉱物の大きさがほぼ同じ等粒状組織をもつ点である。火山岩は大きな鉱物の斑晶と，そのまわりの粒の小さい石基と呼ばれる組織からなり，斑状組織という。

重要 【20】 (地層と岩石―柱状図)

柱状図の読み取りは，地表面の標高をそろえるとよい。3つの柱状図の標高をそろえると，AとBでは凝灰岩の層の標高が同じになるが，Cでは標高が高くなっている。これよりB，C間で地層が傾いており，Bの方が下がっているので，北の方角に地層が低くなっている。

★ワンポイントアドバイス★

出題範囲は全分野で偏りがない。小問を組み合わせて出題する形式なので，理科全般の正確で幅広い知識が求められる。計算問題の数は少ない。

<社会解答>

【1】 問1 [1] 1　問2 [2] 5　問3 [3] 4　問4 [4] 4　問5 [5] 2　問6 [6] 3
問7 [7] 2　問8 [8] 2

【2】 問1 [9] 1　問2 [10] 2　問3 [11] 4　問4 [12] 4

【3】 問1 [13] 5　問2 [14] 2　【4】 問1 [15] 1　問2 [16] 2　問3 [17] 3

【5】 問1 [18] 4　問2 [19] 1　【6】 [20] 5　【7】 [21] 3　【8】 [22] 4

【9】 23 3

○推定配点○

3，5〜8，13，14，19 各5点×8　他 各4点×15　計100点

＜社会解説＞

【1】 (日本と世界史の歴史―政治外交史，社会・経済史，日本史と世界史の関連)

問1 Aはジッグラト(聖塔)とよばれる祭壇でシュメール人の都市国家ウルの遺跡にある。したがって，メソポタミア文明に属する。メソポタミア文明ではくさび形文字が使われていたので，1が正解となる。

基本 問2 墾田永年私財法は，奈良時代の743年に出されている。1，2，4は飛鳥時代，3は古墳時代の記述である。

問3 Cは平等院鳳凰堂であり平安時代につくられた。菅原道真の意見による遣唐使廃止(894年)，桓武天皇による平安遷都(794年)が平安時代の出来事である。

基本 問4 源頼朝は，鎌倉を拠点として東国の武士を結集したので，4は「平泉」という言葉が誤りとなる。

問5 Eは室町時代に足利義満の行った勘合貿易で使われた勘合符である。したがって，ウが正解となる。また，室町時代に起こったア(琉球王国の建国)も正解となる。

問6 Fは築城された江戸城のようすを描いた絵図(江戸御城之絵図)で，江戸時代前期に属するものである。したがって，天保の改革を行った水野忠邦がでてくる江戸時代後期の記述である3が誤りとなる。

問7 日清戦争後の下関条約では，日本は清から賠償金2億両(テール)を受け取っているため，2が誤りとなる。

問8 Hは戦時中の標語である「ぜいたくは敵だ」である。したがって，総力戦を表している文章であるア(国家総動員法)とエ(配給制)が正解となる。

【2】 (地理―地形図)

問1 地形図中の地下鉄東西線を考察すると，東から西11丁目駅―西18丁目駅―円山公園駅と続いているので，1は誤りとなる。

問2 地図記号を，一つ一つチェックしても，図書館の地図記号は確認できない。老人ホームは東本願寺の西側と円山の東側にある。消防署は西11丁目駅の南側にある。神社は東本願寺の北側にある。発電所は地形図ほぼ中央で札幌医科大の南西の方向にある。

問3 A地点の方がB地点より低いので，A地点から等高線をたどってみると，25000分の1の地形図では，主曲線は10mごとにひかれているから，A地点とB地点の標高差は約150mとなる。

問4 北海道で稲作の中心となっているのは石狩平野である。十勝平野は畑作の中心である。他の選択肢は北海道以外の平野となる。

【3】 (日本の地理―地形・気候，諸地域の特色，産業)

問1 Aは富山で，日本海側の気候に属し，冬の海から蒸発した水分を多く含む北西の季節風が山地にぶつかり，たくさん雪が降り，冬に降水量が多い。したがって，エが該当する。Bは長野で，内陸の気候に属し，雨や雪の量が少なく，夏と冬の気温差が大きい。したがって，アが該当する。

やや難 問2 Eは静岡県である。静岡県は東海工業地域があるので，4県の中でもっとも第2次産業の割合が大きい2が該当する。

【4】 (地理―世界の気候)

問1　本初子午線は，イギリスのロンドンを通っており，選択肢の4つの国の中では，1のアルジェリアを通る。

やや難　問2　ケープタウンは温暖で，冬に降水量が多く，夏は降水量が少なく乾燥する地中海性気候である。

問3　1は南アメリカ大陸，2は北アメリカ大陸，3はアフリカ大陸，4はオーストラリア大陸，5はユーラシア大陸である。

【5】 (公民―憲法，国際政治，その他)

問1　1919年に制定されたワイマール憲法では，初めて社会権が規定された。1は日本国憲法が大日本帝国憲法の誤り。2はマグナカルタが人権宣言の誤り。3は国際連盟が国際連合の誤り。5はアメリカがイギリスの誤りである。

重要　問2　臓器提供意思表示カードは自己決定権を尊重するものである。2の文章は環境権を示しているので，誤り。個人情報保護法はプライバシーの権利を守るためにあるので，3は誤り。肖像権はプライバシーの権利に属するもので，4は誤り。インターネットの発達による情報化は，コピーや盗用をしやすくし，それは，知的財産権の侵害につながる恐れがあるマイナス面もあるので，5も誤りとなる。

【6】 (公民―政治のしくみ)

裁判員制度は刑事事件のみにおこなわれるので，5は誤りとなる。

【7】 (公民―経済生活)

利潤の一部が配当となるので，3は誤りとなる。

重要 **【8】** (公民―その他)

CSRとは，企業の社会的責任であり，企業が社会に与える影響について責任を持ち，社会の持続的発展のために貢献すべきとする考え方，また，そのような考え方に基づいて実践される教育や文化，環境保護などの諸活動。インフォームド・コンセントとは，「医師と患者との十分な情報を得た上での合意」を意味する概念。ユニバーサルデザインとは，文化・言語・国籍や年齢・性別・能力などの違いにかかわらず，できるだけ多くの人が利用できることを目指した建築(設備)・製品・情報などの設計(デザイン)のことであり，またそれを実現するためのプロセス(過程)。

【9】 (公民―経済生活)

3の文章は「消費者契約法」が「製造物責任法(PL法)」の誤りとなる。

★ワンポイントアドバイス★

【1】問7　日本が清から受け取った賠償金2億両(テール)は当時の日本円で約3億1000万円であり，清の国家予算の約2分の1であった。　問8　他の標語として「ガソリンの一滴は血の一滴」「欲しがりません勝つまでは」などがあった。

＜国語解答＞

【一】 問一　(a)　5　(b)　1　(c)　3　(d)　2　問二　4　問三　3　問四　4
問五　2　問六　1　問七　5　問八　3

【二】 問一　(a)　2　(b)　4　問二　5　問三　1　問四　5　問五　2　問六　3
問七　4

【三】 (ア) 3　(イ) 1　(ウ) 5　(エ) 2
【四】 (ア) 4　(イ) 2　(ウ) 5　(エ) 1
【五】 (ア) 1　(イ) 5　(ウ) 4

○推定配点○
【一】 問一　各2点×4　問三・問七　各4点×2　他　各5点×5
【二】 問一・問五　各4点×3　他　各5点×5
【三】 各2点×4　【四】 各2点×4　【五】 各2点×3　計100点

＜国語解説＞

【一】 (論説文―要旨，内容吟味，文脈把握，接続語の問題，脱語補充，漢字の書き，語句の意味)

問一　(a)「有利」は，自分に利益があり，また，都合のよい条件・状況を備えていて，うまくゆきそうな様子。　1「優良」は，他より優れていること。　2「勧誘」は，すすめて誘うこと。　3「友好」は，友だちとして仲よくすること。　4「勇気」は，おじけづかない，強い気力。　5「所有」は，自分のものとして持っていること。　(b)「単純」は，仕組みや形がこみいっていないこと。　1「純粋」は，そのものだけで，まじりけのないこと。　2「矛盾」は，つじつまが合わないこと。　3「順調」は，物事が調子よく進むこと。　4「巡回」は，見まわること。　5「湿潤」は，湿り気をおびること。　(c)「想像」は，実際に経験していないことを，おしはかって心に浮かべること。　1「構造」は，全体を形づくっている仕組み。　2「貯蔵」は，物を蓄えておくこと。　3「映像」は，映画，テレビなどの画像。　4「寄贈」は，品物を贈り与えること。　5「増加」は，数や量が増えること。　(d)「興奮」は，刺激によって感情が高ぶること。　1「噴出」は，勢いよく噴き出ること。　2「奮起」は，やってやろうという気になること。　3「雰囲気」は，その場から自然に作り出される，ある傾向をもつ気分。　4「花粉」は，種子植物のおしべの中にできる粉のような単細胞。　5「憤慨」は，けしからぬこととして，ひどく腹を立てること。

問二　直後に「そもそも日本の文化には自己主張は馴染まないからだ」とある。「自分が思うことを一方的に主張する姿勢は……日本の文化に合わない」とするウが選べる。

基本　問三　「棚上げ」は，ある問題に手をつけず，そのままにしておくこと。ホンネには触れないで，とりあえず後回しにしておくのである。

やや難　問四　空欄の前では「自分の視点からしかものを見ることがなく，自分の視点に凝り固まりがち(な欧米人)」とあり，あとでは「自分の視点を絶対化しない」とある。前後が反対の内容なので，逆接の「だが」が入る。

重要　問五　直前の「それ」が指すのは，「相手の気持ちに救いを与える意味で，自分に非がなくても容易に謝る」という内容で，これが「間柄文化のもつやさしさ」だと言うのである。「間柄の文化」については「二つの心理が働いている」とある。ひとつは，「相手の気持ちをこれ以上傷つけないようにしようとする心理」。もうひとつは，「自己正当化にこだわるのはみっともないし大人げないと感じる心理」である。この心理から謝罪をするのが「やさしさ」であり，これを説明しているのは2。

問六　「日本語の婉曲表現は，相手を尊重し，自分の考えや感じ方を押しつけようとしないやさしい心の反映とも言えるのである」とある。「婉曲表現」とは，遠回しに言うことで断定を避ける表現である。自分の考えや感じ方を押しつけたくないから，「ハッキリ断言せずに『ぼかす表現』」

である曖昧な婉曲表現を使うのである。

問七　ハッキリ断言することはしたくないのである。つまり，「ハッキリ言うのには抵抗があ」るのである。

重要　問八　3については，文章の終わりで「欧米コンプレックスが強く，欧米基準でものを考えようとする日本人は，欧米文化が何でも正しくて，日本は遅れてる，ズレてると思いがちなため，日本語の曖昧表現にも批判的で，日本人も欧米人のようにハッキリものを言うべきだなどと言う。だが，そのような人たちは……そもそも間柄の文化について何もわかっていない」と述べている。筆者は，欧米流の自己主張や表現の仕方に批判的である。　1「欧米の文化に対抗できる」という観点では述べていない。　2「長所と短所」という観点で，「間柄の文化」「欧米の文化」を比較してはいない。　4「自己主張のスキルを磨いたり曖昧表現を避けたりするほうがよい」とは述べていない。　5「世界に広めていく」ということは述べていない。

【二】（随筆－要旨，内容吟味，文脈把握，脱語補充，語句の意味）

基本　問一　(a)「たちどころに」は，ある事をするとすぐ結果がでるようす。その場ですぐにの意味。(b)「門外漢」は，その道を専門としていない人。「漢」は接尾語で「男」の意味。

問二　師匠である福島の生け花については，「まるで童女が広々とした野山で花と遊んでいるような自由自在さ」と表現している。弟子の生け花については，「どこかぎこちなく型にはめられているような窮屈な感じ」と表現している。　1「弟子が生けた花は，たしかに上手にちがいないのだが」とある。　2　弟子について「修得できていない」とは述べていない。　3　花材の大きさについて違いがあるとは述べていない。　4「刻々と変幻する花」については，師匠も弟子も同じである。

重要　問三　花の姿については，「一枝ごとに枝ぶりや花や葉のつき方，色合いがみな違っていて同じものなどひとつもない」と述べている。これは，1の「ひとつひとつが違い多様な面をもつ花」ということである。そして，傍線部の直前に「弟子が自分では見ていると思っている花はリハーサルのときに見た花であって，もはやそこにある花ではない」とあり，そうなると「目の前にある花の姿がほんとうは見えていない」と述べている。これは，「そのときの花の状態を見極めていないということ」である。

問四　「福島の生け方」のあとに続く部分を読むと，「片時もとどまらない雲や水のように刻々と変化する花をどう生かすか，どこをどう切り，どこにどう生ければ，その花がもっとも生きるかということだけを考えている」とあり，また，生けられた花については「命を宿したかのように生き生きと輝きはじめるのだ」とある。これらの内容を説明しているのは5。

やや難　問五　「花の姿に応じて」とあるので，「臨機応変」が適切。「臨機応変」は，その場にのぞみ，成り行きの変化に応じて適切な手段をとること。　1「因果応報」は，人の行いの善悪に応じて，それにふさわしい報いが必ず現れること。　3「百花繚乱」は，種々の花が咲き乱れること。4「千変万化」は，さまざまに変化すること。　5「用意周到」は，気配りがすみずみまで行き届いていて手落ちがないこと。

問六　最後から二段落目に「生け花は……花を生かすことによって空間を生かし，その花によって生かされた空間が今度は逆に花を生かすということなのだろう」とある。この内容を説明しているのは3。

重要　問七　4の「生け花とフラワーアレンジメントの違い」については，文章の初めに「フラワーアレンジメントは花によって空間を埋めようとするのですが，生け花は花によって空間を生かすのです」とある。そしてそれは，「日本の文化と西洋の文化との違いにも触れているのではないかと思った」とある。空間に対する感じ方の違いが表れているのである。　1「人間は『間』を大切にしている」とは述べていない。　2「風や野山を愛する気持ち」には触れていない。　3「英訳として使うべきではない」とは述べていない。　5「外国での滞在や外国人との交流の経験」については述べていない。

【三】（文と文節）

（ア）文節は「空が／晴れて／赤い／夕日が／とても／きれいに／見えた」で七。単語は「空・が・晴れ・て・赤い・夕日・が・とても・きれいに・見え・た」で十一。

（イ）文節は「次に／旅行する／ときは／もっと／写真を／撮ろう」で六。単語は「次・に・旅行する・とき・は・もっと・写真・を・撮ろ・う」で十。

（ウ）文節は「海が／見える／丘に／新しい／家が／たくさん／並んで／いる」で八。単語は「海・が・見える・丘・に・新しい・家・が・たくさん・並ん・で・いる」で十二。

（エ）文節は「今度の／春休みは／多くの／本を／読むと／思う」で六。単語は「今度・の・春休み・は・多く・の・本・を・読む・と・思う」で十一。

【四】（慣用句）

（ア）「腕を上げる」は，上手くなるの意味。　（イ）「頬が緩む」は，笑顔になるの意味。

（ウ）「舌を巻く」は，非常に感心するの意味。　（エ）「眉をひそめる」は，顔をしかめるの意味。3「足をすくわれる」は，すきにつけこまれて失敗させられるの意味。

【五】（語句の意味）

（ア）「明るい」は，ある物事についてよく知っているの意味。知識や経験が豊富ということ。

（イ）「かける」は，増し加えるの意味。「磨きをかける」で，いっそう優れたものにすること。

（ウ）「手」は，方法，手段。

★ワンポイントアドバイス★

論説文は，筆者の考えや主張について，どういうことなのか，なぜそう言えるのかなど内容を丁寧に読み取る。随筆では，経験から筆者がどのようなことを感じ取り，考えたかを表現にそって読み取っていく。漢字・語句・文法の知識も押さえておこう。

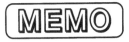

MEMO

大切なことはメモしておこうネ！

2021年度

入　試　問　題

2021年度

桜丘高等学校入試問題

【数　学】（40分）　＜満点：100点＞

【注意】 定規・コンパス・分度器・計算機は使用してはいけません。

【1】 次の問いに答えなさい。

問1　$1.5-6\times\left\{-2^2-\left(-\frac{1}{2}\right)^2\right\}\div\left(-\frac{9}{2}\right)$ を計算し，答えを次の(1)～(5)より1つ選びなさい。　[解答番号1]

(1) $-\frac{17}{4}$　(2) $-\frac{25}{6}$　(3) $\frac{43}{6}$　(4) $\frac{13}{2}$　(5) $-\frac{7}{2}$

問2　$\frac{1}{3}(4x+5y)-\frac{3}{4}(2x-y)$ を簡単にし，答えを次の(1)～(5)より1つ選びなさい。　[解答番号2]

(1) $-\frac{1}{6}x+\frac{29}{6}y$　(2) $\frac{17}{6}x+\frac{11}{12}y$　(3) $\frac{17}{6}x+\frac{29}{12}y$

(4) $-\frac{1}{6}x+\frac{11}{12}y$　(5) $-\frac{1}{6}x+\frac{29}{12}y$

問3　$36a^2-9b^2$ を因数分解し，答えを次の(1)～(5)より1つ選びなさい。　[解答番号3]

(1) $9(2a+b)(2a-b)$　(2) $(6a-3b)^2$　(3) $(6a+3b)(6a-3b)$

(4) $9(2a-b)^2$　(5) $3(2a+b)(2a-b)$

問4　$\sqrt{16n+20}$ が整数になるような自然数 n のうち，3番目に小さい数を求め，答えを次の(1)～(5)より1つ選びなさい。　[解答番号4]

(1) $n=1$　(2) $n=5$　(3) $n=8$　(4) $n=10$　(5) $n=11$

問5　駅と学校を結ぶ1本道の途中に図書館がある。駅から図書館までの道のりは，図書館から学校までの道のりより200m長い。Aさんは，駅を出発して，この道を毎分72mの速さで図書館まで歩き，図書館から毎分120mの速さで学校まで走ったところ，かかった時間の合計は15分だった。このとき，駅から学校までの道のりを求め，答えを次の(1)～(5)より1つ選びなさい。[解答番号5]

(1) 550m　(2) 750m　(3) 1100m　(4) 1300m　(5) 1400m

問6　原価が2000円の品物を1個仕入れ，x 割の利益を見込んで定価をつけた後，定価の $2x$ 割を値引きして売ったところ，560円の損失であった。このとき，x の値を求め，答えを次の(1)～(5)より1つ選びなさい。　[解答番号6]

(1) $x=1$　(2) $x=2$　(3) $x=3$　(4) $x=4$　(5) $x=5$

問7　方程式 $\frac{1}{2}x+y=4$ のグラフと，方程式 $3x+0.8y=-2$ のグラフの交点の座標を求め，答えを次の(1)～(5)より1つ選びなさい。　[解答番号7]

(1) $\left(1,\ \frac{7}{2}\right)$　(2) $(2,\ 3)$　(3) $\left(\frac{2}{3},\ -5\right)$　(4) $(-2,\ 5)$　(5) $\left(-1,\ \frac{5}{4}\right)$

問8　関数 $y=x^2$ において，x の値が n から $n+4$ まで増加するときの変化の割合が6であるとき，n の値を求め，答えを次のページの(1)～(5)より1つ選びなさい。　[解答番号8]

(1)　$n=-4$　　(2)　$n=-1$　　(3)　$n=1$　　(4)　$n=4$　　(5)　$n=6$

問９　２つのさいころＡ，Ｂを同時に１回投げるとき，出た目の数の和が素数になる確率を求め，答えを次の(1)～(5)より１つ選びなさい。ただし，２つのさいころはともに，１から６までのどの目が出ることも同様に確からしいものとする。　[解答番号9]

(1)　$\frac{5}{12}$　　(2)　$\frac{1}{3}$　　(3)　$\frac{7}{18}$　　(4)　$\frac{4}{9}$　　(5)　$\frac{1}{2}$

問10　右の図において，$\angle x$ の大きさを求め，答えを次の(1)～(5)より１つ選びなさい。　[解答番号10]

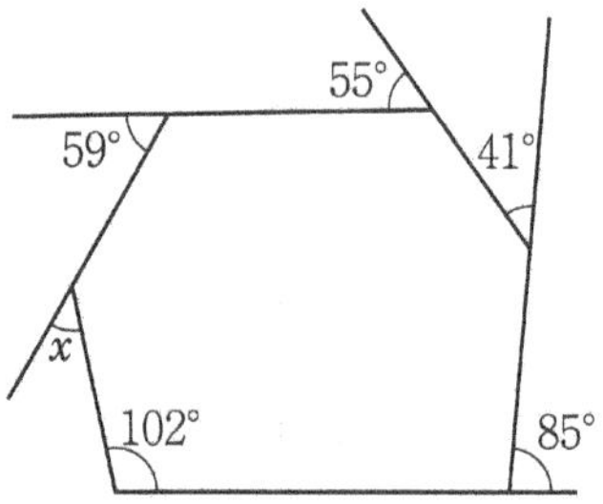

(1)　18°

(2)　32°

(3)　42°

(4)　48°

(5)　52°

問11　右の図において，２直線 ℓ，m は平行である。このとき，$\angle x$ の大きさを求め，答えを次の(1)～(5)より１つ選びなさい。　[解答番号11]

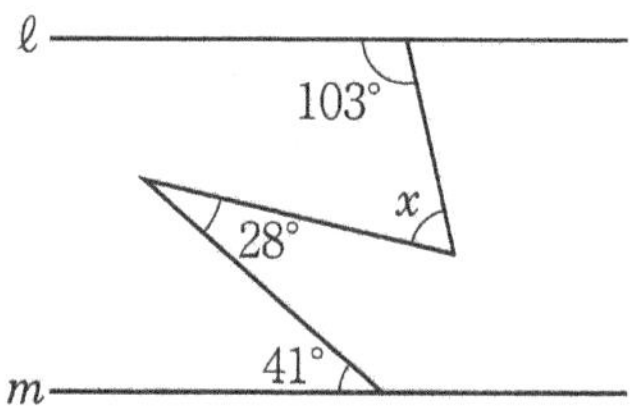

(1)　34°　　(2)　49°

(3)　56°　　(4)　64°

(5)　69°

問12　右の図において，四角形ＡＢＣＤは，ＡＢ＝８㎝，ＢＣ＝３㎝の長方形である。四角形ＡＢＣＤを辺ＣＤを軸として１回転させてできる立体の表面積を求め，答えを次の(1)～(5)より１つ選びなさい。ただし，円周率は π とする。　[解答番号12]

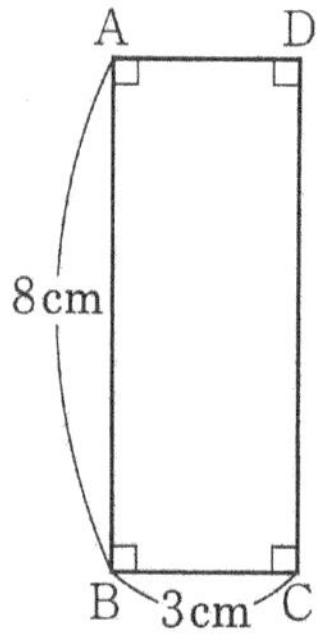

(1)　57π ㎠

(2)　66π ㎠

(3)　72π ㎠

(4)　81π ㎠

(5)　90π ㎠

【２】　右の図のように，関数 $y=ax^2$ のグラフ上に異なる４点Ａ，Ｂ，Ｃ，Ｄがある。点Ａの座標は $(-4,\ -8)$，点Ｂの x 座標は２である。また，線分ＡＣと線分ＢＤは x 軸に平行である。このとき，次の問いに答えなさい。

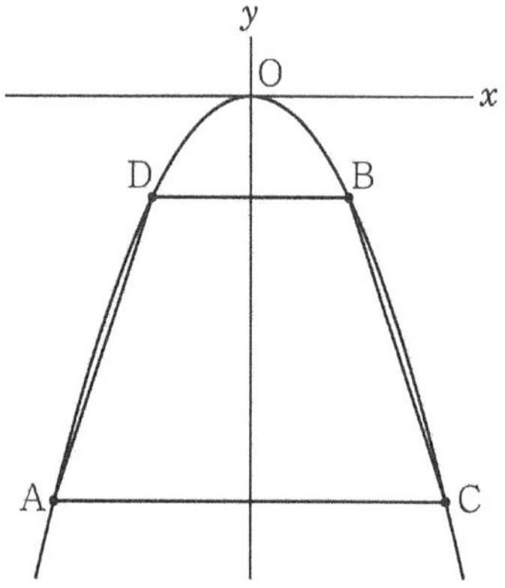

問１　a の値を求め，答えを次の(1)～(5)より１つ選びなさい。　[解答番号13]

(1)　$a=-2$　　(2)　$a=-\frac{1}{2}$　　(3)　$a=-\frac{1}{4}$

(4)　$a=\frac{1}{2}$　　(5)　$a=2$

問２　四角形ＡＣＢＤの面積を求め，答えを次の(1)～(5)より１つ選びなさい。　[解答番号14]

(1)　24　　(2)　32　　(3)　36　　(4)　48　　(5)　72

問３　点Ｃを通り，四角形ＡＣＢＤの面積を二等分する直線と辺ＡＤとの交点の座標を求め，答えを次の(1)～(5)より１つ選びなさい。　[解答番号15]

(1)　$(-3,\ -5)$　　(2)　$\left(-\frac{1}{2},\ -\frac{9}{2}\right)$　　(3)　$\left(-\frac{1}{2},\ -\frac{7}{2}\right)$　　(4)　$\left(-\frac{17}{6},\ -\frac{9}{2}\right)$

(5)　$\left(-\frac{5}{2},\ -\frac{7}{2}\right)$

【３】　右の図で，△ＡＢＣは鋭角三角形で，ＡＢ＝ＢＣである。点Ａから辺ＢＣにひいた垂線と辺ＢＣとの交点をＤ，点Ｃから辺ＡＢにひいた垂線と辺ＡＢとの交点をＥとする。また，線分ＡＤと線分ＣＥとの交点をＦとする。このとき，次の問いに答えなさい。

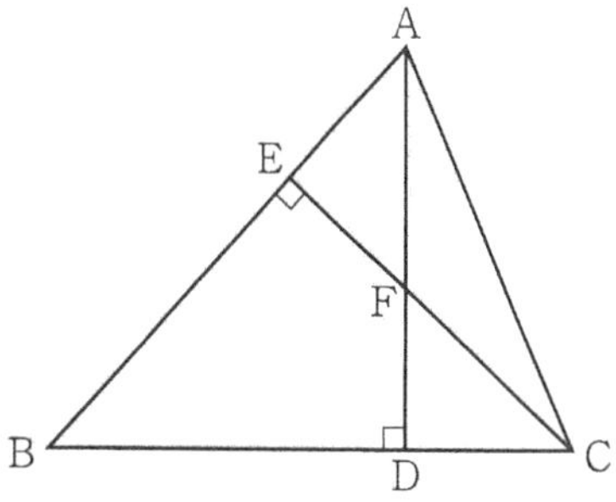

問１　ＡＢ＝９㎝で，△ＡＢＣの面積が27㎠であるとき，線分ＡＤの長さを求め，答えを次の(1)～(5)より１つ選びなさい。　[解答番号16]

(1)　３㎝　　(2)　４㎝　　(3)　５㎝　　(4)　６㎝　　(5)　７㎝

問２　$\angle ABC = a^\circ$とするとき，∠ＤＡＣの大きさをaを使った式で表し，答えを次の(1)～(5)より１つ選びなさい。　[解答番号17]

(1)　a°　　(2)　$(90-2a)^\circ$　　(3)　$\frac{1}{2}a^\circ$　　(4)　$\left(90-\frac{1}{2}a\right)^\circ$　　(5)　$(180-2a)^\circ$

問３　ＢＤ：ＤＣ＝３：２のとき，△ＡＢＣと△ＡＦＣの面積の比を求め，答えを次の(1)～(5)より１つ選びなさい。　[解答番号18]

(1)　４：１　　(2)　５：２　　(3)　８：３　　(4)　９：４　　(5)　20：３

【英　語】（40分）　＜満点：100点＞

【1】 リスニング問題

〈Part 1〉

No. 1

[解答番号1]

No. 2

[解答番号2]

〈Part 2〉

No.3 [解答番号3]

1. A brown dog and a white cat.
2. A black dog and a white rabbit.
3. A brown cat and a black dog.
4. A black cat and a white rabbit.

5. A brown cat and a white rabbit.

No.4 1. She wants him to look for her math notebook with her. ［解答番号4］
2. She wants him to visit her house soon.
3. She wants him to give her some books.
4. She wants him to come to Sakura Library.
5. She wants him to call her when he arrives at Sakura Library.

No.5 1. On July 15. 2. On July 31. ［解答番号5］
3. On August 1. 4. On August 2.
5. On August 3.

メモ欄

＜リスニング問題 2021［放送用原稿］＞

《放送用問題文》

受験生のみなさんは，問題用紙を開いてください。［１］番のリスニング問題を見てください。
ただ今からリスニングテストを行います。このテストは，Part 1，Part 2 の２部からなります。
Part 1 は２題，Part 2 は３題出題されます。Part 1，Part 2 の全ての問いについて，放送される英文は問題冊子に表示されていません。英文はそれぞれ１度しか読まれません。それぞれの解答時間は10秒です。また，放送を聞きながらメモを取っても構いません。
それでは Part 1 から始めます。
テスト問題にある No. 1，No. 2 の写真を見てください。No. 1，No. 2 でそれぞれの５つの英文が放送されます。写真の内容を最もよく表している文を，それぞれの選択肢１～５より１つ選び，その番号を解答用紙の所定欄にマークしなさい。では，始めます。

〈Part 1〉

No.1 1. There are more than five people in the room.
2. There is a cake in front of the four people.
3. The man is looking at the girl's face with a smile.
4. The boy is eating a piece of cake.
5. The two children are crying.

No.2 1. You can't see any cars in this picture.
2. There is a plane in the sky.
3. There are many flowers along the road.
4. This picture is taken from high in the sky.
5. There are some houses along the road.

続いて Part 2 の問題に移ります。この問題では英語による会話やナレーションが流れます。その内容について１題ずつ英語で質問が読まれます。
その質問に対する答えとして最も適切なものを，それぞれの選択肢１～５より１つ選び，その番号を解答用紙の所定欄にマークしなさい。では，始めます。

〈Part 2〉

No.3

Andy: Do you have any pets, Saki?

Saki: Yes, Andy. I have a brown dog. She has big black eyes, and she is very cute!

Andy: That's good. I don't have any dogs, but I like dogs. I have a black cat and a white rabbit. They are also cute.

Saki: Oh, really? That's nice.

Question : What pets does Andy have?

1. A brown dog and a white cat.
2. A black dog and a white rabbit.
3. A brown cat and a black dog.
4. A black cat and a white rabbit.
5. A brown cat and a white rabbit.

No.4

Rika: Hi, Ben. This is Rika.

Ben: Hi, Rika. What's up?

Rika: I found your math notebook at the school library after school. I looked for you, but I couldn't find you. You will use it today, right? I can bring it to your house now.

Ben: Oh, really? Thank you. I will use it today, but you don't have to come to my house. I'll visit you.

Rika: Well, I'll leave home soon. I'll go to Sakura Library to borrow some books. Sakura Library is near your house, right? Can we meet there? I'll call you again when I arrive.

Ben: OK. Thank you. See you later.

Question : What does Rika want Ben to do?

1. She wants him to look for her math notebook with her.
2. She wants him to visit her house soon.
3. She wants him to give her some books.
4. She wants him to come to Sakura Library.
5. She wants him to call her when he arrives at Sakura Library.

No.5

Akane is fifteen years old. She went to Okinawa with her parents on July 31 and stayed there for three days. Akane is interested in sea animals, so they went to an aquarium on their second day. They had a good time.

Question : When did Akane and her parents go to an aquarium in Okinawa?

1. On July 15.　2. On July 31.　3. On August 1.
4. On August 2.　5. On August 3.

それでは時間です。リスニングテストは以上で終わりです。引き続き問題冊子のページをめくり，筆記問題に入ってください。

【2】 次の英文の意味が通るように，（　）内に入る最も適切なものを，それぞれの選択肢1～5より1つ選び，その番号を解答用紙の所定欄にマークしなさい。

問1　You should not help Taro (　　) his homework.　It's not good for him.　[解答番号6]

1. for　2. of　3. to　4. at　5. with

問2　I'm looking forward to (　　) Cathy again.　[解答番号7]

1. see　2. sees　3. seeing　4. saw　5. seen

問3　We usually use (　　) when we write something on our notebooks.　[解答番号8]

1. scissors　2. a stapler　3. a ruler　4. a pencil　5. a cutter

問4　There were a (　　) children in the park.　[解答番号9]

1. lot　2. little　3. few　4. some　5. many

問5　The boy's name is Kentaro, and his friends (　　) him Ken.　[解答番号10]

1. call　2. talk　3. speak　4. say　5. tell

問6　Jane and Nancy want some clothes (　　) in Japan.　[解答番号11]

1. make　2. making　3. made　4. are made　5. to make

問7　My father is a (　　). His job is to treat sick animals.　[解答番号12]

1. carpenter　2. vet　3. cartoonist　4. storekeeper　5. hairstylist

【3】 次の会話文を完成させるために，(13) から (17) に入る最も適切なものを，それぞれの選択肢1～5より1つ選び，その番号を解答用紙の所定欄にマークしなさい。

問1　A：I have a headache.　[解答番号13]
B：Really? (　13　)

1. You look like a doctor.　2. I'd love to.
3. My pleasure.　4. I'll see a doctor.
5. Get well soon.

問2　A：Excuse me. (　14　)　[解答番号14]
B：Sure.　Say cheese!

1. Do you have some cheese?
2. May I use your camera?
3. May I help you?
4. Could you take our picture?
5. Will you show me the way to the station?

問3　A：Your curry is delicious!　[解答番号15]

B：Thank you. Would you like some more?

A：No, thank you.　(　15　)

1. I'll cook it for you again.　2. I'm glad you like it.
3. I hope so.　4. Help yourself.
5. I'm full.

問4　A：Do you have any sisters or brothers?　[解答番号16]

B：Yes. I have a sister. She lives in London. We write e-mails to each other every day.

A：Really?　(　16　)　Does she sometimes come back here to Aichi?

B：Yes. She comes back here every summer and winter.

1. You should send e-mails to her.　2. Your friend really likes you.
3. You get along well with your sister.　4. She also lives in Aichi.
5. I have been to Aichi before.

問5　A：During my stay in America, I made a good friend at a festival. [解答番号17]

B：That's good.

A：Look at this. It's a picture of him. His name is Kevin.

B：Oh! He was my classmate in elementary school! I often visited his house.

A：Really? I'm very surprised!　(　17　)

1. It's a small world!　2. I've never seen him before!
3. He is my brother!　4. Guess what!
5. Take a rest.

【4】 次のEメールの文章を読み，文を完成させるのに最も適切なもの，またはあとの問いに対する答えとして最も適切なものを，それぞれの選択肢1～5より1つ選び，その番号を解答用紙の所定欄にマークしなさい。なお，＊印の付いている語句には，あとに【注】がついています。

From　: Asami Tanaka *〈a_sa_mi_t@soh.co.jp〉
To　: Kate Jones *〈k_jones@soh.co.jp〉
Date　: February 27 (Saturday), 2021 9:32
*Subject : Miho's farewell party

Dear Kate,
Good morning. Today, I have something sad to tell you. Miho will leave our school next month. She and her family will *move to Tokyo *because of her father's work. I talked with her on the phone this morning and heard about her *moving.
Last month, she *suddenly started to cry in our classroom, right? We asked her the reason, but she didn't say anything then. Actually, her father's *transfer was already decided the *previous day, and she was sad about that. *That's why she started to cry. She said so on the phone.
She will leave Aichi on March 28. I want to have a farewell party for her with our good friends before her moving. Please write back to me.
Asami

From : Kate Jones 〈k_jones@soh.co.jp〉
To : Asami Tanaka 〈a_sa_mi_t@soh.co.jp〉
Date : February 27 (Saturday), 2021 22:03
Subject : Re: Miho's farewell party

Dear Asami,
Good evening. I'm sorry for writing back to you so *late. Actually, I read it this morning and wanted to write back quickly, but I couldn't. I had a lot of things to do today.
I'm very sad about Miho's moving. Maybe she didn't tell us about her moving last month because she didn't want to make us sad.
When shall we hold her farewell party? We also have to decide where to hold it. She and her family will be busy in March because they have to prepare for moving. So, I don't think we should hold it at their house. I also want to give her a goodbye present at the party.
Kate

From : Asami Tanaka 〈a_sa_mi_t@soh.co.jp〉
To : Kate Jones 〈k_jones@soh.co.jp〉
Date : February 28 (Sunday), 2021 11:07
Subject: Re: Re: Miho's farewell party

Dear Kate,
Good morning. Thank you for your e-mail.
OK. I'll tell Miho about the party and ask her about her schedule for March.
Let's hold the party at my house. My mother said we could hold it here. Miho and I have been good friends since we were three years old, and she has visited my house many times. My mother and father also know her well and like her very much. My mother is a good cook because she worked at a restaurant when she was young. She will cook some nice dishes for us.
Giving her a goodbye present is a good idea! Let's think about that.
Asami

【注】 〈a_sa_mi_t@soh. co.jp〉 タナカアサミのメールアドレス
〈k_jones@soh. co.jp〉 ケイト・ジョーンズのメールアドレス
Subject 題　move to ～ ～に引っ越す　because of ～ ～が理由で　moving 引っ越し
suddenly 突然　transfer 転勤　previous day 前日　that's why ～ そういうわけで～
late 遅れて

問1 When Asami and Miho talked on the phone on February 27, [解答番号18]

1. Miho suddenly started to cry.
2. Miho didn't say anything about her father's transfer.
3. Asami heard sad news from Miho.
4. Miho's father's transfer was not decided then.
5. they decided to hold Miho's farewell party on March 28.

問2 Why did Kate write back to Asami's e-mail late? [解答番号19]

1. Because she didn't know that she got an e-mail from Asami.
2. Because she didn't have time to write back to Asami.
3. Because she was very sad about Miho's moving.

4. Because she didn't know what to write in her e-mail.
5. Because she doesn't like to write back to someone's e-mail too quickly.

問3 Where will Asami and her friends hold Miho's farewell party? ［解答番号20］
1. At their school. 2. At Miho's house.
3. At Kate's house. 4. At Asami's house.
5. At a restaurant.

問4 What will Asami ask Miho? ［解答番号21］
1. She will ask Miho when she will be free in March.
2. She will ask Miho when she will leave Aichi.
3. She will ask Miho who knows about her moving.
4. She will ask Miho what present she wants from her friends.
5. She will ask Miho where she will live.

問5 本文の内容と合うものを１つ選びなさい。 ［解答番号22］
1. Kate wants to know why Miho didn't tell her good friends about her moving soon.
2. Asami told Kate about her idea about a present for Miho in her first e-mail, and Kate agreed with it.
3. Kate thinks she and Asami should hold Miho's farewell party at Miho's house.
4. Asami's mother cooks well because she has worked at a restaurant since she was young.
5. Asami and Miho have known each other since they were three years old.

【5】 次の英文を読み，あとの問いに答えなさい。なお，＊印の付いている語句には，あとに【注】がついています。

On April 1 in 2020, Shun and Toru became students of Aozora High School. They were in Class 1A. There were forty students in their class. After the *entrance ceremony, the students of Class 1A went to their classroom and *introduced themselves to their classmates for three minutes. Shun's *turn was first. He said, "Hello. My name is Ito Shun. I'm from Kaede Junior High School. I like basketball. I was on the basketball team when I was at Kaede Junior High School. So, I'll *join the basketball team here." The students enjoyed listening to their classmate's *self-introductions.

That day, when Shun was leaving their classroom, Toru talked to Shun. He said, "Hi, Shun. How will you go home?" Shun said, "By train. I live in Midori Town. How about you?" Toru said, "I'll also go home by train. Let's go to the station together."

When Shun and Toru were walking to the station, Toru said, "You will join ①the basketball team at this school, right? When I was a junior high school student, I was on the soccer team, but I'll join the basketball team here. I'm interested in basketball, and I want to try something new." Shun said, "Oh, really? I'm happy! Shall we visit the basketball team after school tomorrow?" Toru said, "OK."

The next day after school, Shun and Toru visited the basketball team. There were forty-five members on the team. The captain of the team, Ryota, said to them, "Nice to meet you, Shun and Toru. I'm Ryota...." They learned about the team from him and joined the team.

The members of the basketball team practiced basketball in the school gym for an hour and thirty minutes from four thirty after school every Monday and Friday. They ran around their school for thirty minutes from four thirty after school every Wednesday.

Shun and Toru went to a park and practiced basketball together on weekends. Shun taught Toru many things about playing basketball. Toru followed Shun's advice and practiced very hard. When they were practicing together, Shun often talked about playing together in the *rookie game in July. Toru *was good at sports, so he was soon able to play basketball well.

On June 27, Toru visited Shun's house for the first time after practicing and had dinner there. During dinner, Shun, his family, and Toru enjoyed talking about basketball.

The next day, the coach of Shun and Toru's basketball team, Mr. Oda, said, "Now, I'll *announce who will play in the rookie game." He called Toru's name, but he didn't call Shun's. Shun was very sad. After practicing, Toru talked to Shun, but Shun *ignored Toru. They always went home together after practicing basketball, but that day they didn't.

At home, Shun went to his room without saying anything. His brother, Koji, worried about Shun. Koji went to Shun's room and asked him, "You look sad. What's wrong?" Then, Shun told Koji about the rookie game. Koji said, "I understand your *feelings, Shun. You've played basketball longer than Toru. He became a player in the rookie game *instead of you. I know you are very sad about that, but Toru practiced hard, right? ②<u>You must not forget this.</u> Practice harder if you want to play in games."

The next day, Shun went to Toru to ③<u>apologize</u> to him. He said, "I'm sorry I ignored you yesterday. I'm happy you will play in the rookie game. I'll practice harder. I want to practice with you again. Can I?" Toru said, "Of course. Let's practice harder!"

After that day, Shun started to practice harder. He also bought some DVDs about basketball and learned how to be a good player by watching them. He tried very hard.

On February 28, Mr. Oda said to the members, "You'll have a game ④<u>next</u>

month, and I'll tell you the players for the game now." Finally, Shun's name was called. Shun and Toru looked at each other with a smile.

【注】 entrance ceremony　入学式

introduced themselves < introduce themselves（自己紹介をする）の過去形　　turn　順番

join ～　～に加わる　　self-introductions < self-introduction（自己紹介）の複数形

rookie game　新人戦　　was good at ～ < be good at ～（～が得意である）の過去形

announce ～　～を発表する　　ignored < ignore ～（～を無視する）の過去形

feelings < feeling（気持ち）の複数形　　instead of ～　～の代わりに

問1　下線部①の活動内容を表している表として最も適切なものを，選択肢1～5より1つ選び，その番号を解答用紙の所定欄にマークしなさい。　[解答番号23]

1.

バスケットボールチームの活動内容		
月曜日，金曜日	16：30～17：30	体育館で練習
水曜日	16：30～17：00	学校の周りを走る

2.

バスケットボールチームの活動内容		
月曜日，金曜日	16：30～18：00	体育館で練習
水曜日	16：30～17：00	公園を走る

3.

バスケットボールチームの活動内容		
月曜日，金曜日	16：30～18：00	体育館で練習
水曜日	16：30～17：00	学校の周りを走る

4.

バスケットボールチームの活動内容		
月曜日，金曜日	16：30～18：00	体育館で練習
木曜日	16：30～17：00	学校の周りを走る

5.

バスケットボールチームの活動内容		
月曜日，金曜日	16：30～18：00	体育館で練習
木曜日	16：30～17：00	公園を走る

問2　下線部②とほぼ同じ意味を表すように，次の英文の空欄に入る最も適切なものを，選択肢1～5より1つ選び，その番号を解答用紙の所定欄にマークしなさい。　[解答番号24]

You must ＿＿＿＿＿＿＿＿.

1. think about how Toru felt when you ignored him
2. understand that not only you but also Toru feels sad now
3. remember that you have played basketball longer than Toru
4. forget that Toru played basketball hard to be a player for the rookie game
5. understand why Toru became a player for the rookie game

問3　下線部③の意味として最も適切なものを，選択肢1～5より1つ選び，その番号を解答用紙の所定欄にマークしなさい。　[解答番号25]

1. 支える　　2. 謝る　　3. 認める　　4. 説得する　　5. 励ます

問4　下線部④が指している月として最も適切なものを，選択肢１～５より１つ選び，その番号を解答用紙の所定欄にマークしなさい。　[解答番号26]

1. １月　2. ２月　3. ３月　4. ４月　5. ５月

問5　英文の内容に関して，次のア～オの出来事が，起こった順に並んでいるものを，選択肢１～５より１つ選び，その番号を解答用紙の所定欄にマークしなさい。　[解答番号27]

ア Shun learned about basketball by watching DVDs about it.
イ Toru had dinner with Shun and his family at their house after practicing.
ウ On June 28, Mr. Oda announced the players for the rookie game.
エ Ryota talked with Shun and Toru for the first time.
オ Koji visited Shun's room and asked him what happened to Shun.

1. エ → イ → ウ → オ → ア
2. イ → エ → オ → ア → ウ
3. エ → イ → ア → オ → ウ
4. イ → ウ → エ → オ → ア
5. エ → イ → ウ → ア → オ

問6　英文の内容に関して，文を完成させるのに最も適切なもの，またはあとの問いに対する答えとして最も適切なものを，それぞれの選択肢１～５より１つ選び，その番号を解答用紙の所定欄にマークしなさい。

1）The students of Class 1A　[解答番号28]
1. had forty-five students in their class.
2. introduced themselves to their classmates before the entrance ceremony.
3. introduced themselves to their classmates for five minutes.
4. listened to Toru's self-introduction first.
5. learned that Shun liked basketball by listening to his self-introduction.

2）On April 1,　[解答番号29]
1. Shun asked Toru which club Toru was in at his junior high school.
2. Toru talked to Shun when Shun was leaving their classroom.
3. Toru asked Shun where he lived.
4. Shun and Toru visited the basketball team.
5. Shun and Toru joined the basketball team.

3）Tom decided to join the basketball team at Aozora High School because　[解答番号30]
1. Shun invited him to the team.
2. the captain of the team was his brother.
3. he was a member of the basketball team at his junior high school.
4. he wanted to try something new.
5. he was good at basketball.

4）本文の内容と合うものを１つ選びなさい。　[解答番号31]

1. Shun and Toru were not in the same class at Aozora High School, but they were classmates when they were junior high school students.
2. Shun wasn't happy when he learned about Toru's plan to join the basketball team because Toru was good at sports.
3. Toru didn't follow Shun's advice about playing basketball because Shun wasn't a good basketball player.
4. Shun and Toru didn't go home together on June 28 because Shun didn't want to talk with Toru after practicing.
5. Koji didn't try to understand Shun's feelings when Shun told him about his problem, so Shun was angry about that.

【理　科】（30分）　＜満点：100点＞

【1】 図1のような装置を使って，磁界の中を流れる電流のはたらきについて調べる実験を行った。ただし，図2は，図1のコイルとU字形磁石の部分を拡大したものである。次の各問いの答えの組み合わせとして，正しいものを1～5より1つ選び，答えなさい。〔解答番号1〕

図1

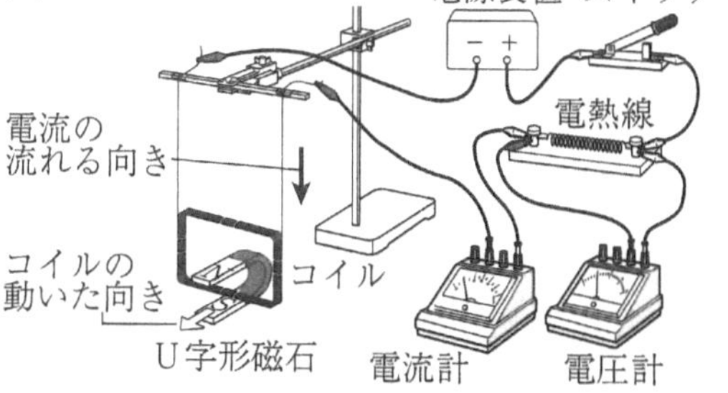

図2

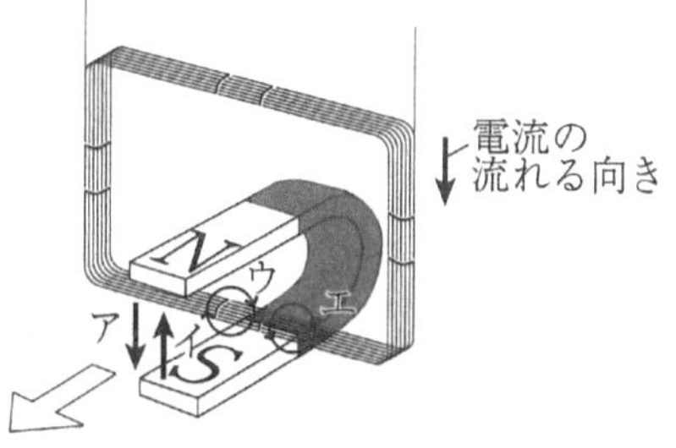

問1　電熱線の抵抗が6.0Ω，電圧計が1.8Vを示しているとき，電流計が示した値は何mAか。
問2　図2のア，イのうち，U字形磁石によって生じる磁界の向きはどちらか。
問3　図2のウ，エのうち，コイルに流れる電流によって生じる磁界の向きはどちらか。
問4　回路の電熱線を抵抗が大きいものにかえると，コイルの動きかたはどう変化するか。

	問1	問2	問3	問4
1	200mA	ア	ウ	大きくなる
2	200mA	イ	エ	小さくなる
3	300mA	ア	ウ	大きくなる
4	300mA	イ	エ	小さくなる
5	300mA	ア	ウ	小さくなる

【2】 次の各問いの答えの組み合わせとして，正しいものを1～5より1つ選び，答えなさい。
〔解答番号2〕

問1　家庭用のコンセントに，100Vで1200Wの電力を消費するそうじ機を接続して15分間使用し，同時に600Wの電力を消費する電気ケトルを接続して3分間使用した。このとき，消費する電力量の合計は何Jか。

問2　質量300gのおもりを20cm引き上げるのに12秒かかったときの仕事率は何Wか。ただし，質量100gの物体にはたらく重力の大きさを1Nとする。

	問1	問2
1	19800 J	5 W
2	1188000 J	0.05 W
3	1188000 J	5 W
4	198 J	0.05 W
5	19800 J	0.05 W

【3】 図3のように，水平な台の上に置いた直方体のガラスに，ななめから光を当てた。このとき光の進む道すじとして，正しいものを図3の1～5より1つ選び，答えなさい。ただし，図3は真上から見たようすを表している。

〔解答番号3〕

図3

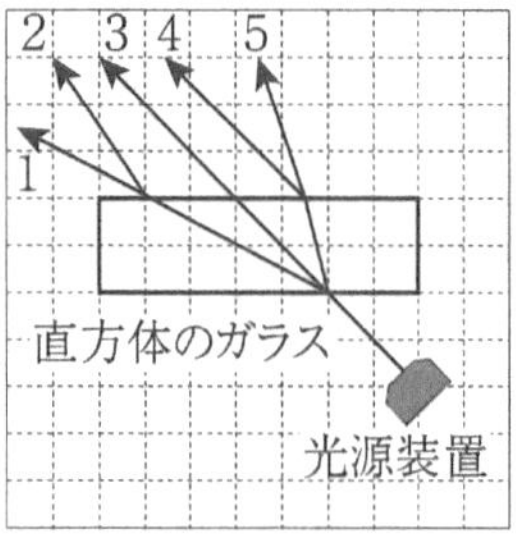

【4】 図4に示したA～Cの方法で，質量800ｇの物体を60㎝の高さまで引き上げた。次の各問いの答えの組み合わせとして，正しいものを1～5より1つ選び，答えなさい。ただし，質量100ｇの物体にはたらく重力の大きさを1Ｎとする。また，ひもや滑車の質量や摩擦は考えないものとする。

〔解答番号4〕

図4

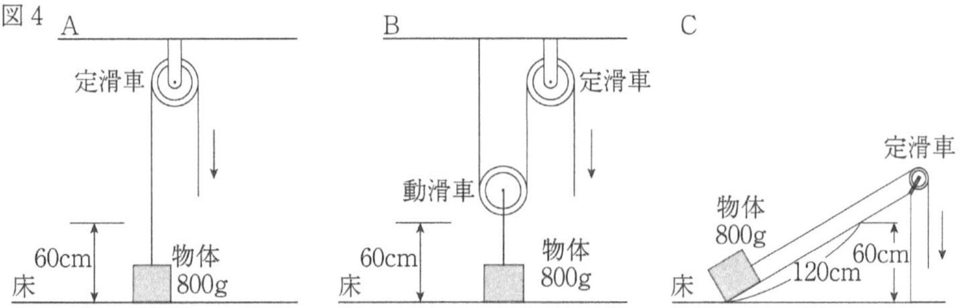

問1　Aの仕事の大きさは何Ｊか。

問2　Bの方法で，物体を引き上げるときの仕事率は0.6Wであった。このとき物体を引き上げるのに要した時間は何秒か。

問3　Cの方法で，物体を斜面にそって120㎝引き上げるとき，ひもを引く力の大きさは何Ｎか。

問4　A，B，Cで，仕事の大きさの大小関係はどうなるか。記号（＝，＞，＜）の中から適当なものを用いて表しなさい。

	問1	問2	問3	問4
1	480 Ｊ	6.0 秒	8Ｎ	A＝B＝C
2	4.8 Ｊ	8.0 秒	4Ｎ	A＝B＝C
3	480 Ｊ	8.0 秒	4Ｎ	A＝B＞C
4	4.8 Ｊ	6.0 秒	8Ｎ	A＞B＝C
5	4.8 Ｊ	8.0 秒	4Ｎ	A＞B＞C

【5】 図5のような質量300gの直方体を，A，B，Cのそれぞれの面を下にしてスポンジの上に置き，スポンジのへこむ深さを調べる実験を行った。次の各問いの答えの組み合わせとして，正しいものを1～5より1つ選び，答えなさい。ただし，質量100gの物体にはたらく重力の大きさを1Nとし，スポンジのへこむ深さは圧力の大きさに比例するものとする。 〔解答番号5〕

図5

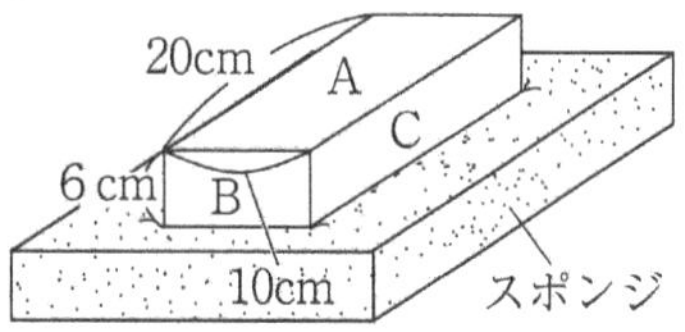

問1 直方体にはたらく重力の大きさは何Nか。

問2 面Aを下にしたときのスポンジのへこむ深さは，面Cを下にしたときの何倍か。

問3 面Aに砂袋をのせたときのスポンジのへこむ深さと，面Bを下にしたときのスポンジのへこむ深さが同じになった。このときの砂袋の質量は何gか。

問4 次の圧力の大きさに関する記述のうち，誤っているものをア～エより1つ選び，答えなさい。

ア．圧力とは，物体が接する単位面積あたりの力の大きさのことである。

イ．圧力の単位には，パスカル（Pa）などが用いられる。

ウ．力のはたらく面積と，圧力の大きさは，比例している。

エ．雪の上を移動するときに使うスキー板は，圧力を小さくするための工夫である。

	問1	問2	問3	問4
1	0.3 N	3倍	700g	ア
2	0.3 N	3倍	420g	イ
3	3 N	0.6倍	420g	ウ
4	3 N	0.6倍	700g	ウ
5	3 N	0.6倍	700g	エ

【6】 次の文章ア～オは，気体について述べたものである。ア～オの中に誤った文章が2つある。その組み合わせとして，正しいものを1～5より1つ選び，答えなさい。 〔解答番号6〕

ア．酸素は空気より少し重く（密度が大きく），ものを燃やすはたらきがある。

イ．二酸化炭素を水に溶かした水溶液は，青色リトマス紙を赤色に変える。

ウ．うすい塩酸に石灰石を加えると，水素が発生する。

エ．アンモニアには特有の刺激臭があり，水に溶けると酸性を示す。

オ．二酸化マンガンに過酸化水素水を加えると，酸素が発生する。

1. アとエ　2. アとオ　3. イとウ　4. イとオ　5. ウとエ

【7】 次の文章の空欄（ア）～（ウ）に適する語句の組み合わせとして，正しいものをあとの1～5より1つ選び，答えなさい。 〔解答番号7〕

金属に共通する性質のひとつに（　ア　）という性質がある。また，金属は種類によって密度が決まっている。たとえば，質量が135g，体積が50cm^3のアルミニウムの密度は（　イ　）である。また，金属は，炭素を含まない物質なので（　ウ　）である。

	ア	イ	ウ
1	磁石につく	$2.7g/cm^3$	有機物
2	電流をよく通す	$2.7g/cm^3$	無機物
3	磁石につく	$0.4g/cm^3$	無機物
4	電流をよく通す	$0.4g/cm^3$	有機物
5	電流をよく通す	$1.7g/cm^3$	無機物

【８】 次の文章ア～オは，炭酸水素ナトリウムの加熱について述べたものである。ア～オの中に正しい文章が２つある。その組み合わせとして，正しいものを１～５より１つ選び，答えなさい。

〔解答番号8〕

ア．炭酸水素ナトリウムの加熱によって生じる物質は，すべて化合物である。

イ．炭酸水素ナトリウムの加熱によって生じる固体は，水に溶けて強い酸性を示す物質である。

ウ．炭酸水素ナトリウムの加熱によって発生する気体は酸素である。

エ．炭酸水素ナトリウムの加熱における化学変化の前後で，原子の種類と個数は変わらない。

オ．炭酸水素ナトリウムを加熱すると，酸素と結びつく化学変化が起こる。

1. アとエ　　2. アとオ　　3. イとエ　　4. イとオ　　5. ウとエ

【９】 60℃の水100 gに，硝酸カリウム，ミョウバン，食塩をそれぞれ30 gずつ溶かした後，水溶液の温度を40℃まで下げた。図６は，硝酸カリウム，ミョウバン，食塩の溶解度を示したものである。次の文章の空欄（ア），（イ）に適する語句・数値の組み合わせとして，正しいものを１～５より１つ選び，答えなさい。　〔解答番号9〕

図６

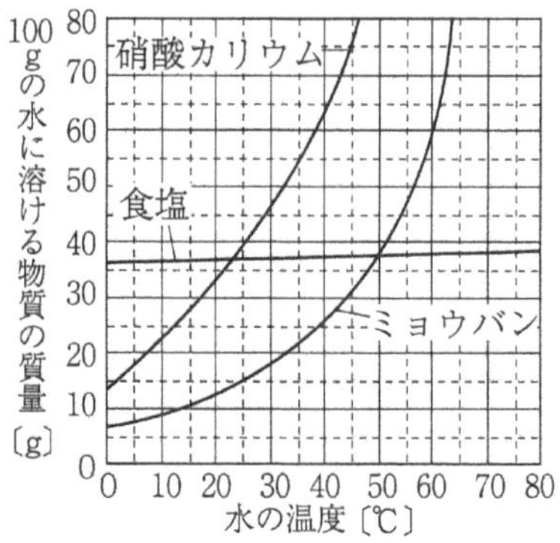

水溶液の温度を60℃から40℃に下げたとき，結晶が出てくる水溶液は（　ア　）の水溶液である。また，40℃のとき，質量パーセント濃度が最も小さい水溶液の濃度は約（　イ　）％である。

	ア	イ
1	硝酸カリウム	23
2	硝酸カリウム	20
3	ミョウバン	20
4	ミョウバン	23
5	食塩	23

【10】 次の文章ア～オは，酸･アルカリについて述べたものである。ア～オの中に正しい文章が2つある。その組み合わせとして，正しいものを1～5より1つ選び，答えなさい。 〔解答番号10〕

ア．水に溶かすと電離して塩化物イオンを生じる物質のことを酸という。

イ．水に溶かすと電離して水酸化物イオンを生じる物質のことをアルカリという。

ウ．フェノールフタレイン溶液を加えると赤色になる水溶液は，酸性の水溶液である。

エ．ＢＴＢ溶液を加えると黄色になる水溶液を赤色リトマス紙につけると，青色に変わる。

オ．ｐＨが7より小さい水溶液を青色リトマス紙につけると，赤色に変わる。

1. アとエ　2. アとオ　3. イとウ　4. イとオ　5. ウとエ

【11】 図7は，アブラナとマツの花のつくりを示したものである。これについて述べた，次の文章の空欄（ア）～（ウ）に適する語句の組み合わせとして，正しいものを1～5より1つ選び，答えなさい。 〔解答番号11〕

図7

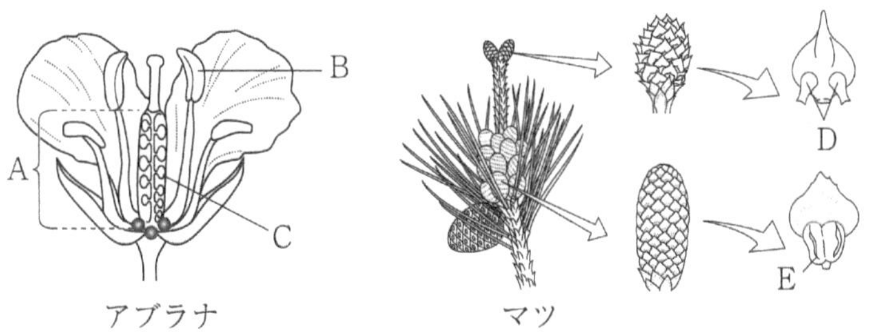

種子植物の花には胚珠があり，アブラナでは（　ア　），マツでは（　イ　）の部分である。花粉がアブラナのめしべの柱頭やマツの胚珠につくと，やがて胚珠は（　ウ　）になる。

	ア	イ	ウ
1	A	D	種子
2	A	E	種子
3	B	D	果実
4	C	D	種子
5	C	E	果実

【12】 次の文章は，植物の分類について述べたものである。誤っているものを1～5より1つ選び，答えなさい。 〔解答番号12〕

1. スギゴケは胞子でふえ，根・茎・葉の区別がない。
2. タンポポは被子植物の離弁花類に分類される。
3. イチョウは裸子植物に分類される。
4. トウモロコシは被子植物の単子葉類に分類される。
5. アサガオは被子植物の合弁花類に分類される。

【13】 次の各問いの答えの組み合わせとして，正しいものを1～5より1つ選び，答えなさい。 〔解答番号⑬〕

図8 からだの上部

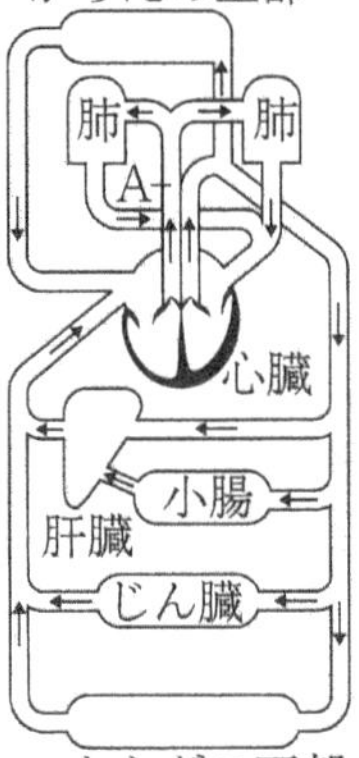

からだの下部
→は血液の流れを表す

問1 図8は，ヒトの血液の循環を模式的に示したものである。血管Aについて説明したものはどれか。

ア．血管Aは肺静脈であり，流れる血液は静脈血である。
イ．血管Aは肺動脈であり，流れる血液は動脈血である。
ウ．血管Aは肺動脈であり，流れる血液は静脈血である。

問2 酸素を運ぶ血液成分は何か。

ア．赤血球　　イ．白血球　　ウ．血しょう

問3 酸素を運ぶ血液成分に含まれる物質はどのような特徴をもっているか。

ア．酸素の多いところでは酸素の一部をはなし，酸素の少ないところでは酸素と結びつく。
イ．酸素の多いところでは酸素と結びつき，酸素の少ないところでは酸素の一部をはなす。
ウ．二酸化炭素の少ないところでは酸素の一部をはなし，二酸化炭素の多いところでは酸素と結びつく。

	問1	問2	問3
1	ア	イ	ウ
2	ア	ウ	イ
3	イ	ア	ウ
4	ウ	ウ	ア
5	ウ	ア	イ

【14】 次の文章の空欄（ア）～（ウ）に適する語句の組み合わせとして，正しいものを1～5より1つ選び，答えなさい。 〔解答番号⑭〕

セキツイ動物は，鳥類・ホニュウ類のように体温が一定である（　ア　）と，体温が一定ではないものに分類できる。子のうまれ方には，胎生と卵生があり，卵生のうち水中に卵をうむのは（　イ　）である。また，中生代の地層から化石が発見された始祖鳥は，（　ウ　）の特徴をもっており，セキツイ動物の進化の過程が推測できる。

	ア	イ	ウ
1	恒温動物	魚類とハチュウ類	両生類とハチュウ類
2	恒温動物	魚類と両生類	鳥類とハチュウ類
3	変温動物	両生類とハチュウ類	鳥類と両生類
4	変温動物	魚類と両生類	鳥類とホニュウ類
5	恒温動物	魚類とハチュウ類	鳥類とハチュウ類

【15】 次の各問いの答えの組み合わせとして，正しいものを1～5より1つ選び，答えなさい。

〔解答番号⑮〕

問1　タマネギの根の先端部分の細胞分裂を観察するとき，核や染色体を赤色に染色するために使う染色液は何か。

問2　タマネギの根の先端部分の細胞分裂において，細胞が分裂した後のそれぞれの細胞に含まれる染色体の数は分裂する前と比べてどうなっているか。

	問1	問2
1	ベネジクト液	増えている
2	ベネジクト液	変わらない
3	ヨウ素液	変わらない
4	酢酸カーミン液	変わらない
5	酢酸カーミン液	減っている

【16】 図9は，火山の形を模式的に示したものである。火山の形と火成岩に関する記述のうち，正しいものを1～5より1つ選び，答えなさい。

〔解答番号⑯〕

図9　A　B　C

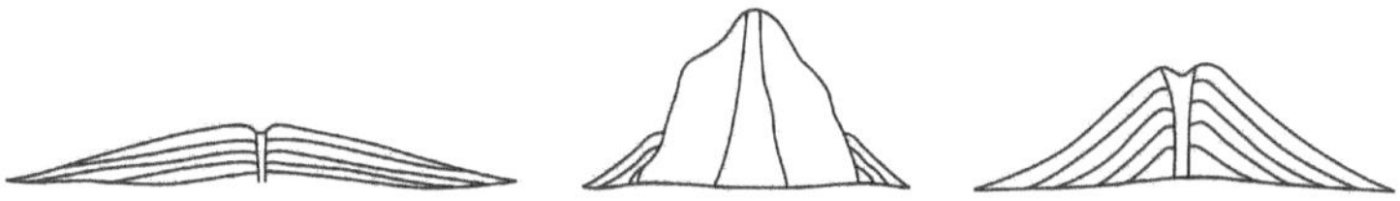

A：全体的に横にうすく広がった形　B：おわんをふせたような形　C：AとBの中間の形

1. 火山Aのような火山から採取できる火成岩には，花こう岩が多く見られる。
2. 火山Aのような火山から採取できる火成岩には，斑状組織が多く見られる。
3. 火山Bのような火山から採取できる火成岩には，セキエイやチョウ石が多く含まれている。
4. 火山Bのような火山から採取できる火成岩には，等粒状組織が多く見られる。
5. 火山Cのような火山から採取できる火成岩には，玄武岩が多く見られる。

【17】 次の表は，ある地震における，地点Aと地点Bの震源からの距離，初期微動と主要動が始まった時刻についてまとめたものである。この地震の発生時刻と，震源からの距離が72kmの地点Cでの初期微動継続時間の組み合わせとして，正しいものをあとの1～5より1つ選び，答えなさい。ただし，この地震において，P波，S波の伝わる速さは，それぞれ一定とする。

〔解答番号⑰〕

	震源からの距離	初期微動が始まった時刻	主要動が始まった時刻
地点A	60km	9時46分15秒	9時46分25秒
地点B	150km	9時46分30秒	9時46分55秒

	地震の発生時刻	初期微動継続時間
1	9時46分5秒	20秒
2	9時46分5秒	15秒
3	9時46分10秒	15秒
4	9時46分10秒	12秒
5	9時46分5秒	12秒

【18】 次の文章は，気象観測の方法について述べたものである。誤っているものを1～5より1つ選び，答えなさい。〔解答番号⑱〕

1. 雲量が1～8の場合，天気は晴れである。
2. 気温の測定は，直射日光が当たらない，地上約1.5mの高さで行う。
3. 北から南へ向かってふく風の風向は北である。
4. 気圧は，アネロイド気圧計で測定する。
5. 乾湿計の乾球は，気温を示している。

【19】 室温26℃，湿度63％の実験室で，図10のように，よくみがいた金属製のコップにくみ置きの水を入れた。次に，氷を入れた試験管をコップの中に入れて，水をよくかき混ぜながら，コップの表面がくもり始めたときの水の温度を測定した。下の表は，それぞれの気温における飽和水蒸気量についてまとめたものである。コップの表面がくもり始めたときの水の温度として，正しいものを1～5より1つ選び，答えなさい。〔解答番号⑲〕

図10
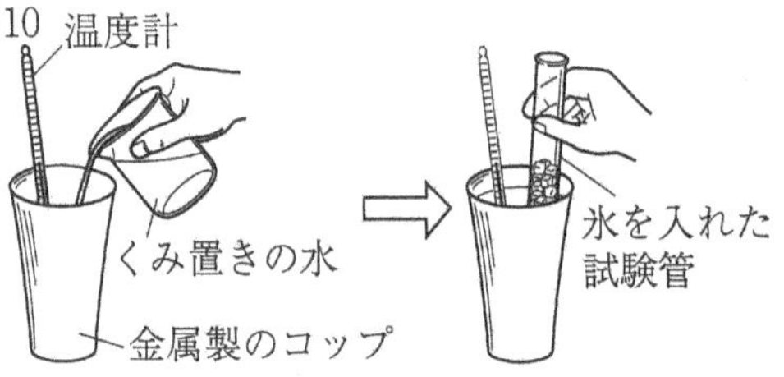

気温〔℃〕	飽和水蒸気量〔g/m^3〕	気温〔℃〕	飽和水蒸気量〔g/m^3〕
6	7.3	20	17.3
8	8.3	22	19.4
10	9.4	24	21.8
12	10.7	26	24.4
14	12.1	28	27.2
16	13.6	30	30.4
18	15.4	32	33.8

1. 約16℃
2. 約18℃
3. 約20℃
4. 約22℃
5. 約24℃

【20】 図11は，ある地点で見られた地層のようすを模式的に示したものである。この地層からわかることについて述べた文章として，誤っているものを1～5より1つ選び，答えなさい。ただし，この地域で地層の上下逆転は見られなかった。 〔解答番号⑳〕

図11

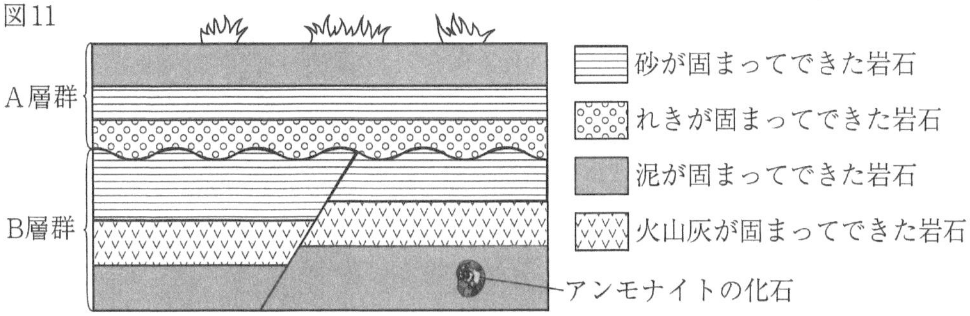

1. A層群が堆積した時期は，B層群よりも新しいと考えられる。
2. A層群ができるとき，海の深さはしだいに深くなっていったと考えられる。
3. B層群は一度隆起して地上で侵食を受けた後，再び沈降したと考えられる。
4. B層群の泥岩の層では，アンモナイトの化石が見られたことから，B層群ができた当時，あたたかく浅い海だったと考えられる。
5. B層群で見られる断層は，水平方向に強い力でひっぱられたことによってできたものである。

【社　会】（30分）　＜満点：100点＞

【1】 次の写真ならびに図版A～Hを見て，それぞれの問いに答えなさい。

A

B

C

D

E

F

G

H

問1　写真Aについて，このような青銅器がつくられ始めた時代に関する説明文として，誤っているものを次の1～5より1つ選び，答えなさい。　[解答番号[1]]

1．九州北部に伝わった稲作は，やがて東日本まで広がり，水田の近くにはむらがつくられ，収穫した米は高床倉庫に保存された。

2．朝鮮半島との交流の中で，一族で日本列島に移り住む渡来人とよばれる人々が増え，須恵器をつくる技術や，仏教などの文化を伝えた。

3．「魏志」倭人伝には，邪馬台国の卑弥呼が中国に使いを送り，「親魏倭王」の称号を与えられたと記されている。

4．この時代の人々の暮らしをうかがうことができる代表的な遺跡として，佐賀県の吉野ヶ里遺跡や静岡県の登呂遺跡がある。

5．倭の奴国の王が中国に使いを送り，「漢委奴国王」と刻まれた金印を授けられた。この金印は，江戸時代に現在の福岡県の志賀島で発見された。

問2　図版Bの人物に関する説明文として，正しいものを次の1～5より1つ選び，答えなさい。

[解答番号2]

1．東アジアでの日本の立場を有利にするために，中国の進んだ制度や文化を取り入れようとして，小野妹子らを遣隋使として派遣した。

2．中国から帰国した留学生や僧たちの協力を得て，土地と人民を国家が支配する公地公民の体制をつくった。

3．仏教の力で国を守るため，国ごとに国分寺と国分尼寺を設置するとともに，都には東大寺を建て，金銅の大仏をつくらせた。

4．中国にならって和同開珎などの貨幣を発行し，その後奈良盆地の北部に中国の都にならった新しい都をつくった。

5．親交の深い百済がほろぼされたことを受け，その復興のために大軍を朝鮮半島に送ったが，唐と新羅の連合軍に敗れた。

問3　図版Cは，ある物語の場面を描いた大和絵であるが，この物語が書かれたころの文化に関する説明文として，誤っているものを次の1～5より1つ選び，答えなさい。　[解答番号3]

1．清少納言の「枕草子」など，教養や才能のある女性たちによる，優れた文学作品が多く生み出された。

2．朝廷の高い地位を独占した藤原氏を中心として，貴族が力を伸ばし，貴族たちは中国風の文化をふまえながらも日本人の風土や感情に合った文化を生み出した。

3．念仏を唱えて死後に極楽浄土に生まれ変わることを願う浄土信仰が全国に広がり，京都の宇治には平等院鳳凰堂が建てられた。

4．地方の自然や産物，伝説などを記録として残すため，天皇の命令により地方の国ごとに「風土記」がまとめられた。

5．漢字をもとにした仮名文字がつくられ，感情が書き表しやすくなったため，紀貫之らによって「古今和歌集」がまとめられた。

問4　図版Dの人物の説明文として，正しいものの組み合わせを次の1～5より1つ選び，答えなさい。

[解答番号4]

ア．中国でさかんであった，墨一色で自然を表現する絵画の技法を学び，各地を訪問して日本の水墨画を大成した。

イ．主要な寺院を幕府の下で保護するとともに，貴族と武士の文化を合わせた建造物として，京都の北山の別荘に金閣を建てた。

ウ．武士の社会での慣習をもとにして，裁判の基準を定めた法律である御成敗式目（貞永式目）を制定した。

エ．琵琶湖のほとりに安土城を建てるとともに，自由な貿易と経済の発展を目的として城下町で楽市・楽座の政策を行った。

オ．中国の求めに応じて倭寇を取り締まる一方で，正式な貿易船には勘合とよばれる証明書を持たせ，中国と朝貢形式の貿易を始めた。

1．アとイ　　2．アとウ　　3．イとオ　　4．ウとエ　　5．エとオ問５　写真Ｅの作品がつくられたころの世界の様子に関する説明文として，誤っているものを次の１～５より１つ選び，答えなさい。　[解答番号5]

１．スペインの援助を受けたコロンブスがカリブ海の島に到達し，独自の文明が栄えていたアメリカ大陸を発見した。

２．コペルニクスやガリレイらが，太陽を中心に，地球がその周りを回っているとする地動説を唱えたが，教会に弾圧された。

３．バスコ＝ダ＝ガマの船隊が，アフリカ大陸の喜望峰を回ってインドに到達する航路を開拓し，ヨーロッパとインドが初めて海路で結ばれた。

４．マゼランの船隊が初めて世界一周を成し遂げた後，スペインがアメリカやアジアに進出し，植民地を広げた。

５．免罪符を売り出したローマ教皇を批判して，ルターやカルバンが宗教改革を始め，「抗議する者」という意味からカトリックとよばれた。

問６　図版Ｆの人工島がつくられたころの日本と外国のつながりに関する説明文として，正しいものの組み合わせを次の１～５より１つ選び，答えなさい。　[解答番号6]

ア．幕府は海外への渡航を許可する朱印状を発行し，貿易がさかんになったことで，東南アジアに移住する日本人が増え，各地に日本町ができた。

イ．アイヌとの貿易の独占を幕府に許された松前藩が多くの利益を得たが，取り引きへの不満を訴えたアイヌの人々が，首長のコシャマインを中心に蜂起した。

ウ．幕府はヨーロッパの国で唯一貿易が許されたオランダに対して，ヨーロッパやアジアの情勢を記したオランダ風説書を提出させた。

エ．対馬藩を介して日本と朝鮮の国交が回復し，日本の将軍の代がわりごとに朝鮮通信使が日本に派遣された。

オ．明にかわって中国全土を支配した宋との間で貿易が行われ，日本は中国産の上質な生糸や絹織物などを輸入した。

１．アとイ　　２．アとウ　　３．イとオ　　４．ウとエ　　５．エとオ

問７　図版Ｇの戦争が起こる以前のできごとの説明文として，正しいものの組み合わせを次の１～５より１つ選び，答えなさい。　[解答番号7]

ア．板垣退助や江藤新平らによって政府に対して民撰議院設立建白書が提出され，議会の開設を主張する自由民権運動が始まった。

イ．内閣制度が成立し，伊藤博文が初代の内閣総理大臣に就任したのち，天皇が国民に与える形で大日本帝国憲法が発布された。

ウ．ロシアとの国境を明確にするために樺太・千島交換条約が結ばれ，ロシアに樺太の領有を認める一方で，千島列島の全域を日本領とした。

エ．外務大臣の小村寿太郎の交渉によってアメリカ合衆国との間で条約が結ばれ，日本の関税自主権が回復した。

オ．孫文を臨時大総統とする，アジアで最初の共和国である中華民国が，南京を首都として建国された。

１．アとイ　　２．アとウ　　３．イとオ　　４．ウとエ　　５．エとオ

問８　図版Ｈの風刺画に関連する世界の様子の説明文として，正しいものをあとの１～５より１つ

選び，答えなさい。　　　　　　　　　　　　　　　　　　　　　　　　　　　　　[解答番号8]

1．ドイツがポーランドに侵攻したことに対して，ポーランドと条約を結んでいたイギリスやフランスがドイツに宣戦布告したことにより，第二次世界大戦が始まった。

2．東学を信仰する団体が組織した農民らが朝鮮半島で蜂起し，反乱の鎮圧に出兵した清と日本の軍隊が衝突したことをきっかけとして，日清戦争が始まった。

3．オーストリアの皇太子がサラエボでスラブ系のセルビア人に暗殺されたことをきっかけとして，第一次世界大戦が始まった。

4．各国で社会主義の運動が高まり，その影響の拡大をおそれたイギリスやアメリカなどがロシア革命への干渉戦争を起こし，シベリア出兵を行った。

5．日本軍がハワイの真珠湾を奇襲攻撃するとともに，イギリス領のマレー半島に上陸し，太平洋戦争が始まった。

【2】 次の地形図を見て，それぞれの問いに答えなさい。

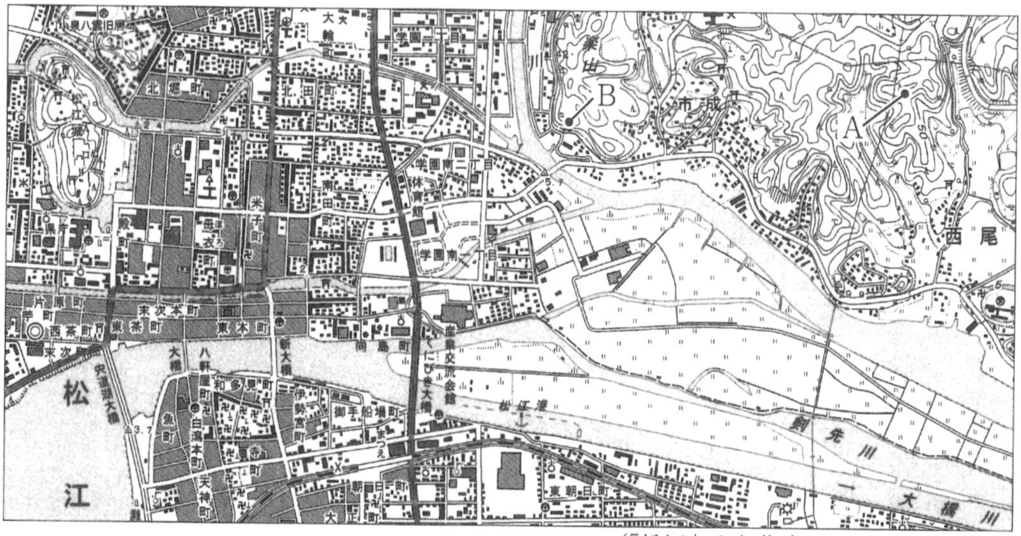

（「松江」より作成　2万5000分の1）

問1　地図で示されたのは松江の一部であるが，この地図に関する説明文として，誤っているものを次の1～5より1つ選び，答えなさい。　　　　　　　　　　　　　　　　　[解答番号9]

1．河川の中ほどに港が見られる。

2．南部と西部に合計2本の鉄道が通っている。

3．大橋川の南北にかかる橋が4本ある。

4．県庁の北側に，城が見られる。

5．河川の中州には，水田が広がっている。

問2　地図中に見られない施設を次の1～5より1つ選び，答えなさい。　　　　[解答番号10]

1．郵便局　　2．官公署　　3．神社　　4．工場　　5．図書館

問3　地図中A地点とB地点とでは，標高差はどれくらいあるか，正しいものをあとの1～5より1つ選び，答えなさい。　　　　　　　　　　　　　　　　　　　　　　　　[解答番号11]

1．50m　2．75m　3．100m　4．125m　5．150m

問4　地図中の松江市は中国地方に位置する都市であるが，本州と四国地方を結ぶ本州四国連絡橋のうち，明石海峡大橋と大鳴門橋が結ぶ県の組み合わせとして正しいものを次の1～5より1つ選び，答えなさい。　[解答番号12]

1．広島県－愛媛県　2．広島県－徳島県　3．岡山県－徳島県　4．兵庫県－愛媛県
5．兵庫県－徳島県

【3】 右の地図を見て，それぞれの問いに答えなさい。

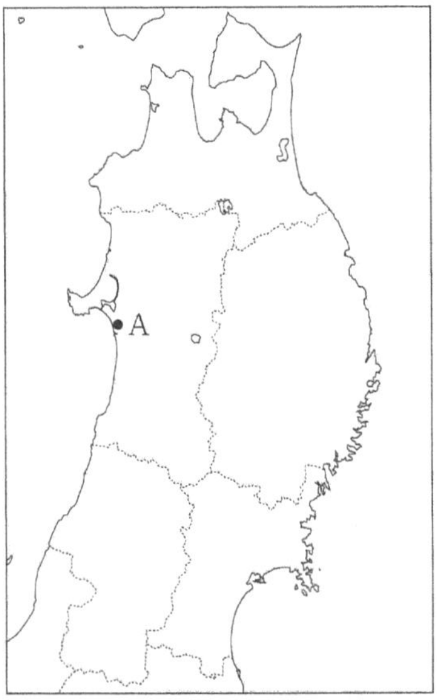

問1　地図中の都市Aの気温と降水量を示すグラフとして，正しいものを次の1～5より1つ選び，答えなさい。　[解答番号13]

1．

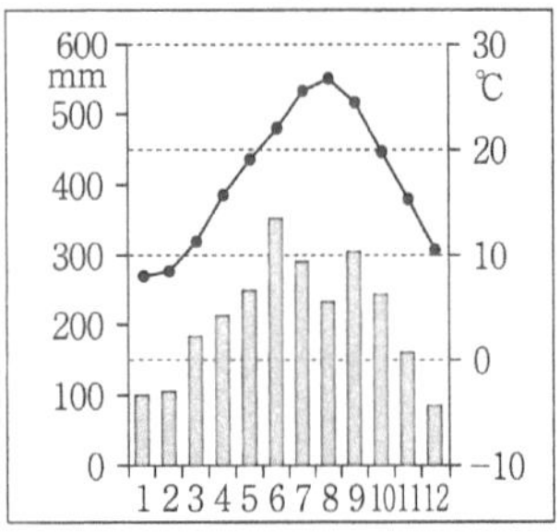

2．

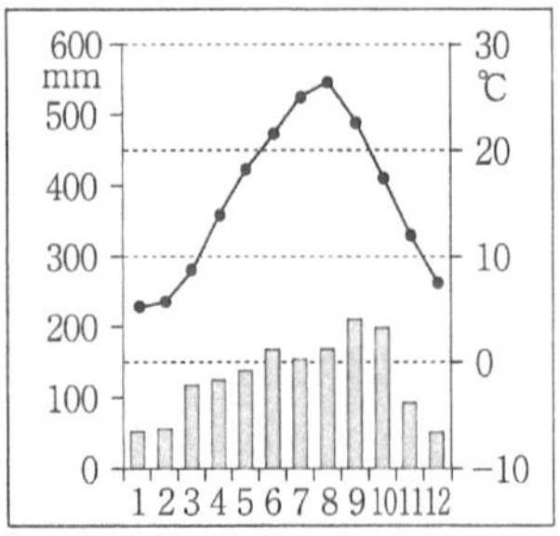

3．

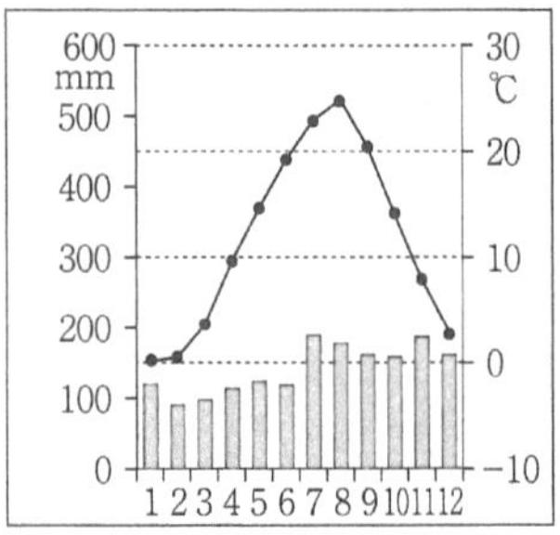

4．

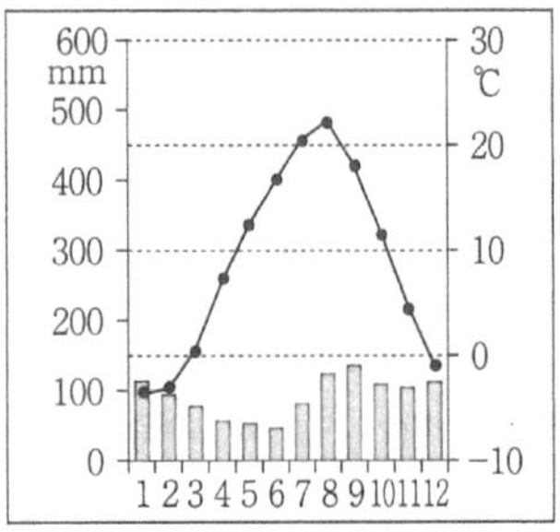

5．

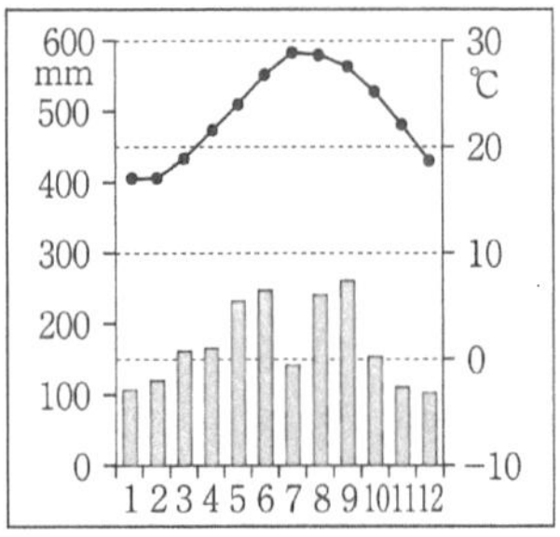

（「理科年表」2020年版より作成）

問２　次のグラフは，青森県・秋田県・高知県・宮崎県の農業産出額にしめる米，野菜，果実，畜産の割合を示したグラフであるが，地図中の都市Ａが位置する県のグラフとして，正しいものを次の１～４より１つ選び，答えなさい。

［解答番号⑭］

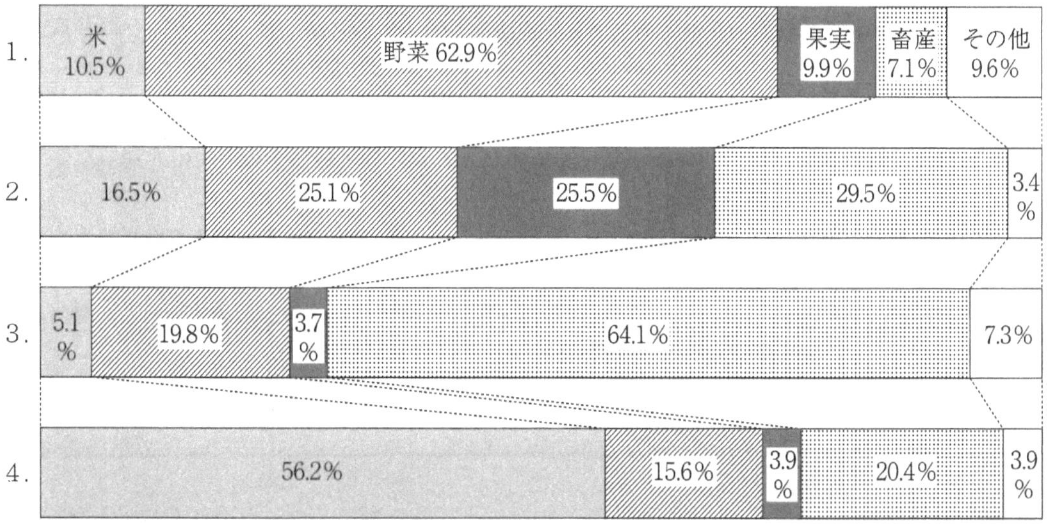

（「データでみる県勢」2020年版より作成）

【４】 南アメリカの地図について，それぞれの問いに答えなさい。

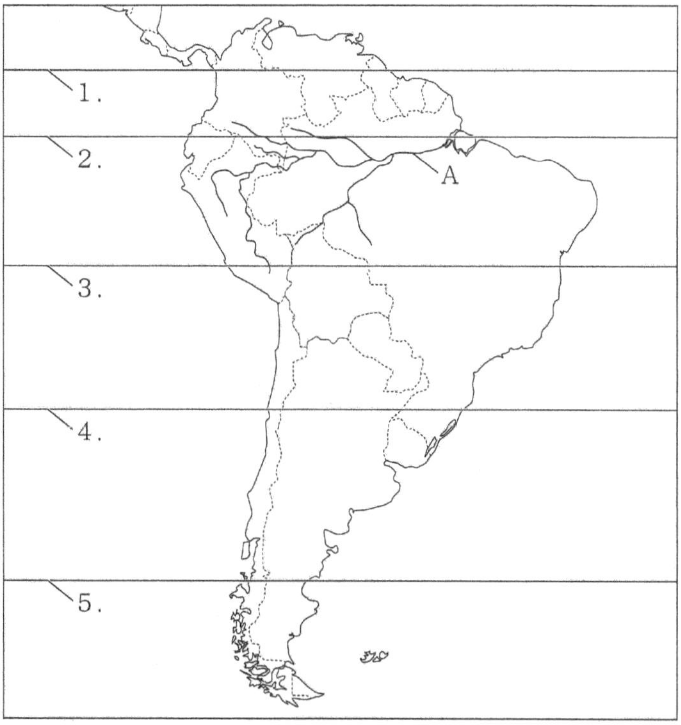

問１　赤道として正しいものを地図中の１～５より１つ選び，答えなさい。　[解答番号⑮]

問２　地図中Ａの河川の流域で行われている農業についての説明文として，正しいものを次の１～５より１つ選び，答えなさい。　[解答番号⑯]

１．森林や原野を切りたおし，たおした樹木や草を燃やした灰を肥料として耕作を行い，耕作した土地がやせる前に別の土地に移動する焼畑農業を行っている。

２．新しい農業機械や農薬，化学肥料の開発をさかんに行い，少ない労働力で広い面積を経営する企業的な農業を行っている。

３．カカオ豆の生産量が世界の約４割をしめており，それらを栽培するための大規模なプランテーション農業を行っている。

４．小麦やライ麦などの穀物の栽培と，牛や豚を中心とした家畜の飼育を組み合わせた混合農業を行っている。

５．夏は高温で乾燥し，冬に降水量が多い気候を生かして，オリーブや小麦を栽培する地中海式農業を行っている。

問３　次の写真は，それぞれある国の世界文化遺産である。南アメリカの国のものを次の１～５より１つ選び，答えなさい。　[解答番号⑰]

１．

２．

３．

４．

５．

【５】　次の先生と生徒の会話文を読み，それぞれの問いに答えなさい。

生徒　「先生，豊橋市ではたくさんの条例が制定されていますね。このような条例は，どのような経緯で制定されているのでしょうか。」

先生　「地方公共団体の条例は，国の法律にもとづいて制定されています。法律の範囲内で，地方公共団体独自の条例を制定することが認められているんですよ。」

生徒　「それでは，法律に違反する条例は制定できないのですね。」

先生　「その通りです。A日本国憲法の第94条には，地方公共団体の権利についての規則が書かれています。」

生徒　「国の法律は憲法にもとづいて制定されているから，法律や条例はすべて憲法に違反しない形でつくられているんですね。」

先生　「そうです。だから憲法を勉強することはとても大事なことですね。日本国憲法の３つの原則が何だったか覚えていますか？」

生徒　「国民主権，平和主義，B基本的人権の尊重の３つだったと思います。」

先生　「そうですね。例えば豊橋市で実施されているパブリックコメントなどは，政策を実施する際に住民の意見を募るという意味で，国民主権の考え方が反映されています。また，豊橋市個人情報保護条例などは，広い意味で基本的人権の尊重の考え方を反映しているとも言えますね。」

生徒　「色々なつながりがあるんですね。豊橋市の条例や規則についてとても興味がわいたので，調べてみようと思います。」

問１　文中下線部Aについて，日本国憲法の条文で規定されていることとして，正しいものを次の１～５より１つ選び，答えなさい。　［解答番号18］

１．日本国憲法では，天皇は日本国と日本国民統合の象徴とされ，法律の制定や内閣総理大臣の指名などの国事行為のみを行う。

２．日本国憲法は，戦争の放棄と交戦権の否認を定めているが，国防のための最低限の戦力として，自衛隊の存在を認めている。

３．日本国憲法は，国会に提出された改正案が両議院の総議員の３分の２以上の賛成で可決されると，国会が憲法改正を発議し，その後の国民投票で過半数の賛成を得ると改正される。

４．日本国憲法における基本的人権は，決して侵されることのない権利であるため，他人との関わりの中で制限されることはない。

５．日本国憲法では，衆議院議員の任期は６年，参議院議員の任期は４年とし，前者は３年ごとに半数を改選，後者は，解散の場合，その期間満了前に終了する，と規定されている。

問２　文中下線部Bについて，日本国憲法における基本的人権とその保障内容について，正しいものを次の１～５より１つ選び，答えなさい。　［解答番号19］

１．集会・結社の自由は，日本国憲法に直接の規定はないが，国の発展にともない強く主張されるようになったため，新しい人権とよばれる。

２．請求権の中には，裁判を受ける権利や国家賠償請求権などの他，国民が政治に参加する権利である参政権がふくまれる。

３．社会権の基本となる権利として，日本国憲法の第13条に「健康で文化的な最低限度の生活を営む権利」である生存権がある。

４．社会生活を支えるために定められた国民の義務として，普通教育を受ける義務，勤労の義務，納税の義務がある。

５．住む場所を自由に選ぶ居住・移転の自由は，基本的人権の中の自由権のうち，経済活動の自由にふくまれる。

【6】 国会の説明として，当てはまらないものを次の1～5より1つ選び，答えなさい。

［解答番号20］

1．衆議院と参議院はともに国政調査権を持ち，政治全般について調査をし，証人を議院によんで質問したり，記録の提出を求めたりすることができる。

2．衆議院と参議院は任期が異なり，法律案の議決については，衆議院が必ず先に審議するという，衆議院の優越が認められている。

3．主権者である国民の直接選挙で選ばれた議員によって構成される国会は，国権の最高機関とされている。

4．日本における国会は唯一の立法機関であり，国会以外の機関はいかなる場合でも法律を制定することができない。

5．通常，法律案は数十人の国会議員で構成される委員会で審議された後，議員全員で構成される本会議で議決される。

【7】「三権分立」における権力の抑制と均衡について，誤っているものを次の1～5より1つ選び，答えなさい。

［解答番号21］

1．内閣は裁判所に対し，弾劾裁判所を設置する権限を持っており，問題のある裁判官をやめさせることができる。

2．国会は内閣に対し，内閣不信任の決議を行うことができ，不信任となった内閣は，内閣を総辞職するか，衆議院を解散しなければならない。

3．裁判所は国会に対し，国会が制定した法律が憲法に違反していないかどうかを審査する，違憲審査を行うことができる。

4．内閣は裁判所に対し，最高裁判所長官の指名を行うとともに，その他の裁判官を任命する権限を持っている。

5．国民は裁判所に対し，最高裁判所の裁判官が適切に仕事を行っているかどうか，国民審査を行うことができる。

【8】 次の3つの用語の説明文として，正しい組み合わせを次の1～5より1つ選び，答えなさい。

［解答番号22］

A　情報リテラシー　　B　プライバシーの権利　　C　憲法の番人

ア．自分の顔や姿などの写真もふくめ，個人の私生活に関する情報を公開されないこと。

イ．命令や規則，処分が合憲か違憲かを判断する最終決定権を持っていること。

ウ．大規模な開発事業を行う際に，その開発による環境への影響を調査すること。

エ．国会や内閣は，裁判所の活動に干渉してはならないという原則。

オ．現代社会で生活していくために，インターネットなどの情報を正しく活用する力。

1．A…エ　B…ア　C…ウ

2．A…エ　B…ウ　C…ア

3．A…オ　B…ウ　C…ア

4．A…オ　B…ア　C…イ

5．A…ア　B…エ　C…イ

【9】 現代社会の特色について，誤っているものを次の1～5より1つ選び，答えなさい。

［解答番号㉓］

1．環境やエネルギー，防災などに関わる課題を解決するために，将来の社会を考えた「持続可能な社会」が目指されている。

2．現代の日本では少子高齢化が進行していることから，祖父母と親と子どもで構成される三世代世帯の割合が増加している。

3．コンピューターやインターネットなどの情報通信技術（ＩＣＴ）が発達したことが，グローバル化の1つの要因となっている。

4．社会保障の充実が必要とされているが，将来の年金負担に関しては，現役世代の減少にともなって負担が重くなることが問題とされている。

5．日本で暮らす外国人の数が昔と比べて増加していることから，多文化社会の実現を目指してたがいの文化を尊重し合うことが求められている。

【三】 次の（ア）～（エ）の文の傍線部と二重傍線部の文節どうしの関係を、それぞれ次の1～4より一つずつ選び、答えなさい。

［（ア）…解答番号 20 、（イ）…解答番号 21 、
（ウ）…解答番号 22 、（エ）…解答番号 23 ］

（ア） 花瓶にばらの花が 飾って ある。

（イ） 生徒会長は 誠実で 優しい。

（ウ） 今は 人通りの 少ない 時間帯です。

（エ） 彼は とても 上手に ピアノを弾く。

1．主・述の関係　2．修飾・被修飾の関係
3．並立の関係　4．補助の関係

【四】 次の文の傍線部の品詞として適切なものを、それぞれ次の1～5より一つずつ選び、答えなさい。

［（ア）…解答番号 24 、（イ）…解答番号 25 、
（ウ）…解答番号 26 、（エ）…解答番号 27 ］

（ア） あらゆる可能性を考える。　（イ） 月に三冊の本を読む。

（ウ） なるべく安全な道を歩く。　（エ） 早く家に帰ろう。

1．副詞　2．連体詞　3．格助詞　4．名詞
5．助動詞

【五】 次の（ア）～（ウ）のことわざと同じ意味のものを、それぞれ次の1～5より一つずつ選び、答えなさい。

［（ア）…解答番号 28 、（イ）…解答番号 29 、
（ウ）…解答番号 30 ］

（ア） 果報は寝て待て　（イ） 絵に描いた餅

（ウ） 百聞は一見に如《し》かず

1．論より証拠　2．三つ子の魂百まで
3．待てば海路の日和《ひより》あり　4．紺屋《こうや》の白袴《しろばかま》
5．机上の空論

4．景気の後退によって人々の日本型経営に対する不安が大きくなり、自分の年収や雇用のことしか考えられなくなっている。

5．アメリカの影響を受けた教育が行われるようになったうえに、会社の経営のあり方もアメリカ型への移行がすすんでいる。

問三　傍線部②「そんな最近の風潮」とあるが、どういう風潮のことですか。最も適切なものを、次の1～5より一つ選び、答えなさい。〔解答番号 15〕

1．金銭を多く得て成功につなげたいと考える風潮。

2．本当に価値があるものを見極めようとする風潮。

3．金銭が不足することで困るのを恐れている風潮。

4．時間を無駄にせずに過ごすことを重視する風潮。

5．目先の最大限の利益を得ることを優先する風潮。

問四　空欄 ③ に入れるのに最も適切な漢字一字を、次の1～5より一つ選び、答えなさい。〔解答番号 16〕

1．無　　2．不

3．非　　4．未

5．否

問五　空欄 ④ に入れるのに最も適切なものを、次の1～5より一つ選び、答えなさい。〔解答番号 17〕

1．ゆえに　　2．あるいは

3．なぜなら　　4．たとえば

5．しかし

問六　傍線部⑤「旅の途中に誰かに出会って水をくれないかと頼まれても、もちろん断ります」とあるが、この判断についての説明として最も適切なものを、次の1～5より一つ選び、答えなさい。〔解答番号 18〕

1．自分が今持っている水の量では不十分ではないかという不安にとらわれて、判断している。

2．水のおいしさを感じなくなっているため、人にあげるべきではないと感じて判断している。

3．自分が砂漠の中をひとりですすむうえで、必要だと思う量を見極めたうえで判断している。

4．砂漠という厳しい状況で、水の在庫を増やすことが一番大事であると考えて判断している。

5．水筒の水以外は何も持っていない自分にとって、得になる相手かを見定めて判断している。

問七　本文の内容について当てはまるものを、次の1～5より一つ選び、答えなさい。〔解答番号 19〕

1．今の社会で私たちが贅沢をしたいと思うようになった結果、私たちは愛の幸せを得にくくなっている。

2．私たちが愛の幸せを実感するためには、欲を持たないようにして現状に満足することが必要である。

3．最近の日本の風潮や社会構造といった外的な問題が解決しない限り、私たちは楽しい愛を得られない。

4．私たちの中に潜んでいる欠乏感にかられて損得ばかり考えていると、愛を楽しいと感じられなくなる。

5．私たちが愛の楽しさを味わうためには、物事にかかるコストを計算するような冷静さを捨てるしかない。

ない。この水をなくしたら生きていけない」

　こんな不安にとらわれてしまうので、水のおいしさを味わうどころではありません。⑤旅の途中に誰かに出会って水をくれないかと頼まれても、もちろん断ります。

「こんなに水が足りないのだから、他人にあげるなんてありえない。この人ではなくもっと水を持っていて私に捧《ささ》げてくれる人に出会わなければ！」

　と、水を持っている人かどうかで、相手を見定めたくなります。

　重要なのは「なくなるのが怖い」という不安は、持っている水の量によるわけではないということです。たとえ水が満タンに入った給水車に乗って旅をしているとしても、欠乏感にとらわれ続けていれば、水の在庫を増やすことばかりが気になってしまうのです。

　仏教では「小欲知足」と言います。

　これは「そんなに欲しがってばかりいないで、足るところを知りなさい」ということで、「欲を持つな」というのではないし、楽しむことをまったく否定するものでもありません。

　今、そこにあるもので満たされるというのは、そんなに難しいことではないはずなのですが、小欲知足にはなかなかなれません。その原因は、贅沢《ぜいたく》がしたいからというよりも、この不安感・欠乏感にあるのです。

　欠乏感にかられて損をしないように計算する愛は、楽しくないですね。愛の幸せを実感するには、ひとつにはコストを計算しないバカになれるかどうかが重要になるということを、知っておいてもいいはずです。

（上田紀行『愛する意味』より抜粋）

問一　二重傍線部（ａ）「刷り込まれている」、（ｂ）「短絡的だ」とあるが、ここではどういう意味ですか。最も適切なものを、それぞれ次の１～５より一つずつ選び、答えなさい。

［（ａ）…解答番号 12 、（ｂ）…解答番号 13 ］

（ａ）「刷り込まれている」

１．忘れさせられている

２．詳しく解説されている

３．証拠を示されている

４．思い込まされている

５．真実が隠されている

（ｂ）「短絡的だ」

１．健全さや元気さを失っている

２．よく考えずに物事を結びつける

３．先へ向かって急いでいる

４．細かいことを気にかけない

５．よい面も悪い面も持っている

問二　傍線部①「私たちの社会」とあるが、これについて筆者が述べている内容として最も適切なものを、次の１～５より一つ選び、答えなさい。

［解答番号 14 ］

１．小さな得を積み重ねて成功するように教育されているにもかかわらず、働いている人が成功することが難しくなっている。

２．教育や家庭、テレビの影響を受けて人々の意識が変わり、会社のイメージや先行きよりも自分を大切にするようになっている。

３．損をせず成功するのがよいと見聞きすることが多いうえに、日本の会社の経営のあり方や働く人の意識が以前と変わっている。

いことを思い通りに毎日書き続けるようにする。

3．読んでくれる人にいいと思ってもらえるように心がけて毎日書き、苦労を吹き飛ばすような言葉をかけてもらう。

4．毎日のように書き続けて、結果にかかわらず身近な人に〝おもしろかった〟などの励ましの言葉をかけ続けてもらう。

5．休まず毎日書き続けてさまざまな手法を増やしていき、少しでも多くの人に読んでもらえるようにはたらきかける。

【二】次の文章を読んで、後の問いに答えなさい。

今、①私たちの社会では「あなたは損をしてはいけない」という教育が、いたるところで繰り返し行われています。損をするのは間違った頭の悪い方法であり、小さな得を積み重ねていくことが、成功していくことなのだということを、学校でも家庭でも、アニメやお笑い芸人のバラエティ番組の中でも、(a)刷り込まれているのです。

もともとのこの傾向に加えて、ここ数年はさらに、日本の会社はこれまでの日本型経営からアメリカ型の株主重視経営への移行がすすみ、長期的な利益が考えにくくなりました。

会社は、ブランドイメージや創業精神を守ることよりも、目先の利益をあげることが優先になっていますし、働いている人は、終身雇用でないのだから会社の先行きを守るより今年の自分の年収や、今クビにならないかどうかを心配しています。

まさに即物的で、近視眼的な物質主義。極論すれば、できるだけ自分はコストを払わずに、最大限の成果を得たいと思っている、ちょっと見には賢そうでいて、実はケチくさい発想が社会全体を覆っているわけです。そこで、今は社会全体がものすごく(b)短絡的だし、大らかさがない。

今日一日で5000円儲《もう》かるのがいいか、2000円儲かるのがいいかといったら、オートマチックに5000円のほうに行くという発想がほとんどです。あるいは「今日は1円も稼いでいないけど、一日中ぼうっと青空を見ていた」という一日があったとしたら、「時間を無駄にした」と、損をしているように思ってしまうのです。

②そんな最近の風潮だけでなく、また経済とか社会構造といった外的な問題だけでなく、もっと根本的に私たちの中に潜んでいる何かが、愛の［③］毛感をもたらしているのも事実です。

たとえば、多くの人は気づいていないかもしれませんが、「モノを欲しがる」というのは現象的なことであって、本当の問題は、おそらくその向こう側にある欠乏感です。

よくあるたとえで、コップに半分ぐらいの水が入っているとき、「もう半分しかない」と捉えるか「まだ半分ある」と捉えるかという話があります。まだ半分あると思えば、次の一口もおいしく味わうことができるでしょう。

［④］もう半分しかないと思えば、飲む楽しみなどよりもなくなったあとの不安のほうが強くなり、「そこに水がある」ことが自分に及ぼす意味はまったく変わってきます。

この不安こそが物質主義の正体です。

たとえば、今、私が砂漠の中をひとりですすむ旅人だったとしたら、水筒に半分ある水をどう考えることができるでしょう。

「全部飲みきったらなくなってしまう。そうしたら自分にはもう何も想がいっぱいになるのを待つ。

5．材料について誰かに話すことをせずに自分の中にとどめ、表現にこだわりすぎずに文章にする。

問四　傍線部③「どういうものをどれくらいそろえるか」とあるが、これを考えるうえで大切なこととして最も適切なものを、次の1～5より一つ選び、答えなさい。　【解答番号 7】

1．自分が納得することができるような、すぐれた材料だけを集めること。

2．想像力をはたらかせて、どのような文章になるかの目算を立てること。

3．どういった内容の文章なら自分でも書くことができるかを見通すこと。

4．最終的にどのような文章になっても調和がとれるようにしておくこと。

5．文章が完成してから調整できるように、さまざまな材料を集めること。

問五　空欄 ④ に入れるのに最も適切なものを、次の1～5より一つ選び、答えなさい。　【解答番号 8】

1．単刀直入　2．本末転倒　3．因果応報　4．無理難題

5．針小棒大

問六　傍線部⑤「同じ揚げものをつくるにしても、だれにも同じきまった手順と、自分だけのコツがあるものだ」とあるが、筆者はどのようなことを言いたいのですか。最も適切なものを、次の1～5より一つ選び、答えなさい。　【解答番号 9】

1．文章を書くときも料理をするときのように、自分の好きなやり方で書いていけばいいということ。

2．手順やコツなどその人のやり方に応じて、料理や文章のでき上がりには差が生じるということ。

3．料理をするときも文章を書くときも、自分のやり方が一番よいと自信をもつべきだということ。

4．文章を書くときも料理と同じで、その材料にとって最もよいやり方を見つけるべきだということ。

5．料理をするときも文章を書くときも、自分のやり方にこだわりすぎてはいけないということ。

問七　傍線部⑥「文章と料理と違うところ」とあるが、文章は料理とどのようなところが違うのですか。その説明として最も適切なものを、次の1～5より一つ選び、答えなさい。　【解答番号 10】

1．自分で確かめたり修正を加えたりすることができるところ。

2．できたての状態を誰かに味わってもらえることが少ないところ。

3．自分ででき具合を客観的に判断することができないところ。

4．人からほめてもらうことでやり続けようと思えるところ。

5．時間をおき気分を換えてからでき具合を見るべきであるところ。

問八　筆者の考えによると、どうすると文章が上達するのですか。最も適切なものを、次の1～5より一つ選び、答えなさい。　【解答番号 11】

1．毎日書き続けるだけではなく、発表する場所を進んで見つけて書くようにして他人の意見を受け止めるようにする。

2．読んでくれる人がどう感じるかを意識しすぎずに、自分が書きた

いてみる。身勝手な文章ではハタ(b)メイ惑。すこしでもおいしいと思ってもらえるようにというサービスの精神を忘れてはいけない。

欲を言えば、ほめてくれる人が身近にあるといい。

ある老詩人が、自分を育ててくれたのは、ほめられたことばであると(c)コク白している。料理の腕を上げるのにもほめ上手がいなくてはいけないが、文章を書く苦労を吹き飛ばしてくれるのは、〝おもしろかった〟ということである。われわれはお互い、もっとほめ上手になるべきだろう。

⑥文章と料理と違うところがひとつある。

料理ならできたてをそのまま食べるのがいちばんだ。文章はそのままではまだ本当の味がわからない。

できれば風を入れる。しばらくそっとしておいて、書いたときの興奮のすこしさめたところで見通して、これに修正を加える。推敲《すいこう》である。このときは、自分の文章に対して、きびしい読者、(d)批ヒョウ家になっていなくてはいけない。

（外山滋比古『料理のように』より抜粋）

問一　二重傍線部（a）「キ（会）」、（b）「メイ（惑）」、（c）「コク（白）」、（d）「（批）ヒョウ」について、二重傍線部のカタカナと同じ漢字になるものを、それぞれ次の1～5より一つずつ選び、答えなさい。

［（a）…解答番号 1 、（b）…解答番号 2 、（c）…解答番号 3 、（d）…解答番号 4 ］

（a）…1．お金をキ付する　2．キ望をもつ
3．六時にキ床する　4．航空キに乗る
5．キ険を避ける

（b）…1．メイ路で遊ぶ　2．悲メイをあげる
3．運メイを感じる　4．国連の加メイ国
5．小説に感メイを受ける

（c）…1．苦手科目のコク服　2．結果を報コクする
3．時コク表を見る　4．暗コクの世界
5．コク物を食べる

（d）…1．海をヒョウ流する　2．選挙で投ヒョウする
3．目ヒョウが高い　4．北極のヒョウ河
5．ヒョウ判のよい店

問二　空欄 ① に入れるのに最も適切なものを、次の1～5より一つ選び、答えなさい。　［解答番号 5 ］

1．目がくらむ　2．目が散る
3．目がきく　4．目が冴《さ》える
5．目が無い

問三　傍線部②「本当に鮮度のいい材料が手に入ったら」とあるが、文章を書くための「本当に鮮度のいい材料」が手に入ったときは、どうするとよいのですか。最も適切なものを、次の1～5より一つ選び、答えなさい。　［解答番号 6 ］

1．その材料のいちばんよい部分を際立《きわだ》たせるために、なるべく手を加えないで簡素な文章にする。
2．すべての材料を使わないともったいないとは考えずに、最小限の材料だけを使って文章にする。
3．下手に表現に凝るのではなく、自分でよく考えて上質な表現を見つけ出したうえで文章にする。
4．すぐに書き始めるのではなく、自然と何か書きたくなるくらい詩

【国　語】（四〇分）〈満点：一〇〇点〉

【一】　次の文章を読んで、後の問いに答えなさい。

料理をつくるには、まず、材料集めが大切である。料理の腕前がどんなにすぐれていても、食えないような材料ではどうしようもない。すぐれた料理人は材料選びに［　①　］もの。材料のよしあしが料理を決定してしまうこともある。

②本当に鮮度のいい材料が手に入ったら、下手に手を加えることはない。ナマのままがいちばんである。サラダがある。サシミがある。文章でも、おもしろいネタがあれば表現に凝ったりしない方がかえっておもしろい。

材料はヤミクモに集めるのでないことはもちろんである。ただ、③どういうものをどれくらいそろえるかが思いのほか難しい。最終的にでき上がる料理を見越していなくてはならないからである。

妙なものをたくさん買い込むと、それを使わなくてはもったいないと思う。それで使ってはいけないところにまで使ってしまう。それでせっかくの料理の味がこわれることもすくなくない。全体の調和をとるには最後はどうなるか。その見通しがはっきりしている必要がある。想像力がものを言う。

書きたいことがはっきりしないのに、文章を書こうというのは、材料なしに料理しようというようなものだ。この当《あた》り前のことがよくわかっていないことが多い。題だけ与えて、さあ何でもいいから書いてごらん、などというのが、いかに［　④　］であるかがわかっていない。

はじめに、詩想という材料がほしい。書きたいことが頭にいっぱいなら、放っておいても何か書きたくなる。おもしろいことに、書く前にそれをほかの人に話したりすると、とたんに興味が失われる。手のうちはめったに見せるものではない。人目にふれただけで材料の鮮度は落ちるような気がする。

材料がそろったとしよう。そこまで来れば、揚げものにするのか、煮付けるか、シチューか、といったことは決定ずみのはずである。⑤同じ揚げものをつくるにしても、だれにも同じきまった手順と、自分だけのコツがあるものだ。

ある人は、はじめから原稿用紙に書かないと調子が出ないと言う。別の人は、あのマス目が苦手だ。大学ノートにまずざっと書いてみる。それをあとで原稿用紙へうつすのでないとうまくいかないと信じ込んでいる。

人によって料理法が違う。そしていつもしているようにしないと、いいものができないような気がするものである、原稿用紙が変わるだけで書けないといって、個人で特製している人もある。コンピューターを使って文章を書く人は、また新しいスタイルをつくる。

文章料理の上達には、休まないことだ。毎日つくる。つまり毎日書く。そういう連続の中から、その人でなくては出せない味、スタイルがおのずと生まれてくる。毎日書いていれば、かなりの程度まではうまくなる。それで上達しなければ、よほど神から見離されているのだと思って、あきらめる。

料理をつくる張り合いも食べさせたい人がいるからこそ生まれる。文章だって、読んでくれる人がなくてはつまらない。ただ黙々と書いては捨てる、ではあまりにも哀れだ。発表する(a)キ会があったら進んで書

2021年度

解 答 と 解 説

《2021年度の配点は解答欄に掲載してあります。》

＜数学解答＞

【1】 $\boxed{1}$ 2　$\boxed{2}$ 5　$\boxed{3}$ 1　$\boxed{4}$ 5　$\boxed{5}$ 4　$\boxed{6}$ 2　$\boxed{7}$ 4　$\boxed{8}$ 3　$\boxed{9}$ 1
　$\boxed{10}$ 3　$\boxed{11}$ 4　$\boxed{12}$ 2

【2】 $\boxed{13}$ 2　$\boxed{14}$ 3　$\boxed{15}$ 5

【3】 $\boxed{16}$ 4　$\boxed{17}$ 3　$\boxed{18}$ 1

○配点○

$\boxed{1}$～$\boxed{10}$ 各6点×10　$\boxed{11}$～$\boxed{18}$ 各5点×8　計100点

＜数学解説＞

基本 【1】 (数・式の計算，因数分解，平方根，方程式の応用問題，関数，確率，角度，表面積)

問1　$1.5-6\times\left\{-2^2-\left(-\frac{1}{2}\right)^2\right\}\div\left(-\frac{9}{2}\right)=\frac{3}{2}-6\times\left(-4-\frac{1}{4}\right)\times\left(-\frac{2}{9}\right)=\frac{3}{2}-6\times\left(-\frac{17}{4}\right)\times\left(-\frac{2}{9}\right)=\frac{3}{2}-\frac{17}{3}=\frac{9}{6}-\frac{34}{6}=-\frac{25}{6}$

問2　$\frac{1}{3}(4x+5y)-\frac{3}{4}(2x-y)=\frac{4}{3}x+\frac{5}{3}y-\frac{3}{2}x+\frac{3}{4}y=\left(\frac{4}{3}-\frac{3}{2}\right)x+\left(\frac{5}{3}+\frac{3}{4}\right)y=\left(\frac{8}{6}-\frac{9}{6}\right)x+\left(\frac{20}{12}+\frac{9}{12}\right)y=-\frac{1}{6}x+\frac{29}{12}y$

問3　$36a^2-9b^2=9(4a^2-b^2)=9(2a+b)(2a-b)$

問4　$\sqrt{16n+20}=\sqrt{4(4n+5)}=2\sqrt{4n+5}$　$4n+5=k^2$(kは自然数)となる自然数nを考える。$n=1,\ 5,\ 11,\ \cdots$　よって，求めるnの値は，$n=11$

問5　図書館から学校までの道のりをxmとすると，駅から図書館までの道のりは$x+200$(m)　時間の関係から方程式を立てると，$\frac{x+200}{72}+\frac{x}{120}=15$　両辺を360倍して，$5(x+200)+3x=5400$　$5x+1000+3x=5400$　$8x=4400$　$x=550$　よって，駅から学校までの道のりは，$550+200+550=1300$(m)

問6　$2000\left(1+\frac{x}{10}\right)\left(1-\frac{2x}{10}\right)=2000-560$　$2000\left(1-\frac{x}{10}-\frac{2x^2}{100}\right)=1440$　$2000-200x-40x^2=1440$　$40x^2+200x-560=0$　$x^2+5x-14=0$　$(x+7)(x-2)=0$　$x>0$から，$x=2$

問7　$\frac{1}{2}x+y=4$　両辺を2倍して，$x+2y=8$…①　$3x+0.8y=-2$　両辺を5倍して，$15x+4y=-10$…②　②－①×2から，$13x=-26$　$x=-2$　これを①に代入して，$-2+2y=8$　$2y=10$　$y=5$　よって，交点の座標は，$(-2,\ 5)$

問8　$\frac{(n+4)^2-n^2}{n+4-n}=6$から，$\frac{n^2+8n+16-n^2}{4}=6$　$8n+16=24$　$8n=8$　$n=1$

問9　2つのさいころの目の出方は全部で，6×6＝36(通り)　そのうち，出た目の数の和が素数になる場合は，(A，B)＝(1，1)，(1，2)，(1，4)，(1，6)，(2，1)，(2，3)，(2，5)，(3，2)，(3，4)，(4，1)，(4，3)，(5，2)，(5，6)，(6，1)，(6，5)の15通り　よって，求める確率は，$\frac{15}{36}=\frac{5}{12}$

問10　$180°-102°=78°$　多角形の外角の和は360°だから，$\angle x=360°-(78°+85°+41°+55°+59°)=360°-318°=42°$

問11　$\angle x$の頂点を通り2直線ℓ，mに平行な直線を描いて考える。平行線の錯角は等しいことと，三角形の内角と外角の関係から，$\angle x=180°-(41°-28°)-103°=64°$

問12　できる立体は，底面が半径3cmの円で高さが8cmの円柱になるから，求める表面積は，$\pi\times3^2\times2+8\times2\pi\times3=18\pi+48\pi=66\pi(\mathrm{cm}^2)$

【2】（図形と関数・グラフの融合問題）

基本　問1　$y=ax^2$に点Aの座標を代入して，$-8=a\times(-4)^2$　$16a=-8$　$a=-\frac{8}{16}=-\frac{1}{2}$

問2　$y=-\frac{1}{2}x^2$に$x=2$を代入して，$y=-\frac{1}{2}\times2^2=-2$　よって，B(2，−2)　点Dはy軸に関して点Bと対称な点だから，D(−2，−2)　点Cはy軸に関して点Aと対称な点だから，C(4，−8)　$\mathrm{BD}=2-(-2)=4$，$\mathrm{AC}=4-(-4)=8$　点BからACへ垂線BHを引くと，$\mathrm{BH}=-2-(-8)=6$　よって，四角形ACBDの面積は，$\frac{1}{2}\times(4+8)\times6=36$

重要　問3　直線ADの式を$y=px+q$として点A，Dの座標を代入すると，$-8=-4p+q$…①　$-2=-2p+q$…②　②−①から，$6=2p$　$p=3$　これを②に代入して，$-2=-2\times3+q$　$q=4$　よって，直線ADの式は$y=3x+4$　求める点をE(e，$3e+4$)とすると，$\triangle\mathrm{EAC}=36\div2=18$から，$\frac{1}{2}\times8\times\{(3e+4-(-8)\}=18$　$12e+48=18$　$12e=-30$　$e=-\frac{30}{12}=-\frac{5}{2}$　$y=3\times\left(-\frac{5}{2}\right)+4=-\frac{15}{2}+\frac{8}{2}=-\frac{7}{2}$　したがって，求める座標は，$\left(-\frac{5}{2},\ -\frac{7}{2}\right)$

【3】（平面図形の計量問題－面積，角度，三角形の合同・相似，面積比）

基本　問1　$\mathrm{BC}=\mathrm{AB}=9\mathrm{cm}$　△ABCの面積の関係から，$\frac{1}{2}\times9\times\mathrm{AD}=27$　$\mathrm{AD}=27\times\frac{2}{9}=6(\mathrm{cm})$

問2　△ABCは二等辺三角形だから，$\angle\mathrm{BAC}=\frac{180°-a°}{2}=90°-\frac{a°}{2}$　△ABDにおいて内角の和の関係から，$\angle\mathrm{BAD}=180°-90°-a°=90°-a°$　よって，$\angle\mathrm{DAC}=\angle\mathrm{BAC}-\angle\mathrm{BAD}=90°-\frac{a°}{2}-(90°-a°)=90°-\frac{a°}{2}-90°+a°=\frac{1}{2}a°$

重要　問3　BD：DC＝3：2から，$\mathrm{BD}=3k$，$\mathrm{DC}=2k$とおくと，$\mathrm{AB}=\mathrm{BC}=5k$　$\mathrm{AD}=\sqrt{(5k)^2-(3k)^2}=\sqrt{16k^2}=4k$　△ABDと△CFDにおいて，$\angle\mathrm{ADB}=\angle\mathrm{CDF}=90°$…①　$\triangle\mathrm{ABD}\equiv\triangle\mathrm{CBE}$から，$\angle\mathrm{BAD}=\angle\mathrm{BCE}=\angle\mathrm{FCD}$…②　①と②から2組の角がそれぞれ等しいので，$\triangle\mathrm{ABD}\backsim\triangle\mathrm{CFD}$　AD：CD＝BD：FD　$4k:2k=3k:\mathrm{FD}$　$\mathrm{FD}=\frac{6k^2}{4k}=\frac{3}{2}k$　$\mathrm{AF}=4k-\frac{3}{2}k=\frac{5}{2}k$　$\triangle\mathrm{ABC}=\frac{1}{2}\times\mathrm{BC}\times\mathrm{AD}=\frac{1}{2}\times5k\times4k=10k^2$　$\triangle\mathrm{AFC}=\frac{1}{2}\times\mathrm{AF}\times\mathrm{DC}=\frac{1}{2}\times\frac{5}{2}k\times2k=\frac{5}{2}k^2$　よって，$\triangle\mathrm{ABC}:\triangle\mathrm{AFC}=10k^2:\frac{5}{2}k^2=20:5=4:1$

★ワンポイントアドバイス★

【3】問3は，BD：DC＝3：2から，△ABDはAB：BD＝5：3の直角三角形になると気づくことがポイントである。

＜英語解答＞

【1】 Part 1 No. 1 2 No. 2 5 Part 2 No. 3 4 No. 4 4 No. 5 3
【2】 問1 5 問2 3 問3 4 問4 3 問5 1 問6 3 問7 2
【3】 問1 5 問2 4 問3 5 問4 3 問5 1
【4】 問1 3 問2 2 問3 4 問4 1 問5 5
【5】 問1 3 問2 5 問3 2 問4 3 問5 1
問6 1） 5 2） 2 3） 4 4） 4

○配点○
【2】，【3】 各2点×12 他 各4点×19 計100点

＜英語解説＞

【1】 リスニング問題解説省略。

【2】 (語句補充問題：前置詞，動名詞，名詞，形容詞，動詞，分詞)

問1 「あなたは宿題に関してタロウを手伝うべきではありません。それは彼にとってよくないです。」 <help A with B>で「BについてAを手伝う」という意味を表す。

問2 「私はまたキャシーに会うことを楽しみにしている。」 <look forward to ~ ing>で「~を楽しみに待つ」という意味を表す。

基本 問3 「私たちはノートに何かを書くときふつうえんぴつを使う。」 ノートに書くときに使うのにふさわしいものは4しかない。1 「ハサミ」，2 「ホチキス」，3 「定規」，5 「カッター」。

問4 「公園には数人の子供たちがいた。」 <a few ~>で「少しの~，少数の~」という意味を表す。直前に a を置けるものは1，2，3だけである。1は名詞に続けるには of が必要となる。2は「少しの」という意味で，数えられないものについて使うことができる。

問5 「その少年の名前はケンタロウで，彼の友人たちは彼をケンと呼ぶ。」 <call A B>で「AをBと呼ぶ」という意味を表す。

問6 「ジェーンとナンシーは日本で作られた服をいくつか欲しい。」「~された」という意味を表して，直前にある名詞を修飾するときには，過去分詞の形容詞的用法を使う。

問7 「私の父は獣医だ。彼の仕事は病気の動物を治療することだ。」 文意から2が答えとわかる。1 「大工」，3 「漫画家」，4 「店主」，5 「ヘアスタイリスト」。

【3】 (会話文問題：語句補充)

問1 A：頭が痛いです。
B：本当ですか。すぐによくなって。
1 「あなたは医者のようだ。」，2 「そうしたいです。」，3 「喜んで。」，4 「私は医者にみてもらいます。」。

問2 A：すみません。私たちの写真を撮ってもらえますか。
B：もちろんです。はいチーズ！
1 「あなたはチーズを持っていますか。」，2 「あなたのカメラを使ってもいいですか。」，3 「いらっしゃいませ。」，5 「駅への道を教えてもらえますか。」。

問3 A：あなたのカレーはおいしいです！
B：ありがとう。もう少しいかがですか。
A：いいえ，けっこうです。お腹いっぱいです。

1 「またあなたのために調理しましょう。」，2 「気に入ってもらえてうれしいです。」，3 「そう願います。」，4 「御自分でどうぞ。」。

問4 A：あなたには姉妹か兄弟がいますか。

B：はい。私には姉がいます。彼女はロンドンに住んでいます。私たちは毎日電子メールを書きます。

A：本当ですか。あなたはお姉さんと仲がいいんですね。

B：はい。彼女は毎夏と毎冬にここに戻って来ます。

1 「あなたは彼女に電子メールを送るべきです。」，2 「あなたの友人は本当にあなたが好きです。」，4 「彼女もまた愛知に住んでいます。」，5 「私は以前愛知に行ったことがあります。」

問5 A：アメリカに滞在中に，私はフェスティバルでいい友達をつくりました。

B：それはいいですね。

A：これを見てください。それは彼の写真です。彼の名前はケヴィンです。

B：おお！　彼は私の小学校のクラスメートでした。私はよく彼の家を訪ねました。

A：本当ですか。私はとても驚きました。小さな世界ですよね！

2 「私は以前彼に会ったことがありません！」，3 「彼は私の兄です！」，4 「何でしょう！」，5 「休んでください。」。

【4】（メール文問題：内容吟味）

送信者：タナカ・アサミ　＜a_sa_mi_t@soh.co.jp＞

送信先：ケイト・ジョーンズ　＜k_jones@soh.co.jp＞

日付　：2021年2月27日(土曜日)　9:32

件名　：ミホのさよならパーティー

親愛なるケイトへ，

おはよう。今日，私はあなたに話すべき悲しいことがあります。ミホは来月学校を辞めます。彼女と彼女の家族は父親の仕事のために東京に引っ越します。私は今朝電話で彼女と話し，彼女の引っ越しについて聞きました。

先月，彼女は突然私たちの教室で泣き始めましたね？　私たちは彼女に理由を尋ねましたが，彼女はその時何も言いませんでした。実は，父親の転勤は前日すでに決まっていて，悲しかったのです。それで彼女は泣き始めました。彼女は電話でそう言いました。

彼女は3月28日に愛知を去ります。私は彼女が引っ越す前に私たちの親友と一緒に彼女のために送別会を開きたいです。返信してくださいね。

アサミ

送信者：ケイト・ジョーンズ　＜k_jones@soh.co.jp＞

送信先：タナカ・アサミ　＜a_sa_mi_t@soh.co.jp＞

日付　：2021年2月27日(土曜日)　22:03

件名　：ミホのさよならパーティー

親愛なるアサミへ，

こんばんは。返信が遅くなってすみません。実は今朝読んで早速返信したかったのですができませんでした。今日はやることがたくさんありました。

ミホの引っ越しはとても悲しいです。彼女は私たちを悲しませたくなかったので，先月引っ越しについて私たちに話さなかったのかもしれません。

彼女のさよならパーティーはいつ開催しますか？　また，それをどこで開催するかを決定する必要があります。彼女と彼女の家族は引っ越しの準備をしなければならないので，3月は忙しくなるでしょう。だから，私たちは彼らの家でそれを催すべきではないと思います。また，パーティーで彼女にさよならのプレゼントを贈りたいと思います。

ケイト

送信者：タナカ・アサミ　＜a_sa_mi_t@soh.co.jp＞

送信先：ケイト・ジョーンズ　＜k_jones@soh.co.jp＞

日付　：2021年2月28日（日曜日）　11:07

件名　：ミホのさよならパーティー

親愛なるケイトへ，

おはよう。メールありがとう。

わかりました。ミホにパーティーのことを伝え，3月の予定を聞いてみます。

私の家でパーティーを開きましょう。母はここで開いていいと言いました。ミホと私は3歳の時から仲良しで，彼女は何度も私の家を訪ねています。私の母と父も彼女をよく知っていて，とても好きです。母は若い頃レストランで働いていたので料理が上手です。彼女は私たちのためにいくつか素敵な料理を作ってくれます。

彼女にさよならプレゼントをあげるのはいい考えです！　それについて考えてみましょう。

アサミ

問1 「アサミはミホと27日の金曜日に電話で話したとき，」 アサミの1つ目の電子メールに「私は今朝電話で彼女と話し，彼女の引っ越しについて聞きました」とあるので，3が答え。

1 「ミホは突然泣き始めた。」 ミホが鳴き始めたのは学校だったので，誤り。　2 「ミホは父親の転勤について何も言わなかった。」 ミホは転勤について話したので，誤り。　3 「アサミはミホから知らせを聞いた。」　4 「ミホの父親の転勤はその時決められていなかった。」 転勤は決まっていたので，誤り。　5 「彼女らは3月28日にミホのさよならパーティーを開くことを決めた。」 ミホと決めたわけではないので，誤り。

問2 「ケイトはなぜアサミに遅くなってから電子メールの返信を書いたのか。」 ケイトの電子メールに「今日はやることがたくさんありました」とあるので，2が答え。

1 「彼女はアサミから電子メールを受け取ったことを知らなかった。」 ケイトが書いていないことなので，誤り。　2 「彼女はアサミに返信する時間がなかった。」　3 「彼女はミホの引っ越しが悲しかったから。」 悲しかったから返信が遅くなったとは書いていないので，誤り。

4 「彼女は電子メールに何を書くべきか知らなかったから。」 電子メールに書かれていない内容なので，誤り。　5 「彼女は誰かの電子メールに対してすぐに返信することが好きでないから。」 電子メールに書かれていない内容なので，誤り。

問3 「アサミと彼女の友達はどこでミホのさよならパーティーを開くか。」 アサミの2つ目の電子メールに「私の家でパーティーを開きましょう」とあるので，4が答え。

1 「彼女たちの学校で」　2 「ミホの家で」　3 「ケイトの家で」　4 「アサミの家」　5 「レストランで」

問4 「アサミはミホに何をたずねるか。」 アサミの2つ目の電子メールに「3月の予定を聞いてみます」とあり，いつさよならパーティーを開けるかをたずねるので，1が答え。

1 「彼女はミホに，3月はいつひまになるかをたずねる。」　2 「彼女はミホに，いつ愛知を去るのかをたずねる。」　3 「彼女はミホに，彼女の引っ越しを誰が知っているかをたずねる。」

4 「彼女はミホに，彼女は友達たちからどんなプレゼントがほしいかをたずねる。」　5 「彼女はミホに，彼女はどこで暮らすかをたずねる。」

重要 問5　1「ケイトは，ミホがなぜ親友たちに引っ越しについてすぐ言わなかったかを知りたい。」ケイトの電子メールに書かれていない内容なので，誤り。　2「アサミはケイトに最初の電子メールでミホへのプレゼントというアイデアを話し，ケイトはそれに賛成した。」プレゼントを提案したのはケイトなので，誤り。　3「ケイトは，彼女とアサミはミホの家でミホのさよならパーティーを開くべきだと考えている。」ケイトは，ミホの家は避けたほうがいいと言っているので，誤り。　4「アサミの母親は若いときからレストランで働いているので，上手に料理する。」今はもう働いていないので，誤り。　5「アサミとミホは3歳のときからお互いを知っている。」アサミの2つ目の電子メールに「ミホと私は3歳の時から仲良しで」とあるので，正しい。

【5】（長文読解問題：内容吟味，指示語，語彙）

（全訳）2020年4月1日，シュンとトオルは青空高校の生徒になりました。彼らはクラス1Aにいました。クラスには40人の生徒がいました。入学式の後，クラス1Aの生徒は教室に行き，クラスメートに3分間自己紹介しました。シュンの番が最初でした。彼は言いました。「こんにちは私の名前はイトウシュンです。楓中学校の出身です。バスケットボールが好きです。楓中学校の時はバスケットボール部にいました。だから，ここでバスケットボールチームに参加します。」生徒たちはクラスメートの自己紹介を聞いて楽しみました。

その日，シュンが教室を離れるとき，トオルがシュンに話しかけました。彼は「こんにちは，シュン。どうやって家に帰るの？」と言いました。シュンは「電車だよ。ぼくはみどり町に住んでるんだ。君はどうなの？」と言いました。トオルは「ぼくも電車で帰るよ。一緒に駅に行こう。」と言いました。

シュンとトオルが駅まで歩いていたとき，トオルは「君はこの学校の①バスケットボールチームに参加するんだよね？　ぼくは中学生の時はサッカーチームだったけど，ここでバスケットボールチームに参加するよ。ぼくはバスケットボールに興味があって，何か新しいことに挑戦したいんだ。」と言いました。シュンは「本当かい？　うれしいな！　明日放課後にバスケットボールチームに行こうよ。」と言いました。トオルは「オッケイ。」と言いました。

翌日の放課後，シュンとトオルはバスケットボールチームを訪ねました。チームには45人のメンバーがいました。チームのキャプテンであるリョウタは彼らに言いました。「はじめまして，シュンとトオル。ぼくはリョウタです…」彼らは彼からチームについて学び，チームに加わりました。

バスケットボールチームのメンバーは，毎週月曜日と金曜日の放課後4時30分から1時間30分学校の体育館でバスケットボールを練習しました。彼らは毎週水曜日の放課後4時半から30分間学校の周りを走りました。シュンとトオルは週末に公園に行き，一緒にバスケットボールの練習をしました。シュンはトオルにバスケットボールのプレーについて多くのことを教えました。トオルはシュンのアドバイスに従い，一生懸命練習しました。彼らが一緒に練習していたとき，シュンは7月の新人戦で一緒にプレイすることについてよく話しました。シュンはスポーツが得意だったので，すぐにバスケットボールが上手になりました。

6月27日，トオルは練習後初めてシュンの家を訪れ，そこで夕食をとりました。夕食の間，シュンと彼の家族，そしてトオルはバスケットボールについて話すのを楽しみました。

翌日，シュンとトオルのバスケットボールチームのコーチであるオダ先生は，「新人戦で誰がプレーするかを発表しまし。」と言いました。彼はトオルの名前を呼びましたが，シュンの名前は呼びませんでした。シュンはとても悲しく思いました。練習後，トオルはシュンと話しましたが，シュンはトオルを無視しました。彼らはいつも バスケットボールを練習した後，一緒に家に帰りましたが，その日はそうしませんでした。

家では，シュンは何も言わずに自分の部屋に行きました。兄のコウジはシュンのことを心配しました。コウジはシュンの部屋に行って，「悲しそうだね。どうしたの？」と尋ねました。それから，シュンはコウジに新人戦について話しました。コウジは，「君の気持ちはわかるよ，シュン。君はトオルより長くバスケットボールをしたよね。彼は君の代わりに新人戦の選手になった。とても悲しいことはわかるけど，トオルは一生懸命練習したんだよね？ ②これを忘れてはいけないよ。試合でプレーしたいなら，もっと一生懸命練習しなよ。」と言いました。

翌日，シュンはトオルに③謝りに行きました。「昨日は無視してごめん。君が新人戦でプレーしてくれてうれしいよ。ぼくはもっと練習するよ。また君と練習したいんだ。できるかな？」トオルは「もちろんだよ。もっと頑張ろう！」と言いました。

その日以降，シュンはもっと一生懸命練習し始めました。彼はまた，バスケットボールに関するDVDをいくつか購入し，それを見て優れたプレーヤーになる方法を学びました。 彼は一生懸命頑張りました。

2月28日，オダ先生はメンバーに「④来月は試合があるので，今から選手を紹介します。」と言いました。最後に，シュンの名前が呼ばれました。シュンとトオルは笑顔でお互いを見つめました。

問1　第4段落に「バスケットボールチームのメンバーは，毎週月曜日と金曜日の放課後4時30分から1時間30分学校の体育館でバスケットボールを練習しました。彼らは毎週水曜日の放課後4時半から30分間学校の周りを走りました」とあるので，3が答え。

問2　直前の部分に，トオルは一生懸命練習したということが書かれており，そのことを忘れてはいけないと言っているので，5が答え。5以外はすべて文中に書かれていない内容なので，誤り。

1 「(君は)君が彼を無視したとき，トオルがどのように感じたかを考えねばならない」

2 「(君は)君だけでなくトオルもまた悲しく感じていることを理解しなければならない」

3 「(君は)トオルよりも長い間バスケットボールをしてきたことを覚えておかねばならない」

4 「(君は)トオルが新人戦の選手になるために熱心にバスケットボールをしたことを忘れねばならない」　5 「(君は)トオルがなぜ新人戦の選手になったかを理解しなければならない」

問3　apologize は「謝る」という意味の動詞。

問4　オダ先生が2月28日に言ったことなので，「来月」は3月になる。

問5　エ 「リョウタはシュンやトオルと初めて話した。」→イ 「トオルは練習の後にシュンの家で，彼や彼の家族と一緒に夕食を食べた。」→ウ 「7月28日に，オダ先生は選手たちに新人戦について話した。」→オ 「コウジはシュンの部屋を訪れ，シュンに何が起こったか尋ねた。」→ア「シュンはバスケットボールに関するDVDを見ることで，それについて学んだ。」

問6　1) 「クラス1Aの生徒たちは」 シュンが話したことの内容に合うので，5が答え。 1 「クラスに45人いた。」 40人とあるので，誤り。 2 「入学式の前に，自分たちをクラスメートたちに紹介した。」 入学式の後だったので，誤り。 3 「自分たちをクラスメートたちに5分間紹介した。」 3分間とあるので，誤り。 4 「トオルの自己紹介をまず聞いた。」 シュンが最初だったので，誤り。 5 「シュンの自己紹介を聞くことで，彼がバスケットボールを好きなことを知った。」

2) 「4月1日に，」 第2段落の内容に合うので，2が答え。 1 「シュンはトオルに，トオルが中学校でどの部にいたかを尋ねた。」 文中に書かれていない内容なので，誤り。 2 「シュンが教室を去ろうとしていたときトオルはシュンに話しかけた。」 3 「トオルはシュンがどこに住んでいるかを尋ねた。」 尋ねていないので，誤り。 4 「シュンとトオルはバスケットボールチームを訪れた。」 翌日に行ったので，誤り。　5「シュンとトオルはバスケットボールチームに入った。」 文中に書かれていない内容なので，誤り。

3)「＿＿＿から，トオルは青空高校でバスケットボールチームに入ることに決めた。」 第3段落の内容に合うので，4が答え。　1「シュンが彼をチームに誘った」 文中に書かれていない内容なので，誤り。　2「チームのキャプテンは彼の兄だった」 文中に書かれていない内容なので，誤り。　3「彼は中学校でバスケットボールチームのメンバーだった」 トオルはサッカーチームのメンバーだったので，誤り。　4「彼は何か新しいことに挑戦したかった」　5「彼はバスケットボールが上手だった」 文中に書かれていない内容なので，誤り。

重要　4)　1「シュンとトオルは青空高校で同じクラスではなかったが，中学生のときにはクラスメートだった。」 文中に書かれていない内容なので，誤り。　2「トオルはスポーツが得意だったので，バスケットボールチームに入るという彼の計画を聞いたとき，シュンはうれしくなかった。」 シュンは喜んだので，誤り。　3「シュンはバスケットボールが上手でなかったので，トオルはバスケットボールをすることに関するシュンのアドバイスに従わなかった。」 文中に書かれていない内容なので，誤り。　4「シュンは練習のあとトオルと話したくなかったので，シュンとトオルは6月28日に一緒に帰宅しなかった。」 第8段落の内容に合うので，正しい。　5「シュンが自分の問題についてコウジに話したとき，コウジはシュンの気持ちを理解しようとしなかったので，シュンはそれについて怒った。」 理解しようとしなかったとは書かれていないので，誤り。

★ワンポイントアドバイス★

【2】の問4には<a few ～>が使われている。似た表現として few だけで使われると「ほとんど～ない」という否定の意味を表すことを覚えておこう。(例)There were few children in the park. ＝公園には子供がほとんどいませんでした。

<理科解答>

【1】 5　【2】 2　【3】 4　【4】 2　【5】 4　【6】 5　【7】 2　【8】 1
【9】 3　【10】 4　【11】 4　【12】 2　【13】 5　【14】 2　【15】 4
【16】 2[3]　【17】 5　【18】 1　【19】 2　【20】 4

○配点○

各5点×20　　計100点

<理科解説>

【1】 (電流と磁界－電流が磁界から受ける力)

問1　回路に流れる電流は，$\frac{1.8(\mathrm{V})}{6.0(\Omega)}=0.30(\mathrm{A})=300(\mathrm{mA})$である。

問2　U字型磁石は，上がN極で下がS極であり，できる磁界は上から下に向かうアである。

問3　コイルを流れる電流によってできる磁界は，電流の向きに対して時計回りである。図2でコイルの下側の導線では，電流が右から左に流れているので，磁界の向きは左を向いて時計回りのウである。

問4 回路の抵抗が大きくなると，電流が弱まるので，コイルの動きは小さくなる。

【2】 (電力と熱－電力量)

問1 15(分)＝15×60(秒)＝900(秒)だから，掃除機の電力量は1200(W)×900(秒)＝1080000(J)である。また，3(分)＝3×60(秒)＝180(秒)だから，ケトルの電力量は，600(W)×180(秒)＝108000(J)である。電力量の合計は，1080000＋108000＝1188000(J)となる。

問2 300gのおもりにはたらく重力は3Nだから，仕事率は，3(N)×0.2(m)÷12(秒)＝0.05(W)となる。

基本 【3】 (光の性質－ガラス面での光の屈折)

光が空気中からガラスに入るときは，ガラスにより深く入る向きに屈折する。ガラスから出るときは，ガラス面に近づく向きに屈折する。そして，平行なガラスであれば，最初の光の向きと最後の光の向きは平行になる。

【4】 (仕事－動滑車や斜面を用いた仕事)

問1 質量800gの物体には8Nの重力がかかる。よって，Aで引く力も8Nであり，引き上げる仕事は8(N)×0.6(m)＝4.8(J)となる。

問2 Bでは動滑車を使っているので，Aの半分の4Nの力で引き上がるが，ロープを引く長さは0.6mの2倍で1.2mである。要した時間をt(秒)とすると，仕事率は4(N)×1.2(m)÷t(秒)＝0.6(W)より，t＝8.0秒となる。

問3 物体の重力のうち，斜面に沿った分力の大きさは，8：x＝120：60より，x＝4Nである。よって，斜面に沿って引く力も4Nである。

問4 Aの仕事は問1の通り4.8J，Bの仕事は4(N)×1.2(m)＝4.8(J)，Cの仕事は4(N)×1.2(m)＝4.8(J)であり，A＝B＝Cとなる。このように，道具や斜面を使っても使わなくても仕事が変わらないことを仕事の原理という。

【5】 (圧力－スポンジにかかる圧力)

問1 質量300gの物体には3Nの重力がかかる。

重要 問2 面Aの面積は20×10＝200(cm^2)であり，面Cの面積は20×6＝120(cm^2)である。面Aと面Cの面積が200：120＝5：3だから，圧力は逆比で3：5となる。よって，面Aを下にしたときの圧力は，面Cを下にしたときの圧力に比べ，3÷5＝0.6(倍)である。スポンジのへこむ深さは圧力の大きさに比例するので，スポンジのへこむ深さも0.6倍である。

やや難 問3 面Aの面積は20×10＝200(cm^2)であり，面Bの面積は10×6＝60(cm^2)である。面Aと面Cの面積が200：60＝10：3である。スポンジのへこむ深さが同じだから，圧力が同じである。だから，面積が10：3ならば，上に載っている重さも10：3である。面Bを下にしたときは砂袋を載せせておらず，力は3Nだけである。よって，面Aに砂袋を載せたときの力は10Nであり，質量1000gにあたる。直方体の質量が300gだから，砂袋の質量は1000－300＝700(g)である。

問4 誤りはウである。面積が大きくなれば圧力は小さくなり，両者は反比例の関係にある。

【6】 (気体の性質－各気体の製法と性質)

ア：正しい。酸素は空気より少し重く，他の物質と結びついて燃焼させる性質がある。

イ：正しい。二酸化炭素は水に少し溶けて酸性を示すため，青色リトマス紙は赤くなる。

ウ：誤り。うすい塩酸に石灰石を加えると，溶けて二酸化炭素が発生する。

エ：誤り。アンモニアは刺激臭があり，水にとてもよく溶けてアルカリ性を示す。

オ：正しい。二酸化マンガンのはたらきで過酸化水素が分解して，酸素が発生する。

【7】 (物質の性質－金属の特徴)

基本 (ア) 金属に共通する性質として，電流をよく通す，熱をよく伝える，たたくと広がる，引っ張ると延びるなどがある。しかし，磁石につくのは，鉄やニッケルなど，金属のうちでも一部である。

（イ） 密度は$1cm^3$あたりの質量である。求める値は，$\frac{135(g)}{50(cm^3)}=2.7(g/cm^3)$である。

（ウ） 炭素を中心とした化合物を有機物という。金属は炭素を含まない物質なので無機物である。

重要【8】 （分解－炭酸水素ナトリウムの分解）

炭酸水素ナトリウムは，加熱すると，炭酸ナトリウムと二酸化炭素と水に分解される。 ア：正しい。炭酸ナトリウムNa_2CO_3，二酸化炭素CO_2，水H_2Oいずれも，それぞれ2種類以上の原子からできているので，単体ではなく化合物である。 イ：誤り。炭酸ナトリウムは，水に溶けやすく，強いアルカリ性を示す。 ウ：誤り。炭酸水素ナトリウムの加熱で発生する気体は二酸化炭素である。 エ：正しい。化学変化では，原子の組合せは変わるが，全体の原子の種類と数は変わらない。 オ：誤り。この実験では分解が起こる。酸素と結びつく酸化は起こらない。

【9】 （水溶液－3種類の物質の溶解度）

（ア） 図6では，60℃の水100gに3種類の物質はどれも30g以上溶ける。しかし，40℃の水100gには，ミョウバンは約25gしか溶けないので，結晶が出てくる。

（イ） 40℃の水に溶ける量はミョウバンが約25gで最も少ないので，質量パーセント濃度も最も小さい。その値は$\frac{25}{100+25}\times100=20(\%)$となる。

【10】 （酸・アルカリ－酸とアルカリの水溶液）

ア：誤り。水に溶かしたときに，電離して水素イオンH^+を出すのが，酸の共通の特徴である。 イ：正しい。水に溶かしたときに，電離して水酸化物イオンOH^-を出すのが，アルカリの共通の特徴である。 ウ：誤り。フェノールフタレイン液は，酸性と中性で無色，アルカリ性で赤色となる。 エ：誤り。BTB液は，酸性で黄色，中性で緑色，アルカリ性で青色に変わる。また，酸性の水溶液は，赤色リトマス紙につけても色は変わらず，青色リトマス紙につけたときに赤色に変わる。 オ：正しい。pHは，7が中性で，7より小さいと酸性，大きいとアルカリ性である。

【11】 （植物の体のしくみ－花のつくり）

めしべにある胚珠は，受粉，受精のあと種子になる部分である。被子植物のアブラナの図では，胚珠はめしべの根元にあるCであり，子房に包まれている。一方，裸子植物のマツの図では，上側が雌花，下側が雄花であり，胚珠は雌花にあるDである。子房に包まれておらずむき出しである。

【12】 （植物のなかま－植物の種類と特徴）

1：正しい。コケ植物は種子をつくらず胞子で増え，根・茎・葉の区別がなく維管束もない。 2：誤り。タンポポは，多数の小さな花が集まっている。その小さな花では，5枚の花びらが合わさって1枚につながっており，被子植物のうち双子葉類の合弁花類に分類される。 3：正しい。イチョウは，胚珠が子房に包まれていない裸子植物である。 4：正しい。トウモロコシは，被子植物のうち単子葉類で，ひげ根，平行脈などの特徴がある。 5：正しい。アサガオは，5枚の花びらが合わさって1枚につながっており，被子植物のうち双子葉類の合弁花類に分類される。

【13】 （ヒトの体のしくみ－血液の循環）

問1 血管Aは，心臓から肺に向かう肺静脈である。体の各部から回収した二酸化炭素を多く含んだ静脈血が流れる。

問2 血液中で酸素を運ぶのは，ヘモグロビンを持つ赤血球である。二酸化炭素や栄養分，不用物を運ぶのは，液体の血しょうである。白血球は，病原菌を殺すなどのはたらきをする。

重要 問3 赤血球に含まれる色素のヘモグロビンは，肺胞のような酸素の多いところでは酸素と結びつき，体の各部などの酸素の少ないところでは酸素を離すことで，酸素を運ぶことができる。

【14】 (進化－セキツイ動物の特徴と進化)

(ア) 鳥類とホニュウ類は，気温が変化しても体温が一定の恒温動物である。その他の動物は，気温とともに体温も変化する変温動物である。

(イ) 卵生のうち，殻のない卵を水中に生むのは，魚類と両生類である。ハ虫類と鳥類は殻のある卵を陸上に生む。ホニュウ類は胎生である。

重要 (ウ) シソチョウは，羽毛でおおわれていたり翼があったりという鳥類の特徴を持っている。それに加え，かぎ爪のある長い指や長い尾，歯のようなハ虫類の特徴も持っている。

【15】 (細胞－細胞と細胞分裂)

問1 細胞の観察のとき，核や染色体を染める薬品は酢酸カーミン液や酢酸オルセイン液である。ベネジクト液は糖があることを確かめる薬品，ヨウ素液はデンプンがあることを確かめる薬品である。

問2 根の先端部分の細胞分裂は，通常の体細胞分裂なので，分裂前の染色体数と分裂後の染色体数は同じである。精細胞や卵細胞をつくる減数分裂のときに，染色体数は半分に減る。

【16】 (大地の動き－火山と火成岩)

1：誤り。地上に噴き出した火山では，マグマは急に冷えて固まるので，花こう岩のような深成岩は見られない。火山Aは粘りけの小さい玄武岩でできている。 2：正しい。火山Aでは，マグマが地上で急に冷えて固まるので，ルーペや顕微鏡で観察すると，斑状組織がみられる。このことは，火山Bや火山Cでも同じである。 3：正しい。Bの火山は粘りけの大きいマグマでできており，冷え固まるとセキエイやチョウ石が含まれる流紋岩ができる。 4：誤り。等粒状組織は，マグマが地下深部でゆっくり冷え固まるときにできるものであり，地上に噴き出した火山A～Cの岩石には見られない。 5：誤り。Cの火山は成層火山とよばれ，安山岩が多く見られ，玄武岩は必ず見られるとは限らない。ただし，富士山の溶岩など，玄武岩が多く見られる成層火山もある。

やや難 【17】 (大地の動き－地震波の伝わり方)

地点Aと地点Bの震源からの距離の差は，150－60＝90(km)であり，初期微動が始まった時刻の差は9時46分30秒－9時46分15秒＝15(秒間)である。よって，初期微動を起こすP波の伝わる速さは，90(km)÷15(秒)＝6(km/s)である。震源から地点Aまでの60kmをP波が伝わるのにかかる時間は，60(km)÷6(km/s)＝10(秒間)である。よって，地震の発生時刻は，A地点で揺れ始めた9時46分15秒よりも10秒前の，9時46分05秒である。

また，震源からの距離と初期微動継続時間の長さは比例する。地点Aの初期微動継続時間は，9時46分25秒－9時46分15秒＝10(秒間)である。だから，72kmの地点Cでの初期微動継続時間は，60：10＝72：xより，x＝12秒間となる。

【18】 (天気の変化－気象観測)

1：誤り。雲量0と1が快晴，2～8が晴れ，9と10が曇りである。 2：正しい。気温は，温度計に直射日光が当てず，高さはふつう地上1.5mが基準である。 3：正しい。風向は風が吹いてくる向きである。北から南へ吹く風の風向は北である。 4：正しい。気圧計にはいくつかのタイプがあるが，アネロイド式もその一つである。アネロイド式は，内部に真空部分があり，容器の変形の度合いから気圧を知るしくみである。 5：正しい。乾湿計では，水で湿らせたガーゼを巻いていない乾球温度計が気温をあらわす。

重要 【19】 (天気の変化－大気中の水蒸気)

室温が26℃なので，表から飽和水蒸気量は24.4g/m^3である。湿度が63％だから，空気中に実際に含まれている水蒸気量は，24.4×0.63＝15.372(g/m^3)となる。表を見ると，18℃の飽和水蒸気量とほぼ等しい。つまり，温度が18℃まで下がると，飽和水蒸気量に達して水滴ができ始める。

よって，実験で測定される露点は18℃である。

【20】（地層と岩石－地質断面図）

1：正しい。地層の逆転がない条件なので，下にあるB層群が古く，上にあるA層群が新しい。　2：正しい。A層群は，下からレキ→砂→泥の順であり，粒が小さくなっていく。陸の近くは海水の流れが速いので，粒の大きなレキしか堆積しない。陸から離れて流れが弱くなっていくと，粒の小さな泥が堆積する。よって，次第に深くなっていることを示す。　3：正しい。B層群とA層群の間は不整合の関係になっており，海底でできたB層群が一度陸地になって削られたことを示している。　4：誤り。アンモナイトは，中生代の代表的な示準化石である。アンモナイトはイカやタコのなかまで，広範囲の海に生息しており，水深数百mまでは生息していたとみられる。中生代の海は現在よりずっと温暖であったが，生息環境を絞るのは難しい。　5：正しい。B層群の断層は，断層面の上に乗っている左側のブロックがずり落ちており，両側から引っ張りの力がかかった正断層である。

★ワンポイントアドバイス★

1つの解答を出すのに，いくつかのことを考える必要がある。あせらず1つ1つていねいに解き進めよう。

<社会解答>

【1】 問1 [1] 2　問2 [2] 1　問3 [3] 4　問4 [4] 3　問5 [5] 5
問6 [6] 4　問7 [7] 2　問8 [8] 3

【2】 問1 [9] 2　問2 [10] 4　問3 [11] 1　問4 [12] 5

【3】 問1 [13] 3　問2 [14] 4　【4】 問1 [15] 2　問2 [16] 1　問3 [17] 2

【5】 問1 [18] 3　問2 [19] 5　【6】 [20] 2　【7】 [21] 1　【8】 [22] 4

【9】 [23] 2

○配点○

[1]～[5]，[13]，[14]，[19]　各5点×8　他　各4点×15　100点

<社会解説>

【1】（日本と世界の歴史―政治外交史，社会・経済史，日本史と世界史の関連）

問1　弥生時代には稲作とともに，青銅器や鉄器も伝わっている。渡来人が増えたのは古墳時代であり，2が誤りとなる。

基本　問2　図版Bは聖徳太子である。太子は，東アジアでの日本の立場を有利にし，隋の進んだ文化や制度を取り入れようと，607年小野妹子などを送って以来，数回にわたって遣隋使を送り，多くの留学生や僧を同行させた。

問3　図版Cは平安時代の「源氏物語」を描いた大和絵である。「風土記」がまとめられたのは奈良時代であるから，4が誤りとなる。

基本　問4　図版Dは足利義満である。彼は，京都の北山の別荘に金閣を建てた。また，明が倭寇の取り

締まりを求めてきたため，義満は倭寇を禁じるとともに，正式な貿易船に，明からあたえられた勘合という証明書を持たせ，朝貢の形式の日明貿易(勘合貿易)を始めた。アは雪舟，ウは北条泰時，エは織田信長のことで，それぞれ誤りとなる。

問5　5はプロテスタントのことであるので誤りとなる。

問6　図版Fは長崎の出島で，江戸時代に幕府が鎖国政策を行うためにつくったものである。当時は，オランダと中国のみ貿易が許されていた。アは鎖国が始まる前の朱印船貿易のことであるので誤り。イはコシャマインがシャクシャインの誤り。オは宋が清の誤りである。

重要　問7　図版Gは西南戦争(1877年)である。これ以前の出来事は，民撰議院設立建白書(1874年)と樺太・千島交換条約(1875年)である。大日本帝国憲法発布は1889年，関税自主権回復は1911年，中華民国成立は1912年である。

問8　図版Hは「ヨーロッパの火薬庫」と呼ばれたバルカン半島を示している。この半島にあるサラエボで，1914年，オーストリアの皇太子夫妻がセルビアの青年に暗殺されたのをきっかけとしてオーストリアはセルビアに宣戦し，まもなく各国も参戦して，ドイツ，オーストリア，トルコを中心とする同盟国と，イギリス，フランス，ロシアを中心とする連合国とに分かれて第一次世界大戦が始まった。

【2】 **(地理ー地形図)**

問1　地形図を考察すると，南部には鉄道があるが，西部には鉄道は見あたらない。

問2　地図記号を，一つ一つチェックすると，工場の地図記号がないのがわかる。

やや難　問3　等高線をたどってみると，25000分の1の地形図では，主曲線は10mごとにひかれているから，A地点とB地点の標高差は約50mとなる。

問4　本州四国連絡橋の中の1つである兵庫県(神戸)—徳島県(鳴門)ルートは，明石海峡大橋—淡路島—鳴門大橋で結ばれている。

【3】 **(日本の地理—地形・気候，諸地域の特色，産業)**

問1　Aは秋田市である。日本海側の気候で，冬の海から蒸発した水分を多く含む北西の季節風が山地にぶつかり，たくさん雪が降り，冬に降水量が多い。したがって，選択肢の中では3が該当する。

問2　Aは秋田県に属している。秋田県の農業産出額は約半数が米で占められている。したがって，4が正解である。1は高知県，2は青森県，3は宮崎県である。

【4】 **(地理—世界の地形)**

重要　問1　赤道は南アメリカのエクアドルを通っている。エクアドルとは赤道という意味である。

問2　アマゾン川流域では，先住民による焼畑農業が行われている。

問3　1はアンコールワット(カンボジア北西部)，2はコルコバードの丘(ブラジル・リオデジャネイロ)，3はサンタ・マリア・デル・フィオーレ大聖堂(イタリア・フィレンツェ)，4は万里の長城(中国北方)，5はオペラハウス(オーストラリア・シドニー)である。

【5】 **(公民ー憲法，政治のしくみ)**

問1　3は，憲法第96条にある改正の手続とその公布についての規定である。1は法律の制定や内閣総理大臣の指名などは国事行為ではないので，誤り。2は自衛隊は最低限の戦力ではないので，誤り。4は基本的人権は公共の福祉によって制限されることもありうるので，誤り。5は衆議院と参議院の説明が逆になっているので誤りとなる。

問2　自由権には，精神の自由，身体の自由，経済活動の自由の3つがあり，居住・移転・職業選択の自由は，経済活動の自由に属している。

【6】（公民ー政治のしくみ）

重要 法律案の議決ではなく，予算の先議権が衆議院の優越として認められているので，2が誤りとなる。

【7】（公民ー政治のしくみ）

弾劾裁判所を設置するのは内閣ではなく国会である。したがって，1が誤りとなる。

【8】（公民ー情報化社会，新しい人権，裁判所）

現代における情報リテラシーは，情報化社会において「正しく情報を読み解くこと，そして正しく情報を発信すること」である。現代における，プライバシーの権利とは，「他の人に知られたくないと思うのが当然だと思われるようなプライバシーについて，本人の同意なく，他の人が勝手に情報を収集したり取得したり，情報を保有して利用したり，第三者に開示したり提供されない」ということを意味する。最高裁判所は，法律などが合憲か違憲かについての最終決定権を持っており「憲法の番人」と呼ぶのにふさわしい地位にある。

【9】（公民ー家族と社会生活）

少子高齢化社会においては，核家族が増え，三世代世帯などは減少しているので，2が誤りとなる。

★ワンポイントアドバイス★

【4】⑯　焼畑農業は，森林伐採を伴うことが多いので，森林減少等の観点から地球温暖化の要因となっているという指摘がある。【5】⑲　経済活動の自由には，他に財産権の保障がある。

＜国語解答＞

【一】 問一　(a)　4　(b)　1　(c)　2　(d)　5　問二　3　問三　5　問四　2
問五　4　問六　1　問七　5　問八　3

【二】 問一　(a)　4　(b)　2　問二　3　問三　5　問四　2　問五　5　問六　1
問七　4

【三】 (ア)　4　(イ)　3　(ウ)　1　(エ)　2

【四】 (ア)　2　(イ)　4　(ウ)　1　(エ)　5

【五】 (ア)　3　(イ)　5　(ウ)　1

○配点○

【一】 問一　各2点×4　問二・問五　各4点×2　他　各5点×5
【二】 問一・問四　各4点×3　他　各5点×5　【三】～【五】　各2点×11　計100点

＜国語解説＞

【一】（随筆ー大意・要旨，内容吟味，文脈把握，脱文・脱語補充，漢字の読み書き，熟語，ことわざ・慣用句）

問一　(a)　機会　1　寄付　2　希望　3　起床　4　航空機　5　危険
(b)　迷惑　1　迷路　2　悲鳴　3　運命　4　加盟国　5　感銘

(c) 告白　1 克服　2 報告　3 時刻表　4 暗黒　5 穀物
(d) 批評　1 漂流　2 投票　3 目標　4 氷河　5 評判

問二　直前の「料理をつくるには，まず，材料集めが大切である。料理の腕前がどんなにすぐれていても，食えないような材料ではどうしようもない」から，「料理人」は「材料選び」に対して，どのような様子であるかを考える。1はめまいがする，2は視線がいろいろなものに向く，3はよしあしを見分ける能力を持っている，4は神経が高ぶって眠れなくなる，5は思慮分別をなくすほど好きという意味。

問三　同じ段落で「文章でも，おもしろいネタがあれば表現に凝ったりしない方がかえっておもしろい」，「はじめに」で始まる段落で「おもしろいことに，書く前にそれをほかの人に話したりすると，とたんに興味が失われる……人目にふれただけで材料の鮮度は落ちるような気がする」と，「鮮度のいい材料」が手に入って文章を書くときにどうするとよいのかが書かれている。1の「簡素な文章」や，2の「最小限の材料だけ」，3の「自分でよく考えて上質な表現を見つけ出したうえで」，4の「詩想がいっぱいになるのを待つ」とは言っていない。

やや難　問四　直後の文の「最終的にでき上がる料理を見越していかなくてはならないからである」を文章に置き換えて考えると，どのような文章になるのか目算をたてなくてはならない，ということになる。そのために必要なことを，直後の段落で「全体の調和をとるには最後はどうなるか。その見通しがはっきりしている必要がある。想像力がものを言う」と述べており，この内容を述べている2が適切。

基本　問五　直前の文の「題だけ与えて，さあ何でもいいから書いてごらん，などという」のは，どのようなことなのかを考える。同じ段落の「書きたいことがはっきりしないのに，文章を書こうというのは，材料なしに料理しようというようなもの」から，とてもできない要求という意味の4の「無理難題」を入れる。

やや難　問六　直後の段落に「ある人は，はじめから原稿用紙に書かないと調子が出ないと言う……大学ノートにまずざっと書いてみる。それをあとで原稿用紙へうつすのでないとうまくいかないと信じ込んでいる」とあるように，自分の好きなやり方で書けばいいということを「だれにも同じきまった手順と，自分だけのコツがあるものだ」と言っている。この内容を述べている1が適切。2の「差が生じる」，3の「自信を持つべき」，4の「最もよいやり方を見つけるべき」，5の「自分のやり方にこだわりすぎてはいけない」とは言っていない。

問七　直後の段落の「文章はそのままではまだ本当の味がわからない」，最終段落の「しばらくそっとしておいて，書いたときの興奮のすこしさめたところで見通して，これに修正を加える」から，「文章と料理と違うところ」を読み取る。文章は時間をおいて修正を加えるべきであるところが違うとしている5を選ぶ。他の選択肢は，「文章はそのままではまだ本当の味がわからない」にそぐわない。

重要　問八　「文章料理の上達には」で始まる段落の「毎日書いていれば，かなりの程度まではうまくなる」，「ある老詩人が」で始まる段落の「文章を書く苦労を吹き飛ばしてくれるのは〝おもしろかった〟というひとことである」に，3が最も適切。

【二】（論説文―大意・要旨，内容吟味，指示語の問題，接続語の問題，脱文・脱語補充，語句の意味，熟語）

問一　(a)「刷り込み」は，生まれたばかりの鳥類などが目の前を動く物体を親と思い込むことからできた言葉。　(b)「たんらくてき(だ)」と読む。「短絡」は，間の筋道をたどらずに，原因と結果を性急に結びつけてしまうこと。

問二　傍線部①「私たちの社会」について述べている部分を探す。同じ段落の「『あなたは損をしてはいけない』という教育が……刷り込まれている」を「損をせず成功するのがよいと見聞きすることが多い」，直後の段落の「日本の会社はこれまでの日本型経営からアメリカ型の株主重視経営への移行がすすみ」を「日本の会社の経営のあり方や働く人の意識が以前と変わっている」と言い換えて説明している3が適切。

問三　傍線部②に「そんな」とあるので，前に「最近の風潮」が書かれている。一つ前の段落の「まさに即物的で，近視眼的な物質主義……できるだけ自分はコストを払わずに，最大限の成果を得たいと思っている」や，直前の段落で挙げている具体的な例にふさわしいものは5。他の選択肢は「即物的で，近視眼的な物質主義」ではない。

基本　問四　「 ③ 毛感」で，何一つ実りのない感覚という意味になる漢字一字を入れる。

問五　「まだ半分あると思えば，次の一口もおいしく味わうことができる」という前に対して，後で「もう半分しかないと思えば，飲む楽しみなどよりもなくなったあとの不安のほうが強くなり」と相反する内容を述べているので，逆接の意味を表すものを入れる。

問六　前の「『全部飲みきったらなくなってしまう。そうしたら自分にはもう何もない。この水をなくしたら生きていけない』こんな不安にとらわれてしまうので」から，水をくれないかと頼まれても断る理由を読み取る。「不安にとらわれて」とある1を選ぶ。

やや難　問七　最終段落の「欠乏感にかられて損をしないように計算する愛は，楽しくないですね」について当てはまるものは4。1の「私たちが贅沢をしたいと思うようになった」は，「今，そこにある」で始まる段落の内容に合わない。2の「欲を持たないようにして」は，「これは『そんなに』で始まる段落の内容に合わない。3の「外的な問題が解決しない限り……楽しい愛を得られない」とは言っていない。最終段落の「コストを計算しないバカになれるかどうか」の「コスト」は，「物事にかかるコスト」ではない。

【三】（文と文節）

（ア）「ある」は「飾って」を補助している。　（イ）「誠実で」「優しい」と並べて述べている。
（ウ）「人通り」が「少ない」と考える。　（エ）「とても」は「上手に」を修飾している。

【四】（品詞・用法）

（ア）自立語で活用がなく「可能性」という体言を修飾しているので，連体詞。　（イ）自立語で活用がなく主語になれるので，名詞。　（ウ）自立語で活用がなく「安全な」という用言を修飾しているので，副詞。　（エ）付属語で活用があるので，形容詞。

【五】（ことわざ・慣用句）

（ア）幸福は，焦らずに時機を待て。　（イ）頭の中で考えただけで，実現する可能性がない。
（ウ）人から何度も聞くより自分の目で見る方がよくわかる。

★ワンポイントアドバイス★

漢字の読み書きや語句の意味，文法やことわざ・慣用句などの国語の知識で，確実に得点を重ねることが大切だ。普段から練習を重ねて，正確な知識を身につけることを心がけよう。

2020年度

★★★★★★★★★★★★★★★★★★★★★★★★

入　試　問　題

2020年度

桜丘高等学校入試問題

【数　学】（40分）　＜満点：100点＞

【注意】 定規・コンパス・分度器・計算機は使用してはいけません。

1　次の問いに答えなさい。

問1　$\left(-\frac{3}{2}\right)^2 \div (-0.75)^2 - \frac{2}{3}\left\{1-\left(-\frac{3}{2}\right)^2\right\}$ を計算し，答えを次の(1)～(5)より１つ選びなさい。　[解答番号1]

(1) $\frac{19}{6}$　(2) $\frac{10}{3}$　(3) $\frac{7}{2}$　(4) $\frac{29}{6}$　(5) $\frac{25}{3}$

問2　$\left(-\frac{y}{x^2}\right)^3 \times \left(\frac{x^2}{y^2}\right)^2 \div \left(-\frac{3y^2}{x}\right)^2$ を簡単にし，答えを次の(1)～(5)より１つ選びなさい。　[解答番号2]

(1) $-\frac{9y^3}{x^2}$　(2) $\frac{x^2}{9y^3}$　(3) $-\frac{6y^3}{x^2}$　(4) $-\frac{1}{6y^5}$　(5) $-\frac{1}{9y^5}$

問3　ab^2+b-b^3-a を因数分解し，答えを次の(1)～(5)より１つ選びなさい。　[解答番号3]

(1) $(a-b)(b-1)^2$　(2) $(a-b)(b^2+1)$　(3) $(a-b)(b-1)b$

(4) $(a-b)(b+1)(b-1)$　(5) $(a+b)(b^2-1)$

問4　$\sqrt{3}+2$ の整数部分を a，小数部分を b とするとき，a^2+ab+b^2 の値を求め，答えを次の(1)～(5)より１つ選びなさい。　[解答番号4]

(1) $4-2\sqrt{3}$　(2) $6+2\sqrt{3}$　(3) $10+\sqrt{3}$　(4) $7+4\sqrt{3}$　(5) $9+5\sqrt{3}$

問5　連続する３つの正の奇数がある。最小の数の２乗と最大の数の２乗の和は，真ん中の数の16倍より６小さい。最小の数を求め，答えを次の(1)～(5)より１つ選びなさい。　[解答番号5]

(1) 3　(2) 5　(3) 7　(4) 9　(5) 11

問6　２つの容器A，Bに濃度の異なる食塩水がそれぞれ600ｇ，400ｇ入っている。はじめに容器Aから容器Bへ食塩水を200ｇ移し，よく混ぜた後にBからAへ200ｇもどしてよく混ぜたら，Aには10％の食塩水ができた。その後A，Bの食塩水をすべて混ぜ合わせたら，8.4％の食塩水ができた。はじめに容器A，Bに入っていた食塩水の濃度をそれぞれ求め，答えを次の(1)～(5)より１つ選びなさい。　[解答番号6]

(1) $\begin{cases} A:14\% \\ B:4\% \end{cases}$　(2) $\begin{cases} A:12\% \\ B:3\% \end{cases}$　(3) $\begin{cases} A:3\% \\ B:12\% \end{cases}$　(4) $\begin{cases} A:6\% \\ B:4\% \end{cases}$　(5) $\begin{cases} A:4\% \\ B:6\% \end{cases}$

問7　x の変域 $0 \leqq x \leqq 6$ において，異なる２つの１次関数 $y=\frac{3}{2}x+m$，$y=nx+5$ の y の変域が一致するとき m，n の値を求め，答えを次の(1)～(5)より１つ選びなさい。　[解答番号7]

(1) $(m, n)=\left(-4, -\frac{3}{2}\right)$　(2) $(m, n)=\left(-\frac{3}{2}, -5\right)$　(3) $(m, n)=\left(-\frac{3}{2}, -4\right)$

(4) $(m, n)=\left(\frac{3}{2}, 5\right)$　(5) $(m, n)=\left(-5, \frac{3}{2}\right)$

問8　x の値が２から６まで増加するとき，２つの関数 $y=ax^2$ と $y=3x$ の変化の割合が等しくなるような a の値を求め，答えを次の(1)～(5)より１つ選びなさい。　[解答番号8]

(1) $a=\frac{1}{24}$　(2) $a=\frac{3}{8}$　(3) $a=\frac{1}{3}$　(4) $a=\frac{8}{3}$　(5) $a=24$

問9　4個の数字1，2，3，4のうち異なる3個を並べて，3桁の偶数は何個できるか求め，答えを次の(1)～(5)より1つ選びなさい。 [解答番号9]

(1)　6個　　(2)　10個　　(3)　12個　　(4)　18個　　(5)　24個

問10　右の図において，2直線 l，m は平行であり，五角形ABCDEは正五角形である。このとき，$\angle x$ の大きさを求め，答えを次の(1)～(5)より1つ選びなさい。[解答番号10]

(1)　47°　　(2)　50°　　(3)　61°　　(4)　72°　　(5)　83°

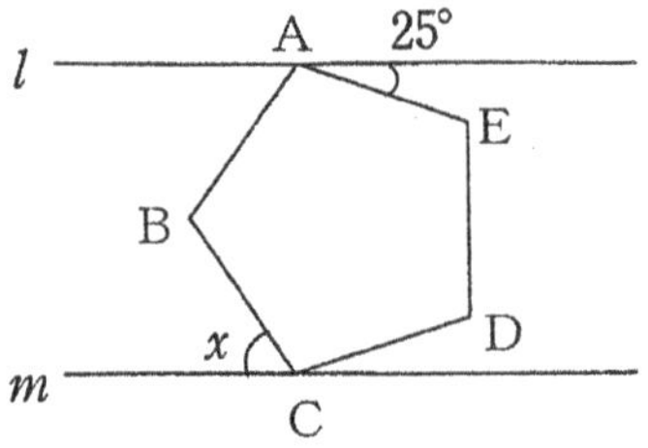

問11　右の図において，点A，B，C，Dは円周上の点で，∠AEB＝28°，∠AFB＝60°である。このとき，$\angle x$ の大きさを求め，答えを次の(1)～(5)より1つ選びなさい。 [解答番号11]

(1)　14°　　(2)　16°　　(3)　22°　　(4)　30°

(5)　32°

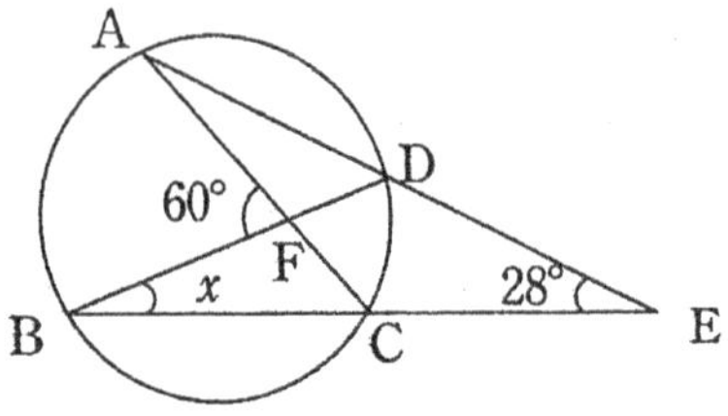

問12　右の図のような，底面の直径6，高さ4の円錐の体積を求め，答えを次の(1)～(5)より1つ選びなさい。ただし，円周率は π とする。 [解答番号12]

(1)　9π　　(2)　12π　　(3)　15π　　(4)　24π　　(5)　30π

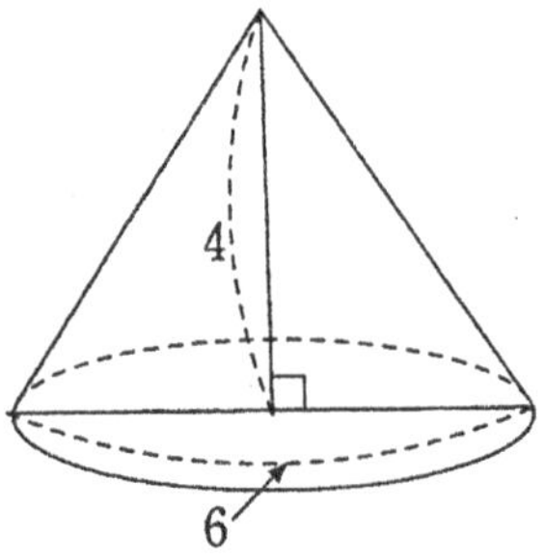

2　右の図のように，関数 $y = x^2$ のグラフ上に3つの点O（原点），A，Bがある平行四辺形OCBAがある。点Dは辺OCと放物線との交点であり，2点A，Bの x 座標はそれぞれ−4, 6である。このとき，次の問いに答えなさい。

問1　直線ABの式を求め，答えを次の(1)～(5)より1つ選びなさい。

[解答番号13]

(1)　$y = 2x + 24$　　(2)　$y = x + 20$

(3)　$y = 2x + 22$　　(4)　$y = x + 26$

(5)　$y = 2x + 28$

問2　2点C，Dの座標を求め，答えを次の(1)～(5)より1つ選びなさい。 [解答番号14]

(1)　$\begin{cases} C\,(14, 22) \\ D\,(2, 4) \end{cases}$　　(2)　$\begin{cases} C\,(12, 24) \\ D\,(1, 2) \end{cases}$　　(3)　$\begin{cases} C\,(12, 24) \\ D\,(2, 4) \end{cases}$

(4)　$\begin{cases} C\,(10, 20) \\ D\,(2, 4) \end{cases}$　　(5)　$\begin{cases} C\,(10, 20) \\ D\,(1, 2) \end{cases}$

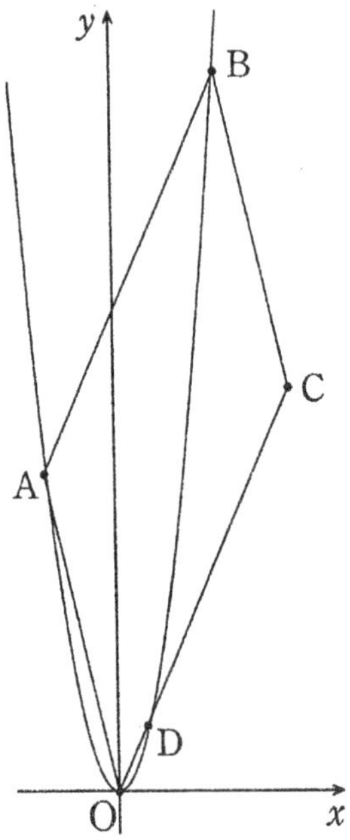

問３　点Ｄを通り，平行四辺形OCBAの面積を２等分する直線の式を求め，答えを次の⑴～⑸より１つ選びなさい。　[解答番号⑮]

⑴　$y=7x-24$　⑵　$y=14x-24$　⑶　$y=14x-20$
⑷　$y=-7x+20$　⑸　$y=-14x+24$

3　右の図のように平行四辺形ABCDの辺AB，BC上にそれぞれ AP：PB＝２：３，BQ：QC＝１：３ となる点Ｐ，Ｑがある。Ｐを通りADに平行な直線と対角線BDとの交点をＥとし，PQとBDの交点をＲとする。このとき，次の問いに答えなさい。

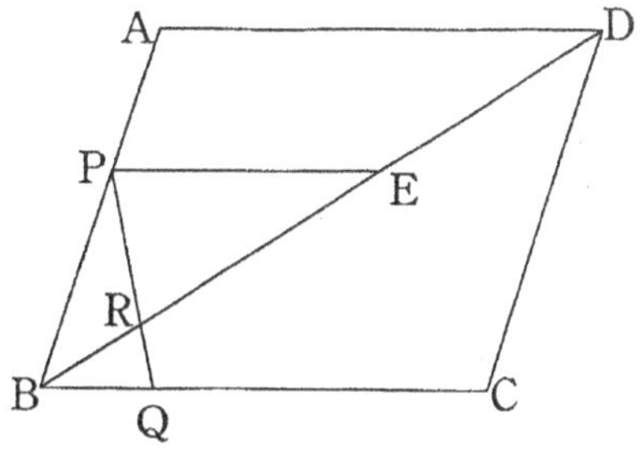

問１　PE：AD を求め，答えを次の⑴～⑸より１つ選びなさい。　[解答番号⑯]

⑴　５：６　⑵　３：４　⑶　２：３　⑷　４：５　⑸　３：５

問２　△AEDと△PBEの面積の比を求め，答えを次の⑴～⑸より１つ選びなさい。　[解答番号⑰]

⑴　10：９　⑵　５：３　⑶　８：５　⑷　９：７　⑸　11：10

問３　PR：RQ を求め，答えを次の⑴～⑸より１つ選びなさい。　[解答番号⑱]

⑴　３：１　⑵　８：３　⑶　12：５　⑷　14：９　⑸　10：７

【英　語】（40分）　＜満点：100点＞

【１】 リスニング問題

<Part 1>

No.1 〔解答番号1〕

No.2 〔解答番号2〕

<Part 2>

No.3 〔解答番号3〕

1. It isn't popular.
2. The restaurant is small.
3. It is cheap.
4. The food is nice.
5. The restaurant is a little far.

No.4　1. At a school in Kyoto.　〔解答番号4〕
2. At his high school and college.
3. At Ann's house.
4. At a school in Japan.
5. At his Japanese family's house.

No.5　1. She couldn't go to the library.　〔解答番号5〕
2. She couldn't borrow any books.
3. She forgot a book about the president of the United States.
4. She lost her library card.
5. She should go back to the library tomorrow.

メモ欄

リスニング問題の解答が終わりしだい，引き続き問題冊子のページをめくり，筆記問題に入ってください。

＜リスニング問題 2020［放送用原稿］＞

≪放送用問題文≫

受験生のみなさんは，問題用紙を開いてください。［1］番のリスニング問題を見てください。
ただ今からリスニングテストを行います。このテストは，Part 1，Part 2 の2部からなります。
Part 1は2題，Part 2は3題出題されます。Part 1，Part 2の全ての問いについて，放送される英文は問題冊子に表示されていません。英文はそれぞれ1度しか読まれません。それぞれの解答時間は10秒です。また，放送を聞きながらメモを取っても構いません。
それではPart 1 から始めます。
テスト問題にあるNo.1，No.2の写真を見てください。No.1，No.2でそれぞれ5つの英文が放送されます。写真の内容を最もよく表している文を，それぞれの選択肢1～5より1つ選び，その番号を解答用紙の所定欄にマークしなさい。では，始めます。

<Part 1>

No.1　1. The two men are clapping their hands.
2. The two men are looking for the newspaper.
3. The two men are using their cell phones.
4. The two men are looking at the computer.
5. The two men are laughing in front of the computer.

No.2　1. There is a calendar on the wall.
2. A bag and some papers are on the desk.
3. All the seats are empty.
4. There are four cups on the bookcase.
5. The view from this room is wonderful.

続いてPart 2の問題に移ります。この問題では英語による会話やナレーションが流れます。その内容について1題ずつ英語で質問が読まれます。

その質問に対する答えとして最も適切なものを，それぞれの選択肢1～5より1つ選び，その番号を解答用紙の所定欄にマークしなさい。では，始めます。

<Part 2 >

No.3 Mike: Hey, Lucy, let's go and get something to eat.

Lucy: OK, Mike. Let's go to the Italian restaurant on 7th Street. It's always crowded because it's very popular.

Mike: Sounds great, but isn't it expensive?

Lucy: A little, but the food tastes really good.

Question: What does Lucy think of the Italian restaurant?

1. It isn't popular.
2. The restaurant is small.
3. It is cheap.
4. The food is nice.
5. The restaurant is a little far.

No.4 Ann: Do you like studying Japanese, Jack?

Jack: Yes. I studied it for two years in high school and one year in college.

Ann: Have you ever been to Japan?

Jack: No, but I'm going to stay with a Japanese family in Kyoto next month. Do you want to go there with me, Ann?

Ann: I'm sorry I can't.

Question: Where did Jack study Japanese?

1. At a school in Kyoto.
2. At his high school and college.
3. At Ann's house.
4. At a school in Japan.
5. At his Japanese family's house.

No.5 Yesterday Judy went to the library to look for a book about the president of the United States. But Judy left her library card at home, so she couldn't borrow any books. She has to go to the library again today.

Question: What was Judy's problem?

1. She couldn't go to the library.
2. She couldn't borrow any books.
3. She forgot a book about the president of the United States.
4. She lost her library card.
5. She should go back to the library tomorrow.

それでは時間です。リスニングテストは以上で終わりです。引き続き問題冊子のページをめくり，筆記問題に入ってください。

【2】 次の英文の意味が通るように，（ ）内に入る最も適切なものを，それぞれの選択肢1～5より1つ選び，その番号を解答用紙の所定欄にマークしなさい。

問1 Bill is ( ) in music. He often plays the guitar. 〔解答番号6〕

1. important 2. fast 3. interested 4. hard 5. surprised

問2 Jack was sick yesterday, so he went to the hospital to see ( ). 〔解答番号7〕

1. a trainer 2. a doctor 3. a lawyer 4. a singer 5. a writer

問3 I read five books during summer vacation. One of them was ( ) by a famous soccer player. 〔解答番号8〕

1. writes 2. wrote 3. writing 4. written 5. write

問4 How was the movie ( ) you watched last week? 〔解答番号9〕

1. what 2. who 3. when 4. this 5. which

問5 The boy ( ) pictures over there is my brother. 〔解答番号10〕

1. taking 2. take 3. takes 4. took 5. taken

問6 We have known each other ( ) we were children. 〔解答番号11〕

1. for 2. until 3. since 4. before 5. in

問7 ( ) an emergency, please call me at this number. 〔解答番号12〕

1. In front of 2. More than 3. Be afraid of 4. In case of
5. Instead of

【3】 次の会話文を完成させるために，(13) から (17) に入る最も適切なものを，それぞれの選択肢1～5より1つ選び，その番号を解答用紙の所定欄にマークしなさい。

問1 A：How long will you stay in America? 〔解答番号13〕
B：(13) Then I'm going to visit Canada.

1. At two o'clock. 2. Tomorrow. 3. For three days.
4. After school today. 5. Three years ago.

問2 A：It takes 20 minutes from Toyohashi Station to Sakuragaoka High School.
B：(14) 〔解答番号14〕
A：No.5. It stops in front of the Sakuragaoka High School.

1. How much is it? 2. Which bus should we take?
3. How many stops from here? 4. What time will we get there?
5. How can I get there?

問3 A：Did you know he bought a cat? 〔解答番号15〕
B：Yes. (15) I thought he didn't like cats.

1. I was surprised to hear that.
2. I like cats better than dogs.
3. I have never been there.
4. I was happy that I could get a cat.
5. I saw him two hours ago.

問4　A：Excuse me. Could you tell me the way to the bookstore?　〔解答番号16〕
B：Of course. Go down this street, and turn right at the second corner. (　16　)

1. I'm ready to read the book.
2. That is a great book.
3. You can see it on your right.
4. Take the bus for the station.
5. That's sold in the bookstore.

問5　A：I'm home now, Mom. I'm very tired.　〔解答番号17〕
B：Do you need something to eat? We have some chocolates.
A：(　17　) I like chocolates.
B：Okay, I will bring some.

1. I don't think so.
2. Here you are.
3. Yes, please.
4. No, thank you.
5. Please help yourself.

【4】 次のEメールの文章を読み，あとの問いに対する答えとして最も適切なもの，または文を完成させるのに最も適切なものを，それぞれの選択肢1～5より1つ選び，その番号を解答用紙の所定欄にマークしなさい。なお，＊の付いている語句には，あとに【注】がついています。

From: Mariko Takanashi *<mariko_t@htta.co.jp>
To: Emily Wilson *<emilywilson@htta.co.uk>
Date: January 26(Saturday), 2019　10:22
*Subject: how to make a pie

Dear Emily,
Hello. How are you? Do you remember me? I'm Mariko. It's already been about two years since I studied English in London. Now I teach English at a high school in Toyohashi. Our school has a lot of club activities, and the drama club won the first prize last December. So we'll hold a special party to celebrate their performance on February 9. Could you tell us how to make cherry pies and onion soup your mother always cooked? Your mother's dishes taste delicious, so I like them very much. I'm looking forward to *hearing from you.
Mariko

From: Emily Wilson <emilywilson@htta.co.uk>
To: Mariko Takanashi <mariko_t@htta.co.jp>
Date: January 26(Saturday), 2019　17:42
Subject: Re: how to make a pie

Dear Mariko,
Thank you for your e-mail. Of course, I remember you! It has been a long time. I'm now working as an interpreter in a company. And I have great news for you! I'm going to stay in Japan *on business for a few weeks next month! I'm coming back to London on February 20, so I think I can help you during my stay in Japan. February 8 is the best time for me. Do you think this will be all right?
I can make onion soup easily but I've never baked my mom's pie. And I also wonder how I can get nice cherries in Japan in February. I think the best season for Japanese cherries is spring.
Emily

From: Mariko Takanashi <mariko_t@htta.co.jp>
To: Emily Wilson <emilywilson@htta.co.uk>
Date: January 27(Sunday), 2019　9:12
Subject: Re:Re: how to make a pie

Dear Emily,
Wow, that's great news!　I've really wanted to see you again!　Let's meet at Toyohashi Station at 10 o'clock on February 8.
Of course, you're right.　Japanese cherries are the most delicious in April, but don't worry.　We know a very famous farmer and I believe we can get delicious cherries any time.　These days, *homemade pies are very popular in Japan, so I'm excited to know how to make it.　If you have any questions, please send me an e-mail.
See you soon,
Mariko

【注】 <mariko_t@htta.co.jp>　タカナシ マリコのＥメールアドレス
<emilywilson@htta.co.uk>　エミリー・ウィルソンのＥメールアドレス　Subject　題
hearing from < hear from ～　（～から連絡をもらう）の ing 形　on business　仕事で
homemade　手作りの

問1　What does Mariko do?　〔解答番号18〕
1. She bakes cherry pies and makes onion soup to sell.
2. She teaches English in London.
3. She works at a high school in Japan.
4. She has a Japanese restaurant.
5. She works as an interpreter in a company.

問2　Mariko wants Emily to　〔解答番号19〕
1. eat at a Japanese restaurant with her.
2. visit a very famous farmer to get delicious cherries.
3. come to a special party in London.
4. tell her about how to cook homemade dishes.
5. send her students a letter in English.

問3　When will Mariko meet Emily?　〔解答番号20〕
1. On January 27.　2. On February 8.
3. On February 9.　4. On February 10.
5. On February 20.

問4　Why is Emily worried first?　〔解答番号21〕
1. She has to buy all the Japanese food.
2. She isn't able to get delicious Japanese cherries.
3. She has never had a pie before.
4. She doesn't speak Japanese well.
5. She has a lot of work to do.

問5　本文の内容と合うものを1つ選びなさい。　〔解答番号22〕

1. The drama club won the Nobel Peace Prize.
2. Emily is sad because Mariko can't come to the party.
3. Mariko has baked a cherry pie with Emily before.
4. Mariko is interested in Emily's company.
5. Homemade pies are very popular in Japan.

【5】 次の英文を読み，あとの問いに答えなさい。なお，＊印のついている語句には，あとに【注】がついています。

When Mayuko was an elementary school student, she liked taking music lessons. The music teacher, Mr. Kato, played the piano as the children sang and danced.

When Mayuko was thirteen, she visited her uncle, Takashi. She began to work at his cafeteria to help him. ① Takashi had only one child, Masao.

One day, Takashi took Mayuko and Masao *for a walk in the forest near his house. *While they were walking along the *path in the dark forest, they found something *covered with dead leaves. They didn't see what it was *at first but finally Masao said, "It's a piano! It's an old piano!" Takashi said, "Someone left this here because it was no longer needed." Mayuko tried playing the piano a little. It created a nice sound. They were all surprised.

Since then, Mayuko often visited the piano alone to play after helping Takashi with his work. When she closed her eyes, she remembered the *movements of Mr. Kato's fingers. She came to play the piano many times, and then she was able to play better than before.

One day Masao was studying in his room. He heard a little sound, like a piano, from out of the window. He found that it was coming from the forest. The sound was heard almost every evening for several weeks, and became better. He said to himself, "That's wonderful. Who is playing that?" He *followed the sound and it took him to the piano, and there he found that Mayuko was playing it. He was surprised. After that Mayuko played there every day to make Masao happy.

When she was fifteen years old, she stopped going to the forest to play the piano. She had to study harder to prepare for the test to enter high school ② but she couldn't forget the piano in the forest. Then she had a good idea. She thought, "When I have free time, I will draw piano *keys on a piece of paper and use them like a piano." She practiced with it every day.

The next spring, Mayuko became a high school student. She visited the forest with Masao again. The piano was still there without any *changes. She started to play the piano. ③ Masao was surprised to hear that she was playing better than before.

Masao and Mayuko went to the elementary school to see Mr. Kato. When he listened to Mayuko's piano playing, he thought she *could be a great musician someday. Mr. Kato began teaching the piano to Mayuko. He said, "I hope your piano playing will make many people happy."

She played the piano in a music contest for the first time, and she won. However, she didn't choose to be a musician. She played in another contest and then became a music teacher at a school to teach children how nice playing music is. She has never seen Masao since the second contest. But when she plays the piano, she always wants to thank Masao, everyone she met, and the old piano.

【注】 for a walk　散歩をしに　　while　～の間　　path　小道
covered with dead leaves　枯葉に覆われて　　at first　初めは
movements < movement（動き）の複数形　　followed < follow（たどる）の過去形
keys < key（鍵盤）の複数形　　changes < change（変化）の複数形　　could　かもしれない

問1　下線部①から分かることとして最も適切なものを，選択肢1～5より1つ選び，その番号を解答用紙の所定欄にマークしなさい。〔解答番号23〕

1. Mayuko's uncle had a daughter.
2. Mayuko's uncle was Masao's brother.
3. Masao had only one child.
4. Masao had a younger brother.
5. Mayuko's uncle didn't have a daughter.

問2　下線部②とほぼ同じ意味を表すように，次の英文の空欄に入る最も適切なものを，選択肢1～5より1つ選び，その番号を解答用紙の所定欄にマークしなさい。〔解答番号24〕

but she wanted to ________ .

1. clean the old piano in the forest
2. listen again to the piano that Mr. Kato played
3. play the old piano in the forest again
4. listen again to the old piano that her uncle played
5. see the movements of Mr. Kato's fingers playing the old piano

問3　下線部③について，次の質問の答えとして最も適切なものを，選択肢1～5より1つ選び，その番号を解答用紙の所定欄にマークしなさい。〔解答番号25〕

Question: What was Masao surprised by?

1. Mayuko's cry.
2. The new piano there.
3. Mayuko's voice.
4. The piano keys on the paper.
5. Mayuko's piano playing.

問4　本文の内容に合うものとして最も適切なものを，選択肢1～5より1つ選び，その番号を解答用紙の所定欄にマークしなさい。〔解答番号26〕

1. The piano in the forest was moved to Mayuko's home soon after she found it.
2. Mayuko was able to play the old piano very well when she found it.
3. Masao knew Mayuko was playing the piano in the forest before he saw her play.
4. Mayuko practiced the piano by using a picture of piano keys in the forest.
5. Mayuko teaches music at school to show children the fun of playing music.

問5　英文の内容に関して，次のア～オの出来事が，起こった順に正しく並んでいるものを，選択肢1～5より1つ選び，その番号を解答用紙の所定欄にマークしなさい。　〔解答番号27〕

ア　Mayuko played on piano keys she drew on a piece of paper.
イ　Mayuko first won a music contest.
ウ　Mr. Kato told Mayuko that she should play for many people.
エ　Mr. Kato played the piano and Mayuko sang and danced in the music lesson.
オ　Mayuko found an old piano in the forest.

1. オ → ア → エ → イ → ウ
2. ア → オ → エ → ウ → イ
3. エ → オ → ア → ウ → イ
4. ア → オ → エ → イ → ウ
5. エ → オ → ウ → ア → イ

問6　次の文はMasaoがMayukoとの想い出を日記のようにノートに書きしるしたものである。（ア）～（エ）内に入る最も適切なものを，それぞれの選択肢1～5より1つ選び，その番号を解答用紙の所定欄にマークしなさい。なお，＊印のついている語句には，あとに【注】がついています。

When I was fourteen years old, my cousin, named Mayuko, often came to my house to help my father with the work in his cafeteria. One day I was doing math homework in my room when I heard the sound of a piano from outside. It sometimes stopped and started again. But it became better some weeks （ ア ）. I had to see who was playing and I went to the forest. I was very surprised （ イ ） I saw who was playing the piano. It was Mayuko! She played the piano very *beautifully. I asked her to play for me. Every day *as soon as I came home from school, I went to （ ウ ） to listen to her piano playing. Though I didn't know whose songs they were at that time, I loved them very much. Maybe her piano playing was good enough for many people to enjoy the songs she played. Even now, every year, when I come near the forest, I remember the days with Mayuko. I have heard she won some piano contests since then. I've not seen her for a long time. I don't know （ エ ） she is or what she is doing now. It's just my wonderful memory.

【注】 beautifully　素晴らしく　　as soon as ～　～するとすぐに

（ア） 1. ago　2. before　3. back　4. over　5. later　〔解答番号28〕
（イ） 1. though　2. when　3. at　4. if　5. before　〔解答番号29〕
（ウ） 1. Mayuko's house　2. Takashi's cafeteria　3. the forest
4. Mr. Kato's room　5. the elementary school　〔解答番号30〕
（エ） 1. where　2. who　3. when　4. which　5. if　〔解答番号31〕

【理　科】（30分）　＜満点：100点＞

【1】 図1のような装置を使って，電熱線aの両端に加わる電圧の大きさと，流れる電流の大きさを測定する実験を行った。その後，電熱線aを電熱線bに変えて同様に調べた。下の表は実験の結果である。次の各問いの答えの組み合わせとして，正しいものを1～5より1つ選び，答えなさい。

〔解答番号1〕

図1

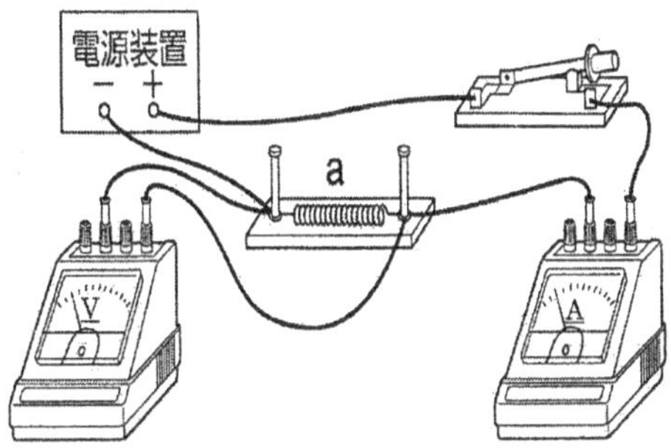

電圧〔V〕		0	1.0	2.0	3.0	4.0	5.0
電流〔A〕	電熱線a	0	0.05	0.10	0.15	0.20	0.25
	電熱線b	0	0.04	0.08	0.12	0.16	0.20

問1　電熱線aの抵抗は何Ωか。

問2　電熱線a，bでは，どちらのほうが電流が流れにくいか。

問3　電熱線aに6.0Vの電圧を加えたとき，電熱線aに流れる電流は何Aか。

問4　電熱線bに0.4Aの電流が流れたとき，電源の電圧は何Vか。

	問1	問2	問3	問4
1	20Ω	a	0.3A	100V
2	20Ω	b	0.3A	10V
3	20Ω	b	0.5A	100V
4	25Ω	a	0.5A	10V
5	25Ω	a	0.5A	100V

【2】 次の各問いの答えの組み合わせとして，正しいものを1～5より1つ選び，答えなさい。

〔解答番号2〕

問1　100Vの電圧をかけ，0.3mAの電流を流したときの電力は何Wか。

問2　40Wの電球を2時間，1500Wの電子レンジを3分間使うときの電力量の合計は何Jか。

	問1	問2
1	30W	9300J
2	0.03W	155J
3	30W	558000J
4	0.03W	558000J
5	0.03W	9300J

【3】 次の文章の中で，作用・反作用の力の関係が利用されていない事例を１～５より１つ選び，答えなさい。 〔解答番号3〕

1. ロケットは，噴射したガスで上昇する。
2. 机の上に置いてある本が，静止したままである。
3. 人がより高くジャンプするには，地面をより強く蹴れば良い。
4. 人が泳ぐ湯合，足ヒレを付けた方が速く泳ぐことが出来る。
5. ヘリコプターは，プロペラを回すことで，空中に浮くことが出来る。

【4】 次の仕事に関する記述のうち，誤っているものを１～５より１つ選び，答えなさい。 〔解答番号4〕

1. 物体に力を加えて，その方向に物体を動かしたとき，その力は物体に仕事をしたという。
2. ジュールは仕事を表す単位である。
3. 同じ仕事をする場合，道具を使っても，道具を使わなくても，仕事の大きさは変わらない。
4. 同じ仕事をする場合，物体を動かす際，斜面を利用したり，てこを使ったりすると物体に加える力の大きさは小さくなるが，物体に力を加える距離は大きくなる。
5. 同じ仕事をする場合，仕事をした時間が長いほど仕事率は大きくなる。

【5】 図２に示したＡ，Ｂの方法で，質量２kgの物体を３mの高さまで引き上げた。ただし，100gの物体にはたらく重力の大きさを１Ｎとし，ひもや動滑車の質量，摩擦は考えないものとする。次の各問いの答えの組み合わせとして，正しいものを次のページの１～５より１つ選び，答えなさい。 〔解答番号5〕

図２

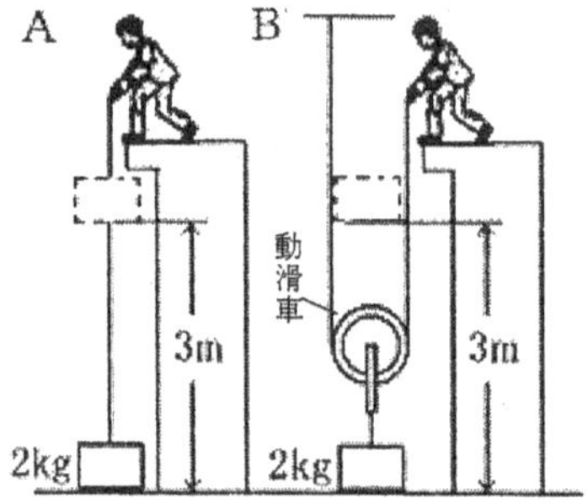

問１　ＡとＢで，ひもを引く力の大きさの大小関係はどうなるか。記号（＝，＞，＜）の中から適当なものを用いて表しなさい。

問２　ＡとＢで，ひもを引く距離の大小関係はどうなるか。記号（＝，＞，＜）の中から適当なものを用いて表しなさい。

問３　ＡとＢで，人のした仕事の大小関係はどうなるか。記号（＝，＞，＜）の中から適切なものを用いて表しなさい。

問４　ＡとＢの仕事率を調べたところ，Ｂでの仕事率はＡでの仕事率の５倍であった。このとき，３mの高さまで引き上げるには，Ａで要する時間はＢで要する時間の何倍か。

問５　Ｂの方法で，Ｂの仕事と同じ値を示すものをあとのア～エの中から２つ選び，記号で答えなさい。

ア．質量200 g の物体を30m持ち上げたときの仕事

イ．質量 4 kgの物体を0.15m持ち上げたときの仕事

ウ．密度1.2 g / cm^3の物体100cm^3を50m持ち上げたときの仕事

エ．密度8.0 g / cm^3の物体100cm^3を75m持ち上げたときの仕事

	問1	問2	問3	問4	問5
1	A>B	A<B	A=B	5倍	アとエ
2	A>B	A<B	A=B	5倍	アとウ
3	A=B	A>B	A<B	5倍	アとウ
4	A<B	A=B	A<B	3倍	ウとエ
5	A<B	A<B	A>B	3倍	ウとエ

【6】 次の文章ア～オは5種類の気体とその捕集方法について述べたものである。ア～オの中に正しい文章が2つある。その組み合わせとして，正しいものを1～5より1つ選び，答えなさい。

〔解答番号6〕

ア．酸素は水に溶けにくいので水上置換法で集める。

イ．窒素は水に溶けやすく，空気より軽い気体なので上方置換法で集める。

ウ．水素は水上置換法でしか集めることができない。

エ．塩素は水に溶けやすく空気より重い気体なので下方置換法で集める。

オ．二酸化炭素は水上置換法，上方置換法どちらの方法でも集めることができる。

1．アとエ　　2．アとオ　　3．イとウ　　4．イとオ　　5．ウとエ

【7】 次の文章ア～オの中に誤った文章が2つある。その組み合わせとして，正しいものを1～5より1つ選び，答えなさい。　〔解答番号7〕

ア．分子はそれ以上分けることのできない小さな粒子である。

イ．原子にはその種類ごとに決まった質量がある。

ウ．金や銅などの金属は分子をつくらない。

エ．水，アンモニア，塩化ナトリウムはすべて分子からなる物質である。

オ．１種類の原子からできている物質を単体という。

1．アとエ　　2．アとオ　　3．イとエ　　4．イとオ　　5．ウとエ

【8】 次のページの文章の空欄（ア）～（ウ）に適する数値・語句の組み合わせとして，正しいものをあとの1～5より1つ選び，答えなさい。下の表は銅と酸素が化合するときの，銅と酸素の質量と生じた酸化銅の質量の関係を示したものである。　〔解答番号8〕

銅の質量（g）	0	0.40	0.80	1.20	1.60	2.00
酸素の質量（g）	0	0.12	0.18	0.30	0.38	0.50
酸化銅の質量（g）	0	0.52	0.98	1.50	1.98	2.50

銅と酸素が化合すると酸化銅が生成する。表より銅と酸素の質量の割合は，およそ（　ア　）で結合しているのがわかる。よって銅1.0 gと反応する酸素の質量は（　イ　）gとなる。また，実験結果から化学変化の前後で物質全体の質量は変わらない。これを（　ウ　）の法則という。

	ア	イ	ウ
1	4：1	0.33	エネルギー保存
2	4：1	0.25	質量保存
3	4：1	0.25	エネルギー保存
4	5：1	0.33	質量保存
5	5：1	0.25	質量保存

【9】 次の文章は，イオンについて述べたものである。正しいものを1～5より1つ選び，答えなさい。
〔解答番号9〕

1. 原子がイオンになるとき，陽イオンは電子を受けとり，陰イオンは電子を放出することによって生成する。
2. ＋の電気を帯びた粒子を陰イオン，－の電気を帯びた粒子を陽イオンという。
3. 原子がイオンになるとき，やりとりする電子の数を価数という。
4. Na^{+}はナトリウムイオン，Cl^{-}は塩素イオン，Ca^{2+}はカルシウムイオンである。
5. イオンは必ず1種類の原子からできている。

【10】 ミョウバンの溶解度を調べたところ，水100 gに60℃で60 g，20℃で12 gであった。この結果をもとに，次の文章の空欄（ア）～（ウ）に適する数値の組み合わせとして，正しいものを1～5より1つ選び，答えなさい。
〔解答番号10〕

60℃の水50 gにミョウバン25 gを溶かすと，飽和水溶液になるまでにあと（　ア　）gのミョウバンが溶ける。また，もとの水溶液の温度を20℃まで下げると（　イ　）gのミョウバンが溶けきれず結晶として現れる。60℃のミョウバンの飽和水溶液の質量パーセント濃度は約（　ウ　）%である。

	ア	イ	ウ
1	5	19	38
2	35	19	38
3	5	13	33
4	35	13	38
5	5	19	33

【11】 次の文章の空欄（ア）～（ウ）に適する語句の組み合わせとして，正しいものを次のページの1～5より1つ選び，答えなさい。
〔解答番号11〕

葉の表皮には，細長い2つの細胞が向かい合っているところがある。2つの細胞にはさまれた穴を（　ア　）という。根から吸い上げられた水は，おもに植物の体から水蒸気として放出される。この現象を（　イ　）という。植物は，葉の（　ア　）を通して（　イ　）を行う。一般に，（　ア　）の数は葉の（　ウ　）に多い。

	ア	イ	ウ
1	気孔	蒸発	裏より表
2	孔辺細胞	蒸散	裏より表
3	葉緑体	拡散	先端部分
4	孔辺細胞	蒸発	先端部分
5	気孔	蒸散	表より裏

【12】 図３のように．A，B，C，D，４本の試験管を用意し，A，Cにデンプン溶液とだ液，B，Dにデンプン溶液と水を入れた。次にA，Bを80℃の湯に，C，Dを40℃の湯にそれぞれ入れた。約10分間放置したあと，ヨウ素液を数滴加えて色の変化を調べた。結果と考察で誤っているものを１～５より１つ選び，答えなさい。

〔解答番号12〕

図３

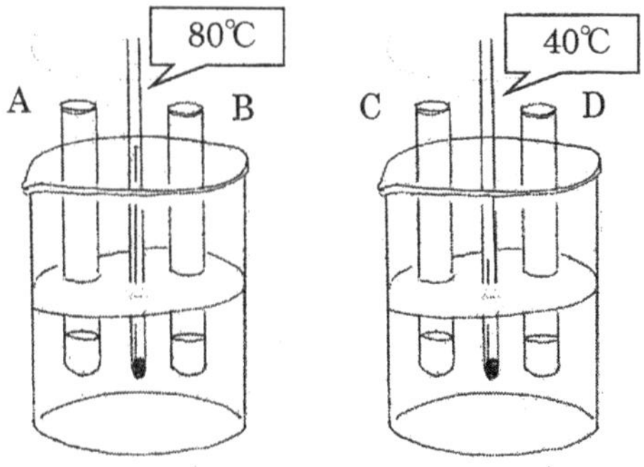

1. Aの試験管は青紫色に変化した。
2. Bの試験管は青紫色に変化した。
3. Cの試験管は青紫色に変化した。
4. Dの試験管は青紫色に変化した。
5. この実験によってだ液中の酵素がはたらかなくなる温度があることが分かった。

【13】 次の各問いの答えの組み合わせとして，正しいものを１～５より１つ選び，答えなさい。

〔解答番号13〕

問１．動物の運動は何と何のはたらきによって行われるか。

ア．骨格と筋肉　　イ．運動神経と感覚神経　　ウ．中枢神経と末しょう神経

問２．外界からのさまざまな刺激を受けとる体の各部分を何というか。

ア．中枢神経　　イ．視聴覚　　ウ．感覚器官

問３．刺激に対して意識と関係なく起こる反応を何というか。

ア．運動神経　　イ．反射　　ウ．刺激行動

	問１	問２	問３
1	ア	ウ	イ
2	イ	ア	イ
3	ウ	イ	ウ
4	ア	ウ	ウ
5	イ	ア	ア

【14】 メンデルが調べたエンドウの種子の形の遺伝のしかたについて，次の各問いの答えの組み合わせとして，正しいものを1～5より1つ選び，答えなさい。 〔解答番号[14]〕

問1．エンドウの種子の形は，親から子へと遺伝する。種子の形は丸い種子としわの種子いずれかしか現れない。この丸としわのように，どちらか一方しか現れない形質どうしを何というか。

ア．対立形質　　イ．獲得形質　　ウ．独立形質

問2．親の代の遺伝子は，生殖細胞ができるときに，対になっていた遺伝子が染色体とともに分かれ，それぞれ別の生殖細胞の中に入る。このことを何の法則というか。

ア．分離の法則　　イ．独立の法則　　ウ．優性の法則

	問1	問2
1	ア	ア
2	ア	ウ
3	イ	イ
4	イ	ウ
5	ウ	イ

【15】 次の文章の空欄（a），（b）それぞれにあてはまる適切な語句および数値の組み合わせとして，正しいものを1～5より1つ選び，答えなさい。 〔解答番号[15]〕

ある物質が，生物をとりまく環境より高い濃度で体内に蓄積されることを（　a　）という。

図4のように，アメリカのある湖では，ユスリカに似た昆虫が大量に発生し，これを駆除するため，DDDという殺虫剤が散布された。これは食物連鎖をへて，大形の魚や水鳥には，DDDが高い濃度で蓄積された。

この図を見ると，水鳥は，プランクトンの約（　b　）倍もの濃度になっていることが分かる。

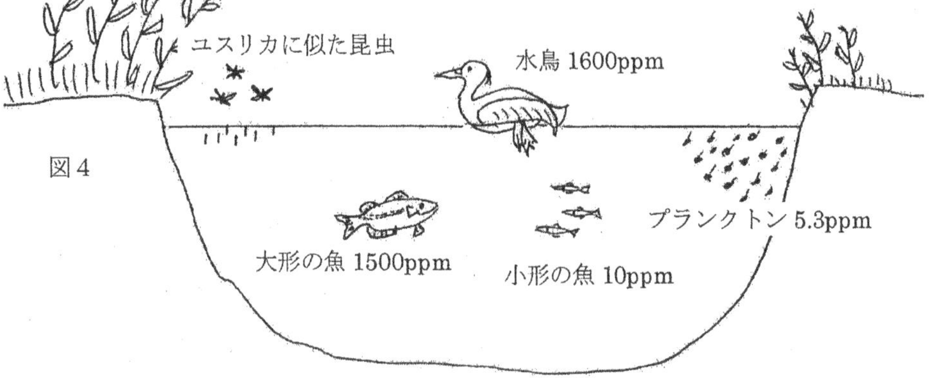

図4

ppm：parts per million の頭文字をとったもので，100万分の1という意味

	a	b
1	生物濃縮	300
2	生体濃縮	300
3	生物濃縮	280
4	生体濃縮	280
5	生物濃縮	320

【16】 図5は，ある火成岩のつくりを示したものである。火成岩の特徴を示した文章として，正しいものを1～5より1つ選び，答えなさい。〔解答番号⑯〕

図5

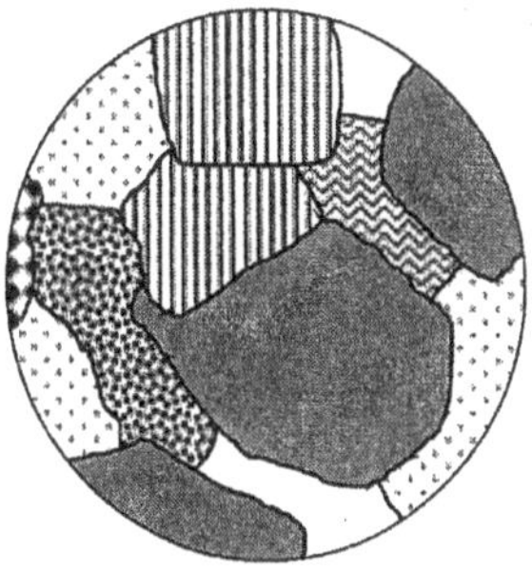

1. この岩石は，地下深いところで，ゆっくりと冷えて固まったせん緑岩である。
2. この岩石は，地表近くで，急速に冷えて固まった安山岩である。
3. この岩石は，斑状組織をもつ玄武岩である。
4. この岩石は，等粒状組織をもつ流紋岩である。
5. この岩石は，石基と斑晶の部分を持つ花こう岩である。

【17】 次の文章は，地震について説明したものである。正しいものを1～5より1つ選び，答えなさい。〔解答番号⑰〕

1. 震源から離れるほどマグニチュードの数値は小さくなる。
2. 震源からの距離が同じでも，地盤の性質により，震度が異なることがある。
3. 初期微動継続時間は，震度に比例して長くなる。
4. 地震の揺れのうち，主要動はP波による揺れである。
5. マグニチュードの数値が1つ大きくなると，約32倍となるので，2つ大きくなると64倍になる。

【18】 次の天気図記号と読み方の組み合わせとして，正しいものを1～5より1つ選び，答えなさい。〔解答番号⑱〕

	1	2	3	4	5
天気図記号	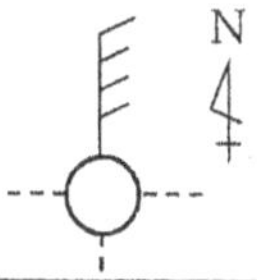	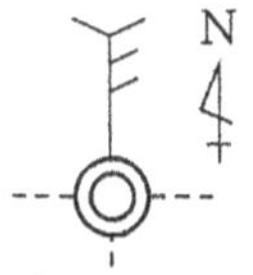	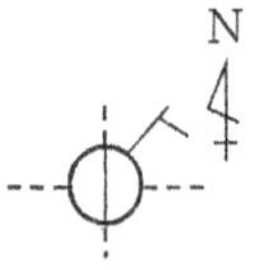		
読み方	天気　晴れ 風向　南 風力　4	天気　快晴 風向　北 風力　12	天気　晴れ 風向　北東 風力　1	へいそく前線	停滞前線

【19】 次の文章は，日本の天気について説明したものである。正しいものを1～5より1つ選び，答えなさい。〔解答番号⑲〕

1. シベリア気団と小笠原気団がぶつかってできた停滞前線により，梅雨となる。
2. 日本列島に吹く季節風は，夏は南西の風，冬は北東の風となる。
3. オホーツク海気団が発達すると，日本海側に大雪を降らせる。
4. 低緯度の太平洋上で発達した熱帯低気圧が台風となり，日本に移動してくる。
5. 春は移動性高気圧が次々と日本にやってきて，寒暖の差のない晴天がずっと続く。

【20】 図６はある山の等高線を示したものであり，図６中の数字は標高を示している。図６中のＡ～Ｅ地点でボーリングを行い，その結果を柱状図で示したものが図７の１～５である。Ｄ地点にあたる柱状図を選び，答えなさい。ただし，この山の地層では，ずれたり曲がったりしていなく，地層は平行に重なって，ある一定の方向に傾いていることがわかっている。図中の凝灰岩は同じ時期に噴火した火山の噴出物からなる。 〔解答番号20〕

図６

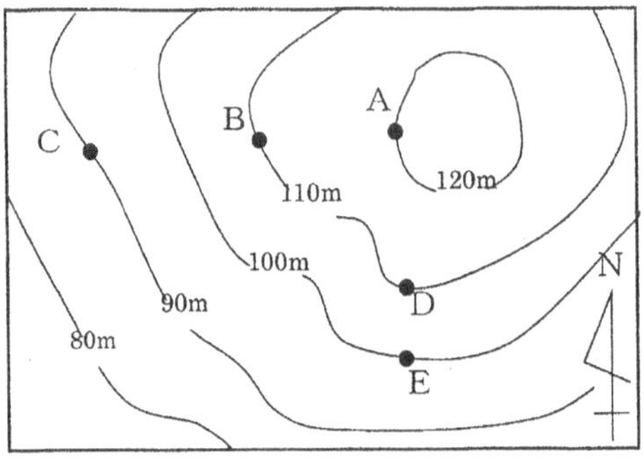

図７

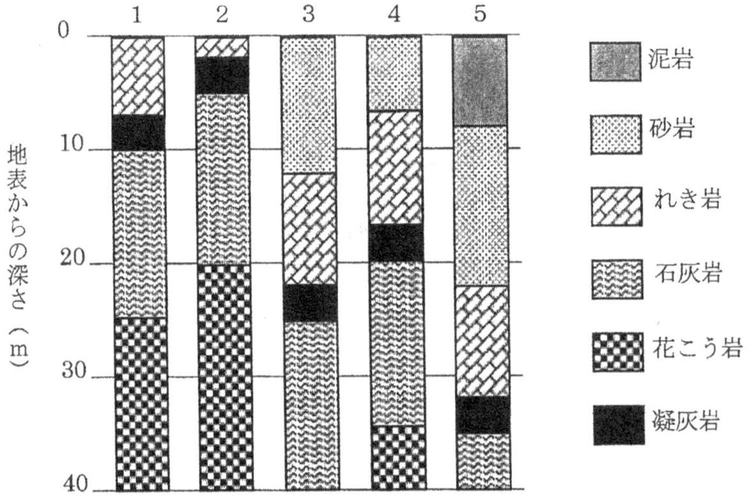

【社　会】（30分）　＜満点：100点＞

【1】 次の写真ならびに図版A～Hを見て，それぞれの問いに答えなさい。

A

B

C

D

E

F

G

H

問1　写真Aについて，この古墳が造られた時代に関する説明文として，誤っているものを次の1～5より1つ選び，答えなさい。　〔解答番号1〕

1. 5世紀に造られた大仙古墳は全長が486mで世界最大級の墓であり，2019年に世界文化遺産に認定された。
2. 朝鮮半島では，高句麗と新羅，百済の三国が争い，大和政権は，伽耶地域と結んで高句麗や新羅と戦ったことが好太王の碑文に記されている。
3. 古墳時代，王は大王と呼ばれ，王を埋葬した古墳には，埴輪が置かれ，棺には銅鏡や，玉，銅剣などの祭事の道具や武器が納められた。
4. 「宋書」倭国伝によると，楽浪郡の海のかなたに倭人がいて，100あまりの国をつくって，定期的に宋に朝貢する国もあったと記されている。

5. 稲荷山古墳と江田船山古墳から出土の鉄剣にはワカタケル大王の名が記されており，倭の五王の一人，武であると考えられている。

問2　写真Bの人物に関する説明文として，正しいものを次の1～5より1つ選び，答えなさい。

〔解答番号2〕

1. この人物は日本渡航の際に，何度も遭難し盲目となったが，遣唐使にともなわれ来日し，唐招提寺の建立に関わり，仏教の教えを広めた。
2. この人物は，新しい都で政治を立て直そうと，784年に都を平城京に移し，次いで794年，現在の京都市にあたる平安京に遷都した。
3. この人物は高野山金剛峰寺にて真言宗を開き，厳しい修行や学問を経て，貴族の間に受け入れられた。
4. この人物は征夷大将軍に任命されると，胆沢地方を平定し，アテルイ率いる蝦夷の軍を降伏させ，東北地方を平定した。
5. この人物は894年唐の衰えと往復の危険から遣唐使を廃止する建言をしたが，陰謀により大宰府に左遷された。

問3　図版Cは源頼朝の肖像画と伝えられるが，彼が開いた幕府に関連する説明文として，誤っているものを次の1～5より1つ選び，答えなさい。　〔解答番号3〕

1. 将軍が武士に対し，領地の保護や新しい土地を与えることを御恩といい，忠誠を誓う御家人は天皇の御所や幕府を警備し，戦時には軍役を果たす奉公を行った。
2. 「尼将軍」と呼ばれた北条政子は源氏が3代で途絶える混乱の中，後鳥羽上皇が討幕の兵をあげると，御家人に対し頼朝の御恩を説いて源氏の結束を訴えた。
3. 北条泰時は評定と呼ばれる会議を設け制度化し，1232年に武士社会の慣習に基づいた独自の御成敗式目を定めた。
4. 後醍醐天皇は，楠木正成や足利尊氏らとともに1333年に幕府を滅ぼした。
5. 執権の北条時宗は，1274年の弘安の役，1281年の文永の役と二度の元の襲来を退け，御家人に対し多くの恩賞を与える徳政令を出した。

問4　図版Dの人物の説明文として，正しいものの組み合わせを次の1～5より1つ選び，答えなさい。　〔解答番号4〕

ア. 尾張の小さな戦国大名であったこの人物は，駿河の今川義元を桶狭間の戦いで破り，「天下布武」をかかげ，足利義昭を援助して京都に上った。

イ. この人物は太閤検地を行い，全国の田畑の生産量を米の収穫量である石高で表した。また農民の一揆を防ぐため，刀狩などを命じ，兵農分離を推進した。

ウ. この人物は，キリスト教の布教がスペインやポルトガルの軍事力と結びついていると考えバテレン追放令を出し，宣教師の国外追放を命じた。

エ. この人物は鉄砲を有効に使い，甲斐の武田勝頼を長篠の戦いで破った。また，近江に安土城を築き，楽市楽座の政策により自由な商業活動を奨励した。

オ. この人物は明の征服を目指すも，明の攻撃や朝鮮の水軍を率いた李舜臣の活躍により撤退をよぎなくされた。二度目の遠征も失敗に終わり，政権の衰退につながった。

1. アとウ　2. アとエ　3. イとオ　4. ウとエ　5. エとオ

問5　図版Eの人物が来航する以前の出来事の説明文として，誤っているものを次の1～5より1つ選び，答えなさい。　〔解答番号5〕

1. イギリスのフェートン号がオランダ船をとらえるために長崎港に侵入し薪水を要求した。この後，幕府は異国船打払い令を出し鎖国と海防の強化に力を注いだ。
2. アメリカのモリソン号が漂流民を引き渡しに日本にくるも，幕府は商船に向けて砲撃を行った。これを批判した渡辺崋山と高野長英は蛮社の獄で処刑された。
3. 老中水野忠邦は天保の改革で倹約令を出し，また株仲間を解散させたが，江戸や大阪周辺の農村を幕領にしようとして大名や旗本の反発を招き失職した。
4. ロシアの使節ラクスマンが蝦夷地根室に来航し通商を要求した。次いで長崎にきた使節レザノフに対し幕府は通商を拒否し，蝦夷地や樺太の調査を強化していった。
5. 田沼意次は，江戸に出稼ぎに来ていた農民を故郷に返し，飢饉や凶作に備えるため倉を設けて米を蓄えさせた。また，朱子学以外の学問を禁じ，出版物などの統制を行った。

問6　図版Fの事件が起こる以前の時代の説明文として，正しいものの組み合わせを次の1～5より1つ選び，答えなさい。　〔解答番号6〕

ア．17世紀後半のフランスは国王が政治の権力を握る絶対王政が敷かれており，第一身分と第二身分は免税特権を持ち，税は第三身分の平民だけが負担していた。
イ．三部会が開催されると平民は国民議会をつくり，身分特権の廃止・国民主権・私有財産の不可侵などを唱えた人権宣言を発表し，7月にはバスティーユ牢獄を襲撃した。
ウ．革命の広がりを恐れたヨーロッパ諸国は，フランスに軍隊を送り干渉した。革命政府は，国王を処刑し，共和制を始め，徴兵制や物価統制を行うが不安定な政治が続いた。
エ．パリ郊外にあるベルサイユ宮殿は太陽王ルイ14世が築いた広大な宮殿であり，絶対王政の権力の象徴として建設されたが，国民の生活は圧迫され革命へと繋がった。
オ．権力を握ったナポレオンは各国にイギリスとの通商を禁じたが，これに違反したロシアに攻め込まれ，各地で起こるナショナリズムの高まりによって敗れた。

1. アとイ　　2. アとエ　　3. イとエ　　4. ウとエ　　5. エとオ

問7　図版Gの出来事が起きた時期に関する説明文として，正しいものの組み合わせを次の1～5より1つ選び，答えなさい。　〔解答番号7〕

ア．井上馨は，鹿鳴館で舞踏会を開くなど欧化政策を行い条約改正交渉に臨んだ。しかし，領事裁判権撤廃の代わりに外国人の裁判官を任用することが明らかとなり失脚した。
イ．小村寿太郎外相は日英通商航海条約を結び，領事裁判権の撤廃に成功し，関税自主権の完全回復は陸奥宗光外相がイギリスとの条約に調印し実現した。
ウ．大日本帝国憲法が制定され，天皇が国の元首として統治すると定められた。帝国議会は，参議院と貴族院からなり，国民は「臣民」と呼ばれ，人権は法律の範囲内で認められた。
エ．貴族院議員の選挙権は，直接国税15円以上納める満25歳以上の男子であり，有権者は総人口の1.1％に過ぎなかった。
オ．朝鮮では，宗教団体の東学を信仰する団体が蜂起し，甲午農民戦争に発展した。清と日本はこの反乱を鎮圧するため軍を派遣し，後に日清戦争に発展した。

1. アとイ　　2. アとオ　　3. イとエ　　4. ウとエ　　5. エとオ

問8　写真Hの事件が起きた時代の説明文として，正しいものを次の1～5より1つ選び，答えなさい。　〔解答番号8〕

1. 関東軍は，奉天郊外の柳条湖で張作霖を爆殺し，これを機会に満州事変を起こした。関東軍は，清の皇帝溥儀を満州国の元首とし，満州国を建国した。
2. 国際連合を脱退し孤立状態を深めていった日本は，共産主義に対抗することを理由にドイツと日独防共協定を結び，ファシズム諸国に近づいていった。
3. アメリカで始まった世界恐慌の影響は日本にも及んで昭和恐慌と呼ばれ，農村では米やまゆなどの農産物の価格が暴落し，東北や北海道では飢饉や身売りが社会問題となった。
4. 1932年，陸軍の青年将校が犬養毅首相を暗殺する二・二六事件を起こし，1936年には海軍の青年将校が大臣などを暗殺する五・一五事件を引き起こした。
5. 蒋介石が率いる共産党は，毛沢東を主導者とする国民党に協力を呼びかけ内戦を停止した。そして1937年7月盧溝橋事件をきっかけに日中戦争が勃発した。

【2】 次の地形図を見て，それぞれの問いに答えなさい。

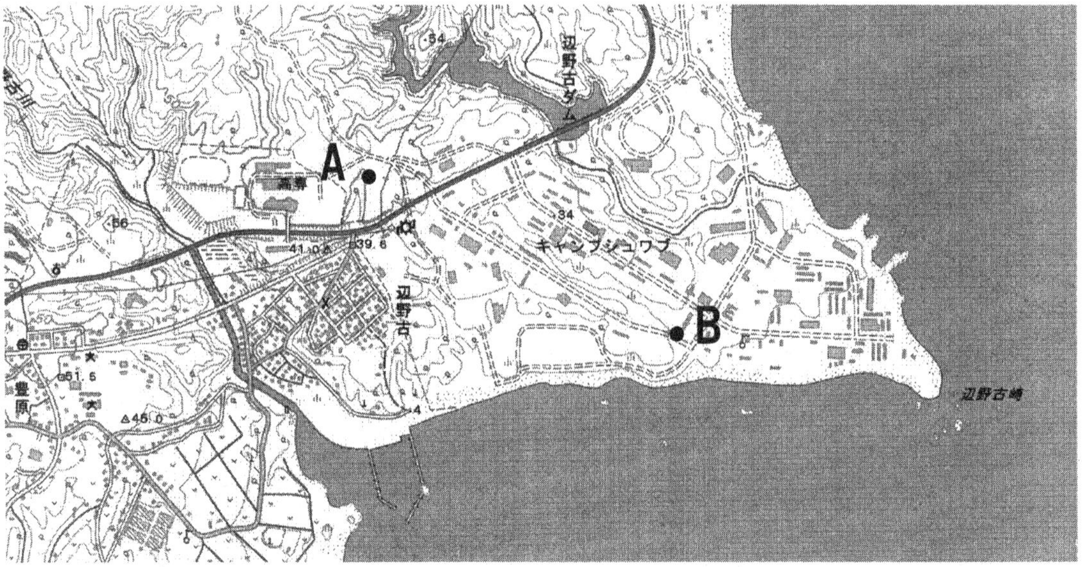

Googleマップより作成　2万5000分の1

問1　地図で示されたのは沖縄県名護市周辺であるが，この地図に関する説明文として，誤っているものを次の1～5より1つ選び，答えなさい。　〔解答番号9〕

1. 海岸に面している地域で地図の東側には砂浜が見られる。
2. 北側の山間部には大規模なダムが見られる。
3. 南部には平野部があり，水田が広がっている。
4. 自然豊かな地域であり，海洋にはサンゴ礁が見られジュゴンが生息している。
5. 地図中の3分の1ほどが，米軍の基地となっており，沖縄基地問題の焦点ともなっている。

問2　地図中に見られない施設を次の1～5より1つ選び，答えなさい。　〔解答番号10〕

1. 交番　2. 老人ホーム　3. 郵便局　4. 発電所　5. 学校

問3　地図中A地点とB地点とでは，標高差がどれくらいあるか，正しいものを次の1～5より1つ選び，答えなさい。　〔解答番号⑪〕

1. 約30m　　2. 約60m　　3. 約90m　　4. 約120m　　5. 約150m

問4　沖縄県名護市周辺は米軍専用施設の移設予定地である。日本の国土面積の約0.7%の沖縄県には，国内の米軍専用施設の全面積のうち約何%が存在しているか。正しいものを次の1～5より1つ選び，答えなさい。　〔解答番号⑫〕

1. 約10%　　2. 約30%　　3. 約50%　　4. 約70%　　5. 約90%

【3】 次の地図を見て，それぞれの問いに答えなさい。

問1　地図中の都市Aの気温と降水量を示すグラフとして正しいものを次の1～5より1つ選び，答えなさい。　〔解答番号⑬〕

1.

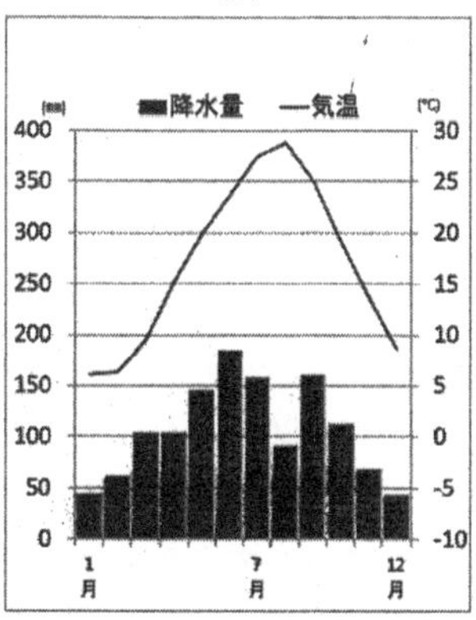

2.

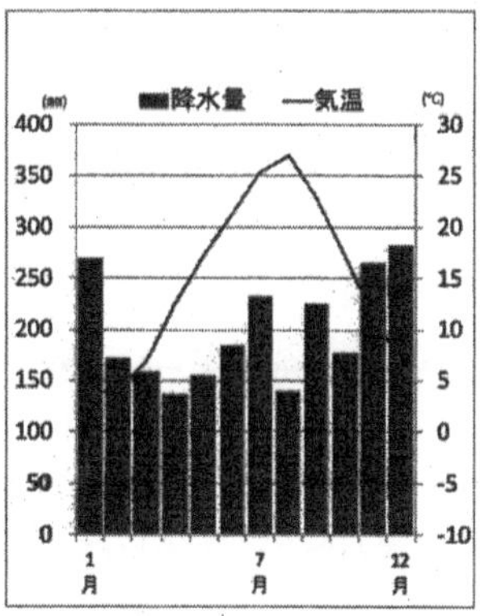

3.

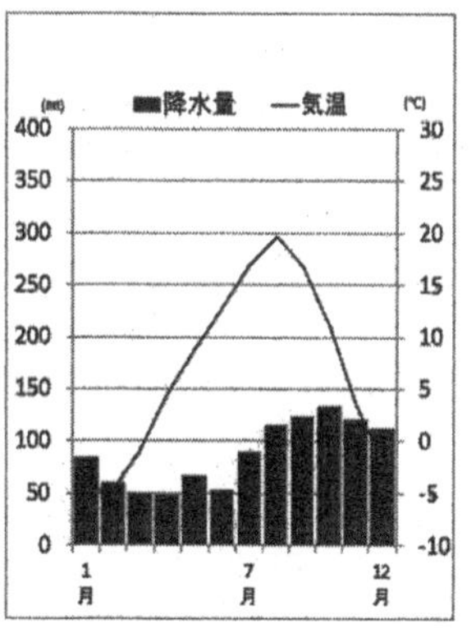

4.

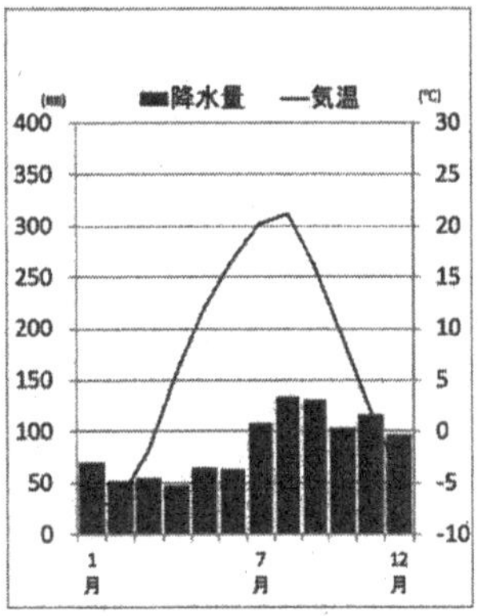

5.

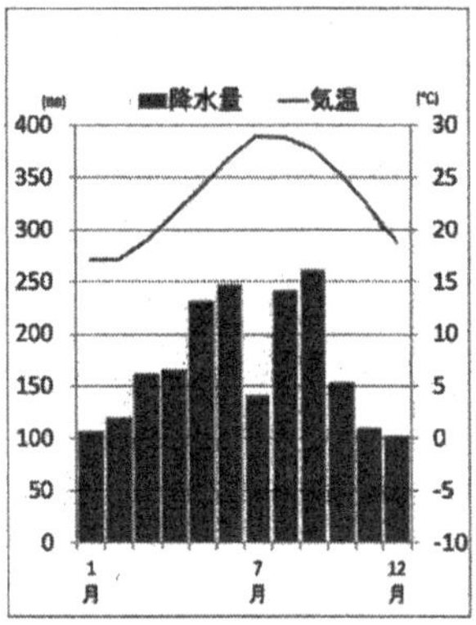

「理科年表」平成31年より作成

問2　次のグラフは，北関東・京浜・阪神・瀬戸内・中京工業地帯の工業生産力を示したグラフであるが，地図中の都市Aが属する工業地帯のグラフとして正しいものを次の1～5より1つ選び，答えなさい。　〔解答番号14〕

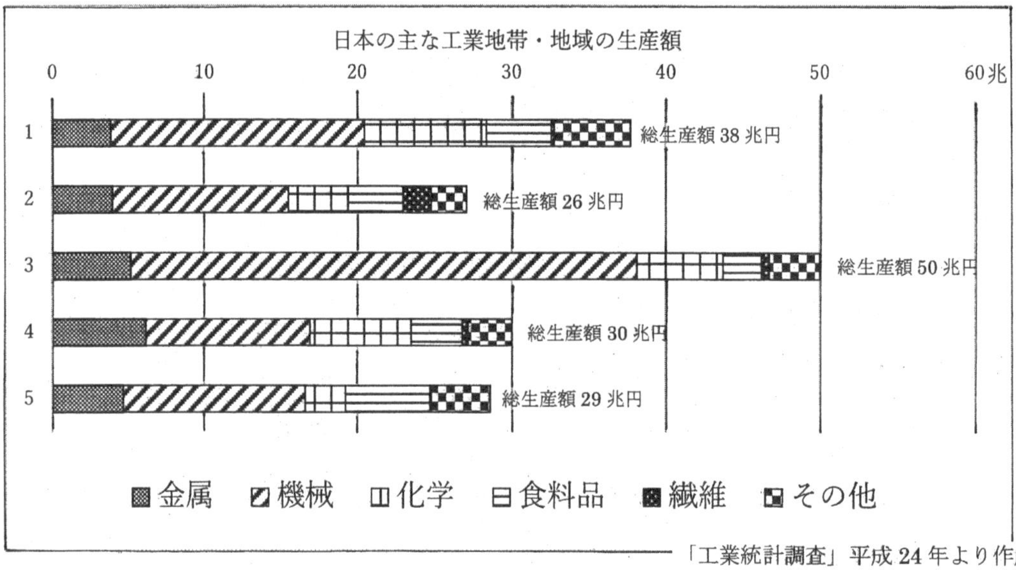

「工業統計調査」平成24年より作成

【4】　次のページのヨーロッパの地図について，それぞれの問いに答えなさい。

問1　本初子午線として正しいものを地図中の1～5より1つ選び，答えなさい。　〔解答番号15〕

問2　ヨーロッパについての次の説明文のうち，誤っているものを次の1～5より選び，答えなさい。　〔解答番号16〕

1. ヨーロッパはEUによる統合が経済分野のみならず政治面でも見られるようになったが，ドイツ国内ではＥＵ離脱を巡って政治的混乱が起こっている。
2. ヨーロッパの東側に位置する広大なロシア連邦は近年EUとの結びつきを強めており，多くの資源がパイプラインでEU諸国へ送られている。
3. EU加盟国間ではパスポート審査がなく，自由に国境の検問所を通過できるので人や物の行き来が盛んである。

4. スイスはヨーロッパに属しながらも「永世中立国」として永久にどこの国とも政治的な同盟を結ばないことを宣言しているためEU加盟国ではない。
5. EU加盟国のギリシアは，2010年に財政破綻からEU離脱の危機に直面した。しかし，EU加盟国のフランス・ドイツなどの財政援助を受け回復した。

1.　　2.　　3.　　4.　　5.

問3　次の写真はある都市の建造物である。EU加盟国のものを次の1～5のうちから1つ選び，答えなさい。〔解答番号17〕

1.

2.

3.

4.

5.

【5】 次の先生と生徒の会話文を読み，それぞれの問いに答えなさい。

生徒 「先生！桜丘高校の正門を入ってすぐにあるあの塔は何ですか？　上方で小さな火が灯っています」

先生 「よく気がついたね。あれは平和の塔といいます。広島に落とされた原爆の残り火が灯されているんですよ」

生徒 「私，知ってる！福岡県の星野村という所から，分けてもらったんですよね。お母さんから聞きました」

先生 「よく知ってるね。1988年の学園祭がきっかけとなり，この平和の塔が立つことになったんです。〝100円玉で平和を〟をスローガンに，全校生徒やたくさんの市民の協力で建てられました」

生徒 「なんで広島の原爆の残り火が，星野村に渡って，今，豊橋の桜丘高校にあるんですか？」

先生 「では，説明します。福岡県八女郡星野村出身の山本達雄さんは，昭和20年８月６日，広島から約130㎞東へ離れた場所にいました。その日の午前８時15分，A広島に原爆が落とされました。その被害は大きく，年末までに約14万人が亡くなったといわれています。山本さんの叔父さんも原爆による火災で亡くなったそうです。その付近で，まだ火が残っているのに気が付いた山本さんは，“この火が叔父さんを殺した”そう思った瞬間，体は怒りに震えその火を持ち帰ることを決意しました。こうして広島の原爆の火は，600㎞も離れた九州の星野村にうつされました」

生徒 「大切な人を失った悲しみは，憎しみにも変わってしまうんですね。でも想像できる気がします」

先生 「そうだね。でも，山本さんの心に変化が生まれました。この火を憎しみのまま終わらせてはいけない。平和な世の中になるように，訴えていこうという気持ちになったの。そこへ愛知県から〝その火を分けて下さい。私たちの学校で平和の火として大切に保存します。平和を発信し続けます〟という高校生と先生がやってきた，というわけです」

生徒 「その火を持ち帰るとき，豊橋駅前からパレードを行ったんですよね」

先生 「そうです。その塔が建立されて，今年で30周年を迎えました。それを記念し，みんなの先輩たちが７月から10月にかけて，星野村から桜丘高校までの約900㎞の道のりを自転車でリレーし，核廃絶と平和を訴えて走破したんです」

生徒 「先輩たち，すごい！」

先生　「そうでしょ。さて，国の根本を定める法が憲法です。平和については，日本国憲法の前文や条文にも定められていますが，知っている人はいますか？」

生徒　「はい！たしかB日本国憲法の３つの基本原理でも平和についてふれていましたよね」

先生　「みんなよく勉強しているね。平和な世の中にするためにはどうすればいいのか，みんなで一緒に考えていこうね」

問１　文中下線部Aについて，原爆投下で大きな被害を受けた日本では，平和を守る努力が数多く積み重ねられてきたが，平和に関する取り組みとして，正しいものを１～５より１つ選び，答えなさい。〔解答番号18〕

1. 日本国憲法第９条では，日本が戦争を放棄して，戦力を持たず，交戦権を否認することを定めており，最小限度の実力として自衛隊を規定している。
2. 日本とアメリカは日米安全保障条約を結んで日本の領土に攻撃を受けた際には，共同で対応することを約束し，沖縄のみに米軍基地を配備することを認めている。
3. 日本の国家予算に占める防衛関係費の割合としては年々減少しているが，近年，実予算としては５兆円をこえている。
4. 自衛隊は国際平和協力法（PKO協力法）に基づいて，国際連合が行ったカンボジアや東ティモールの平和維持活動に参加したことがあるが，現在，その他の地域に派遣されたことはない。
5. 日本は「非核三原則」をかかげ，唯一の被爆国として世界に平和を訴えてきたが，アメリカとの集団的自衛権の戦略のもと，「持ち込ませず」という原則の削除を求めて国会で決議が上がっている。

問２　文中下線部Bに関連して，日本国憲法と大日本帝国憲法を比較した説明文として誤っているものを次の１～５より１つ選び，答えなさい。〔解答番号19〕

1. 国会は，日本国憲法では，国権の最高機関で唯一の立法機関と定められているが，大日本帝国憲法では，天皇の協賛（同意）機関にすぎなかった。
2. 大日本帝国憲法は，君主が定める欽定憲法であったが，日本国憲法は，それを改正する形で国民が定めた民定憲法である。
3. 基本的人権は，日本国憲法では永久の権利として将来にわたって保障されているが，大日本帝国憲法下においては，臣民の権利として法律によって制限されていた。
4. 地方自治については，「民主主義の学校」と言われるように民主主義の基本として日本国憲法によって保障されているが，それは，大日本帝国憲法の規定を継承・発展させたものである。
5. 天皇の地位は，日本国憲法では日本国と日本国民統合の象徴と規定されているが，大日本帝国憲法では神聖不可侵で統治権を持つ元首であった。

【６】　参政権の説明として，当てはまらないものを次の１～５より１つ選び，答えなさい。

〔解答番号20〕

1. 国会議員を選ぶこと。
2. 最高裁判所裁判官の資質を国民が判断する国民審査を行うこと。
3. 国の護岸工事の不備によって，浸水被害を受けた家庭が，国家を相手に訴訟を起こすこと。
4. 県知事や市長を選ぶ地方自治体の選挙に参加すること。
5. 憲法改正の発議を受けて，国民投票を行うこと。

【7】「公共の福祉」による人権の制限の例として，誤っているものを次の１～５より１つ選び，答えなさい。

〔解答番号21〕

1. 憲法第21条で，表現の自由が保障されているが，SNSなどによって他人を中傷することは，公共の福祉の観点から制限されることがある。
2. 憲法22条で，居住・移転の自由が保障されているが，感染症による入院措置は病気の広がりを防ぐ手段として認められる。
3. 憲法第22条で，職業選択の自由が保障されているが，無資格者による営業は制限されている。
4. 憲法第28条で，団結権・団体交渉権・団体行動権が保障されているが，公務員はその職務の性質上，すべての権利が制限されている。
5. 憲法第29条で，財産権が保障されているが，道路建設など公共性の高い事業のために立ち退きなど，財産権の制限がされる可能性がある。

【8】次の３つの用語の説明文として，正しい組み合わせを次の１～５より１つ選び，答えなさい。

〔解答番号22〕

A　個人情報保護制度　　B　国内総生産　　C　プライベートブランド

ア．小売業者や卸売業者が商品を企画してメーカーに依頼し，独自のブランドとして販売する商品のこと。

イ．その国の地域や内外に関わらず，国民や住民が一定期間に得た所得の合計

ウ．特定の国や地域の中で一定期間に生産された財やサービスの合計

エ．国や地方公共団体，民間の情報管理者が個人情報を慎重に管理するよう義務付けた制度

オ．「知る権利」をもとに，国や地方公共団体の持つ情報を開示するよう請求できる制度

1. A…エ　B…イ　C…ウ
2. A…エ　B…ウ　C…ア
3. A…オ　B…ウ　C…ア
4. A…オ　B…イ　C…イ
5. A…ア　B…エ　C…イ

【9】現代日本の経済の特徴として，誤っているものを次の１～５より１つ選び，答えなさい。

〔解答番号23〕

1. 日本に存在する企業のうち，中小企業は，企業全体の99%（2012年），従業員数では70%以上をしめ，大企業に負けないものづくりを支えている。
2. 企業は，規模が大きくなるにつれて利潤の追求だけでなく，企業の社会的責任を果たすべきだと考えられるようになった。
3. 日本では，多くの企業が週休二日制を採用し，育児休業や介護休業を取り入れた結果，近年では，先進工業国の中でも労働時間は短く，「はたらき過ぎ」が改善される傾向にある。
4. 多くの外国人労働者が労働力不足を補っているが，これまで職業上特別な技能を持つ人や，教育や研究にたずさわる人に限定されてきた。現在では，一般の工場の労働やサービス業にも外国人労働者が働けるようになってきている。
5. 少子高齢社会を迎え，社会保障の給付は増えるのに，現役世代の人口が減り，税収と保険料収入が減少していく傾向にある。

（ウ）…解答番号 26 、（エ）…解答番号 27 、（オ）…解答番号 28 ］

（ア） 暖簾《のれん》に腕押し　　（イ） 手前味噌を並べる

（ウ） 備えあれば憂いなし　　（エ） 身から出た錆《さび》

（オ） 先んずれば人を制す

1．用意周到　2．自画自賛　3．自業自得　4．馬耳東風

5．先手必勝

【五】 次の（ア）、（イ）の古典語の読みとして正しいものを、それぞれ次の1～5より一つずつ選び、答えなさい。

［（ア）…解答番号 29 、（イ）…解答番号 30 ］

（ア） 先達

1．さきたつ　2．せんだち　3．せんたし

4．さったつ　5．せんたつ

（イ） 朝臣

1．あそん　2．あさしん　3．あさおみ

4．ちょうじん　5．おとど

喧嘩のきっかけを作りたいから。

4．「俺」と相手のあいだに発生する対面的磁場が、「ガンつけられた」という被害意識を煽るから。

5．「見る」行為だけでなく、すれ違いざまに肩が触れるだけで、対面的磁場は発生するから。

問五　空欄 ④ に入れるのに最も適切な漢字を、次の1～5より一つ選び、答えなさい。　［解答番号 17 ］

1．回　2．空　3．公　4．流　5．好

問六　傍線部⑥「このさい二次的問題である」とは、どういうことですか。最も適切なものを、次の1～5より一つ選び、答えなさい。　［解答番号 18 ］

1．相手が「本当に見たのか」どうかよりも「本当に睨んだのか」どうかの方が大切な問題だ、ということ。

2．相手が「本当に見たのか」どうかや「本当に睨んだのか」どうかは、大して問題ではない、ということ。

3．相手が「本当に見たのか」どうかや「本当に睨んだのか」どうかは、当事者以外の人が判断すべき問題だ、ということ。

4．相手が「本当に睨んだのか」どうかよりも「本当に見たのか」どうかの方が大切な問題だ、ということ。

5．相手が「本当に見たのか」どうかや「本当に睨んだのか」を事実として確認することが大切な問題だ、ということ。

問七　本文の内容について当てはまるものを、次の1～5より一つ選び、答えなさい。　［解答番号 19 ］

1．「ガン（を）つける」は、「じっと見つめる」や「にらみつける」という意味があり、場面によって使いわけていくものである。

2．「ガン（を）つける」の語源は、関西で用いられている「メンチ切る」であり、眼光が顔を切るほど鋭いことを表している。

3．相手に「難癖」を付ける時の口実として、まず自分が対面的磁場をつくりだし、先に手を出すことが必要である。

4．たとえ相手が睨んでいなかったとしても、自分を見ていれば「ガンつけたな」と因縁をつけることが可能である。

5．対面的磁場の中では、相手の怒りに挑発されて自身も怒りが生じやすい状態となり、喧嘩のきっかけが生じる。

【三】 次の（ア）～（エ）の文の傍線部の品詞名を、それぞれ次の1～5より一つずつ選び、答えなさい。

［（ア）…解答番号 20 、（イ）…解答番号 21 、（ウ）…解答番号 22 、（エ）…解答番号 23 ］

（ア）今年新たに入部した生徒を紹介します。

（イ）外がしだいに暗くなってきた。

（ウ）ラグビーチームの、その力は強いものでした。

（エ）正しく表示された地図で目的地へ向かった。

1．形容詞　2．形容動詞　3．副詞　4．連体詞

5．接続詞

【四】 次の（ア）～（オ）のことわざに関連の深い四字熟語を、次の1～5より一つずつ選び、答えなさい。

［（ア）…解答番号 24 、（イ）…解答番号 25 、

　しかし、対面的磁場の発生は、往々にして、「俺」と相手に共通の、同時的な現象である。「俺」と相手のあいだに発生するのだともいえる。加害・被害意識もまた双方向的である。ここにはいわば共同意識の成立がある。相手が「本当に見たのか」どうか、「本当に睨んだのか」どうかは、⑥このさい二次的問題である。相手もまたなんらかの形で対面的磁場の成立に注5与《あずか》ったのだとしたら、そのことこそが重要なのである。

（大浦康介『ガンつける』より抜粋）

注1　俗語…日常の話し言葉。
2　芳ばしい…面白い。
3　ヴォルテージ…熱意や意気込みなどの、内にこもった力の度合い。
4　メタ言語…言語について説明するときに用いられる語。
5　与る…かかわること。

問一　二重傍線部（a）「威嚇」、（b）「のっぴきならない」とあるが、ここではどういう意味ですか。最も適切なものを、それぞれ次の1～5より一つずつ選び、答えなさい。
［（a）…解答番号 12 、（b）…解答番号 13 ］

（a）「威嚇」
1．泣かす　2．考えさせる　3．笑わせる
4．興奮させる　5．おどす

（b）「のっぴきならない」
1．どうすることもできない　2．反論できない
3．見ることのできない　4．和解できない
5．普通ではありえない

問二　傍線部①「この前時代的な匂い」とは、どういうことですか。最も適切なものを、次の1～5より一つ選び、答えなさい。
［解答番号 14 ］

1．「ガン（を）飛ばす」という言葉から、「にらみつける」「威嚇する」という動作をイメージすること。
2．「ガン（を）飛ばす」という言葉の語源が、関西の「メンチ切る」という言葉と深くかかわっているということ。
3．「ガン（を）飛ばす」という言葉から、昭和四〇年ごろの不良たちが難癖をつける姿を連想すること。
4．「ガン（を）飛ばす」という言葉は比較的新しい表現であり、「メンチ切る」とは対照的に用いられていること。
5．「ガン（を）飛ばす」という言葉が、「じっとみつめる」という意味から「にらみつける」という意味に変化したこと。

問三　空欄 ② に入れるのに最も適切なものを、次の1～5より一つ選び、答えなさい。
［解答番号 15 ］

1．手段　2．目的　3．距離　4．対象　5．理由

問四　傍線部③「言いがかりの根拠はもとより薄弱である。」とあるにもかかわらず、傍線部⑤「その口実として『ガンつけた』と主張する。」のはなぜですか。最も適切なものを、次の1～5より一つ選び、答えなさい。
［解答番号 16 ］

1．「ガンつける」のはあくまで「貴様」や「お前」であって、「俺」ではないから。
2．感情のヴォルテージが上がっており、無限に続くメタ言語的応酬が始まってしまうから。
3．言いがかりをつけられる人は喧嘩がしたくてたまらず、挑発して

【二】　次の文章を読んで、後の問いに答えなさい。

「ガン（を）つける」という言葉がある。「ガン（を）飛ばす」とも、「ガン（を）くれる」ともいう。「ガン」とは「眼」のことらしい。『広辞苑』には「眼を付ける」だけが載っていて、「相手の顔や眼をじっとみる意の注1俗語。言いがかりをつける口実として用いる表現」とある。見知らぬ者同士がすれ違いざまに「おまえいまガンつけただろ」と言ってすごむ、あれである。「不良」たちが肩で風を切りながら街を闊歩《かっぽ》していた時代—おそらく昭和四〇年ごろまで—を強く匂わせる表現だ。「ガン飛ばす」はいまでもよく耳にするが、いまやこの表現からはそのような匂いは薄れ、単に「にらみつける」「（にらむことで）(a)威嚇《いかく》する」といった意味で使われているようである（「ガン飛ばす」は比較的新しい表現なのかもしれない）。

①この前時代的な匂いをいまでもとどめているのは、むしろ、関西を中心に用いられる「メンチ切る」（古くは「メンタ切る」）という表現だろう。その語源については諸説あるようだが、「メンチ（メンタ）」の「メン」は「面」のことにちがいない。目つきの鋭さ面を切るごとし、といったところだろうか。ちなみに「ガン飛ばす」は遠隔戦に、「メンチ切る」は接近戦（すれ違いざま）に用いるという指摘もある。「飛ばす」と「切る」では要する［　②　］がちがうということなのだろう。

興味ぶかいのは、『広辞苑』の定義にもあるように、これらの表現はもともと「言いがかり」や「難癖《なんくせ》」をつける口実として用いられたという点である（「難癖」というのは注2芳《かん》ばしい、いい言葉である）。つまり「ガンつける」のはあくまで相手であって自分ではないのである。この動詞の主語は「貴様」や「おまえ」であって、「俺」ではない。③言いがかりの根拠はもとより薄弱である。合理的に説明できるようなものではない。だから難癖をつけられた相手も（対等に応じるなら）「それがどうした」「なにが悪い」となる。見てなにが悪い、おまえこそ難癖つけて、どういう料簡《りょうけん》だ、となる。かくして感情の注3ヴォルテージは上がり、それとともに意味は［　④　］転しはじめる。戯画的にいえば、あの「なんだとはなんだ」「なんだとはなんだとはなんだ」……という、可能的には無限に続く注4メタ言語的応酬が始まるのである。もちろん、その前に手が出ていないとしたらの話である。

連中はとにかく喧嘩《けんか》したくてたまらないのだ、と考えることもできる。腕がなまって、うずうずして、あり余るエネルギーを発散したくてたまらないのだと。憂さ晴らしにせよ、腕試しにせよ、喧嘩したくてたまらないから難癖をつける。一種の挑発である。⑤その口実として「ガンつけた」と主張する。喧嘩や格闘のきっかけづくり—そうした側面はたしかに否定できない。「俺」は相手に「ガンつけたな」と因縁《いんねん》をつけるが、ひょっとしたら相手は「俺」を見ていないかもしれないのである。

たしかだと思われるのは、このとき「俺」と相手のあいだには、(b)のっぴきならない、熱を帯びた、対面的磁場とでも呼ぶべきゾーンが発生しているということである。これは視覚の問題であるよりむしろ意識の問題である。「俺」は、見られているという意識、「ガンつけられた」という被害意識を抱く。対面的磁場が、（相手が自分を）見てもいないのに見たと、見ただけなのに睨《にら》んだと思わしめる。「ガンつけやがった」と信じさせる。対面的磁場が煽《あお》るのである。対面的磁場が「俺」のヴァルネラビリティー（傷つきやすさ）をむやみに膨張させるのだといってもいい。

1．目が見えないにも関わらず西9号館にすいすい進んで行くたくましさ。

2．私にとってはただの坂道を山の斜面ととらえるメルヘンチックな一面。

3．呼び名も見た目も山である場所を堂々と、「やっぱり山」と言い切る精神力の強さ。

4．大学内の一五メートルしかない坂道のことを山と表現するユーモア。

5．私にとっては道順の一部でしかないところを、空間全体としてとらえる力。

問三　傍線部②「ベルトコンベアのように」、③「スキーヤーのように」とあるが、どのような人物を表現していますか。最も適切なものを、それぞれ次の1～5より一つずつ選び、答えなさい。

【②…解答番号 6 、③…解答番号 7 】

1．何もないところに自由に道を作って行ける人。

2．確実に進んで行ける道を選んで行ける人。

3．何も考えることなく進んでしまう人。

4．決められた道を自らの力で進んで行ける人。

5．自分自身のおかれた立場を受け入れ、遊びながら生きている人。

問四　空欄 4 に入れるのに最も適切なものを、次の1～5より一つ選び、答えなさい。

【解答番号 8 】

1．したがって　2．つまり　3．そのため　4．だからこそ

5．しかし

問五　傍線部⑤「ある意味で余裕がある」とあるが、その根拠として最も適切なものを、次の1～5より一つ選び、答えなさい。

【解答番号 9 】

1．目で見る情報で埋まるはずのスペースが空いているため。

2．見えない分だけ、脳が進化しスペースを広げているため。

3．情報を得ることにのみ集中してしまうため。

4．これはどういうことだと深く思考しないため。

5．見えていない分、気が奪われないように集中しているため。

問六　空欄 ⑥ に入れるのに最も適切なものを、次の1～5より一つ選び、答えなさい。

【解答番号 10 】

1．直観的　2．合理的　3．排他的　4．自然的

5．人工的

問七　傍線部⑦「見えない人は道から自由」について、この説明として最も適切なものを、次の1～5より一つ選び、答えなさい。

【解答番号 11 】

1．情報の洪水の中で迷いながら白杖を頼りに進むべき道を選べるということ。

2．情報が限られているからこそ溢れかえる情報に制約されない生き方が出来るということ。

3．ハン響や白杖の感触を利用することにより確実に進んでいけるということ。

4．限定された情報の中だからこそ世界を小さくしその中での自由を得ようとするということ。

5．「こっちにおいで」と誰かが導いてくれる社会福祉が整っているということ。

スペースがありますよね。見える人だと、そこがスーパーや通る人だとかで埋まっているんだけど、ぼくらの場合はそこが空いていて、見える人のようには使っていない。でもそのスペースを何とか使おうとして、情報と情報を結びつけていくので、そういったイメージができてくるんでしょうね。さっきなら、足で感じる『斜面を下っている』という情報しかないので、これはどういうことだ?と考えていくわけです。だから、見えない人は⑤ある意味で余裕があるのかもしれないね。見えると、坂だ、ということで気が奪われちゃうんでしょうね。きっと、まわりの風景、空が青いだとか、スカイツリーが見えるとか、そういうので忙しいわけだよね」。

まさに情報の少なさが特有の意味を生み出している実例です。都市で生活していると、目がとらえる情報の多くは、[⑥]なものです。大型スクリーンに映し出されるアイドルの顔、新商品を宣伝する看板、電車の中吊り広告……。見られるために設《しつら》えられたもの、本当は自分にはあまり関係のない＝「意味」を持たないかもしれない、純粋な「情報」もたくさんあふれています。視覚的な注意をさらっていくめまぐるしい情報の洪水。確かに見える人の頭の中には、木下さんの言う「脳の中のスペース」がほとんどありません。

それに比べて見えない人は、こうした洪水とは無縁です。もちろん音や匂いも都市には氾濫していますが、それでも木下さんに言わせれば「脳の中に余裕がある」。さきほど、⑦見えない人は道から自由なのではないか、と述べました。この「道」は、物理的な道、つまりコンクリートや土を固めて作られた文字通りの道であると同時に、比喩的な道でもあります。つまり、「こっちにおいで」と人の進むべき方向を示すもの、という意味です。

（伊藤亜紗『目の見えない人は世界をどう見ているのか』より抜粋）

※出題の都合により、一部本文を省略した部分がある。

注1 俯瞰的…高いところから見下ろし、全体を捉えること。

問一 二重傍線部（a）「カイ（札）」、（b）「カン（板）」、（c）「コン（雑）」、（d）「ハン（響）」について、二重傍線部のカタカナと同じ漢字になるものを、それぞれ次の1～5より一つずつ選び、答えなさい。

［（a）…解答番号[1]、（b）…解答番号[2]、（c）…解答番号[3]、（d）…解答番号[4]］

（a）…1. カイ心のスマッシュ　2. 後カイはしたくない　3. 新作の公カイ　4. 令和へとカイ元した　5. カイ体工事が始まる

（b）…1. カン単に絵を描く　2. カン覚がものを言う　3. 姉はカン護師　4. 交カン条件を出す　5. カン東地方へ出張する

（c）…1. 結コン式に招待する　2. コン虫採集をする　3. 給食のコン立　4. 球コンを育てる　5. 課題曲はコン声合唱曲

（d）…1. 冷タンな性格　2. 着物を作るタン物　3. 極タンな考え方　4. 簡タンな問題　5. タン任の先生

問二 傍線部①「かなりびっくりしてしまいました」とあるが、何に驚いたのですか。その説明として最も適切なものを、次の1～5より一つ選び、答えなさい。

［解答番号[5]］

【国　語】（四〇分）　〈満点：一〇〇点〉

【一】　次の文章を読んで、後の問いに答えなさい。

私と木下さんはまず大岡山駅の(a)カイ札で待ち合わせて、交差点をわたってすぐの大学の正門を抜け、私の研究室がある西9号館に向かって歩きはじめました。その途中、一五メートルほどの緩やかな坂道を下っていたときです。木下さんが言いました。「大岡山はやっぱり山で、いまその斜面をおりているんですね」。

私はそれを聞いて、①かなりびっくりしてしまいました。なぜなら木下さんが、そこを「山の斜面」だと言ったからです。毎日のようにそこを行き来していましたが、私にとってはそれはただの「坂道」でしかありませんでした。

つまり私にとってそれは、大岡山駅という「出発点」と、西9号館という「目的地」をつなぐ道順の一部でしかなく、曲がってしまえばもう忘れてしまうような、空間的にも意味的にも他の空間や道から分節化された「部分」でしかなかった。それに対して木下さんが口にしたのは、もっと注1俯瞰的《ふかんてき》で空間全体をとらえるイメージでした。

確かに言われてみれば、木下さんの言う通り、大岡山の南半分は駅の改札を「頂上」とするお椀《わん》を伏せたような地形をしており、西9号館はその「ふもと」に位置しています。その頂上からふもとに向かう斜面を、私たちは下っていました。

けれども、見える人にとって、そのような俯瞰的で三次元的なイメージを持つことはきわめて難しいことです。坂道の両側には、サークル勧誘の立て(b)カン板が立ち並んでいます。学校だから、知った顔とすれ違うかもしれません。前方には(c)コン雑した学食の入り口が見えます。目に飛び込んでくるさまざまな情報が、見える人の意識を奪っていくのです。あるいはそれらをすべてシャットアウトしてスマホの画面に視線を落とすか。そこを通る通行人には、自分がどんな地形のどのあたりを歩いているかなんて、想像する余裕はありません。

そう、私たちはまさに「通行人」なのだとそのとき思いました。「通るべき場所」として定められ、方向性を持つ「道」に、いわば②ベルトコンベアのように運ばれている存在。それに比べて、まるで③スキーヤーのように広い平面の上に自分で線を引く木下さんのイメージは、より開放的なものに思えます。

物理的には同じ場所に立っていたのだとしても、その場所に与える意味次第では全く異なる経験をしていることになる。それが、木下さんの一言が私に与えた驚きでした。人は、物理的な空間を歩きながら、実は脳内に作り上げたイメージの中を歩いている。私と木下さんは、同じ坂を並んで下りながら、実は全く違う世界を歩いていたわけです。

彼らは「道」から自由だと言えるのかもしれません。道は、人が進むべき方向を示します。もちろん視覚障害者だって、個人差はあるとしても、音の(d)ハン響や白杖《はくじょう》の感触を利用して道の幅や向きを把握しています。しかし、目が道のずっと先まで一瞬にして見通すことができるのに対し、音や感触で把握できる範囲は限定されている。道から自由であるとは、予測が立ちにくいという意味では特殊な慎重さを要しますが、［　④　］、道だけを特別視しない俯瞰的なビジョンを持つことができたのでしょう。　《中略》

木下さんはそのことについてこう語っています。「たぶん脳の中には

MEMO

大切なことはメモしておこうネ！

2020年度

解　答　と　解　説

《2020年度の配点は解答欄に掲載してあります。》

＜数学解答＞

$\boxed{1}$ 問1　(4)　問2　(5)　問3　(4)　問4　(3)　問5　(2)　問6　(2)　問7　(1)
問8　(2)　問9　(3)　問10　(3)　問11　(2)　問12　(2)

$\boxed{2}$ 問1　(1)　問2　(4)　問3　(2)

$\boxed{3}$ 問1　(5)　問2　(1)　問3　(3)

○推定配点○

$\boxed{1}$ 問11・問12　各5点×2　他　各6点×10　$\boxed{2}$・$\boxed{3}$　各5点×6　計100点

＜数学解説＞

$\boxed{1}$ (数・式の計算，因数分解，平方根，方程式の応用，一次関数，二乗に比例する関数，場合の数，角度，円の性質，体積)

問1　$\left(-\frac{3}{2}\right)^2 \div (-0.75)^2 - \frac{2}{3}\left\{1-\left(-\frac{3}{2}\right)^2\right\} = \left(-\frac{3}{2}\right)^2 \div \left(-\frac{3}{4}\right)^2 - \frac{2}{3}\left(1-\frac{9}{4}\right) = \frac{9}{4} \div \frac{9}{16} - \frac{2}{3}\left(\frac{4}{4}-\frac{9}{4}\right) = \frac{9}{4} \times \frac{16}{9} - \frac{2}{3} \times \left(-\frac{5}{4}\right) = 4 - \left(-\frac{5}{6}\right) = \frac{24}{6} + \frac{5}{6} = \frac{29}{6}$

問2　$\left(-\frac{y}{x^2}\right)^3 \times \left(\frac{x^2}{y^2}\right)^2 \div \left(-\frac{3y^2}{x}\right)^2 = \left(-\frac{y^3}{x^6}\right) \times \frac{x^4}{y^4} \div \frac{9y^4}{x^2} = -\left(\frac{y^3}{x^6} \times \frac{x^4}{y^4} \times \frac{x^2}{9y^4}\right) = -\frac{y^3 \times x^4 \times x^2}{x^6 \times y^4 \times 9y^4} = -\frac{1}{9y^5}$

問3　$ab^2+b-b^3-a = ab^2-a+b-b^3 = (ab^2-a)+(b-b^3) = a(b^2-1)+b(1-b^2) = a(b^2-1)-b(b^2-1) = (a-b)(b^2-1) = (a-b)(b+1)(b-1)$

問4　$\sqrt{1}<\sqrt{3}<\sqrt{4}$より，$1<\sqrt{3}<2$だから，$\sqrt{3}$の整数部分は1　$\sqrt{3}+2$の整数部分aは，$a=1+2=3$　$a+b=\sqrt{3}+2$より，$b=\sqrt{3}+2-a=\sqrt{3}+2-3=\sqrt{3}-1$　よって，$a^2+ab+b^2=a^2+2ab+b^2-ab=(a+b)^2-ab=(\sqrt{3}+2)^2-3(\sqrt{3}-1)=(\sqrt{3})^2+2\times\sqrt{3}\times2+2^2-3\sqrt{3}+3=3+4\sqrt{3}+4-3\sqrt{3}+3=10+\sqrt{3}$

問5　連続する3つの正の奇数のうち最小の数をxとすると，連続する3つの正の奇数はx，$x+2$，$x+4$と表せる。最小の数の2乗と最大の数の2乗の和は，真ん中の数の16倍より6小さいから，$x^2+(x+4)^2=16(x+2)-6$　$x^2-4x-5=0$　$(x+1)(x-5)=0$　ここで$x>1$だから，$x=5$
求める最小の数は5である。

問6　はじめに容器A，Bに入っていた食塩水の濃度をそれぞれx%，y%とすると，食塩の量は，それぞれ$600\times\frac{x}{100}=6x$(g)，$400\times\frac{y}{100}=4y$(g)である。はじめに容器Aから容器Bへ食塩水を200g移したとき，容器Aの食塩水の量は$600-200=400$(g)，食塩の量は$6x\times\frac{600-200}{600}=4x$(g)，容器Bの食塩水の量は$400+200=600$(g)，食塩の量は$4y+6x\times\frac{200}{600}=4y+2x$(g)になった。よく混ぜた後にBからAへ200gもどしてよく混ぜたら，Aには10%の食塩水ができたから，$\left\{4x+(4y+2x)\times\right.$

$\left.\frac{200}{600}\right\}\div(400+200)\times100=10(\%)$　$7x+2y=90$…①　その後A，Bの食塩水をすべて混ぜ合わせたら，8.4%の食塩水ができたから，$\{6x+4y\}\div(600+400)\times100=8.4(\%)$　$3x+2y=42$…②　①−②より，$4x=48$　$x=12$　これを②に代入して，$3\times12+2y=42$　$y=3$　よって，はじめに容器A，Bに入っていた食塩水の濃度はそれぞれ12%，3%である。

やや難　問7　$y=\frac{3}{2}x+m$は傾きが$\frac{3}{2}$で正だから，右上がりの直線で，xの値が増加するときyの値も増加するから，yの最小値は$x=0$のとき，$y=\frac{3}{2}\times0+m=m$，yの最大値は$x=6$のとき，$y=\frac{3}{2}\times6+m=9+m$，$y$の変域は，$m\leqq y\leqq9+m$…①　また，$n>0$とすると，$y=nx+5$は，右上がりの直線で，$x$の値が増加するとき$y$の値も増加するから，$y$の最小値は$x=0$のとき，$y=n\times0+5=5$，$y$の最大値は$x=6$のとき，$y=n\times6+5=6n+5$，$y$の変域は，$5\leqq y\leqq6n+5$…②　yの変域①とyの変域②が一致するとき，$m=5$…③　$9+m=6n+5$…④が成り立つ。③を④に代入して，$9+5=6n+5$　$n=\frac{3}{2}$　よって，$(m,\ n)=\left(5,\ \frac{3}{2}\right)$　また，$n<0$とすると，$y=nx+5$は，右下がりの直線で，xの値が増加するときyの値は減少するから，yの最小値は$x=6$のとき，$y=n\times6+5=6n+5$，yの最大値は$x=0$のとき，$y=n\times0+5=5$，yの変域は$6n+5\leqq y\leqq5$…⑤　yの変域①とyの変域⑤が一致するとき，$m=6n+5$…⑥　$9+m=5$…⑦が成り立つ。⑦より，$m=5-9=-4$　これを⑥に代入して，$-4=6n+5$　$n=-\frac{3}{2}$　よって，$(m,\ n)=\left(-4,\ -\frac{3}{2}\right)$

問8　関数$y=ax^2$について，$x=2$のとき$y=a\times2^2=4a$，$x=6$のとき$y=a\times6^2=36a$　よって，xの値が2から6まで増加するときの変化の割合は，$\frac{36a-4a}{6-2}=\frac{36a-4a}{6-2}=8a$…①　また，一次関数$y=ax+b$では，変化の割合は一定で，$x$の係数$a$に等しい。よって，関数$y=3x$について，$x$の値が2から6まで増加するときの変化の割合は3で，これが①の$8a$と等しいから，$8a=3$　$a=\frac{3}{8}$

問9　4個の数字1，2，3，4のうち異なる3個を並べて，3桁の数をつくるとき，つくった数が偶数となるのは，一の位の数字が2か4の数のときの2通り。一の位の数字が2の数のとき，百の位の数字は，残った3個の数字(1，3，4)のいずれかの3通り。そのそれぞれに対して，十の位の数字は，残った2個の数字のいずれかの2通りずつあるから，一の位の数字が2である3桁の偶数は$3\times2=6$(個)できる。同様に，一の位の数字が4である3桁の偶数も6個できるから，3桁の偶数は全部で$6\times2=12$(個)できる。

問10　正五角形の5つの内角の和は$180^\circ\times(5-2)=540^\circ$だから，1つの内角の大きさは$540^\circ\div5=108^\circ$　右図で，$\angle\mathrm{FAB}=180^\circ-\angle\mathrm{BAE}-\angle\mathrm{EAG}=180^\circ-108^\circ-25^\circ=47^\circ$　$l/\!/m$より，平行線の錯角は等しいから，$\angle\mathrm{BHC}=\angle\mathrm{FAB}=47^\circ$　△BHCの内角と外角の関係から，$\angle x=\angle\mathrm{ABC}-\angle\mathrm{BHC}=108^\circ-47^\circ=61^\circ$

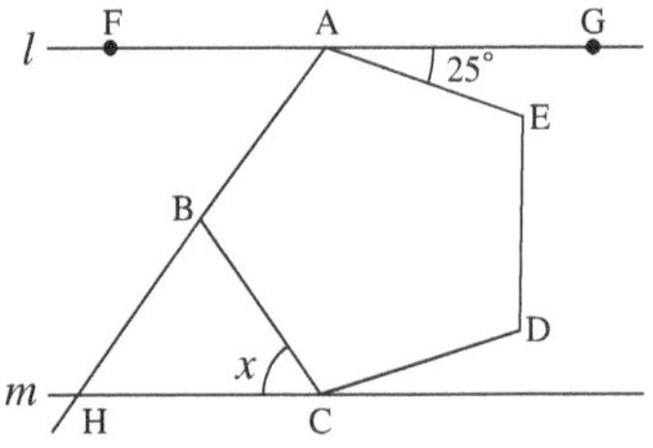

問11　弧CDに対する円周角なので，$\angle\mathrm{CAD}=\angle\mathrm{CBD}=\angle x$　△CAEの内角と外角の関係から，$\angle\mathrm{ACB}=\angle\mathrm{CAD}+\angle\mathrm{CED}=\angle x+28^\circ$　△BCFの内角と外角の関係から，$\angle x=\angle\mathrm{AFB}-\angle\mathrm{ACB}=60^\circ-(\angle x+28^\circ)=32^\circ-\angle x$　$2\angle x=32^\circ$　$\angle x=32^\circ\div2=16^\circ$

問12　問題の円錐は，底面の半径が$6\div2=3$で，高さが4の円錐だから，その体積は$\frac{1}{3}\times\pi\times3^2\times4=12\pi$

2 （図形と関数・グラフ）

基本 問1　点A，Bは$y=x^2$上にあるから，そのy座標はそれぞれ$y=(-4)^2=16$，$y=6^2=36$　よって，点A，Bの座標はA$(-4,\ 16)$，B$(6,\ 36)$　直線ABの傾きは$\frac{36-16}{6-(-4)}=2$　直線ABの式を$y=2x+b$とおくと，点Aを通るから，$16=2\times(-4)+b$　$b=24$　よって，直線ABの式は$y=2x+24$

重要 問2　AB//OC，AB＝OCより，点Cと点Oのx座標の差は，点Bと点Aのx座標の差と等しく，点Cと点Oのy座標の差は，点Bと点Aのy座標の差と等しいから，点Cの座標をC$(s,\ t)$とおくと，$s-0=6-(-4)$より$s=10$，$t-0=36-16$より$t=20$　よって，C$(10,\ 20)$　AB//OCより，直線OCの傾きは直線ABの傾きと等しく2だから，直線OCの式は$y=2x$…①　点Dは①と$y=x^2$…②の交点だから，点Dの座標は，①と②の連立方程式の解。①に②を代入して，$x^2=2x$　$x^2-2x=0$　$x(x-2)=0$　$x=0,\ 2$　$x>0$より，$x=2$　これを①に代入して，$y=2\times2=4$　点Dの座標は，D$(2,\ 4)$

問3　平行四辺形の対角線の交点を通る直線は，その平行四辺形の面積を2等分するから，対角線の交点をEとすると，直線DEは平行四辺形OCBAの面積を2等分する。平行四辺形では，対角線はそれぞれの中点で交わるから，点Eは対角線OBの中点なので，点Eの座標は，$\left(\frac{6+0}{2},\ \frac{36+0}{2}\right)=(3,\ 18)$　したがって，直線DEの傾きは$\frac{18-4}{3-1}=14$　直線DEの式を$y=14x+c$とおくと，点Dを通るから，$4=14\times2+c$　$c=-24$　よって，直線DEの式は$y=14x-24$

3 （相似の利用，線分の長さの比，面積の比）

基本 問1　AD//PEだから，平行線と線分の比の定理より，PE：AD＝PB：AB＝3：(2＋3)＝3：5

やや難 問2　AD//PEだから，平行線と線分の比の定理より，DE：EB＝AP：PB＝2：3　△AEDと△ABDで，高さが等しい三角形の面積比は，底辺の長さの比に等しいから，△AED：△ABD＝DE：BD＝2：(2＋3)＝2：5　△AED＝$\frac{2}{5}$△ABD…①　AD//PEだから，△PBE∽△ABDで，相似比はPE：AD＝3：5　相似な図形の面積比は相似比の2乗になるから，△PBE：△ABD＝$3^2:5^2$＝9：25　△PBE＝$\frac{9}{25}$△ABD…②　①，②より，△AED：△PBE＝$\frac{2}{5}$△ABD：$\frac{9}{25}$△ABD＝10：9

重要 問3　問1より，PE＝$\frac{3}{5}$AD＝$\frac{3}{5}$BC…③　仮定より，BQ：QC＝1：3だから，BQ＝$\frac{1}{1+3}$BC＝$\frac{1}{4}$BC…④　PE//BQだから，③，④と平行線と線分の比の定理より，PR：RQ＝PE：BQ＝$\frac{3}{5}$BC：$\frac{1}{4}$BC＝12：5

★ワンポイントアドバイス★

2問3では，平行四辺形の対角線の交点を通る直線が，その平行四辺形の面積を2等分することに気付くことがポイントである。3問2では，△AEDと△PBEの面積がそれぞれ△ABDの面積の何倍かを考えてみよう。

＜英語解答＞

【1】	[1] 5	[2] 3	[3] 4	[4] 2	[5] 2				
【2】	[6] 3	[7] 2	[8] 4	[9] 5	[10] 1	[11] 3	[12] 4		
【3】	[13] 3	[14] 2	[15] 1	[16] 3	[17] 3				
【4】	[18] 3	[19] 4	[20] 2	[21] 2	[22] 5				
【5】	[23] 5	[24] 3	[25] 5	[26] 5	[27] 3	[28] 5	[29] 2	[30] 3	[31] 1

○推定配点○

【1】 各4点×5　　【2】・【3】 各2点×12　　【4】・【5】 各4点×14　　計100点

＜英語解説＞

【1】 リスニング問題解説省略。

【2】 (文法問題：語い・単語・熟語，語句補充・選択，受動態，接続詞，不定詞，関係代名詞，分詞，現在完了)

重要 問1 「ビルは音楽に興味がある。彼はしばしばギターを弾く」 正解は interested「興味がある」。「(人がものに対して)興味がある」〈人＋be動詞＋ interested in ＋もの〉

基本 問2 「ジャックは昨日病気だったので，医者[a doctor]に診てもらうために病院へ行った」〈～, so …〉「～である，だから[それで]…」

基本 問3 「夏休み中に5冊の本を読んだ。そのうちの1冊は有名なサッカー選手によって書かれた」 was [were] written ←受動態〈be動詞＋過去分詞＋ by ＋行為者〉

重要 問4 「先週あなたが観た映画はどうだった？」 the movie which you watched ←〈先行詞(もの)＋目的格の関係代名詞 which ＋主語＋動詞〉

重要 問5 「むこうで写真を撮影している少年は私の弟[兄]だ」 the boy と take pictures「写真を撮影する」は「少年が写真を撮影する」と能動の関係なので，現在分詞の形容詞的用法で，正解は現在分詞の taking。over there「むこうに[で]」

重要 問6 「子供だった頃から，私たちは互いに知り合いだ」 since 「～から[以来](ずっと)／だから」〈have [has]＋過去分詞＋ since ～〉「～以来ずっと…である」現在完了の継続

やや難 問7 「緊急の際に，どうかこの番号に電話をしてください」 in case of 「～の場合には」，emergency「非常[緊急]事態」

【3】 (会話文問題：文の挿入・選択，助動詞，受動態，不定詞，比較，現在完了)

重要 問1 A：アメリカにどのくらい滞在する予定ですか。／B：[3]3日間です。それから，カナダを訪れようと思っています。　文脈から滞在期間を答える表現を選ぶこと。How long ～? もの・時間の長さを尋ねる表現。未来時制 〈will ＋原形〉「～するだろう／するつもりだ」〈be動詞＋going ＋不定詞[to ＋原形]〉「～しそうだ／するつもりだ」

やや難 問2 A：豊橋駅から桜丘高等学校まで20分かかります。／B：[2]どのバスに乗るべきですか。／A：5番です。桜丘高等学校の正面に停まります。　後続の文より，バス乗り場を尋ねる表現が当てはまることがわかる。〈It takes ＋時間〉「時間がかかる」 should 「～するべきだ／～するはずだ」 in front of「～の前に」

やや難 問3 A：彼が猫を買ったことを知っていましたか。／B：はい。[1]そのことを聞いて，驚きました。私は彼が猫を好きではないと思っていたので。　彼が猫は好きではないと思っていたのに，猫を買ったという事実を聞いたときの感情・反応を考えること。〈be動詞＋ surprised〉「(人が物に対して)驚いている」〈感情を表す語句＋不定詞[to ＋原形]〉「～[不定詞]してある感情がわき

おこる」

基本 問4　A：すみません。本屋までの行き方を教えていただけませんか。／B：もちろんです。この道をまっすぐに進み，2番目の角で右に曲がって下さい。16右側に見えます。本屋までの道案内の表現としてふさわしいものを選ぶこと。〈Could you ＋原形～？〉「～してくださいませんか」，go down「～をまっすぐに進む」，turn right［left］「右［左］折する」

やや難 問5　A：ただいま，お母さん。とても疲れている。／B：何か食べ物が欲しいかしら。チョコレートが少しあるわよ。／A：3うん，お願い。チョコレートが好き。／B：わかったわ，少し持ってくるわね。文脈より，チョコレートを勧められて，肯定で答える表現が当てはまることになる。something to eat「食べるためのもの」← 〈名詞＋不定詞［to ＋原形］〉不定詞の形容詞的用法。help oneself (to)（～を）自分で取って食べる［飲む］

【4】（長文読解問題・手紙文：英問英答，不定詞，助動詞，関係代名詞，進行形，前置詞，接続詞，受動態，比較，現在完了）

（全訳）

送信者：タカナシ・マリコ
受信者：エミリー・ウィルソン
日付　：2019年1月26日（土曜日）10時22分
件名　：パイの作り方

親愛なるエミリー，
こんにちは。元気ですか。私のことを覚えていますか。私はマリコです。私がロンドンで英語を勉強してから，すでにおよそ2年間経ちました。現在，私は，豊橋の高校で英語を教えています。私たちの学校には多くの部活動があり，（この前の）12月には演劇部が優勝しました。そこで，2月9日に，彼女らの活動を祝福して，特別なパーティーを開く予定です。あなたのお母さんがいつも料理してくれていたさくらんぼパイと玉ねぎスープの作り方を私たちに教えてくれませんか。あなたのお母さんの料理は美味しかったので，私はとても好きです。あなたから連絡をもらうのを楽しみにしています。
マリコ

送信者：エミリー・ウィルソン
受信者：タカナシ・マリコへ
日付　：2019年1月26日（土曜日）17時42分
件名　：返信：パイの作り方

親愛なるマリコ，
電子メールを（送ってくれて）ありがとうございます。もちろん，あなたのことを覚えています。久しぶりですね。現在，私は会社で通訳として働いています。そして，あなたに良い知らせがあります。来月，仕事で数週間日本に滞在することになっています。2月20日にロンドンに戻るので，私が日本に滞在している間に，あなたを手伝うことができるのではないかと思います。2月8日が私にとって一番都合が良いです。この日程で良いでしょうか。
私は，玉ねぎスープを簡単に作ることができますが，お母さんのパイは今まで焼いたことがありません。それから，2月に日本で状態の良いさくらんぼを手に入れることができるのでしょうか。日本のさくらんぼの旬は春だと思いますが。
エミリー

送信者：タカナシ・マリコ
受信者：エミリー・ウィルソン
日付　：2019年1月27日(日曜日)9時12分
件名　：返信：返信：パイの作り方

親愛なるエミリー,
やった！　それは良い知らせですね。私は本当に再びあなたに会いたかったのです。2月8日10時に豊橋駅で会いましょう。
もちろん，あなたの言っていることは正しいですよ。日本のさくらんぼは，4月が最も美味しいのですが，心配しなくて平気です。私たちは，とても有名な農家を知っていて，いつでも美味しいさくらんぼを入手できるのではないかと思っています。最近，手作りのパイが日本でとても人気があるので，作り方を知りたくて，うずうずしているのです。もし何か質問があれば，電子メールを私に送ってください。
それではすぐにお会いしましょう,
マリコ

基本　問1　質問「マリコは何をしているか[マリコの職業は何か]」　正解は，3「彼女は日本の高校で働いている」。最初のメールの本文第6文に一致。他の選択肢は次の通り。1「彼女は販売するために，さくらんぼパイを焼き，玉ねぎスープを作っている」(×)　マリコは調理法がわからず，エミリーから教わりたいのである(最初のメールで本文の最後から3文目)。　2「彼女はロンドンで英語を教えている」(×)　選択肢3の解説参照。　4「彼女は日本の飲食店を所有している」(×)　言及なし。　5「彼女は会社で通訳として働いている」(×)　会社で通訳をしているのはエミリー(2番目のメールの本文第4文)。

重要　問2　質問「マリコはエミリーに(　　)ほしい」　正解は4「手作り料理の作り方について言って」。最初のメール本文の最後から3文目に一致。〈how ＋不定詞[to ＋原形]〉「～する方法」 dish「皿／料理」〈Could you ＋原形～？〉「～してくれませんか」 他の選択肢は次の通り。1「一緒に日本料理店で食事をして」(×)　言及なし。　2「美味しいさくらんぼを入手するために，非常に有名な農家を訪ねて」(×)　マリコは有名な農家から美味しいさくらんぼを入手できるとは言っているが(第3番目のメール本文第6文)，エミリーと一緒に訪れることには触れていない。any time「いつでも」 3「ロンドンでの特別なパーティーに来て」(×)　特別なパーティーは，豊橋の高校演劇部の優勝を祝うために開催されるのである(最初のメール本文第6～8文)。　5「彼女の生徒に英語で手紙を送って」(×)　言及なし。

基本　問3　質問「いつマリコはエミリーに会うか」　正解は2「2月8日」。第2番目のメール本文第8文，第3番目のメール本文第3文参照。

やや難　問4　質問「まず，エミリーはなぜ不安に思っているのか」　正解は，2「彼女は美味しい日本のさくらんぼを入手することができない」。第2番目のメール本文の最後の2文から，エミリーが，春が旬の日本のさくらんぼを，2月にどのように入手できるかを気にしていることがうかがえる。〈be動詞＋ worried〉「心配している，不安に思っている，困っている」，〈wonder ＋疑問詞〉「～かしらと思う」 他の選択肢は次の通り。1「彼女はすべての日本の食べ物を買わなければならない」(×)　エミリーが食材を用意するとは，どこにも書かれていない。　3「彼女はパイを以前食べたことはない」(×)　エミリーは自身でパイを焼いたことはないが(第2番目のメール本文最後から3文目)，第1番目のメールで，滞在中のエミリーの母親がよくさくらんぼパイや玉ねぎスープを作ってくれた，とマリコは記している。　4「彼女は日本が上手く話せない」(×)　エミリーの日本語能力に関しては言及なし。　5「彼女はやるべき多くの仕事がある」(×)　言及なし。

重要　問5　1「演劇部はノーベル平和賞を受賞した」(×)　一等賞を受賞したとはあるが(第1番目のメールの本文7文)，ノーベル賞への言及はない。　2「マリコがパーティーに来ることができないので，エミリーは悲しい」(×)　演劇部へのパーティーは，これらの電子メールの交換中にまだ開かれていないし，マリコが出席できない，という記述はない。　3「以前，マリコはエミリーとさくらんぼパイを焼いたことがある」(×)　マリコはさくらんぼパイの調理法を，エミリーを通じて教えもらいたい，と願っていて(第1番目のメールの本文最後から3文目)，エミリーはさくらんぼパイを焼いたことがない(第2番目のメール本文の最後から3文目)と記されている。　4「マリコはエミリーの会社に興味がある」(×)　記載なし。　5「手作りのパイは日本で非常に人気がある」(○)　第3番目のメールの本文7文に一致。

【5】（長文読解問題・物語：語句解釈，内容吟味，要旨把握，文整序，語句補充・選択，不定詞，動名詞，関係代名詞，分詞，受動態，進行形，比較，助動詞，感嘆文，接続詞，間接疑問文）

（全訳）　マユコが小学生だった頃，彼女は音楽の授業を受けるのが好きだった。音楽担当のカトウ先生は，子供たちが歌ったり，踊ったりしているのに合わせて，ピアノを弾いてくれた。

マユコが13歳のときに，彼女はおじのタカシの家を訪れた。彼の経営する喫茶店で彼を手伝うために，彼女は働き始めたのである。①タカシには一人の子，マサオがいた。

ある日，自宅近くの森を散歩するために，タカシはマユコとマサオを連れ出した。暗い森の小道に沿って歩いていると，枯葉に覆われているあるものが視界に入ってきた。最初，彼らはそれが何であるかはわからなかったが，ついにマサオが，「ピアノだ！　古いピアノだよ！」と叫んだ。タカシは言った。「もう必要がなくなったので，誰かがこれをここに放置したんだね」マユコは試しにピアノを少しだけ弾いてみた。そこからは素晴らしい音が鳴り響いてきた。彼らは一同驚いた。

それ以来，タカシの仕事を手伝ってから，演奏するために，マユコは一人でそのピアノの元へと足を運んだ。彼女は眼を閉じると，カトウ先生の指の動きを思い起こした。彼女は何度もピアノを演奏するようになり，以前よりも，さらに上手く演奏できるようになった。

ある日，マサオが自室で勉強をしていると，窓からピアノのような小さな音が聞こえてきた。それは森から聞こえてくることに気づいた。その音はほぼ毎日数週間にわたり聞こえてきた。彼は考えた。「この音は素晴らしいなあ。誰が演奏しているんだろう」彼がその音をたどり，ピアノまで行き着くと，そこでマユコがピアノを演奏していることがわかった。彼は驚いた。それ以降，マサオを喜ばせようと，そこでマユコは毎日演奏を繰り返した。

15歳のときに，マユコはピアノを弾くために森に行くことをやめた。高校入学のための試験に備えて，より熱心に勉強しなければならなかった②が，彼女は森のピアノを忘れることができなかった。そのとき，彼女にはある良い考えが浮かんだ。彼女は思った。「時間があるときに，一枚の紙にピアノの鍵盤を描いて，それをピアノのように使おう」彼女はそれを使って毎日練習したのである。

翌春，マユコは高校生になった。彼女はマサオと一緒に再び森を訪れてみた。ピアノはそのままの姿でそこに存在していた。彼女はピアノを弾き始めた。③彼女が以前よりも上手く演奏するのを聞いて，マサオは驚いた。

マサオとマユコはカトウ先生に会いに，小学校を訪れた。マユコがピアノを演奏するのをカトウ先生は聞き，彼女がいつか素晴らしい音楽家になるかもしれない，と彼は思った。カトウ先生はマユコにピアノを教え始めた。彼は言った。「あなたのピアノ演奏が，多くの人々を幸せにすると良いね」

彼女は初めて音楽コンテストでピアノを演奏して，優勝した。しかし，彼女は音楽家になることを選択しなかった。彼女は他のコンテストで演奏すると，学校の音楽教師になった。音楽を演奏することがいかに素晴らしいかを子供たちに伝えるために。2度目のコンテスト以降，彼女はマサオと会っていない。でも，彼女はピアノを弾くたびに，マサオ，あるいは，彼女が会ったすべての人，そして，あの古いピアノに対して，感謝したいという気持ちに常になる。

基本 問1　下線部①は「タカシにはマサオという唯一の子供がいた」の意。マサオは代名詞 he で受けていることから，性別は男性。タカシはマユコのおじ[uncle]である。(第2段落1文)したがって，正解は，5「マユコのおじには娘がいなかった」。他の選択肢は次の通り。1「マユコのおじには一人娘がいた」(×)　選択肢5の解説参照。　2「マユコのおじはマサオの兄弟だった」(×)　マユコのおじであるタカシはマサオと父・息子の関係(第2段落1・2文)。　3「マサオには唯一の子供がいた」(×)　言及なし。　4「マサオには弟がいた」(×)　マサオは一人っ子だった。下線部①の訳参照。

基本 問2　下線部②は「だが，彼女は森のそのピアノを忘れることができなかった」の意。一方，完成文は「だが，彼女は　　を望んでいた」。マユコはピアノを弾く目的で，森に足しげく通っていた(第4・5段落)が，受験のために，ピアノを弾くために森に行くのをいったんやめた。(第6段落1・2文)このような状況下で，森にあるピアノを忘れられなかったマユコが，何を望んでいたか，を考えて，正解を選ぶこと。正解は3「再び森でその古いピアノを弾くこと(を望んだ)」。〈want＋不定詞[to ＋原形]〉「～したい」〈stop ＋動名詞[原形＋ -ing]〉「～することをやめる」　他の選択肢は次の通り。1「森にある古いピアノを清掃すること(を望んだ)」(×)　この事実を裏づけるような記述はない。　2「カトウ先生が弾くピアノを再び聞くこと(を望んだ)」(×)　ここでのピアノは森にあるマユコの弾いていたものを指しているので不可。　4「彼女のおじが弾く古いピアノを彼女は再び聞くこと(を望んだ)」(×)　おじがピアノを弾くということは言及されていない。　5「古いピアノを弾くカトウ先生の指の動きを見ること(を望んだ)」(×)　森の古いピアノをカトウ先生が弾いていたという記述はない。

重要 問3　質問文は「マサオは何によって驚かされたか」。下線部③は「マサオは彼女が以前よりも巧みに彼女が演奏をしているのを聞いて驚いた」の意。したがって，正解は5「マユコのピアノ演奏」。〈人＋be動詞＋ surprised〉「人が驚いている」　better「<u>より良く</u>／より良い」← <u>well</u>／good の比較級　他の選択肢はいずれも前述の説明により，不適。

重要 問4　1「森のピアノはマユコが見つけるとすぐに，彼女の家へと移された」(×)　ピアノは森に放置されたままであることは，第4・5・6段落より明らかである。　soon after「～してすぐに」　2「マユコは発見時に，その古いピアノを非常に巧みに演奏することができた」(×)　彼女がピアノを発見したときの様子は「少しだけ演奏してみた」と記されており(第3段落後半)，それ以降，彼女の上達ぶりが描かれているので，不一致。　3「マサオはマユコが演奏するのを見る前に，彼女が森でピアノを弾いていることを知っていた」(×)　自室で勉強をしていると森から音が聞こえるので，誰が演奏しているのだろうと思いながら，森へ向かって初めて，マユコがピアノを弾いていることがわかった，と記されている(第5段落)。　4「マユコは<u>森で鍵盤の絵を使って</u>ピアノを練習した」(×)　紙に描いた鍵盤の絵は，受験勉強で忙しくて，森にピアノを弾きに行くことができなくなったマユコが考えたピアノ練習法である(第6段落)。　5「子供たちに音楽の楽しさを示すために，マユコは学校で音楽を教えている」(○)　最終段落3文に一致。

重要 問5　エ「音楽の授業で，カトウ先生はピアノを弾き，マユコは歌を歌い，踊った」(第1段落)→オ「マユコは森で古いピアノを見つけた」(第3段落)→ア「マユコは1枚の紙に描いたピアノの鍵盤で演奏した」(第6段落)→ウ「カトウ先生はマユコに対して，多くの人々のために演奏すべきだと言った」(第8段落)→ イ「マユコは初めて音楽コンテストで優勝した」(第9段落)　接続詞 as「～と比べて／のように／するときに／なので」 make A B「AをBの状態にする」 for the first time「初めて」

やや難 問6 (全訳)　僕が14歳のときに，マユコという名前の僕のいとこが，父の喫茶店での仕事を手伝うために，我が家にしばしば訪ねて来た。ある日，僕が自室で数学の宿題をしていると，外からピアノの音が聞こえてきた。時折，それはやんだり，再び聞こえてきたりした。でも，数週間ア経過すると，演奏は上達していた。僕は誰が演奏しているかを確認しなければならなかったので，森へ向かった。誰がピアノを弾いているかをこの目で確認したイときに，僕は非常に驚いた。マユコだった。彼女のピアノ演奏は非常に素晴らしかった。(自分のことを思い，)ピアノを演奏してほしい，と彼女に頼んでみた。毎日，学校から帰宅するやいなや，彼女のピアノ演奏を聞くために，僕はウ森へ向かった。当時は，誰の歌であるかがわからなかったが，僕はそれらの曲がとても気に入っていた。おそらく，彼女のピアノ演奏は，多くの人々が演奏された曲を楽しむのに十分(なレベル)だった。今でも毎年，その森に近づくと，マユコと過ごした日々を思い出す。その後，彼女はあるピアノのコンテストで優勝したということを耳にした。僕は彼女とは長い間会えていない。現在，彼女がエどこにいるのか，あるいは，何をしているのかはわからない。ただ，僕にとって素晴らしい記憶である。

[28] (ア)〈期間を表す語句＋ later〉「～のちに」 [29] (イ)接続詞 when「～するときに」 [30] (ウ)ピアノをどこにあったかを確認すること。正解は forest である。 [31] (エ) I don't know where she is or what she is doing now. 間接疑問文(疑問文が他の文に組み込まれた形)では，〈疑問詞＋主語＋動詞〉の語順になる。

★ワンポイントアドバイス★

【5】問5は文の整序問題だ。今回は5つの英文を出来事が起こった順番に正しく並べ換える設問である。選択肢の英文が表す内容が本文中のどこにあるかを確認したうえで本文に印を付けておくと，後に順番を確認しやすくなる。

＜理科解答＞

【1】 2　【2】 4　【3】 2　【4】 5　【5】 2　【6】 1　【7】 1
【8】 2　【9】 3　【10】 1　【11】 5　【12】 3　【13】 1　【14】 1
【15】 1　【16】 1　【17】 2　【18】 3　【19】 4　【20】 4

○推定配点○

各5点×20　　計100点

＜理科解説＞

【1】 (電流と電圧―抵抗の測定)

基本 問1　電熱線aの抵抗は$\frac{5.0\text{V}}{0.25\text{A}}=20(\Omega)$である。

問2　電熱線bの抵抗は$\frac{5.0\text{V}}{0.20\text{A}}=25(\Omega)$であり，抵抗の大きい電熱線bの方が電流が流れにくい。

問3　電熱線aの抵抗は20Ωだから，6.0Vの電圧をかけたときの電流は，$\frac{6.0\text{V}}{20\Omega}$＝0.30(A)である。

問4　電熱線bの抵抗は25Ωだから，0.4Aの電流が流れるときの電圧は，0.4A×25Ω＝10(V)である。

【2】（電力と熱―電力量）

問1　電流は0.3mA＝0.0003Aだから，電力は100V×0.0003A＝0.03(W)である。

問2　2時間＝2×60×60秒＝7200秒だから，40Wの電球が消費する電力量は40W×7200秒＝288000(J)である。また，3分間＝3×60秒＝180秒だから，1500Wの電子レンジが消費する電力量は，1500×180＝270000(J)である。よって，合計は，288000J＋270000J＝558000(J)となる。

【3】（力―作用・反作用）

1では，ロケットがガスを下向きに押すと，ガスもロケットを上向きに押し返している。2では，本が机を下向きに押すと，机も本を上向きに押し返している。3では，人が地面を下向きに押すと，地面も人を上向きに押し返している。4では，足ヒレが水を押すと，水も足ヒレを上向きに押し返している。5では，プロペラが空気を下向きに押すと，プロペラのまわりの空気の流れが作り出す力(揚力)がプロペラを上向きに押す。このように，どれも作用・反作用の関係にある力が関わっているが，人間が利用しているという意味では，2以外が当てはまる。

【4】（仕事―仕事と仕事率）

誤りは5である。仕事を時間で割ったものが仕事率だから，仕事をした時間が長いほど，仕事率は小さくなる。

【5】（仕事―動滑車を用いた仕事）

問1　Aは2kgの物体にかかる重力に等しい20Nの力が必要である。Bは動滑車を使っているので，力の大きさは動滑車の左右にひもに分かれ，Aの半分の10Nでよい。A＞Bである。

問2　Aは3m引き上げればよい。Bは動滑車の左右のひもの両方を3mずつたぐり寄せる必要があるので，引く距離は3×2＝6(m)必要である。A＜Bである。

問3　Aの仕事は，20N×3m＝60(J)，Bの仕事は10N×6m＝60(J)となり，A＝Bである。道具を使っても使わなくても仕事が変わらないことを仕事の原理という。

重要　問4　AとBで，仕事は同じである。Bでの仕事率がAでの仕事率の5倍ということは，Bにかかった時間がAにかかった時間の5分の1ということである。逆に，Aで要する時間はBで要する時間の5倍である。

問5　アの仕事は，2N×30m＝60(J)である。イの仕事は40N×0.15m＝6(J)である。ウの質量は1.2×100＝120(g)だから，重力は1.2Nであり，仕事は1.2N×50m＝60(J)である。エの質量は8.0×100＝800(g)だから，重力は8Nであり，仕事は8N×75m＝600(J)である。

【6】（気体の性質―5種類の気体の利用）

正しいのはアとエである。イで，窒素は酸素と同様に水に溶けにくいので，水上置換で集める。窒素は空気よりわずかに軽い程度なので，上方置換で集めるのは難しい。ウで，水素は空気より軽いので，上方置換は可能である。しかし，空気中の酸素と混ざって爆発し危険なため，実行してはいけない。オで，二酸化炭素は水に少し溶け，空気より重いので，水上置換か下方置換で集める。

【7】（原子と分子―物質の構造）

誤りは，アとエである。アで，分子の多くはいくつかの原子からなっている。エで，塩化ナトリウムでは塩素原子とナトリウム原子が規則正しく並んで結晶となるため，ひとまとまりの分子にはならない。

【8】（化学変化と質量―銅の酸化の質量比）

表から，銅と酸素の質量比はどれも4：1となっている。銅が1.0gのとき，反応する酸素の質量は，

4：1＝1.0：xより，x＝0.25gである。また，化学変化では反応前後の質量の総和は変わらない。これを質量保存の法則という。

【9】（イオン―陽イオンと陰イオン）

1で，電子を受け取ると陰イオンになり，電子を放出すると陽イオンになる。2で，＋の電気を帯びた粒子が陽イオン，－の電子を帯びた粒子が陰イオンである。4で，Cl^-は塩化物イオンである。5で，例えば水酸化物イオンOH^-は，OとHの2種類の原子からできている。

重要【10】（溶液―ミョウバンの溶ける量）

60℃の水50gには，ミョウバンは30gまで溶ける。だから，ミョウバンを25g溶かしたとき，あと30－25＝5(g)溶ける。20℃の水50gには，ミョウバンは6gまで溶ける。だから，はじめ25g溶かした水溶液を20℃まで下げると，結晶となるのは25－6＝19(g)である。60℃の飽和水溶液の濃度は，$\frac{30}{50+30}\times100=37.5$(％)，あるいは$\frac{60}{100+60}\times100=37.5$(％)により，四捨五入して38％である。

【11】（植物の体のしくみ―気孔のはたらき）

葉の表皮には，2つの孔辺細胞にはさまれた小さな穴があり，気孔とよばれる。気孔は水蒸気を外に出す蒸散のほか，光合成や呼吸に伴う酸素や二酸化炭素の出入りに使われる。多くの植物では，気孔は葉の裏に多い。

重要【12】（ヒトの体のしくみ―だ液のはたらき）

だ液中の酵素のアミラーゼは，デンプンを糖に変えるはたらきがある。図3の実験で，アミラーゼがはたらいて，デンプンが糖に変わるのは，適温のCだけである。よって，Cだけはヨウ素液を加えても青紫色に変わらない。A，B，Dはデンプンが残っているので，ヨウ素液を加えると青紫色に変わる。

【13】（ヒトの体のしくみ―刺激と反応）

問1　運動は，筋肉を使って骨格を動かすことでおこなわれる。脳からの命令は神経を伝わるが，神経だけでは動かない。

問2　外界からの刺激を受けるのは，目や耳，鼻，舌，皮ふであり，これらを感覚器官という。

問3　刺激に対し，脳の命令を待たずにせきずいでの命令によって運動が起こるのを反射という。体への危険を回避するための無意識の運動である。

【14】（生殖と遺伝―遺伝のしくみ）

問1　丸としわは，どちらかが種子の形に現れる対立形質である。

問2　体細胞の染色体は2本ずつあり，精子や卵のような生殖細胞には，その片方が入る。これを，遺伝の3法則のうち，分離の法則という。

基本【15】（生物どうしのつながり―生物体内のDDTの濃度）

農薬のDDTや重金属などは，生物がえさとして取り入れても体外に排出されにくいため，体内に蓄積していく。よって，食物連鎖の上位の生物で，より濃くなっていき，生物濃縮とよばれる。図4の例では，プランクトンの体内で5.3ppm，水鳥の体内で1600ppmだから，1600÷5.3＝301.8…で，約300倍に濃縮されている。

【16】（地層と岩石―火成岩のつくり）

図5は，マグマが地下の深いところで長い年月をかけてゆっくり冷えて固まった等粒状組織をしている。よって，この岩石は，花こう岩，閃緑岩，斑れい岩のような深成岩のなかまである。なお，斑状組織は石基と斑晶からなり，マグマが急に冷えて固まったときにできる。

【17】（大地の動き―地震の特徴）

1で，マグニチュードは地震のエネルギーを表す数値であり，場所によって変わる震度とはちがう。2で，やわらかい地盤の土地の方が大きく揺れやすい。3で，初期微動継続時間は震源からの距離に比例する。4で，初期微動はP波による揺れ，主要動はS波による揺れである。5で，マグニチュードが2つ大きくなると，32×32で約1000倍になる。

【18】（天気の変化―天気記号）

1は，快晴で風向は北，風力は4である。2は，くもりで風向は北である。風力の記号は6までは片側に書くので，問題の図のような風力はない。4は停滞前線，5は閉塞前線である。

重要 【19】（天気の変化―日本の天気）

1で，オホーツク海気団と小笠原気団がぶつかって梅雨になる。2で，日本の季節風は，夏は太平洋からの南東の風，冬は大陸からの北西の風である。3で，冬に日本海側に雪を降らせるのはシベリア気団の影響である。5で，春は移動性高気圧と温帯低気圧が交互に来るので，晴れと雨が周期的に繰り返す天気になる。

【20】（地層と岩石―地質柱状図）

設問文の条件にある，「地層は平行に重なって，ある一定の方向に傾いている」は，ある方向から見ると傾いているということである。南北方向には斜めに傾いているので，解答は4となる。

★ワンポイントアドバイス★

組み合わせ解答が多い。1問1問は基本に忠実にてきぱき解き，選択肢の細かなちがいに注意して，確実に得点を取ろう。

＜社会解答＞

【1】 問1 [1] 4　問2 [2] 1　問3 [3] 5　問4 [4] 2　問5 [5] 5　問6 [6] 2
問7 [7] 2　問8 [8] 3

【2】 問1 [9] 3　問2 [10] 2　問3 [11] 1　問4 [12] 4

【3】 問1 [13] 1　問2 [14] 4

【4】 問1 [15] 2　問2 [16] 1　問3 [17] 5

【5】 問1 [18] 3　問2 [19] 4

【6】 [20] 3　【7】 [21] 4　【8】 [22] 2　【9】 [23] 3

○推定配点○

【1】 問6～問8　各4点×3　他　各5点×5　【2】 各4点×4　【3】 各5点×2
【4】 各4点×3　【5】 問1　4点　問2　5点　【6】～【9】 各4点×4　計100点

＜社会解説＞

【1】（歴史―日本史と世界史の政治外交史，社会・経済史，日本史と世界史の関連）

問1　4は漢書地理志に書いてある当時の倭の様子であるから，誤りとなる。

基本 問2　写真Bは鑑真である。鑑真は日本に渡ろうとして何度も遭難してしまい盲目となったが，帰国する遣唐使の力を借りて来日し，正しい仏教の教えを広めた。

基本 問3　執権北条時宗は，元寇に際して，死力を尽くした御家人への恩賞を与えられなかったので，5は誤りとなる。

問4　図版Dは織田信長である。イ・ウ・オは豊臣秀吉のことを表した内容なので誤り。

問5　5は松平定信のことを表した内容なので誤り。

やや難　問6　人権宣言が出されたのは，バスティーユ牢獄を襲撃した後なのでイは誤り，革命政府は徴兵制は行っていないのでウは誤り，ナポレオンはロシア遠征をしてロシアと戦ったのでオは誤りとなる。

問7　Gはノルマントン号事件(1886年)である。この時期は，井上馨が欧化政策を行ったり，日清戦争前の甲午農民戦争が起きたりしているので，アとオの文章が正しいということになる。

問8　1929年にアメリカで始まった世界恐慌の時期とHのリットン調査団(柳条湖事件の調査団)派遣時期は同時期に当たる。

【2】（地理―日本の地形図）

問1　地形図を考察すると南部は畑が多いので3が誤りである。

問2　交番，郵便局，発電所，学校などの地図記号は確認できるが，老人ホームの地図記号  は見られない。

問3　等高線を注意深くたどってみると，25000分の1の地形図では，主曲線は10mごとにひかれているから，A地点とB地点の標高差は約30mとなる。

問4　沖縄県には，日本国内の米軍専用施設の全面積のうち約70%が存在している。そのために様々な問題が生じている。

【3】（地理―日本の地形・気候，産業）

問1　Aの大阪市は，1年中温暖で降水量の少ない瀬戸内の気候であるので，1が該当する。

重要　問2　Aの大阪市は阪神工業地帯に属する。阪神工業地帯は，総生産額からいうと中京，京浜に次いで3番目なので4にあたる。

【4】（地理―世界の諸地域の特色）

問1　本初子午線はイギリスのロンドンを通っているので2が正解となる。

問2　EU離脱をめぐって混乱していたのはドイツではなく，イギリスであった。したがって，1が誤りである。

問3　5はフランスにあるエッフェル塔である。フランスはEU加盟国の中でもドイツと並んで主要国である。

【5】（公民―憲法）

重要　問1　1は「自衛隊を規定している」，2は「沖縄のみ」，4は「派遣されたことはない」，5は「削除を求めて国会で決議が上がっている」，それぞれの部分が誤りとなる。

問2　日本国憲法にある地方自治に関するものは，大日本帝国憲法のそれを継承・発展させたものではないので，4が誤りとなる。

【6】（公民―政治のしくみ）

20　3は参政権ではなく，請求権についての説明である。

【7】（公民―経済生活）

やや難　21　憲法第28条(勤労者の団結権)の3つの権利の中で，公務員が制限される場合があるのは，団体行動権だけであるので，4は誤りとなる。

【8】（公民―経済生活，その他）

22　個人情報保護法が成立し，個人情報保護制度の基本的な考え方が示されるとともに，一定以上の個人情報をあつかう企業に対する義務が規定された。国内総生産は，一定期間内に国内で産み出された付加価値の総額のことである。プライベートブランドとは，小売店・卸売業者が企画し，独自のブランド(商標)で販売する商品である。

【9】（公民―日本経済，その他）

23　日本の多くの企業などが週休二日制を採用したり，育児休業や介護休業を取り入れたりしているが，労働時間が短くなったとはいえないし，「はたらき過ぎ」が改善される傾向にあるともいえないのが実情である。そのため，「働き方改革」などが課題となっている。

★ワンポイントアドバイス★

【1】7欧化政策とは，鹿鳴館で舞踏会を開くなどして，欧米との条約改正の交渉をしやすくするための政策であった。【4】16現在，イギリスはEU離脱の手続きが終了し，離脱が実現している。

＜国語解答＞

【一】　問一　(a)　4　(b)　3　(c)　5　(d)　2　問二　5　問三　②　3　③　1
問四　4　問五　1　問六　5　問七　2

【二】　問一　(a)　5　(b)　1　問二　3　問三　3　問四　4　問五　2　問六　2
問七　5

【三】　（ア）　2　（イ）　3　（ウ）　4　（エ）　1

【四】　（ア）　4　（イ）　2　（ウ）　1　（エ）　3　（オ）　5

【五】　（ア）　2　（イ）　1

○推定配点○

【一】　問一・問四・問六　各3点×6　他　各4点×5

【二】　問一・問三・問五　各3点×4　問七　5点　他　各4点×3

【三】～【五】　各3点×11　計100点

＜国語解説＞

【一】（随筆―大意・要旨，文脈把握，接続語の問題，脱文・脱語補充，漢字の読み書き，表現技法）

問一　(a)　改札　1　会心　2　後悔　3　公開　4　改元　5　解体
(b)　看板　1　簡単　2　感覚　3　看護師　4　交換　5　関東
(c)　混雑　1　結婚式　2　昆虫　3　献立　4　球根　5　混声
(d)　反響　1　冷淡　2　反物　3　極端　4　簡単　5　担任

問二　直後の段落で「私にとってそれは，大岡山駅という『出発点』と，西9号館という『目的地』をつなぐ道の一部でしかなく……それに対して木下さんが口にしたのは，もっと俯瞰的で空間全体をとらえるイメージでした」から，「私」がびっくりした理由を読み取る。

基本　問三　傍線部②の前後「『通るべき場所』として定められ，方向性を持つ『道』に」「運ばれている」人の様子を「ベルトコンベア」にたとえて表現している。傍線部③の直後「広い平面の上に自分で線を引く」人の様子を「スキーヤー」にたとえて表現している。

問四　前の「道から自由である」から，当然予想される内容が後に「道だけを特別視しない」と続いているので，順接の意味を表すものを入れる。

問五　直後の段落の「都市で生活していると……視覚的な注意をさらっていくめまぐるしい情報の洪水。確かに見える人の頭の中には，木下さんの言う『脳の中のスペース』がほとんどありません」に着目する。この「脳の中のスペース」が,「見えない人」の「余裕」に通じている。

やや難 問六　都市での生活において,目がとらえる情報はどのようなものかを考える。直後の「大型スクリーンに映し出されるアイドルの顔,新商品を宣伝する看板,電車の中吊り広告」などの例は,すべて人の手によって作られたものである。

重要 問七　直前で,「見えない人」は,「視覚的な注意をさらっていくめまぐるしい情報の洪水」とは無縁で,それゆえ「脳の中に余裕がある」と述べている。さらに,「そう,私たちは」で始まる段落の「広い平面の上に自分で線を引く木下さんのイメージは,より開放的なものに思えます」という筆者の考えをふまえて説明しているものを選ぶ。

【二】（論説文―内容吟味,文脈把握,指示語の問題,脱文・脱語補充,語句の意味）

問一　(a)　現代の「ガン飛ばす」の意味から判断する。　(b)　漢字で書くと「退っ引きならない」となる。退くことも避けることもできない,という意味からできた言葉。

問二　「前時代的」は「ぜんじだいてき」と読む。前の時代のような,という意味を表す。傍線部①に「この」とあるので,前の内容に着目する。傍線部①「この前時代的な匂い」は,直前の段落の「『不良』たちが肩で風を切りながら街を闊歩していた時代……を強く匂わせる表現」をふまえている。

基本 問三　「飛ばす」と「切る」は何が違うのかを読み取る。直前の文「『ガン飛ばす』は遠隔戦に,『メンチ切る』は接近戦……に用いる」から,要する距離が違うとわかる。

問四　「『ガンつけた』と主張する」状況について,二つ後の段落で「このとき『俺』と相手のあいだには,のっぴきならない,熱を帯びた,対面的地磁場とでも呼ぶべきゾーンが発生している……『俺』は,見られているという意識,『ガンつけられた』という被害意識を抱く」と説明している。この説明に通じる理由を選ぶ。

問五　「[④]転しはじめる」は,直後の文の「『なんだとはなんだ』『なんだとはなんだとはなんだ』……という,可能的には無限に続くメタ言語的応酬が始まる」様子を表す。「[④]転」で,車輪などが無駄に回転する,何の成果もないまま物事がむだに進行するという意味になる漢字を入れる。

問六　直後の文に「そのことこそが重要なのである」とあるので,「二次的問題」は大して重要な問題ではない,という意味になる。

重要 問七　最終段落の内容に5が当てはまる。

【三】（品詞・用法）

（ア）　自立語で活用があり,言い切りの形が「新ただ」と「だ」で終わるので,形容動詞。

（イ）　自立語で活用がなく「暗くなってきた」という用言を修飾しているので,副詞。　（ウ）　自立語で活用がなく,「力」という体言を修飾しているので,連体詞。　（エ）　自立語で活用があり,言い切りの形が「正しい」と「い」で終わるので,形容詞。

【四】（熟語,ことわざ・慣用句）

（ア）　手ごたえがないという意味なので,関連が深いのは4の「ばじとうふう」。　（イ）　自分で自分のことをほめるという意味なので,関連が深いのは2の「じがじさん」。　（ウ）　日ごろから準備していれば何も心配はいらないという意味なので,1の「よういしゅうとう」の関連が深い。

（エ）　自分の行いが原因で災いにあうという意味なので,3の「じごうじとく」の関連が深い。

（オ）　他の人より先にすれば有利な立場に立てるという意味なので,関連が深いのは5の「せんてひっしょう」。

【五】（漢字の読み書き）

（ア）　道などを案内する人のこと。　（イ）　平安時代の貴族につける敬称。

★ワンポイントアドバイス★

【一】・【二】の漢字の読み書きや語句の意味に加え，【三】から【五】の国語の知識に関する配点が高い。時間が足りずに手がつけられなかったというようなことがないように気をつけよう。

2019年度

★★★★★★★★★★★★★★★★★★★★★★★★

入　試　問　題

2019年度

桜丘高等学校入試問題

【数　学】（40分）　＜満点：100点＞

【注意】 定規・コンパス・分度器・計算機は使用してはいけません。

1 次の問いに答えなさい。

問1　$3\div\dfrac{-3^2}{8}+\{3-7\times(-2)^2\}\times(-0.6)^3$ を計算し，答えを次の(1)～(5)より１つ選びなさい。

[解答番号1]

(1) $-\dfrac{121}{15}$　(2) $-\dfrac{41}{15}$　(3) $\dfrac{41}{15}$　(4) $\dfrac{15}{4}$　(5) $\dfrac{121}{15}$

問2　$\dfrac{4x-7y}{3}-\dfrac{3(x-4y)}{5}$ を計算し，答えを次の(1)～(5)より１つ選びなさい。　[解答番号2]

(1) $\dfrac{11x+y}{15}$　(2) $\dfrac{11x-71y}{15}$　(3) $\dfrac{11x-47y}{15}$　(4) $11x+y$　(5) $11x-71y$

問3　$a^2-b^2-c^2-2bc$ を因数分解し，答えを次の(1)～(5)より１つ選びなさい。　[解答番号3]

(1) $(a+b+c)^2$　(2) $(a-b-c)^2$　(3) $(a+b+c)(a+b-c)$

(4) $(a+b+c)(a-b+c)$　(5) $(a+b+c)(a-b-c)$

問4　方程式 $(x-1)^2-(x-1)-42=0$ の解を求め，答えを次の(1)～(5)より１つ選びなさい。

[解答番号4]

(1) $x=5,\ -8$　(2) $x=-7,\ 6$　(3) $x=-6,\ 7$　(4) $x=-5,\ 8$　(5) $x=7,\ 6$

問5　a，b を自然数とする。a を13で割ると商が b で余りが10である。また，b を11で割ると余りが７である。a を11で割ったときの余りを求め，答えを次の(1)～(5)より１つ選びなさい。

[解答番号5]

(1) 2　(2) 4　(3) 6　(4) 8　(5) 10

問6　ある中学校の昨年の生徒数は，男子が女子より10人多かった。今年は，男子が５％，女子が10％増えて，女子が男子より３人多くなった。今年の男子の生徒数を求め，答えを次の(1)～(5)より１つ選びなさい。　[解答番号6]

(1) 270人　(2) 280人　(3) 284人　(4) 294人　(5) 298人

問7　点（4，－６）と原点に関して対称な点を，直線 $y=-2x+a$ が通るとき，a の値を求め，答えを次の(1)～(5)より１つ選びなさい。　[解答番号7]

(1) -14　(2) -2　(3) 0　(4) 2　(5) 14

問8　関数 $y=ax^2$ において，x の変域が $-4\leqq x\leqq 2$ のとき，y の変域は $b\leqq y\leqq 6$ である。定数 a，b の値を求め，答えを次の(1)～(5)より１つ選びなさい。　[解答番号8]

(1) $a=\dfrac{3}{8},\ b=0$　(2) $a=\dfrac{3}{8},\ b=\dfrac{3}{2}$　(3) $a=\dfrac{9}{4},\ b=0$

(4) $a=\dfrac{3}{2},\ b=0$　(5) $a=\dfrac{3}{2},\ b=-6$

問9　連続する２つの自然数 a，b がある。$\sqrt{a+b}$ がもっとも小さい自然数となるとき，a，b の値を求め，答えを次の(1)～(5)より１つ選びなさい。　[解答番号9]

(1)　$(a,\ b)=(1,2)$　(2)　$(a,\ b)=(2,3)$　(3)　$(a,\ b)=(3,4)$

(4)　$(a,\ b)=(4,5)$　(5)　$(a,\ b)=(5,6)$

問10　右の図のように∠BAC＝70°，∠ABCの二等分線と∠ACTの二等分線の交点をDとするとき，∠BDCの大きさを求め，答えを次の(1)～(5)より１つ選びなさい。　[解答番号10]

(1)　35°　(2)　40°　(3)　45°

(4)　55°　(5)　60°

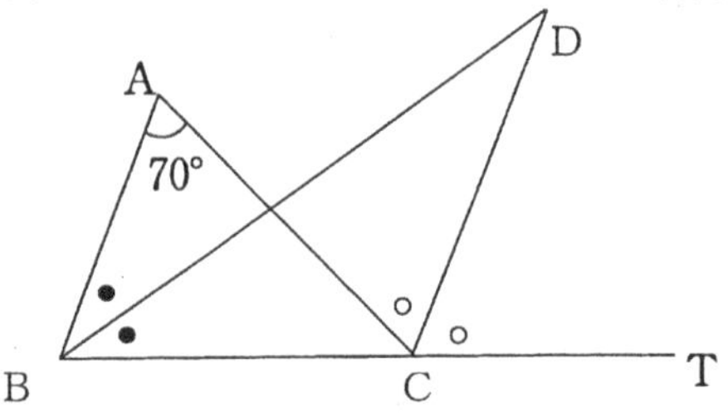

問11　右の図において，△ABCと△DBAが相似であるとき，辺BCの長さを求め，答えを次の(1)～(5)より１つ選びなさい。　[解答番号11]

(1)　7　(2)　8　(3)　9

(4)　10　(5)　11

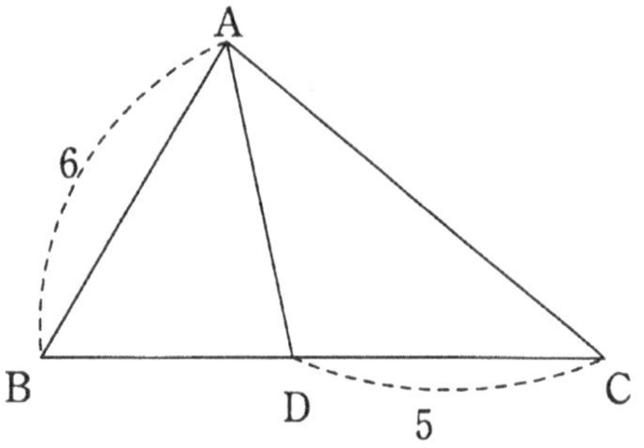

問12　３人で１回だけじゃんけんをするとき，あいこ（引き分け）になる確率を求め，答えを次の(1)～(5)より１つ選びなさい。ただし，グー，チョキ，パーの出し方は，そのどれを出すことも同様に確からしいものとする。　[解答番号12]

(1)　$\frac{1}{9}$　(2)　$\frac{2}{9}$　(3)　$\frac{1}{3}$　(4)　$\frac{4}{9}$　(5)　$\frac{16}{27}$

2　右の図のように，関数$y=-\frac{1}{2}x^2$のグラフ上にx座標がそれぞれ，-2，3である２点A，Bをとる。また，y軸上にy座標が-6となる点Cをとる。このとき次の問いに答えなさい。

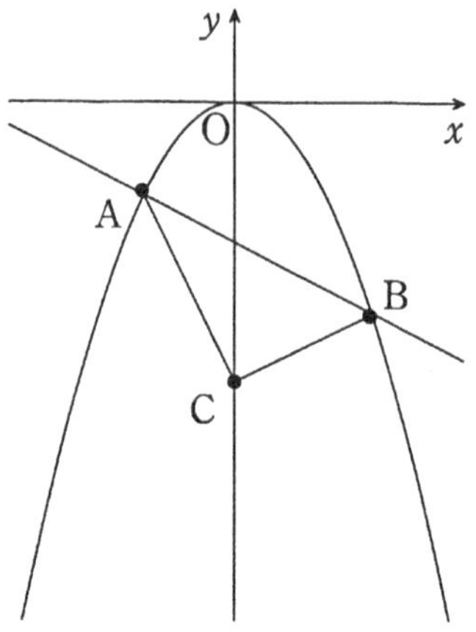

問１　直線ABの式を求め，答えを次の(1)～(5)より１つ選びなさい。　[解答番号13]

(1)　$y=-\frac{1}{2}x-2$　(2)　$y=-\frac{1}{3}x-\frac{5}{2}$

(3)　$y=-\frac{1}{2}x-3$　(4)　$y=-\frac{1}{3}x-3$

(5)　$y=-\frac{1}{4}x-\frac{5}{2}$

問２　△ABCの面積を求め，答えを次の(1)～(5)より１つ選びなさい。　[解答番号14]

(1)　$\frac{13}{2}$　(2)　$\frac{15}{2}$　(3)　$\frac{17}{2}$　(4)　$\frac{19}{2}$　(5)　$\frac{21}{2}$

問3　点Cを通り，△ABCの面積を2等分する直線の傾きを求め，答えを次の(1)～(5)より1つ選びなさい。　[解答番号15]

(1)　5　　(2)　$\frac{9}{2}$　　(3)　$\frac{13}{2}$　　(4)　$\frac{11}{2}$　　(5)　6

3　右の図の平行四辺形ABCDで，点E，Fはそれぞれ辺BC，DCを2：1に分ける点である。線分AE，AFと対角線BDとの交点をそれぞれP，Qとする。次の問いに答えなさい。

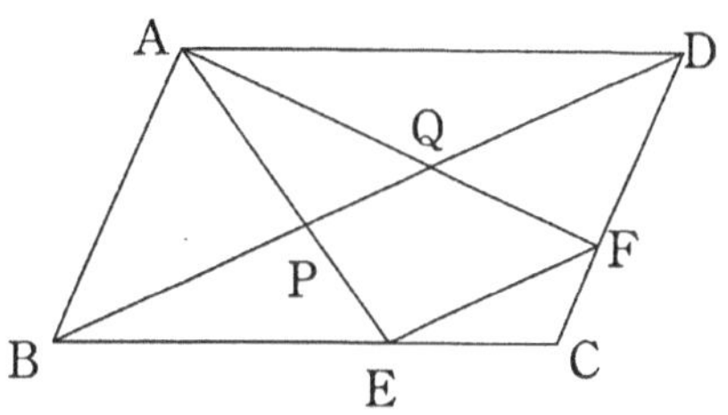

問1　2つの線分の比PQ：EFを求め，答えを次の(1)～(5)より1つ選びなさい。　[解答番号16]

(1)　2：3　　(2)　3：4　　(3)　4：5　　(4)　5：6　　(5)　3：5

問2　△APQと△AEFの面積の比を求め，答えを次の(1)～(5)より1つ選びなさい。　[解答番号17]

(1)　1：3　　(2)　4：9　　(3)　9：25　　(4)　9：16　　(5)　25：36

問3　△APQの面積は平行四辺形ABCDの面積の何倍かを求め，答えを次の(1)～(5)より1つ選びなさい。　[解答番号18]

(1)　$\frac{1}{6}$　　(2)　$\frac{1}{8}$　　(3)　$\frac{1}{10}$　　(4)　$\frac{1}{12}$　　(5)　$\frac{1}{15}$

【英　語】（40分）　＜満点：100点＞

【1】 リスニング問題

＜ Part 1 ＞

No.1

〔解答番号1〕

No.2

〔解答番号2〕

＜ Part 2 ＞

No.3　1．He'll study in the classroom.　〔解答番号3〕

2．He'll go and ask Mr. Hudson.

3．He'll go to the library again.

4．He'll do his homework in the library.
5．He'll stay in the library.

No.4 1．They are waiting for a friend. 〔解答番号4〕
2．They are going home.
3．They are watching TV.
4．They are getting off the train.
5．They are buying tickets.

No.5 1．At a hotel. 〔解答番号5〕
2．At an airport.
3．At a sports stadium.
4．At an amusement park.
5．At a theater.

リスニング問題　2019［放送用原稿］

≪放送用問題文≫

受験生のみなさんは，問題用紙を開いてください。［1］番のリスニング問題を見てください。

ただ今からリスニングテストを行います。このテストは，Part 1，Part 2の2部からなります。Part 1は2題，Part 2は3題出題されます。Part 1，Part 2の全ての問いについて，放送される英文は問題冊子に表示されていません。英文はそれぞれ1度しか読まれません。それぞれの解答時間は10秒です。

また，放送を聞きながらメモを取っても構いません。

それではPart 1から始めます。

テスト問題にあるNo.1，No.2の写真を見てください。No.1，No.2でそれぞれ5つの英文が放送されます。写真の内容を最もよく表している文をそれぞれ1から5の中より1つ選び，答えなさい。では，始めます。

＜Part 1＞

No.1 1. The man is taking a computer.
2. The man is holding a cup.
3. The man is cleaning the desk.
4. The man is reading a book.
5. The man is putting on a cap.

No.2 1. The boy is on the bike.
2. The car is in the park.
3. There are many trees along the bridge.
4. The girl is taking a picture.
5. There is a bike in front of the fence.

続いてPart 2の問題に移ります。この問題では英語による会話やナレーションが流れます。その内容について1題ずつ英語で質問が読まれます。

その質問に対する答えとして最も適切なものをそれぞれ1から5の中より1つ選び，答えなさい。

では，始めます。

＜ Part 2 ＞

No.3 Lucy: The library is really crowded today, Mike.
Mike: Yeah. We can't do our homework here.
Lucy: Let's study in the classroom.
Mike: That's a good idea. I'll go and ask Mr. Hudson.
Question: What will Mike do next?

No.4 A：Where is Jack? The movie is going to start soon.
B：I don't know. Maybe his train is late.
A：We should go into the theater and get our seats.
B： Let's wait a little while. I think he'll come soon.
Question: What are they doing?

No.5 Hello, fans! Welcome to today's soccer game between Japan and Italy. It's going to be very exciting. These two teams have not played against each other for 25 years! Wow! It is almost time for the game to start! Now, the two teams are coming in!
Question: Where is the man talking?

それでは時間です。リスニングテストは以上で終わりです。引き続き問題冊子のページをめくり，筆記問題に入ってください。

【2】 次の英文の意味が通るように，（　）内に入る最も適切なものを，それぞれ1～5より1つ選び，答えなさい。

問1 Sally works at (　　). She is a dolphin trainer. ［解答番号6］
1. City Hall　2. a hospital　3. a library　4. a museum
5. an aquarium

問2 (　　) comes after September. ［解答番号7］
1. August　2. June　3. November　4. October　5. July

問3 I've just read the newspaper. It (　　) robots are so efficient that they're taking people's jobs away. ［解答番号8］
1. writes　2. watches　3. says　4. hears　5. takes

問4 I have to look (　　) the watch that I lost yesterday. ［解答番号9］
1. for　2. after　3. at　4. in　5. back

問5 It's difficult for us to imagine a big earthquake, but one may happen (　　). ［解答番号10］
1. for a long time　2. not long ago　3. at that time
4. at any time　5. just a second

問6 I like to travel by train because trains usually arrive (　　) time. ［解答番号11］
1. in　2. at　3. with　4. of　5. on

問7　Our club has a lot of students.　(　　　) than 150 students belong to our club.
〔解答番号⑫〕

1. Biggest　　2. Greatest　　3. Larger　　4. More　　5. Best

【3】 次の会話文を完成させるために，(13) から (17) に入る最も適切なものを，それぞれ1～5より1つ選び，答えなさい。

問1　A：Our school is about 20 minutes from Toyohashi Station.　〔解答番号⑬〕
B：(　13　)
A：You can go there by bus or train.　You should take Bus No.50.　It stops in front of the school.

1. How long does it take to get there?
2. Where can we take the bus from?
3. How much is this?
4. Which bus should I take?
5. How can I get there?

問2　A：That's a nice tie.　Where did you get it?　〔解答番号⑭〕
B：(　14　) My wife gave it to me.

1. It's not mine.　　2. It was a Christmas present.
3. I got it from a friend.　　4. I often buy one.
5. I'm happy to take it.

問3　A：What's your plan for the weekend, John?
B：I don't have any plans.　(　15　) you, Ellen?
A：I am going to go and see a movie with Alice.
B：What movie are you going to see?
A：We are going to see the new action movie.
B：Wow, sounds exciting.
A：(　16　) to come with us?
B：Yes, of course!　But is that OK?
A：(　17　).
B：Thank you.　Oh, I can't wait!

(15)　1. Why don't　　2. Who is going with　〔解答番号⑮〕
3. How about　　4. Where are
5. Who went to see the movie with

(16)　1. Why are you going　　2. I'm looking forward　〔解答番号⑯〕
3. That's a good idea　　4. Have you ever been
5. Would you like

(17)　1. No, thank you　　2. Sure　〔解答番号⑰〕
3. Great, I'm very proud of you　　4. Help yourself
5. Nice to meet you

【4】 次のEメールはニュージーランドでのホームステイプログラムに参加する生徒の山本ヨシヒロくんがホストファミリーのエレン・グリーンさんとやり取りしたものです。これらのEメールを読み，あとの問いに対する答えとして最も適切なものを，それぞれ1～5より1つ選び，答えなさい。なお，＊の付いている語句には，あとに【注】がついています。

To: Ellen Green *<ellengreen@http.co.nz>
From: Yoshihiro Yamamoto *<yoshiyamamoto@http.co.jp>
Date: February/23/2018
*Subject: "Nice to meet you" from Japan

Dear Ms. Green,

Hello, I'm Yoshihiro Yamamoto. Please call me Yoshi. I am going to stay with you for ten days next month. I will arrive in *Dunedin on March 20th. Thank you for becoming my host family.

I'd like to tell you about myself. I'm 16 years old and live in Toyohashi, Aichi. I'm a high school student at Sakuragaoka High School. I like English and music. There are 5 people in my family: my father, mother, older sister, younger brother and me. In my free time, I like watching movies. I like Dolphin Tale the best! I have watched it many times.

Last year I went to Korea with my family for the first time. I was very surprised by the differences between Japan and Korea. I am interested in foreign cultures now.

During my stay, I'd like to ask you about your culture in New Zealand. I want to learn a lot!

I'm looking forward to meeting you soon!

Yoshi

To: Yoshihiro Yamamoto <yoshiyamamoto@http.co.jp>
From: Ellen Green <ellengreen@http.co.nz>
Date: February/26/2018
Subject: Re: "Nice to meet you" from Japan

Dear Yoshi,

Hello. Thank you for your e-mail. I am happy to welcome you. There are four people in my family: my husband Mike, our two daughters and me. Cathy is ten years old and Mary is eight years old. They are looking forward to meeting you next month. They have already prepared something to give you. I hope you'll have a good time here.

New Zealand has a lot of nature. You can see a lot of sheep everywhere. The number of sheep is larger than our population. There are about thirty million sheep and our population is just one sixth of the number of sheep.

Also, you can climb mountains, ride horses, go *bungee-jumping and have *New Zealand-style BBQ. I really want you to climb the beautiful mountains here. You should bring sports clothes with you.

We're looking forward to meeting you, too! See you soon.

Ellen

【注】 <ellengreen@http.co.nz> エレンさんのＥメールアドレス
<yoshiyamamoto@http.co.jp> 山本くんのＥメールアドレス Subject 題
Dunedin ダニーデン（ニュージーランド南部の都市） bungee-jumping バンジージャンプ
New Zealand-style BBQ ニュージーランド風のバーベキュー

問1 When will Yoshi visit New Zealand? ［解答番号18］

1. In December.
2. In August.
3. In July.
4. In March.
5. In February.

問2 What does Yoshi want to do in New Zealand? ［解答番号19］

1. Study music.
2. Listen to New Zealand music.
3. Learn about New Zealand culture.
4. See the sheep in Dunedin.
5. Teach English.

問3 How many people are there in New Zealand? ［解答番号20］

1. About 3,000.
2. About 5,000,000.
3. About 15,000,000.
4. About 180,000,000.
5. About 500,000,000.

問4 ヨシは韓国で何に驚きましたか。 ［解答番号21］

1. 韓国と日本との違いに驚いた。
2. 自然の多さに驚いた。
3. とても暑かったことに驚いた。
4. 初めて訪れた時と違っていて驚いた。
5. ホテルの豪華さに驚いた。

問5 ヨシがニュージーランドに行く時，何が必要ですか。 ［解答番号22］

1. 写真
2. キャシーとメアリーへのプレゼント
3. 英語をもっと勉強すること
4. マイクへのプレゼント
5. 運動できる服

【5】 次の広告文を読み，MAPを見て，あとの問いに答えなさい。なお，＊印のついている語句には，あとに【注】がついています。

This park, called "SAKURA NO MORI", was built from the *image of the world of *Studio Sakura in Toyohashi. We are going to open it this year in 2019.

Studio Sakura is a big Japanese anime company. There are many famous movies such (あ) "*Alex's Flying House" and "*King of Monsters". Hayato Miyamoto is a movie *director and he is the leader of Studio Sakura. ① He started the company in 1985. Since then he has made a lot of movies, but ②(ア didn't write イ two stories ウ which エ Hayato Miyamoto オ there are). Alex's Flying House is one of them. In this park, you will see the entrance of Alex's Flying House.

When you walk along the street, you will see many characters that *appear in his movies. In the *center of the park, you will see the statue of King of Monsters. There are four areas in the park. For *details, please look at the map and information.

MAP

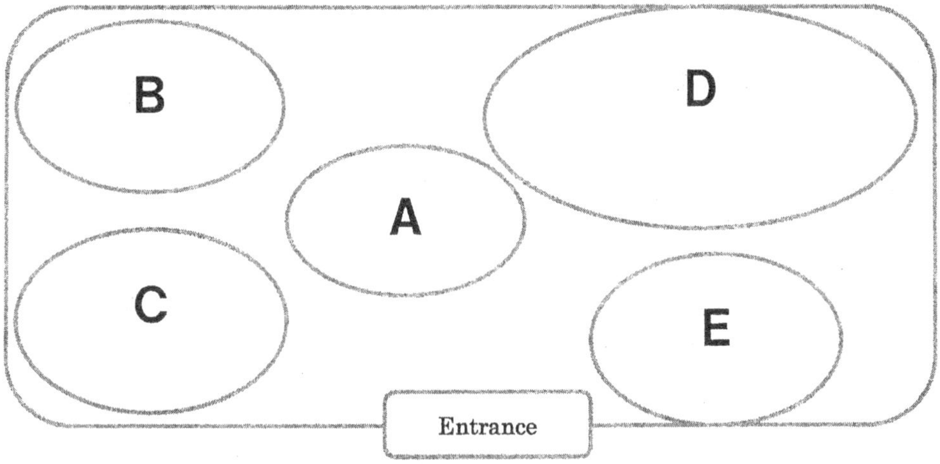

Sakura Shopping Center

If you want to buy any *souvenirs, please visit this area. You can buy *dolls, pencils, erasers, pencil cases and *folders with movie characters on them. This area is near the entrance. When you go to the statue of King of Monsters, you can see Sakura Shopping Center on your right.

Museums of Studio Sakura

In this area, you can see one of the movies which Hayato Miyamoto made. (い), you can learn the history of Studio Sakura and the life of Hayato Miyamoto. This area is the biggest of the four areas because it has a big movie theater.

Wear Land

If you want to wear the clothes which were used in the movies, you can visit Wear Land. There are over 100 *costumes. You can *rent your favorite. This area is far away from the entrance. Be careful because you can buy Alex dolls only at Wear Land.

Play Land

There are many *attractions in this area. *Blue Lightning is a popular *roller coaster. However, if your *height is under 120 *centimeters, you cannot ride it. You can buy a *ticket to enjoy all the attractions. The ticket *counter is at the entrance of SAKURA NO MORI. The ticket costs 3,000 yen. This area is near the entrance.

【注】 image イメージ　Studio Sakura スタジオ サクラ（会社の名前）
Alex's Flying House アレックスの空飛ぶ家（映画のタイトル）
King of Monsters キング オブ モンスターズ（映画のタイトル）　director 監督
appear 出てくる　center 中心　details 詳細　souvenirs お土産　dolls 人形
folders クリアファイル　costumes 衣装　rent 借りる
attractions （遊園地の）アトラクション
Blue Lightning ブルーライトニング（アトラクションの乗り物の名前）
roller coaster ジェットコースター　height 高さ　centimeters センチメートル
ticket チケット　counter カウンター，受付

問1　MAPのA～Eが表すものとして最も適切な組み合わせを，次の1～5より1つ選び，答えなさい。〔解答番号23〕

1.

A: the statue of King of Monsters	B: Wear Land	C: Museums of Studio Sakura
D: Sakura Shopping Center	E: Play Land	

2.

A: Wear Land	B: the statue of King of Monsters	C: Sakura Shopping Center
D: Museums of Studio Sakura	E: Play Land	

3.

A: Museums of Studio Sakura	B: Sakura Shopping Center	C: the statue of King of Monsters
D: Play Land	E: Wear Land	

4.

A: Sakura Shopping Center	B: the statue of King of Monsters	C: Play Land
D: Wear Land	E: Museums of Studio Sakura	

5.

A: the statue of King of Monsters	B: Wear Land	C: Play Land
D: Museums of Studio Sakura	E: Sakura Shopping Center	

問2　空欄（あ）に入る最も適切なものを，次の1～5より1つ選び，答えなさい。〔解答番号24〕

1. in　2. for　3. as　4. with　5. on

問3　空欄（い）に入る最も適切なものを，次の1～5より1つ選び，答えなさい。〔解答番号25〕

1. As　2. Because　3. So　4. However　5. Also

問4　下線部①のHeが指している内容として最も適切なものを，次の1～5より1つ選び，答えなさい。〔解答番号26〕

1. Hayato Miyamoto　2. Studio Sakura　3. King of Monsters
4. company　5. Alex

問5　下線部②が，「宮本はやとが書かなかった話は2つある。」という意味になるように並びかえたとき，2番目と4番目にくる語句の組み合わせとして最も適切なものを，次の1～5より1つ選び，答えなさい。ただし，文頭にくる文字も小文字にしてある。〔解答番号27〕

1．オーア　2．イーエ　3．カーア　4．エーオ　5．アーイ

問6　英文の内容に関して，あとの問いに対する答えとして最も適切なもの，または文を完成させるのに最も適切なものを，それぞれ1～5より1つ選び，答えなさい。

1）How many years have passed since Studio Sakura was started?〔解答番号28〕

1. Thirty-six years.　2. Forty-three years.
3. Thirteen years.　4. Thirty-four years.
5. Thirty-five years.

2）Hayato Miyamoto〔解答番号29〕

1. made a film about Studio Sakura.
2. is one of the characters in the movies.
3. started a Japanese anime company.
4. lives in Alex's Flying House.
5. made the statue of King of Monsters.

3）At Play Land,〔解答番号30〕

1. Blue Lightning is the only attraction.
2. Blue Lightning is 120 centimeters high.
3. you can ride Blue Lightning if you are 130 centimeters tall.
4. you can buy a ticket for Blue Lightning only.
5. there is a ticket counter.

4）If you want to buy Alex dolls, where do you go?〔解答番号31〕

1. The statue of King of Monsters.
2. Wear Land.
3. Museums of Studio Sakura.
4. Play Land.
5. Sakura Shopping Center.

問7　この広告文の題名として最も適切なものを，次の1～5より1つ選び，答えなさい。〔解答番号32〕

1. "SAKURA NO MORI" Is Coming Soon
2. The History of "SAKURA NO MORI"
3. Let's Wear the Costume Used in the Movie
4. A Doll of "SAKURA NO MORI"
5. The History of Hayato Miyamoto

【理　科】（30分）　＜満点：100点＞

【1】 なめらかな斜面を台車が下るときの運動のようすを記録タイマーで調べた。実験で得られた記録テープは下の図1のようになり，6打点ごとに線を引いて長さをはかった。その次にテープを6打点ずつ切り，図2のように並べた。1秒間に60回打点する記録タイマーを使ったとして，次の各問いに対する解答として正しい組み合わせを次の1～5より1つ選び，答えなさい。

〔解答番号①〕

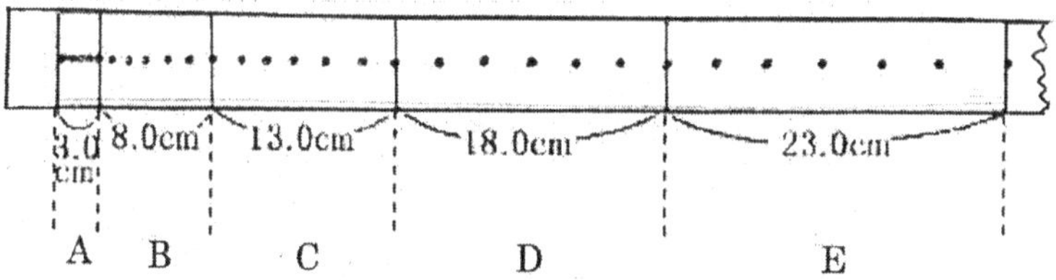

図1

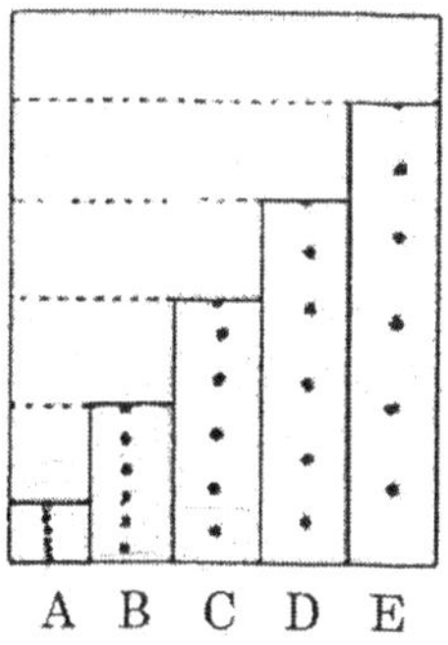

図2

ア．切ったテープの長さが変化しているということは，台車の何が変化しているか。

イ．この運動において，台車にはたらいている力の大きさは「変化する」「変化しない」のうちどちらか。

ウ．テープD区間の台車の平均の速さは何m/sか。

エ．図2は，記録テープを6打点ごとに切って，台紙にはりつけてつくったグラフである。グラフの横軸は何を表しているか。

1. ア．速さ　イ．変化しない　ウ．1.8　エ．時間
2. ア．速さ　イ．変化する　ウ．180　エ．時間
3. ア．速さ　イ．変化しない　ウ．1.8　エ．エネルギー
4. ア．加速度　イ．変化する　ウ．180　エ．エネルギー
5. ア．加速度　イ．変化しない　ウ．1.8　エ．エネルギー

【2】 次の各問いに対する解答として正しい組み合わせを次の1～5より1つ選び，答えなさい。ただし，地球上で100gの物体にはたらく重力の大きさを1Nとする。　〔解答番号②〕

ア．50Ωの電熱線に15Vの電圧を3分間加えたときに発生する熱量は何Jか。

イ．5kgの物体を持ち上げた仕事が20Jのときの持ち上げた距離は何mか。

ウ．図3のように100V－600Wのドライヤーと100V－110Wのテレビを同時に2時間使ったときの電力量は何kWhか。

1. ア．810J　イ．0.4m　ウ．1420kWh
2. ア．810J　イ．4m　ウ．1.42kWh
3. ア．810J　イ．0.4m　ウ．1.42kWh
4. ア．270J　イ．4m　ウ．1420kWh
5. ア．270J　イ．0.4m　ウ．1420kWh

図3

【3】 図4のようなモノコードで，音の大きさや高さの変化について調べた。下のA～Cの状態から指をはなし，弦を振動させた。ただし，A～Cは同じモノコードである。次の文1～5の中から正しいものを1つ選び，答えなさい。 〔解答番号3〕

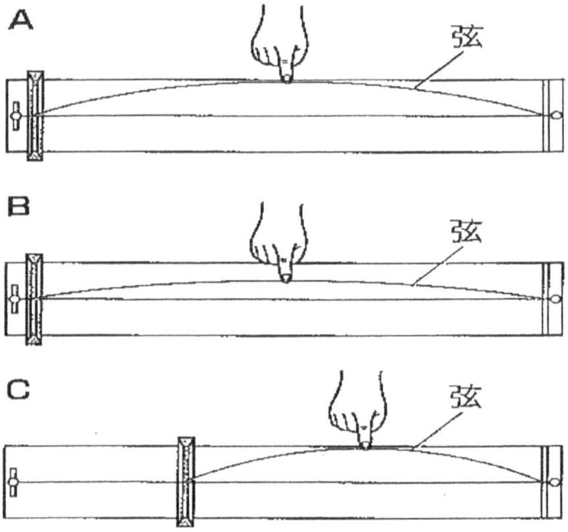

図4

1. AとBを比べると，Aのほうが大きい音が出る。
2. AとBを比べると，Aのほうが高い音が出る。
3. AとCを比べると，音の高さに違いはない。
4. BとCを比べると，音の高さに違いはない。
5. BとCを比べると，Cのほうが低い音が出る。

【4】 図5の回路に関して，全体の抵抗の値として正しいものを次の1～5より1つ選び，答えなさい。 〔解答番号4〕

1. 20.5Ω　2. 21.5Ω　3. 22.5Ω
4. 23.5Ω　5. 24.5Ω

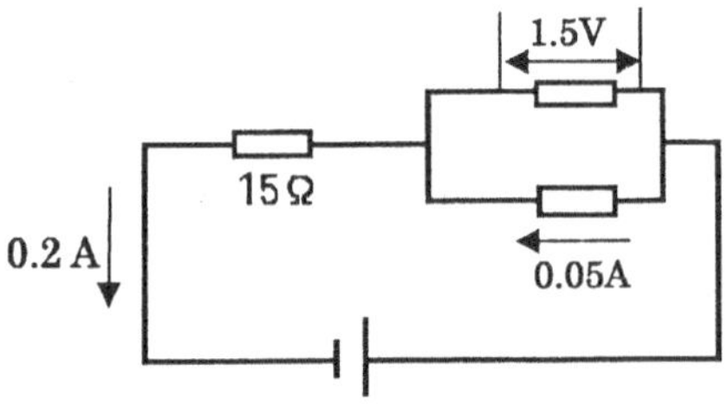

図5

【5】 次の文1～5の中から誤っているものを1つ選び，答えなさい。 〔解答番号5〕

1. 物体がそれまでの運動を続けようとする性質を慣性という。
2. 物体には慣性があるものと，ないものがある。
3. 外から力を加えない限り，静止している物体は静止し続け，運動している物体はいつまでも等速直線運動を続ける。これを慣性の法則という。
4. 物体に力がはたらいていても，合力が0ならば，慣性の法則は成り立つ。
5. 時速100km/hの電車の中で床に対して垂直にジャンプしたとき元の位置に着地できるのは，慣性の法則が成り立っているからである。

【6】 5種類の気体の性質について述べた文ア～オの中に，誤ったものが2つある。誤ったものの組み合わせを次の1～5より1つ選び，答えなさい。 〔解答番号6〕

ア．二酸化炭素は消火器に用いられる。

イ．酸素は溶接に用いられる。

ウ．アンモニアは食品の変質を防ぐために用いられる。

エ．窒素は燃料電池に用いられる。

オ．塩素は漂白剤として用いられる。

1. アとエ　 2. アとオ　 3. イとウ　 4. イとオ　 5. ウとエ

【7】 密度0.8 g/cm^3，体積45cm^3の物質の質量をＡｇ，水150ｇと砂糖100ｇを混ぜて作った砂糖水の質量パーセント濃度をＢ％とする。Ａ，Ｂについて正しい組み合わせを右の1～5より1つ選び，答えなさい。

〔解答番号7〕

	A	B
1	26	40
2	36	40
3	36	67
4	56	40
5	56	67

【8】 次の文ア～オの中に，誤ったものが2つある。誤ったものの組み合わせを次の1～5より1つ選び，答えなさい。 〔解答番号8〕

ア．激しく熱や光を出して進む燃焼は，酸化のひとつである。

イ．鉄が酸化すると酸化鉄ができる。

ウ．炭（炭素）を燃やした時に発生する気体は，石灰水を白くにごらせる。

エ．マグネシウムリボンを燃焼してできた物質に塩酸を加えると水素が発生する。

オ．$2CuO + C \rightarrow 2Cu + CO_2$ で表される化学反応では，酸化銅は酸化され，炭素は還元されている。

1. アとイ　 2. アとオ　 3. イとウ　 4. ウとエ　 5. エとオ

【9】 次の文1～5の中から誤っているものを1つ選び，答えなさい。 〔解答番号9〕

1. 塩化ナトリウムのように，水溶液にしたとき電流が流れる物質を電解質という。
2. うすい塩酸に電流を流したところ，プールの消毒薬のようなにおいがした。
3. 塩化銅水溶液に電流を流すと陽極に赤い物質が付着し，その物質をこすると金属光沢が見られた。
4. 原子が電子を得て，負（－）の電気を帯びた粒子を陰イオンという。
5. イオンができるときに，原子がやりとりする電子の数は1つとはかぎらない。

【10】 酸性の水溶液とアルカリ性の水溶液の性質について述べた次の文ア～オの中に正しいものが2つある。正しい組み合わせを次の1～5より1つ選び，答えなさい。 〔解答番号10〕

ア．水酸化ナトリウムなどを溶かしたアルカリ性の水溶液は，髪の毛を溶かすためパイプ洗浄剤に使われている。

イ．塩酸にマグネシウムリボンを入れると酸素が発生する。

ウ．水酸化ナトリウム水溶液に緑色のBTB液を加えると赤色に変わる。

エ．酸は水に溶けて水素イオンを，アルカリは水に溶けて水酸化物イオンを生じる。

オ．酸性やアルカリ性の強さはpHという数値で表し，この値が大きいほど酸性が強い。

1. アとイ　　2. アとエ　　3. イとウ　　4. ウとエ　　5. ウとオ

【11】 図6のような植物の光合成の実験について，次の文章を読み，各問いの解答として正しい組み合わせを表の1～5より1つ選び，答えなさい。〔解答番号⑪〕

試験管Aにアサガオの葉を入れて息を吹き込み，試験管Bには息だけを吹き込み，ゴム栓をした。1時間光をあてたあと，石灰水を入れて再びゴム栓をし，振ってみたところ，試験管Aは白くにごらなかったが，試験管Bは白くにごった。

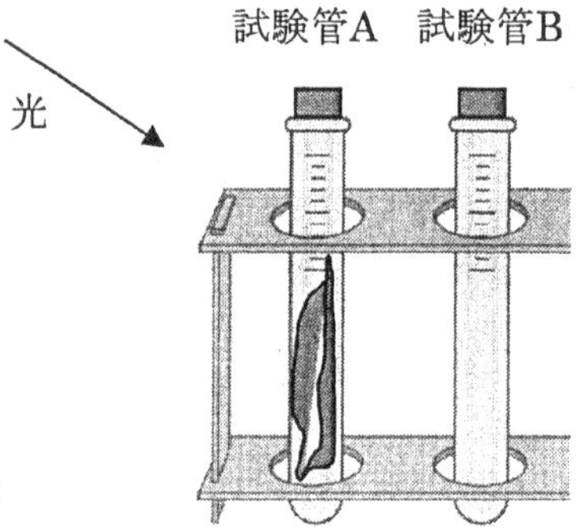

図6

問1　2本の試験管に息を吹き込んだのはなぜか。

ア．酸素を入れるため　　イ．窒素を入れるため

ウ．二酸化炭素を入れるため

問2　石灰水を入れて振った試験管Aが白くにごらなかったのはなぜか。

ア．酸素が増えたから　　イ．二酸化炭素がなくなっていたから

ウ．窒素がなくなっていたから

問3　試験管Bのような実験を何というか。

ア．対照実験　　イ．比較実験　　ウ．対比実験

	問1	問2	問3
1	ア	ア	イ
2	ア	ア	ウ
3	イ	ウ	ア
4	ウ	イ	ア
5	ウ	イ	ウ

【12】 図7は，ヒトの心臓の模式図である。イには肺から血液が流れ込む。下の文章を読み，空欄に当てはまる言葉の正しい組み合わせを次のページの表の1～5より1つ選び，答えなさい。〔解答番号⑫〕

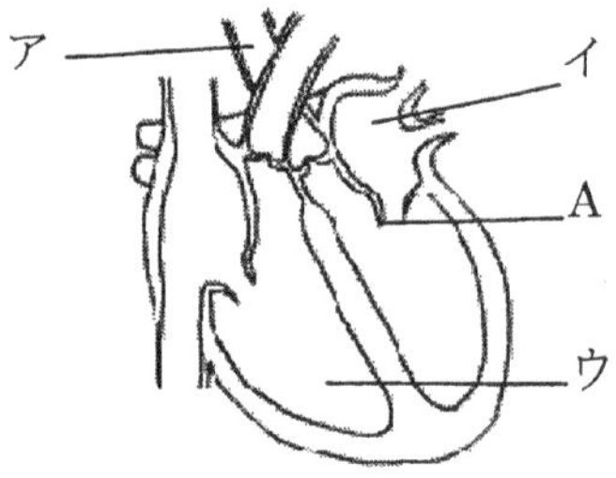

図7

図7のアは（　a　），イは（　b　），ウは（　c　）である。またAは（　d　）とよばれており，血液の（　e　）を防ぐ役割がある。

	a	b	c	d	e
1	大動脈	左心房	右心室	弁	逆流
2	肺動脈	左心房	右心室	柔毛	停滞
3	大静脈	左心室	右心房	弁	逆流
4	大動脈	右心房	左心室	柔毛	逆流
5	肺静脈	右心室	左心房	弁	停滞

【13】 次の文ア～オの中に，誤ったものが2つある。誤ったものの組み合わせを次の1～5より1つ選び答えなさい。〔解答番号⑬〕

ア．セキツイ動物のなかまで，鳥類，ホニュウ類のように，外界の温度が変わっても体温が一定に保たれる動物を恒温動物という。

イ．セキツイ動物のなかまで卵生のものは，魚類と両生類，鳥類だけである。

ウ．無セキツイ動物のなかまで，バッタやカブトムシ，エビなどを甲殻類という。

エ．無セキツイ動物のなかまで，アサリやイカなどを軟体動物という。

オ．ミミズやヒル，クラゲやナマコ，ウニやカイメンは無セキツイ動物である。

1. アとイ　2. アとウ　3. イとウ　4. ウとオ　5. エとオ

【14】 次の文ア～オの中に，誤ったものが2つある。誤ったものの組み合わせを次の1～5より1つ選び，答えなさい。〔解答番号⑭〕

ア．細胞分裂では，核の中に染色体が現れ，細胞質が2つに分かれたあとに核が2つに分かれ，新しい2つの細胞になる。

イ．生殖細胞ができるときに行われる特別な細胞分裂のことを減数分裂という。

ウ．多細胞生物の体は，細胞分裂で細胞の数がふえることと，細胞が大きくなることによって成長する。

エ．生物が自らと同じ種類の新しい個体をつくることを受精という。

オ．植物のからだの一部から新しい個体ができる無性生殖を栄養生殖という。

1. アとイ　2. アとエ　3. イとウ　4. ウとオ　5. エとオ

【15】 デンプン溶液を入れた寒天培地に，森林の落ち葉の下の土をのせて，室温の暗い場所に数日間置いた。その後，土を洗い流してとり除き，ヨウ素液を加えたところ，寒天培地の表面は色が変わらなかった。これはなぜか，正しいものを次の1～5より1つ選び，答えなさい。〔解答番号⑮〕

1. 寒天がデンプンを分解したから。
2. 寒天がデンプンを分解しなかったから。
3. 土の中の微生物がデンプンを分解したから。
4. 土の中の微生物がデンプンを分解しなかったから。
5. 土の中の鉱物がデンプンを分解したから。

【16】 火山活動と火成岩について述べた文のうち，正しいものを次の1～5より1つ選び，答えな

さい。　〔解答番号⑯〕

1. 火山ガスで最も多いのは二酸化炭素であり，二酸化硫黄や硫化水素も含まれる。
2. マグマの粘りけが弱いと気体成分が抜け出しやすいため，激しい噴火となることが多い。
3. 流紋岩は激しい噴火をする火山のマグマが冷えて固まった岩石であることが多い。
4. 火山の地下にあるマグマだまりで結晶になった部分が石基である。
5. 白っぽい火山灰にはカンラン石やキ石が多く含まれている。

【17】 表はA～Dの４地点で，ある地震の初期微動継続時間を計測した結果である。図８はA～C地点の位置関係を示している。ただし，地盤のようすは均一であり，地震波の速度が地盤のようすによって変化することはないものとする。D地点として正しいものを次の１～５より１つ選び，答えなさい。

地点	初期微動継続時間
A	１５秒
B	９０秒
C	６０秒
D	４５秒

〔解答番号⑰〕

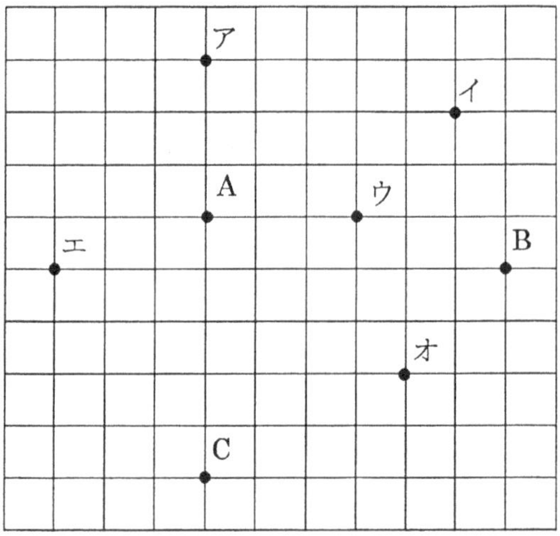

図８

1. ア　2. イ　3. ウ　4. エ　5. オ

【18】 新生代の示準化石として，正しい組み合わせを次の１～５より１つ選び，答えなさい。

〔解答番号⑱〕

ア．フズリナ　イ．ビカリア　ウ．デスモスチルス
エ．サンヨウチュウ　オ．アンモナイト

1. アとイ　2. アとオ　3. イとウ　4. ウとエ　5. エとオ

【19】 雲について述べた文のうち，誤っているものを次の１～５より１つ選び，答えなさい。

〔解答番号⑲〕

1. 水蒸気が大気中のちりや煙を凝結核としてできた細かい水滴や氷の粒が雲である。
2. 雲のできる上限の高さは地上100km 程度で，これより上空の大気にはふつう雲はできない。
3. 高気圧の中心部分では，下降気流が発生するため，ふつう雲はできにくい。

4. 台風の中心の周りは発達した積乱雲にとりまかれている。
5. 寒冷前線では寒気が暖気を激しく持ち上げるため，積乱雲が発達している。

【20】 気象観測の方法について述べた文のうち，誤っているものを次の１～５より１つ選び，答えなさい。 〔解答番号20〕

1. 雲量は空全体を10として，雲がおおっている割合で表し，雲量７はくもりを表す。
2. 風向風速計で風を調べるときは，風向は16方位，風力は13段階で表す。
3. 百葉箱は，直射日光や雨などの影響を受けないように，温度計や湿度計を配置したものである。
4. 気象庁が気温，風向風速，降水量，日照時間などを観測している地域気象観測システムを通称アメダスと呼ぶ。
5. 気象レーダーは電波を利用して雨域の広がりと降雨の強さなどを監視するシステムである。

【社　会】（30分）　＜満点：100点＞

【1】 次の写真ならびに図版A～Gを見て，それぞれの問いに答えなさい。

A

B

C

D

E

F

G

問1　写真Aについて，四大文明に関する説明文として，誤っているものを次の1～5より1つ選び，答えなさい。　〔解答番号1〕

1. エジプトでは国王の墓としてピラミッドが造られ，ナイル川のはんらんの時期を知る天文学が発達し，太陽暦が作られ，象形文字が発明された。
2. インダス文明では，モヘンジョ＝ダロなどの都市遺跡がつくられ，道路・水路が整備された。

また紀元前1500年頃，神に仕えるバラモンを最高の身分とする身分制度の基礎がつくられた。

3. 中国では，紀元前16世紀ころ，長江の流域に殷という国家がおこった。この国では甲骨文字が使用された。
4. チグリス川とユーフラテス川のほとりのメソポタミアでは，くさび形文字が発明され，太陰暦や六十進法が考え出された。
5. 「オリエント」とはヨーロッパからみて東の「太陽ののぼる土地」という意味がある。

問2　写真Bについて，この土偶が作られた時代に関する説明文として，誤っているものを次の1～5より1つ選び，答えなさい。　〔解答番号2〕

1. 気温の上昇から海面の水位が上がり，多くの入り江が出来たため，魚や貝が豊富にとれ，海岸の周辺には貝塚などが形成された。
2. 相沢忠洋が岩宿遺跡から発見した打製石器は，日本列島に旧石器時代があったことを証明した。
3. 三内丸山遺跡はこの時代の代表的な遺跡で1500年以上続き，最大で500人が住んでいた。
4. 人々は集団をつくって食料が得やすい場所にとどまり，地面を掘ったくぼみに柱を立てて屋根をかけた，たて穴住居に住んだ。
5. 当時の成人通過儀礼として，抜歯や死者の霊の災いを防ぐためと思われる屈葬などが行われていた。

問3　写真Cについて，この貨幣がつくられた時代に関する説明文として，正しいものを次の1～5より1つ選び，答えなさい。　〔解答番号3〕

1. 中大兄皇子と中臣鎌足は645年に蘇我馬子・蝦夷親子を倒し，遣隋使として帰国した留学生を新政府の役人に採用した。
2. 朝鮮半島では，唐が百済と結んで新羅を滅ぼした。663年，日本は新羅の復興を助けるため大軍を送ったが，白村江の戦いで大敗した。
3. 天智天皇の没後，後継ぎをめぐる大友皇子との戦いに勝って即位した天武天皇は都を飛鳥に戻し，天皇の地位を高めた。
4. 701年，唐の法律にならった大宝律令がつくられた。令は刑罰の決まり，律は政治を行う上での様々な決まりである。
5. 710年，奈良盆地の北部に唐の都長安にならった平安京がつくられ東西約6km，南北5kmで中央の朱雀大路は幅が70mもあった。

問4　写真Dについて，この人物に関する説明文として，誤っているものを次の1～5より1つ選び，答えなさい。　〔解答番号4〕

1. 鳥羽上皇の没後，天皇と上皇の対立や政治の実権をめぐる対立が激しくなり，京都では保元の乱や平治の乱がおこった。
2. 日明貿易で大きな利益を得た平氏は，航海の安全を祈るため，厳島神社に参詣し，神社には平家納経が納められた。
3. この人物は後白河上皇の院政を助け，武士として初めて太政大臣の地位まで上りつめた。また，中国との貿易の利益に目をつけ兵庫の港を整備した。
4. この人物は娘を天皇のきさきにして権力を強め，日本で初めて武士の政権を成立させた。
5. この人物とその一族は高位高官を独占して，思い通りの政治を行い栄華を誇った。

問5　図版Eについて，この人物が活躍した時代に関する説明文として，誤っているものの組み合わせを次の1～5より1つ選び，答えなさい。〔解答番号5〕

ア．1543年，ポルトガル人を乗せた中国人倭寇の船が種子島に流れ着き，ここから日本に鉄砲が伝来し各地に伝えられた。

イ．尾張の戦国大名だった織田信長は長篠の戦いで駿河の今川義元を破り，足利義昭の援助を経て京都に上り天下統一を目指した。

ウ．1582年，イエズス会は布教の成果を示すため，伊東マンショら天正遣欧少年使節を派遣し，ヨーロッパ各地で熱烈な歓迎を受けた。

エ．豊臣秀吉は，ものさしやますを統一し太閤検地を行い，米の収穫量を石高で表した。また刀狩を行い武力による一揆を防いだ。

オ．信長と秀吉は，仏教勢力には厳しい態度をとる一方，キリスト教の宣教師を優遇した。それに対し，徳川家康はバテレン追放令を出し，宣教師の国外追放を命じた。

1．アとイ　2．アとオ　3．イとオ　4．ウとエ　5．エとオ

問6　図版Fについて，鎖国下の日本に来た外国船に関する説明文として，誤っているものの組み合わせを次の1～5より1つ選び，答えなさい。〔解答番号6〕

ア．ロシアの使節ラクスマンが漂流民の大黒屋光太夫を送り届け通商を要求し，幕府から長崎に来航の許可を得た。

イ．ロシアのレザノフは通商を要求し，幕府はこれを拒否した。ロシアを警戒した幕府は蝦夷地や樺太の調査を行った。

ウ．オランダのフェートン号が，イギリス船をとらえるために長崎港に侵入した。これをきっかけに幕府は外国船に対し燃料や水を与えるように命じた。

エ．アメリカの商船モリソン号は，日本の漂流民を届け，通商を要求したが，異国船打払令により幕府に砲撃された。

オ．ペリーは4隻の軍艦を率いて浦賀に来航し，日米修好通商条約を結び，下田と函館の2港を開港し，長きに渡った鎖国政策を崩し開国を実現した。

1．アとイ　2．アとオ　3．イとオ　4．ウとエ　5．ウとオ

問7　写真Gについて，この事件に関連する説明文として，正しいものを次の1～5より1つ選び，答えなさい。〔解答番号7〕

1．関東軍は1931年9月に奉天郊外の柳条湖で南満州鉄道の線路を爆破し，これを機に軍事行動を始めた。

2．1932年建国の満州国は，清朝最後の皇帝溥儀を元首とした国であり，その正当性は国際連盟からも承認された。

3．1932年，日本の青年将校らは首相官邸をおそい，原敬首相を暗殺する二・二六事件が起こった。結果，軍部の政治的発言権が強まった。

4．1936年，日本は国際的孤立の状況から，共産主義勢力の進出に対抗する理由でドイツとイタリアと日独伊三国同盟を結んだ。

5．中国では，抗日運動が盛り上がる中，蒋介石率いる共産党は，毛沢東を指導者とする国民党に協力を呼びかけ1936年に内戦を停止した。

【2】 次の先生と生徒の会話文を読み，（ア）～（オ）にあてはまる語句の組み合わせとして正しいものを，会話文の後の１～５より１つ選び，答えなさい。〔解答番号8〕

生徒「いよいよ2020年の東京オリンピックが近づいてきますね。」

先生「現在，急ピッチで選手村や大会会場がつくられているところなんだ。」

生徒「やはり，世界からたくさんの選手や応援の方がこられると，それに向けた準備は大変ですね。」

先生「そうだね。しかし，オリンピックの経済効果は，30兆円とも言われていて，投資した分だけ，日本経済に好況をもたらしてくれるとも言われているんだ。」

生徒「でも先生，日本でオリンピックを開催するのは２回目ですよね。1964年当時，日本はまだまだ，経済が豊かではなかったと思うのですが，どのように経済が伸びていったのですか。」

先生「そうだね。日本の経済が1950年代半ばまでにほぼ戦前の水準にまで回復したんだ。そして，1955年から73年にかけて年平均10％程度の成長を続けてきた時期を（　ア　）期というんだ。」

生徒「僕，聞いたことがあります。その時の首相である池田勇人内閣が所得倍増計画をかかげ国民に経済を活性化させることを約束したんですよね。」

先生「そうなんだ。1968年の国民総生産である（　イ　）は，経済大国アメリカに次ぐ世界第２位になったんだ。」

生徒「（　ア　）によって，国民の生活は豊かになったんですよね。三種の神器と呼ばれる，テレビ，（　ウ　），冷蔵庫などの家電製品を持つ家庭が増え，大都市の郊外には大規模な団地が増えていったんですね。」

先生「そして，1964年には東京オリンピック・パラリンピックが開催され，新幹線や高速道路が開通したんだ。しかし，これらの効果とは逆に至るところで社会問題も起こったんだ。」

生徒「経済が発展していけば，国民の生活も豊かになるし，どのような社会問題が起こったんですか？」

先生「まず，人口が都市に流れ，農村では過疎化が進んだんだよ。さらに都市では，大気汚染や水質汚濁などの公害問題も深刻化したんだ。」

生徒「イタイイタイ病や水俣病などの四大公害は，大量生産や大量消費を後先考えずに行った結果，もたらされてしまったんですね。」

先生「その公害訴訟問題の結果，政府は法律を整備し，1971年には公害対策基本法を制定したんだ。これだけではない。日本以外の国でも問題が生じ，その影響が私たちの生活にも影響してしまったんだ。」

生徒「知っています。オイルショックですね。」

先生「よく勉強しているね。1973年，ユダヤ人とアラブ人が聖地イエルサレムなどを巡り争う（　エ　）問題を背景に，中東戦争が勃発し，石油価格が大幅に上昇してしまったんだ。」

生徒「中東で起こった戦争から，日本のスーパーにあるトイレットペーパーがなくなったと聞いています。」

先生「日本はこの後，経営の合理化や，省エネルギー化を進め，安定成長の時代をむかえることになったんだ。日本は当時，自動車産業に力を入れていたんだけれども，最も大きな輸出国であったアメリカとの間で（　オ　）が起こり，今日に続く経済問題の元となったんだよ。」

1. ア．高度経済成長　イ．ＧＮＰ　ウ．洗濯機　エ．パレスチナ　オ．貿易摩擦
2. ア．高度経済成長　イ．ＧＤＰ　ウ．自動車　エ．アパルトヘイト　オ．貿易摩擦
3. ア．高度経済成長　イ．ＧＮＰ　ウ．クーラー　エ．パレスチナ　オ．冷戦
4. ア．高度経済成長　イ．ＧＤＰ　ウ．自動車　エ．アパルトヘイト　オ．貿易戦争
5. ア．高度経済成長　イ．ＧＤＰ　ウ．洗濯機　エ．パレスチナ　オ．安保闘争

【３】 次の地形図を見て，それぞれの問いに答えなさい。

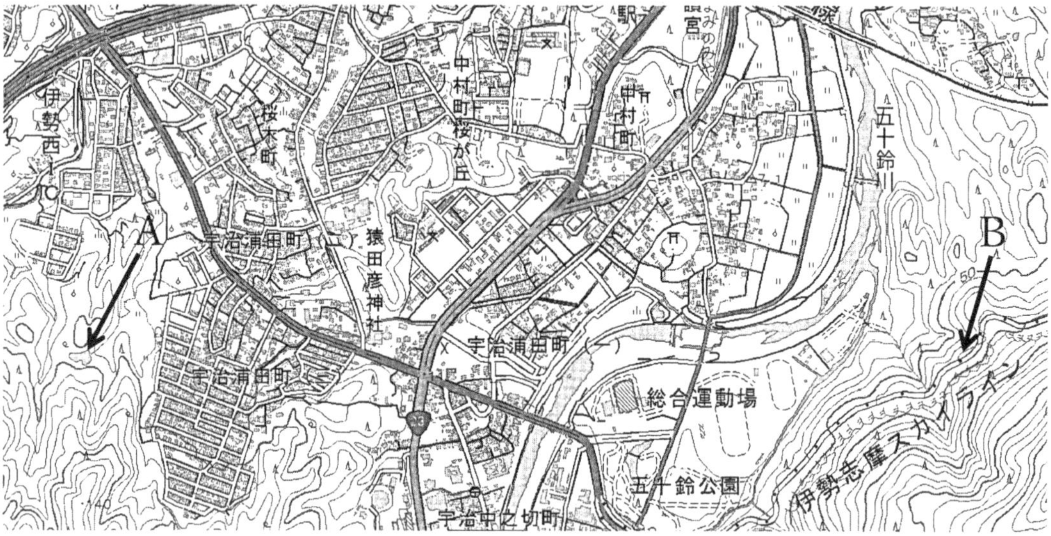

２万5000分の１の地形図を縮小

問１　地図で示されたのは三重県伊勢市であるが，この地域の特徴を示す文章として，誤っているものを次の１～５より１つ選び，答えなさい。〔解答番号9〕

1. 伊勢志摩スカイラインは，緩やかな山の斜面に作られている。
2. 伊勢西ＩＣから南東の方角に進むと総合運動場がある。
3. 地図中の南西の方角付近には宇治浦田町があり，多くの住宅が密集している。
4. 地図中を南北に流れる五十鈴川は南から北に流れている。
5. 愛知県豊橋市から三重県伊勢市を結ぶ国道23号は，地図中の南北を通っている。

問２　三重県伊勢市の地図中に見られない地図記号を次の１～５より１つ選び，答えなさい。〔解答番号10〕

1. 寺院　2. 神社　3. 針葉樹林　4. 広葉樹林　5. 荒地

問３　伊勢市地図中Ａ地点の池あたりと，Ｂ地点の伊勢志摩スカイライン上付近では，標高差がどれくらいあるか，正しいものを次の１～５より１つ選び，答えなさい。〔解答番号11〕

1. 約０ｍ　2. 約40ｍ　3. 約80ｍ　4. 約120ｍ　5. 約160ｍ

問４　三重県の隣接都道府県は全都道府県のうち４番目に多い。隣接府県として正しいものを次の

1～5より1つ選び，答えなさい。〔解答番号⑫〕

1. 福井県　2. 富山県　3. 大阪府　4. 静岡県　5. 京都府

【4】 次の地図を見て，それぞれの問いに答えなさい。

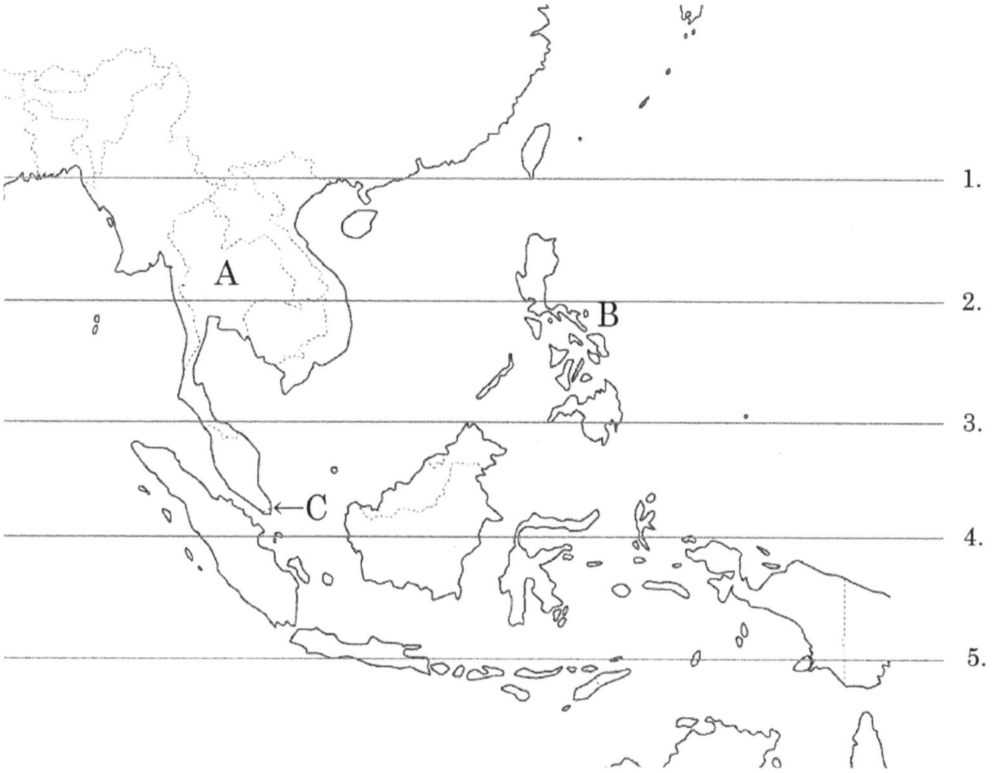

問1　上の地図上のラインのうち，赤道を示したものとして正しいものを上の1～5の中より1つ選び，答えなさい。〔解答番号⑬〕

問2　Aの国の産業に関する説明文として，誤っているものを次の1～5より1つ選び，答えなさい。〔解答番号⑭〕

1. この数年で輸出品が大きく変化し，1980年は米が第1位であったが，2013年は機械類が第1位になっている。
2. 1960年代から人口が急激に増加し，交通渋滞など都市問題が深刻化している。
3. いち早く工業化に取り組み，急速な経済成長を遂げ，アジアＮＩＥＳと呼ばれるようになった。
4. 近年，経済的に急成長を遂げている一方で，水上マーケットなど伝統的な風景も見られる。
5. マングローブが広がる海岸では，主に日本に輸出するためのエビの養殖場が作られている。

問3　Bの国に関する説明文として，正しいものを次の1～5より1つ選び，答えなさい。〔解答番号⑮〕

1. 大航海時代以降，欧米列強の植民地になった影響でヒンドゥー教が広まった。
2. 大規模な農場でプランテーションが開かれ，茶の栽培が盛んに行われている。

3. 東南アジアの経済成長にともなってこの国でも，生活環境が悪いスラムが解消されている。

4. かつてスペインの植民地であったため，公用語はスペイン語である。

5. 日本やアメリカ西海岸と同じく，環太平洋造山帯に位置している。

問4　次の気温と降水量を表したグラフの中で，地図中のCの国のグラフとして，正しいものを次の1～5より1つ選び，答えなさい。　〔解答番号16〕

1.

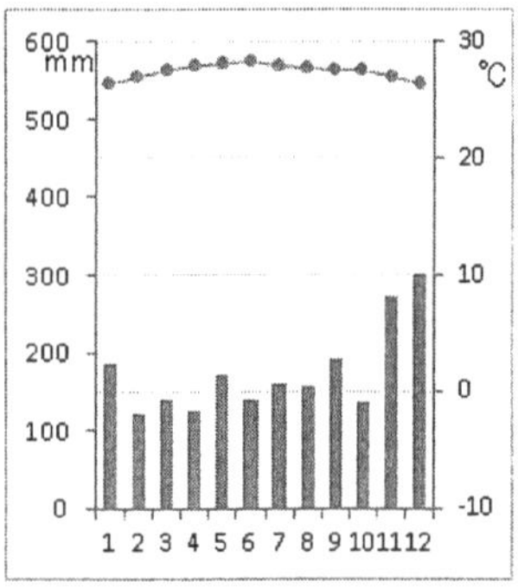

2.

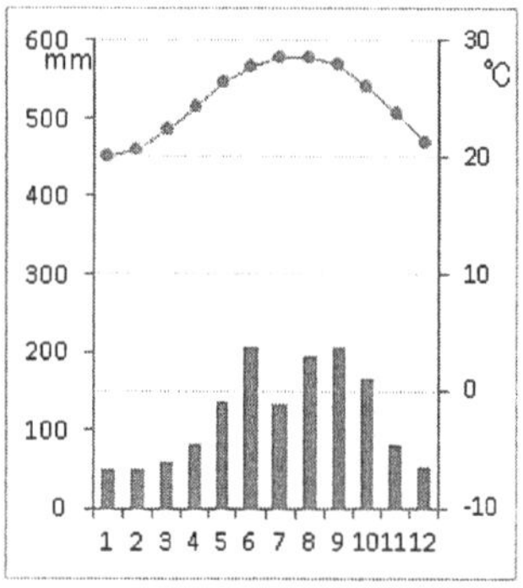

3.

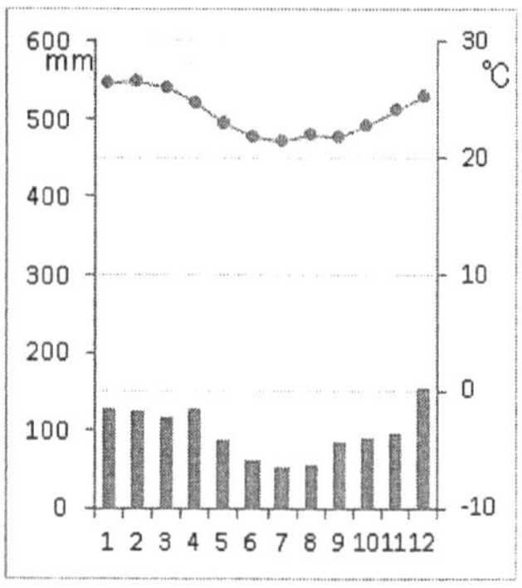

4.

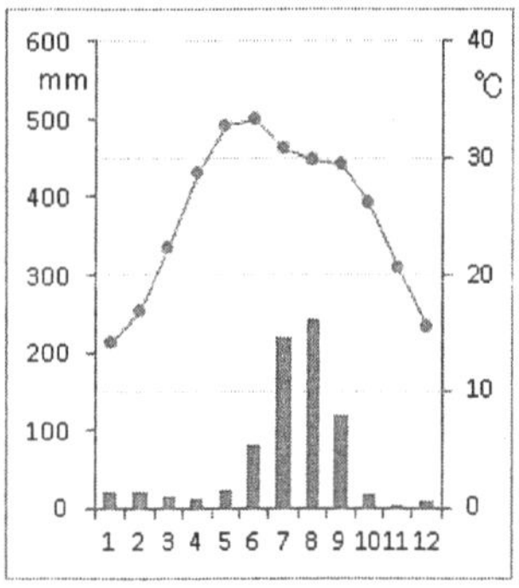

5.

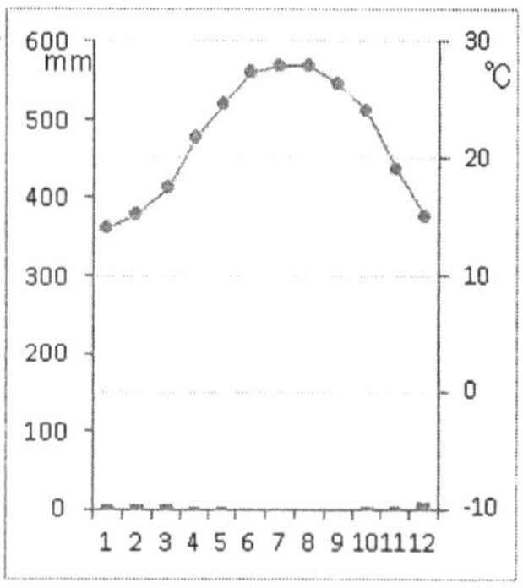

※グラフは1981年～2010年の30年間の気温・降水量の年平均から作成

【5】　次の3つの用語の説明文として，正しい組み合わせを次のページの1～5より1つ選び，答えなさい。　〔解答番号17〕

A　法の支配　　B　立憲主義　　C　国民主権

ア．日本国憲法の基本原理の一つ。国の政治の決定権は国民が持ち，政治は国民の意思に基づいて行われるべきであるという原理。

イ．政府や君主が行使する政治権力を憲法によって制限しようとする考え。近代革命の中で，国王が思うがままに権力を行使するのに対抗して，国民の自由を確保するために生まれた。

ウ．国家権力を三つに分けてそれぞれを別の機関に与えることで，権力の集中を防ぎ，国民の権利や自由を保障する考え方。

エ．内閣が制定する命令のこと。命令は行政機関が制定する法律であり，その中でも最上位に位置する。

オ．近代民主政治の原理の一つ。法によって政府を制限し，その政府が政治権力を行使し国民を治めるという考え方。

1. A…ア　B…イ　C…ウ
2. A…ア　B…ウ　C…エ
3. A…オ　B…ウ　C…ア
4. A…オ　B…イ　C…ア
5. A…ウ　B…イ　C…ア

【6】 沖縄と米軍基地についての説明文として，誤っているものを次の1～5より1つ選び，答えなさい。〔解答番号⑱〕

1. 沖縄は戦後，アメリカの統治のもとに置かれ，1972年に沖縄県として日本に復帰した。
2. 日米安全保障条約ではアメリカ軍が日本の領域内に駐留することを認めている。
3. 沖縄には日本にある米軍関連施設のうち約38パーセント，面積では約74パーセントが集中している。
4. 1996年に行われた沖縄県の住民投票では，施設縮小の賛成が多数を占めた。これを受け，同年，日本とアメリカとの協議により，沖縄県にあるすべての米軍基地を日本側に返還する計画が盛り込まれた。
5. 普天間飛行場に代わる基地について，日米両政府間では名護市の辺野古沖に設けることで合意されているが，反対意見も根強く残っている。

【7】 政治参加と選挙についての説明文として，誤っているものを次の1～5より1つ選び，答えなさい。〔解答番号⑲〕

1. 18歳以上のすべての国民が選挙権を得るという原則を普通選挙といい，日本国憲法で保障されている。かつては，財産（納税額）などによって選挙権が制限されたり，女性に選挙権が認められなかったりしていた。普通選挙が実現するまでには，長く粘り強いたたかいがあった。
2. 全国を複数の選挙区に分けて選挙を行う時は，各選挙区の議員一人あたりの有権者人口ができるだけ等しく保たれることが重要である。一人の議員が当選するためにたくさんの得票が必要な選挙区と，得票が少なくても当選する選挙区があると，一票の価値に差が生じてしまうからである。
3. 2014年の総選挙では最大で2.129倍も一票の格差があった。これに対して最高裁判所は，日本国憲法に定める「法の下の平等」などに反する状態（違憲状態）であるという判断を下しており，これを改善するための選挙制度改革が論議されている。
4. こんにちの選挙の課題として，投票しない棄権が多いことが挙げられる。その原因として「投票しても何も変わらない」という無力感や，「政治家は信頼できない」という不信感から，政治に関心を持たなくなった人が多いと考えられる。多くの人が選挙を棄権すると，一部の人たちによって政治の大切なことが決められることになってしまうので問題である。
5. 選挙で投票することのほかにも，さまざまな政治参加の方法がある。国や地方公共団体，政治家に働きかけることは政治参加であるが，立場や利害を同じくする人々の集まりである利益集団（圧力集団）に加わることや，住民として身近なまちづくりや住民運動に加わることは政治参加とはいえない。

【8】 国会・内閣の仕事の組み合わせとして正しいものを次の1～5より1つ選び，答えなさい。

〔解答番号[20]〕

ア．内閣総理大臣の指名

イ．法律の制定

ウ．予算の審議・議決

エ．予算の作成・提出

オ．最高裁判所長官の指名とその他の裁判官の任命

カ．内閣総理大臣の不信任決議案の提出

1. 国会の仕事：ア．イ．ウ　　内閣の仕事：エ．オ．カ
2. 国会の仕事：エ．オ．カ　　内閣の仕事：ア．イ．ウ
3. 国会の仕事：ア．イ．ウ．カ　　内閣の仕事：エ．オ．
4. 国会の仕事：ア．イ　　内閣の仕事：ウ．エ．オ．カ
5. 国会の仕事：ウ．オ　　内閣の仕事：ア．イ．エ．カ

【9】 私たちの家計と財政のしくみについての説明文として，正しい組み合わせを次の1～5より1つ選び，答えなさい。

〔解答番号[21]〕

ア．政府は税金によって収入を得て，社会保障や公共事業などの形で支出を行なう。

イ．税金には，国が集める国税と，地方公共団体が集める地方税の二種類ある。

ウ．納税者と担税者が一致する税金を間接税という。

エ．所得が多くなればなるほど高い税率を適用する方法を累進課税という。

オ．直接税は，所得の低い人ほど所得にしめる税負担の割合が高くなる傾向がある。

1. 正　…　ア．ウ．オ　　誤　…　イ．エ
2. 正　…　ア．イ．エ　　誤　…　ウ．オ
3. 正　…　ア．イ　　誤　…　ウ．エ．オ
4. 正　…　イ．エ　　誤　…　ア．ウ．オ
5. 正　…　エ．オ　　誤　…　ア．イ．ウ

【10】 福祉社会の実現についての説明文として，誤っているものを次の1～5より1つ選び，答えなさい。

〔解答番号[22]〕

1. 高福祉高負担とは，社会保障を手厚くする代わりに，税金などの国民負担を大きくするという考え方で，スウェーデンなどの北ヨーロッパの国々に見られる。
2. 低福祉低負担は，社会保障は手薄な代わりに，税金などの国民負担を軽くするという考え方で，アメリカなどが採用している。
3. 高福祉高負担の国では，医療保険や年金保険を担うのは原則として民間企業で，人々は自己責任でいざという場合に備えることが求められている。
4. 高福祉高負担だと経済活動が鈍り，経済成長が低くなるとも言われるが，北ヨーロッパの国々では高い経済成長を保っている。
5. 日本政府は増加する社会保障費をまかなうためとして，2014年に消費税を8％に引き上げ，さらに2019年には10％に引き上げることにしている。

【11】 社会権についての説明文として，誤っているものを次の１～５より１つ選び，答えなさい。

〔解答番号23〕

1. 人々に人間らしい豊かな生活を保障するのが社会権で，日本国憲法では生存権，教育を受ける権利，勤労の権利，労働基本権を保障している。
2. 社会権の中で基本となるのが，「健康で文化的な最低限度の生活を営む権利」（憲法25条）である生存権である。
3. 教育を受ける権利は，すべての子どもが学校で学習することを保障している。誰もが学校に行けるように，義務教育は無償とされている。
4. 人々の人間らしい生活を保障しようとする社会権を最初に取り入れたのは，『フランス人権宣言』である。
5. 1991年のバブル経済崩壊後，日本経済の停滞により日本国内の経済的な格差が拡大した。その影響もあり，生活が苦しく生活保護をうける世帯が，現在も年々増加している。

（ウ）たとえ転校すると、ずっと友達だ。
1．主語・述語が対応していない。
2．副詞の呼応が整っていない。
3．同じような意味の語が重複して使われている。
4．修飾語がどの語にかかるかあいまいである。
5．一つの言葉に二重の意味を持たせている。

適切なものを、次の1～5より一つ選び、答えなさい。 [解答番号 20]

1. ぶっきらぼうな面もあるが実は繊細で、自分を理解してくれると思う人の前では率直に心を開くことのできる人柄。
2. 同級生とは力関係で関わろうとし、思いやりとユーモアがある一方、涙もろい面も見せる感情の起伏の激しい人柄。
3. 体力にまかせて何でも引き受ける豪快さを持ち、勝負事には常に正々堂々とフェアプレイを心がける誠実な人柄。
4. 正義感が強いが、何事に対しても自分の価値観で対処してしまい、時に独りよがりな振る舞いをすることもある人柄。
5. 好意を寄せる人の一大事なら学校も欠席してしまうような、強い意志と社会制度や常識に対する反骨精神を持つ人柄。

問八 本文の表現の特徴について当てはまらないものを、次の1～5より一つ選び、答えなさい。 [解答番号 21]

1. 思春期特有のみずみずしい感性が、二人の少年の少女に対する思いや、二人の友情とからめて表現されている。
2. 短く簡潔な文を重ねることによって、その場の情景が読者の目の前に浮かぶように生き生きと表現されている。
3. 比喩表現が随所に見られ、良一が過去を回想しながら、思春期の自分たちを懐かしむよう情緒的に表現されている。
4. 直美が手術を受けている中、徹也と良一が全力でぶつかり合い、次第に心を通わせていく過程が描かれている。
5. 「ぼく」という良一の一人称で書かれており、読者が良一の目線から小説の場面を見ていくように描かれている。

【三】 次の言葉は、どの季節の風物を表わしていますか。最も適切なものを、それぞれ次の1～5より一つずつ選び、答えなさい。

[(ア)…解答番号 22 、(イ)…解答番号 23 、(ウ)…解答番号 24 、(エ)…解答番号 25]

(ア) 時雨　(イ) 東風《こち》　(ウ) 納涼　(エ) 山粧《よそお》う

1. 春　2. 夏　3. 秋　4. 冬　5. 正月

【四】 次の傍線部を正しい表現に改めるものとして、最も適切なものを、それぞれ次の1～5より一つずつ選び、答えなさい。

[(ア)…解答番号 26 、(イ)…解答番号 27 、(ウ)…解答番号 28 、(エ)…解答番号 29 、(オ)…解答番号 30]

(ア) 心血を傾ける　(イ) 的を得る
(ウ) 二の足を進める　(エ) 脚光を集める
(オ) 雪辱を晴らす

1. 射る　2. 踏む　3. 注ぐ　4. 果たす　5. 浴びる

【五】 次の文には表現のうえで適当でない点があるが、それはあとのどれに当たるか。最も適切なものを、それぞれ次の1～5より一つずつ選び、答えなさい。

[(ア)…解答番号 31 、(イ)…解答番号 32 、(ウ)…解答番号 33]

(ア) 投票での賛成は過半数を超えた。
(イ) 私の好物はエビフライがあればよい。

直美のことが心配で何をしても手につかないような時。

5．徹也も良一も、本来なら人として直美の両親に寄り添い、心労を少しでも和らげるように励ましていなければならないような時。

問三　空欄 ② にあてはまる語として最も適切なものを、次の1～5より一つ選び、答えなさい。　〔解答番号 16〕

1．頼れる様子　2．気弱な様子　3．勇ましい様子

4．微笑《ほほえ》ましい様子　5．けなげな様子

問四　本文中の波線部の情景描写は何を表していると考えられますか。最も適切なものを、次の1～5より一つ選び、答えなさい。

〔解答番号 17〕

1．灰色と表現された夕陽に照らされた無機質な空間によって、これから訪れる不幸な運命を暗示している。

2．病院という環境である以上、本来なら花であふれる中庭で人々をいやすべきだという作者の訴えを表現している。

3．人間が作りあげた病院の人工的な景観の中で、人間の手によって直美の生命が左右されるという皮肉を表現している。

4．いかにも無機質な病院の人工的な景観が、かえって何かに祈らずにはいられない良一の思いを強調している。

5．いかにも無機質な病院の人工的な景観によって、思いだけではどうにもならない運命の厳しさを表現している。

問五　傍線部③「少し驚いた顔つき」とあるが、なぜですか。このときの徹也の気持ちとして最も適切なものを、次の1～5より一つ選び、答えなさい。　〔解答番号 18〕

1．良一に自分との体力の差を見せつけ優越感に浸っていたのに、もう一番やったら負けてしまうかもしれないと不安に思ったから。

2．もう一番やっても良一に勝ち目はなく、これ以上やるなら手加減が必要なのに、良一から申し出られて不思議に思ったから。

3．良一が思いの外に力が強く、やっとの思いで投げたから、これ以上勝負したら良一がどんな技を仕掛けてくるかと不安に思ったから。

4．相撲とは縁遠そうな良一が握力だけは強く、予想以上にむきになって怖いほどの迫力を見せたことに対し身の危険を感じたから。

5．体力的には劣勢のはずで、振り回されたあげくに投げられた良一の方から、もう一番と誘ってきたことを意外に思ったから。

問六　傍線部④「ぼくの気持ち」とあるが、どのような気持ちですか。最も適切なものを、次の1～5より一つ選び、答えなさい。

〔解答番号 19〕

1．直美に対する思いが強くても、病気に対してはどうしようもないという無力感をまぎらわしたいという気持ち。

2．手術室で病と闘っている直美のことを考えると苦しいから、体を動かすことでそれを忘れたいという気持ち。

3．手術室で病と闘っている直美の苦しみを、徹也と一緒にできるだけ共有したいという気持ち。

4．直美を心から思う徹也に対して、自分も負けないくらいの強い思いがあることを伝えたいという気持ち。

5．徹也の直美に対する強い思いが分かっているが故に、その徹也を打ち負かしたいという強い気持ち。

問七　本文の描写から、徹也のどのような人柄がうかがえますか。最も

しがみついた。徹也が突き放そうとする。足が絡《から》んだ。倒れ込みながら、徹也は捨て身の投げを打った。身体が宙に投げ出された。それでもベルトは放さなかった。もつれあったまま、ぼくたちは床に倒れた。勝ち負けはわからなかった。気がつくと、ぼくは仰向《あおむ》けに倒れ、徹也の身体がぼくの上にかぶさっていた。身動きがとれなかった。

身体がほてっていた。背中の下の床がやけに冷たく、反対に徹也の身体は熱気を帯びていた。その熱い身体が、小刻みにふるえている。のしかかっている徹也の身体の重みで、息が苦しい。身体をずらして、やっと左手だけ自由になったぼくは、手を伸ばして徹也の身体をはねのけようとした。

ぼくは手を止めた。

徹也の身体がふるえているわけがわかった。

徹也はぼくの胸に顔をうずめ、声をころして哭《な》いていた。徹也の身体のふるえと、熱気と、重みとが、ぼくの身体にのしかかってきた。

ぼくは伸ばしかけた手を、徹也の背中に回した。

（三田　誠広『いちご同盟』より）

（本文の表現を変更した部分があります）

問一　二重傍線部（a）「会釈」、（b）「鼓舞」、（c）「しゃにむに」とあるが、ここではどういう意味ですか。最も適切なものを、それぞれ次の1～5より一つずつ選び、答えなさい。

（a）「会釈」　［解答番号 12 ］

1. 小声であいさつをすること。
2. 思いを込めて深々と礼をすること。
3. 相手の気持ちを思いやること。
4. 軽く頭を下げて礼をすること。
5. 遠くから手を振ること。

（b）「鼓舞」　［解答番号 13 ］

1. 意欲を持って努力すること。
2. 楽しい雰囲気をつくり出すこと。
3. つづみを鳴らして舞うこと。
4. 過ちをしかりつけること。
5. 励ましてふるい立たせること。

（c）「しゃにむに」　［解答番号 14 ］

1. 何も考えず、無我夢中になって。
2. 怒りに震えて、自暴自棄になって。
3. 威勢よく、意気揚揚として。
4. 相手の意表をついて、奇想天外な動きで。
5. 相手の様子を見て、臨機応変に。

問二　傍線部①「こんな時」とは、どのような時のことですか。最も適切なものを、次の1～5より一つ選び、答えなさい。　［解答番号 15 ］

1. 外来患者が来る時間でもないうえ、もうすぐ閉店で喫茶室はがらんとしていて二人の他には誰もいないような時。
2. 一緒にいる良一はコーヒーしか頼んでいないうえ、実際に喫茶室で食事をしている人がほとんどいないような時。
3. 徹也は学校を無断欠席しており、そのことが明るみになった段階で呼び出されて指導を受けていなければならないような時。
4. 徹也も良一も、実際には直美の両親と同様に手術室で闘っている徹也は息をついた。それから、ぼくの方に向き直った。

「おい、何か言えよ」

ぼくは黙っていた。何を言えばいいかわからなかった。不意に、徹也がぼくの腕をつかんだ。

「相撲をとろうぜ」

「相撲？」

「そうだ。相撲だ。身体を動かしてないと、気分がじりじりする」

「でも……」

ぼくは相撲なんか取ったことがない。子供の頃から、乱暴な遊びには加わらなかった。それに、徹也とぼくとでは、体力が違いすぎる。

どうやら徹也は本気らしい。

「この椅子《いす》と、あっちの壁が土俵《どひょう》だ。触ると負けだぞ」

そう言って徹也は、床の上に手をついて、仕切りの格好になった。こうなれば、仕方がない。テレビで見たことがあるから、やり方くらいは知っている。ぼくも床に手をついて身構えた。

二人とも、紺のズボンにワイシャツという、制服姿だった。ズボンのベルトが、まわしの代わりだ。立ち上がるとすぐに右四つになった。体力に差があるので、ぼくは腰を引いて防御の構えをとった。

「お、やるじゃないか」

徹也の声が聞こえた。走るのは苦手だが、マット運動などは得意だ。ピアノで鍛えているから、握力だって自信がある。上手を浅いところに持ちかえて、ぐいと絞った。ぼくは身体を揺すって寄り始めた。

「お、おおっ」

声をあげながら、徹也は身体をひねり、左で上手投げを打った。足を送って残そうとしたのだが、引きずるような強引な投げで、二度、三度と振り回され、気がついた時には、背中から床に落ちていた。

《中　略》

「もう一番、いくか」

とぼくは言った。

「お、やるか」

徹也は③少し驚いた顔つきになった。

今度は、相手に突っ張りをさせないように、素早く飛び込んでベルトをつかんだ。徹也は(c)しゃにむに前に出ようとした。ぼくは重心を低くしてもちこたえた。

徹也の息づかいが聞こえた。ぼくも息が苦しかった。何も考えていなかった。ただこうして身体を動かしている限り、何も考えなくてすむ、という思いはあった。頭をからっぽにして、相手の身体の動きに神経を集中した。徹也はぼくの肩や腕に手をかけて、力まかせに押し、それから二度ばかり、身体を開いて小手投げを打った。ぼくはベルトをしっかりとつかみ、身体を密着させて投げを防いだ。投げがきかないと見ると、徹也は再びむきになって押し始めた。ぼくは一歩も引かなかった。引いたり、出し投げを打つことは考えなかった。全力を出しきって真正面から徹也の力に挑みたかった。④ぼくの気持ちが伝わったのか、徹也もそれ以後は投げや引き技は見せず、ひたすら前に出ようとした。肌寒いほどの涼しい日だったが、汗が流れ落ちた。徹也の息づかいがいっそう荒くなった。

身体と身体が密着し、互いのベルトや腕をつかんでもみあっているうちに、重心がぐらりと揺れ、身体が大きく傾いた。ぼくは徹也の身体に

「手術が長びいている」
徹也が低い声でささやいた。
「病巣が肺にまで広がっているらしい。大変な手術になる」
徹也は昂奮《こうふん》していた。ぼくは両親の方に歩み寄った。お母さんは心労のためか、見るからにやつれていて、ぼくが近づいても、こちらを見ようとしなかった。お父さんはいつものように微笑を浮かべ、(a)会釈をした。ぼくも黙って頭を下げた。
徹也の方に戻ると、待ちかねていたように、徹也は早口に言った。
「ここで待っていても、何の役にも立たない。少し歩こう」
肩を並べて、廊下を歩き始めた。
「喫茶室へ行こうか」
外来患者の待合室の手前に、喫茶室があった。ソファーではなく、樹脂製のテーブルとスチールパイプの椅子が並んだ、高速道路の休憩室みたいな場所で、喫茶室というよりは食堂といった感じだ。実際に、軽い食事もできるようになっていた。
「腹が減ったな。昼メシを食ってない」
入口のわきの見本の前で、徹也はつぶやいた。
「おれはカツ丼にしよう」
ぼくはコーヒーを頼んだ。
ここが混むのは昼食時くらいのものだ。喫茶室の中はがらんとしていた。徹也は無言で、一気に丼をかきこんだ。
「①こんな時に、よく食欲があるなと思っているだろう」
食べ終わって、ふうっと息をついてから、徹也は言った。
ぼくは黙っていた。徹也は一人でしゃべり続けた。
「仕方がない。人間はメシを食って生きていくしかないんだ。自分でも、哀《かな》しいと思うよ。カツ丼なんか食ってる場合じゃないだろう。だがおれは、カツ丼を食いたいと思い、食ってしまった。そういう自分が、おれは許せない」
徹也は沈痛な表情になった。自分を(b)鼓舞しようとするようなカラ元気と、［　②　］とが、交互に現れ、くるくると表情が変わっていく。
「直美は、もうダメかもしれない」
肩を落として徹也はつぶやいた。試合でサヨナラ負けした時にも、こんな表情は見せなかった。たぶんぼくも、同じような顔つきをしていたはずだ。ここ数日、ぼくは直美を避けて、見舞いに行かなかった。そのことが、悔やまれてならなかった。
喫茶室は中庭に面していた。庭といっても花壇などがあるわけではなく、砂利を敷いた地面のあちこちに、地下の通風口や配管が露出した、殺風景な空間だった。動くものは何もなかった。夕方の灰色の光線の下で、石や、壁や、鉄の配管が、無機物の鈍い光沢を放っていた。
時間が流れていく。こうしているうちにも、事態は悪化しているかもしれない。だとしても、ぼくたちには、どうすることもできないのだ。
喫茶室で時間をつぶしてから、手術室前の廊下に戻った。手術はまだ続いていた。しばらく廊下で、じっとしていた。神さまというものが、いるのかいないのか、ぼくは知らない。とにかく、何かに祈らずにはいられなかった。

《中　略》

「待つというのは、つらいものだな」

れると考え、その関係づくりのために努力すること。

問四　傍線部③「本当にともだちが一〇〇人もいたらたまったものではない」とあるが、この表現の解釈として最も適切なものを、次の1～5より一つ選び、答えなさい。　【解答番号 7 】

1．一〇〇人のともだちのうち、どうでもいい友達ばかり集まるはずだ。
2．一〇〇人のともだちのうち、大切な仲間が見つかるはずだ。
3．ともだちが一〇〇人もいたら、耐えられはするが疲れてしまう。
4．ともだちが一〇〇人もいたら、耐えられずうんざりしてしまう。
5．ともだちが一〇〇人もいたら、ストレスのない生活が送れるはずだ。

問五　傍線部④「冬枯れのような」について、この部分に用いられている表現技法として正しいものを、次の1～5より一つ選び、答えなさい。　【解答番号 8 】

1．直喩　　2．隠喩　　3．擬人法　　4．倒置法
5．体言止め

問六　空欄 ⑤ に入れるのに最も適切なものを、次の1～5より一つ選び、答えなさい。　【解答番号 9 】

1．能動的　　2．受動的　　3．自動的　　4．客観的
5．主観的

問七　空欄 ⑥ に入れるのに最も適切なものを、次の1～5より一つ選び、答えなさい。　【解答番号 10 】

1．友達がいないと不安だ症候群
2．ともだちを一〇〇人つくる達成感
3．どんな友達といても居心地がいいという対応力
4．孤独をマギらわす技術
5．ぐっとため込んでいく孤独

問八　傍線部⑦「孤独の技法」について、筆者の考える「孤独の技法」の例として最も適切なものを、次の1～5より一つ選び、答えなさい。　【解答番号 11 】

1．ブランド品を買い、一人で部屋の中でそのブランド品をナガめながら、自己を深め楽しむ。
2．一人で家の中でテレビやラジオに耳を傾け、有名人たちが友達であるかのように感じる空間を作り出す。
3．勉強をしたり本を読んだりして、自分自身に向き合い、自分の技量を深め、自分を徹底的に磨く。
4．限られた仲のいい友達とだけおしゃべりをして楽しい時間を過ごし、それを人生の目的の一つにする。
5．部屋で一人、音楽を聞きながらリラックスして過ごし、そのセン律に身をゆだねて、何も考えない。

【二】　次の文章を読んで、後の問いに答えなさい。

中学三年生の良一は、同級生で野球部のエース・徹也を通じて、重症の腫瘍で入院中の少女・直美を知る。徹也は対抗試合に全力を尽くして幼なじみの直美を力づけ、彼女の十五歳の誕生日には、良一が病院の娯楽室でピアノを弾いて祝った。その後、音楽高校の受験に悩みながら受験勉強に打ち込む良一に、徹也から直美が明日手術を受けることになったという連絡が入り、良一は翌日学校が終わると病院へ向かった。徹也は学校を休んで病院にいた。

で、 ⑤ な行為だ。現に脳科学の研究によれば、音楽を聞いているときにはほとんど脳は働いていないそうである。

つまり私の提案は、一人の時間をリラックスして過ごそう、自分自身を癒《いや》そうという主張ではない。もっと自分自身に向き合うような時間、もしくは自分の技量を深めていく時間を持とう。それこそ脳を真っ赤に燃え上がらせる知的活動のひとときは、誰もが持つべき孤独なのだ。

こうした孤独は、エネルギーを要し、厳しさを伴う。そして、気分は暗めが定石だ。一人で明るくしていてもいいが、暗さがもつ力というのがどうしてもあるのだ。

私は、できればエネルギーのある若い時期にこそ、 ⑥ を知ってほしいと思う。友達と騒いで、カラオケに行って楽しいという発散にだけ全部を持って行っては伸びない。

自分を徹底的に磨く。勝負をかける。その時期に、自ら進んで孤独になる。これは、⑦孤独の技法というべきものだ。実際、孤独と上手につき合えば、そのひとときは、たまらなくクリエイティブなものになる。

（齋藤　孝『孤独のチカラ』より）

問一　二重傍線部（a）「マギ（らわす）」、（b）「キ（く）」、（c）「ナガ（め）」、（d）「セン律」について、二重傍線部のカタカナと同じ漢字になるものを、それぞれ次の1～5より一つずつ選び、答えなさい。

［（a）…解答番号 1 、（b）…解答番号 2 、
（c）…解答番号 3 、（d）…解答番号 4 ］

a…1．フン末を水に溶かす　2．フン争が絶えない
3．国際コウ流　4．コン合ダブルス
5．農コウ民族

b…1．キ会に恵まれる　2．コウ果が現れる
3．新ブンを読む　4．キ分が晴れる
5．リ益を追求する

c…1．チョウ望の良い場所　2．延チョウ戦を制した
3．希ボウのしるし　4．ボウ聴席に着いた
5．拝カンする

d…1．五セン譜に書く　2．セン伝文句
3．セン風機を使う　4．右にセン回する
5．布をセン色する

問二　空欄 ① に入れるのに最も適切な漢字一字を、次の1～5より一つ選び、答えなさい。　［解答番号 5 ］

1．非　2．無　3．不　4．未　5．否

問三　傍線部②「膨大な無為」とは、どういうことですか。その説明として最も適切なものを、次の1～5より一つ選び、答えなさい。　［解答番号 6 ］

1．友達がいない状態を恐れて、つき合わなくてもいい相手と一緒に多くの時間を過ごし、有意義と感じることが少ないこと。
2．友達がいないために、周囲の人たちから人格を否定され、信頼されることがないまま長い時間を無駄に過ごすこと。
3．せっかく一人の時間を作ったのに、一人でいることの意味をポジティブにとらえることができずにいること。
4．「友達がいない」と開き直ることによって、周囲の人々からほとんど人格破綻者のように扱われてしまうこと。
5．どのような相手でも、自分の心がけ次第で居心地の良い関係は作

【国　語】（四〇分）〈満点：一〇〇点〉

【一】 次の文章を読んで、後の問いに答えなさい。

現代人は孤独を非常に恐れる。その反動なのか、〈友達がいないと不安だ症候群〉とでも言いたいほど、人とつるみたがる。

実際、「友達がいない」と言うと、ほとんど人格破綻《はたん》者のように扱われる世の中である。友達がいない状態があまりに怖いために、本来つき合わなくてもいい相手とずっとつき合ってしまう人は多いのではないか。

それが居心地がいいというなら、それも一つの生き方だ。だが、本心では満足していないのに、一人でいることの意味をポジティブにとらえることができなくて［　①　］本意な時間を過ごしているなら、その②膨大な無為は人生の意味を薄めてしまうことに等しい。

子どものころ、ともだち一〇〇人できるかなという歌詞が出てくる歌（「一ねんせいになったら」まど・みちお作詞／山本直純作曲）を習った。だが、③本当にともだちが一〇〇人もいたらたまったものではない。

にもかかわらず、なぜ人はそれほどまでに孤独に弱いのか。

おそらく、孤独という言葉のイメージが〈寂しさ〉に直結しているからだろう。④冬枯れのような薄ら寒さ。誰だって寂しいのはつらい。それが〈つるむ〉という関係性を生み出す。

勉強がつらいのは、孤独の中でやるものだからという一面もある。問題集を解くのも、本を読むのも、その時間は人は孤独になる。しかし、孤独によってしか効率や生産性を高められないのが勉強や読書といった行為である。そのつかの間の孤独にも耐えられないと、テレビやラジオ、好きな音楽などを流しっぱなしにして、ながらで気を(a)マギらわすことになり、得るものは少ない。

特にテレビは、テレビに出ている人たちが友達であるかのように感じる空間を作り出す。「〇〇がこの間こんなことをいっていたよね」「△△がすごかったんだ」と、有名人たちと本当に親しいかのような口を(b)キく。そういう話題を身近な友達同士ですれば、まるで自分がその仲間入りをしている錯覚を起こし、その場で孤独はマギれる。これでは深く掘り下げるエネルギーにつながらない。

現在のすさまじいブランドブームも、みんなに倣《なら》えの風潮が強まった結果だ。他の人も欲しがっている、だから自分も欲しい。〈ブランド戦略〉という、企業が仕掛けた集団的な欲望に乗って、孤独をごまかしている。少なくとも、目先のことに忙しいのだから、自分とは何か、生きるとは何かという根源的な問いに向き合うことからは逃げられる。「私は一人きりでブランド品を(c)ナガめつつ自己を深めているのよ」というなら止めないが、ブランドを介して〈つるむ〉楽しさに浮き足だっているだけという気がしてならない。

同様に、仲のいい友達とのおしゃべりも、時間の浪費にしかなっていないケースがある。気の合う仲間と話していると楽しい。もちろん、友達と楽しく過ごす、そのこと自体が人生の目的の一つにもなり得る。大事な時間であることには私も異論がない。しかし、おしゃべりしている間に何かが成長するかというと難しい。

部屋で一人、音楽を聞きながらゆったりとリラックスして過ごすのは、私にいわせれば孤独ではない。音楽はその(d)セン律に身をゆだねていればいいから、むしろ何も考えないですむ。これは安楽というもの

2019年度

解　答　と　解　説

《2019年度の配点は解答欄に掲載してあります。》

＜数学解答＞

1　問1　(3)　問2　(1)　問3　(5)　問4　(4)　問5　(1)　問6　(4)　問7　(2)
　問8　(1)　問9　(4)　問10　(1)　問11　(3)　問12　(3)

2　問1　(3)　問2　(2)　問3　(4)

3　問1　(5)　問2　(3)　問3　(3)

○配点○

1　問1～問10　各6点×10　問11・問12　各5点×2　2，3　各5点×6　計100点

＜数学解説＞

1　(小問群一数・式の計算，因数分解，2次方程式，数の性質，方程式の応用，直線の式，yがxの2乗に比例する関数，平方根，角度，相似，確率)

問1　$3\div\frac{-3^2}{8}+\{3-7\times(-2)^2\}\times(-0.6)^3=3\div\left(\frac{-9}{8}\right)+(3-7\times4)\times\left(-\frac{3}{5}\right)^3=3\times\left(-\frac{8}{9}\right)+(3-28)\times\left(-\frac{27}{125}\right)=-\frac{8}{3}+(-25)\times\left(-\frac{27}{125}\right)=-\frac{8}{3}+\frac{27}{5}=-\frac{40}{15}+\frac{81}{15}=\frac{41}{15}$

問2　$\frac{4x-7y}{3}-\frac{3(x-4y)}{5}=\frac{5(4x-7y)}{15}-\frac{9(x-4y)}{15}=\frac{20x-35y-9x+36y}{15}=\frac{11x+y}{15}$

やや難　問3　$a^2-b^2-c^2-2bc=a^2-(b^2+2bc+c^2)=a^2-(b+c)^2$　$b+c=X$とおくと，$a^2-X^2=(a+X)(a-X)$　Xをもとに戻すと，$\{a+(b+c)\}\{a-(b+c)\}=(a+b+c)(a-b-c)$

問4　$(x-1)^2-(x-1)-42=0$　$x-1=A$とおくと，$A^2-A-42=0$　$(A+6)(A-7)=0$　Aをもとに戻すと，$(x-1+6)(x-1-7)=0$　$(x+5)(x-8)=0$　$x=-5,\ 8$

やや難　問5　$a\div13=b$あまり10のとき，$a=13b+10$…①　bを11で割ったときの商をxとすると，余りが7だから，$b=11x+7$…②　②を①に代入すると，$a=13(11x+7+10)$　$a=141x+101=11\times13x+11\times9+2=11(13x+9)+2$　$11(13x+9)$は11で割り切れるから，aを11で割ったときの余りは2である。

問6　昨年の男子生徒をx人とすると，昨年の女子生徒は$(x-10)$人と表せる。今年の男子生徒は$x+0.05x=1.05x$(人)であり，今年の女子生徒は$(x-10)+0.1(x-10)=1.1x-11$(人)である。よって，$(1.1x-11)-1.05x=3$　$0.05x=14$　$5x=1400$　$x=280$　よって，今年の男子の生徒数は，$1.05\times280=294$(人)

問7　点$(4,\ -6)$と原点について対称な点は，x座標，y座標の符号が逆で絶対値が等しい点になるので，$(-4,\ 6)$　これを$y=-2x+a$に代入して，$6=-2\times(-4)+a$　$a=6-8=-2$

問8　xの変域が0をはさんでいるので，yの最小値または最大値は0である。$b\leqq y\leqq6$だから，yが最大値となることはない。よって，$b=0$　aは正の数なので，$(-4)^2$の方が2^2より大きい。よって，$x=-4$のときに$y=6$となるので，$6=a\times(-4)^2$　$a=\frac{6}{16}=\frac{3}{8}$

問9　a，bは連続する自然数なので，$b=a+1$　よって，$a+(a+1)=2a+1$　$2a+1=1^2$とな

る自然数aはない。$2a+1=2^2$となる自然数aもない。$2a+1=3^2$となるとき，$2a=9-1=8$　$a=4$　よって，$(a,\ b)=(4,\ 5)$

重要　問10　$\angle ABD=\angle DBC=b$とすると，$\angle ACT$は$\triangle ACB$の外角なので，$\angle ACT=\angle A+\angle ABC=70^\circ+2b$　よって，$\angle DCT=\dfrac{70^\circ+2b}{2}=35^\circ+b$　$\angle DCT$は$\triangle DCB$の外角なので，$\angle BDC+\angle DBC=\angle DCT$　$\angle BDC=\angle DCT-\angle DBC=(35^\circ+b)-b=35^\circ$

問11　辺BCの長さをxとすると，$BD=x-5$　$\triangle ABC\backsim\triangle DBA$なので対応する辺の比は等しいから，$AB:DB=BC:BA$　$6:(x-5)=x:6$　$x^2-5x=36$　$x^2-5x-36=0$　$(x-9)(x+5)=0$　よって，$x=BC=9$

問12　3人をA，B，C，とする。じゃんけんするとき，Aに3通りの出し方があり，そのそれぞれに対してBは3通りずつの出し方がある。そして，それらに対してCが3通りずつの出し方があるから，3人が1回じゃんけんするときの出し方の総数は，$3^3=27$(通り)　あいこになるのは，3人が同じものを出すときが3通り…①　3人が異なるものを出すときが，(A，B，C)=(グー，チョキ，パー)，(グー，パー，チョキ)，(チョキ，グー，パー)，(チョキ，パー，グー)，(パー，グー，チョキ)，(パー，チョキ，グー)の6通り…②　①と②で9通りあるので，その確率は，$\dfrac{9}{27}=\dfrac{1}{3}$

2 （関数・グラフと図形一直線の式，三角形の面積，面積を2等分する直線の式）

問1　点A，Bのy座標はそれぞれ，$-\dfrac{1}{2}\times(-2)^2=-2$，$-\dfrac{1}{2}\times3^2=-\dfrac{9}{2}$　直線ABの傾きは，$\left\{-\dfrac{9}{2}-(-2)\right\}\div\{3-(-2)\}=-\dfrac{5}{2}\div5=-\dfrac{1}{2}$　$y=-\dfrac{1}{2}x+b$とおいて$(-2,\ -2)$を代入すると，$-2=1+b$　$b=-3$　よって，直線ABの式は，$y=-\dfrac{1}{2}x-3$

重要　問2　直線ABとy軸との交点をDとすると，$D(0,\ -3)$　$C(0,\ -6)$だから，$CD=3$　$\triangle ABC=\triangle ACD+\triangle BCD$　$\triangle ACD$，$\triangle BCD$の底辺をCDとすると，高さはそれぞれ，(点Aからy軸までの距離)，(点Bからy軸までの距離)なので，$\triangle ABC=\triangle ACD+\triangle BCD=\dfrac{1}{2}\times3\times2+\dfrac{1}{2}\times3\times3=\dfrac{1}{2}\times3\times(2+3)=\dfrac{15}{2}$

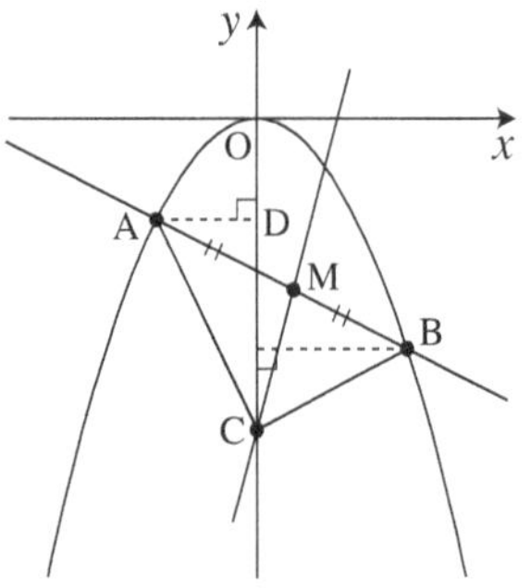

重要　問3　線分ABの中点をMとすると，$\triangle AMC$，$\triangle BMC$の底辺をAM，BMとみたときに$\triangle AMC$と$\triangle BMC$は底辺も高さも等しい。よって，直線CMが$\triangle ABC$の面積を2等分する直線である。線分の中点の座標は，その線分の両端の座標を$(x_a,\ y_a)$，$(x_b,\ y_b)$としたときに$\left(\dfrac{x_a+x_b}{2},\ \dfrac{y_a+y_b}{2}\right)$と表される。よって，点Mの$x$座標は，$\dfrac{-2+3}{2}=\dfrac{1}{2}$　y座標は，$\left\{-2+\left(-\dfrac{9}{2}\right)\right\}\div2=-\dfrac{13}{4}$　直線CMの傾きは，$\left\{-\dfrac{13}{4}-(-6)\right\}\div\dfrac{1}{2}=\dfrac{11}{4}\times2=\dfrac{11}{2}$

3 （平面図形一平行線と線分の比，相似，面積の比）

基本　問1　AD//BEなので，$AP:EP=AD:EB=3:2$　AB//DFなので，$AQ:FQ=AB:FD=3:2$　$AP:PE=AQ:QF=3:2$なので，PQ//EFである。よって，$PQ:EF=AP:AE=3:5$

問2　$\triangle APQ$と$\triangle AEF$について，$AP:AE=AQ:AF=PQ:EF=3:5$　3組の辺の比が等しいので，$\triangle APQ\backsim\triangle AEF$　相似な図形では面積の比は相似比の2乗となるから，$\triangle APQ$と$\triangle AEF$の面積の比は，$3^2:5^2=9:25$

重要　問3　PQ//EF，つまり，PQ//BDなので，EF：BD＝CE：CB＝1：3　EF＝$\frac{1}{3}$BD…①　PQ：EF＝3：5だから，PQ＝$\frac{3}{5}$EF…②　よって，①を②に代入すると，PQ＝$\frac{3}{5}\times\frac{1}{3}$BD＝$\frac{1}{5}$BD　△APQと△ABDはPQ，BDをそれぞれの底辺とみたときの高さが等しいから，面積の比は底辺の比に等しい。よって，△APQ＝$\frac{1}{5}$△ABD　△ABDの面積は平行四辺形ABCDの面積の$\frac{1}{2}$だから，△APQの面積は平行四辺形ABCDの面積の$\frac{1}{5}\times\frac{1}{2}=\frac{1}{10}$

★ワンポイントアドバイス★

$\boxed{1}$の問3は，$a^2-b^2-c^2-2bc=a^2-(b^2+2bc+c^2)$として考える。問5は，(割られる数)＝(割る数)×(商)＋(余り)で表す。$\boxed{2}$の問3は，ABの中点を考える。$\boxed{3}$は，平行線と線分の比の関係を使うとよい。

＜英語解答＞

【1】	$\boxed{1}$ 2	$\boxed{2}$ 5	$\boxed{3}$ 2	$\boxed{4}$ 1	$\boxed{5}$ 3				
【2】	$\boxed{6}$ 5	$\boxed{7}$ 4	$\boxed{8}$ 3	$\boxed{9}$ 1	$\boxed{10}$ 4	$\boxed{11}$ 5	$\boxed{12}$ 4		
【3】	$\boxed{13}$ 5	$\boxed{14}$ 2	$\boxed{15}$ 3	$\boxed{16}$ 5	$\boxed{17}$ 2				
【4】	$\boxed{18}$ 4	$\boxed{19}$ 3	$\boxed{20}$ 2	$\boxed{21}$ 1	$\boxed{22}$ 5				
【5】	$\boxed{23}$ 5	$\boxed{24}$ 3	$\boxed{25}$ 5	$\boxed{26}$ 1	$\boxed{27}$ 2	$\boxed{28}$ 4	$\boxed{29}$ 3	$\boxed{30}$ 3	$\boxed{31}$ 2
	$\boxed{32}$ 1								

○配点○

$\boxed{1}$～$\boxed{5}$　各4点×5　$\boxed{6}$～$\boxed{12}$　各2点×7　$\boxed{13}$～$\boxed{18}$　各3点×6　$\boxed{19}$・$\boxed{20}$　各4点×2
$\boxed{21}$・$\boxed{22}$　各3点×2　$\boxed{23}$・$\boxed{27}$～$\boxed{32}$　各4点×7　$\boxed{24}$～$\boxed{26}$　各2点×3　計100点

＜英語解説＞

【1】　リスニング問題解説省略。

基本　【2】　(語句補充・選択：単語，熟語)

問1　$\boxed{6}$　「サリーは水族館で働いている。彼女はイルカの調教師だ」 aquarium「水族館」

問2　$\boxed{7}$　「10月は9月の後に来る」 October「10月」

問3　$\boxed{8}$　「私はたった今，新聞を読み終えた。それには，ロボットはとても有能なので人間の仕事を奪っていると書いてあった」 say「(本・新聞・掲示などが)～と書いてある」

問4　$\boxed{9}$　「私は昨日なくした腕時計を探さなくてはならない」 look for ～「～を探す」

問5　$\boxed{10}$　「私たちにとって大地震を想像するのは難しいが，それはいつでも起こりうる」 at any time「いつでも」

問6　$\boxed{11}$　「電車はふつう時間通りに到着するので私は電車で旅行するのが好きだ」 on time「時間通りに」

問7　$\boxed{12}$　「私たちのクラブは生徒が多い。150人以上が私たちのクラブに所属している」 more than ～「～より多く」

基本 【3】（対話文完成）

問1　A：私たちの学校は豊橋駅から20分くらいよ。／B：[13]どうすればそこに行ける？／A：バスか電車で行けるわ。50番のバスに乗るといいよ。学校の前に停まるわ。

問2　A：素敵なネクタイですね。どこで買ったのですか。／B：[14]クリスマスプレゼントです。妻が私にくれました。

問3　A：ジョン，週末の予定は何？／B：何も予定がないよ。エレン，君は[15]どう？／A：私はアリスと映画を見に行くわ。／B：何の映画を見るの？／A：新しいアクション映画を見るつもりよ。／B：わあ，楽しそうだね。／A：一緒に来[16]たい？／B：うん，もちろん！　でもいいの？／A：[17]もちろんよ。／B：ありがとう。ああ，待ちきれないよ！

【4】（長文読解・メール文：内容吟味，英問英答）

（全訳）

受信者：エレン・グリーン
送信者：山本ヨシヒロ
日付　：2018年2月23日
件名　：日本から「初めまして」

親愛なるグリーン夫人，
こんにちは，僕は山本ヨシヒロです。ヨシと呼んでください。僕は来月10日間，あなたのお宅に滞在することになっています。僕は3月20日にダニーデンに到着します。僕のホストファミリーになってくださってありがとうございます。
僕自身についてお話しします。僕は16歳で愛知県豊橋市に住んでいます。桜丘高校の高校生です。英語と音楽が好きです。家族は5人です。父，母，姉，弟，そして僕です。暇な時には映画を見るのが好きです。僕は『ドルフィン・テール』が一番好きです。何回もそれを見ています。
去年，僕は家族と一緒に韓国へ初めて行きました。僕は日本と韓国の違いにとても驚きました。僕は今，外国文化に興味を持っています。
滞在中，僕はあなたにニュージーランドの文化について質問したいと思います。たくさんのことを学びたいです！
もうすぐあなたに会えることを楽しみにしています。
ヨシ

受信者：山本ヨシヒロ
送信者：エレン・グリーン
日付　：2018年2月26日
件名　：Re：日本から「初めまして」

親愛なるヨシ，
こんにちは。メールをありがとう。あなたをお招きできてうれしいです。私の家族は4人です。夫のマイク，2人の娘，そして私です。キャシーは10歳でメアリーは8歳です。彼女たちは来月あなたに会うことを楽しみにしています。彼女たちはすでにあなたにあげる物を用意しています。あなたがここで楽しい時を過ごせますように。
ニュージーランドはたくさんの自然があります。いたるところでたくさんの羊を見ることができます。羊の数は人口より多いです。約3000万頭の羊がいて，人口は羊の数のわずか6分の1です。
また，登山をしたり，乗馬をしたり，バンジージャンプをしに行ったり，ニュージーランド風のバーベキューをしたりできます。私はあなたにここの美しい山々に登ってほしいと思っています。運動着を持ってきてください。

私たちもあなたに会えることを楽しみにしています！　ではまた。
エレン

問1　[18]　「ヨシはいつニュージーランドに行くか」「3月」　1通目のメールの本文の第4文参照。

問2　[19]　「ヨシはニュージーランドで何がしたいか」「ニュージーランドの文化について学ぶ」

重要　問3　[20]　「ニュージーランドにはどのくらいの人がいるか」「約500万」　2番目のメール参照。羊の数が約3000万で，人口はその6分の1とあるので，約500万。

問4　[21]　1通目のメールの最後から5番目の文参照。

問5　[22]　2通目のメールの最後から3番目の文参照。

【5】（長文読解・資料読解：要旨把握，語句補充・選択，指示語，語句整序，関係代名詞，内容吟味，英問英答）

（全訳）「サクラの森」という名のこのパークは，豊橋の「スタジオサクラ」の世界をイメージして建設されました。今年，2019年にオープンします。「スタジオサクラ」は日本のアニメの大企業です。『アレックスの空飛ぶ家』や『キングオブモンスターズ』のような有名な映画がたくさんあります。宮本はやとは映画監督で「スタジオサクラ」の代表です。①彼はその会社を1985年に始めました。それ以来，彼はたくさんの映画を作ってきましたが，②宮本はやとが書かなかった話は2つあります。『アレックスの空飛ぶ家』はその1つです。このパークでは，『アレックスの空飛ぶ家』の玄関が見られます。

通りを歩いていると，彼の映画に出てくる多くのキャラクターに会えます。パークの中央には，『キングオブモンスターズ』の像が見えます。パーク内には4つのエリアがあります。詳細は地図とインフォメーションを見てください。

サクラショッピングセンター

お土産を買いたければ，このエリアにお越しください。人形，鉛筆，消しゴム，筆箱，映画のキャラクターの描かれたクリアファイルが買えます。このエリアは入り口の近くです。『キングオブモンスターズ』の像へ向かっていくと，右側にサクラショッピングセンターが見えます。

スタジオサクラ博物館

このエリアでは，宮本はやとの作った映画の1つを見ることができます。(い)また，「スタジオサクラ」の歴史と宮本はやとの人生について知ることができます。このエリアは大きな映画館があるので，4つのエリアのうちで最も大きいです。

ウェアランド

映画で使われた洋服を着たいなら，ウェアランドにお越しください。100を超える数の衣装があります。お気に入りを借りることができます。このエリアは入り口から遠いです。アレックス人形はウェアランドでしか買えませんのでご注意ください。

プレイランド

このエリアにはたくさんのアトラクションがあります。ブルーライトニングは人気のあるジェットコースターです。しかし身長が120センチ未満の場合は，ご搭乗できません。全てのアトラクションを楽しめるチケットをお買い求めいただけます。チケットカウンターは「サクラの森」の入り口にあります。チケットは3000円です。このエリアは入り口近くです。

重要　問1　[23]　全訳参照。地図と4つのエリアの説明を照らし合わせる。パークの中心のAについては，地図の前の段落の第2文参照。

問2　[24]　such as ～「～のような」

問3　[25]　also「また」

問4　[26]　直前の文の主語 Hayato Miyamoto を指す。

問5　[27]　there are two stories which Hayato Miyamoto didn't write　which は目的格の関係代名詞で which Hayato Miyamoto didn't write が stories を後ろから修飾する。

問6　1）　[28]　「スタジオサクラ」がスタートしてから何年が経ったか」「34年」　下線部①を含む文参照。1985年にスタートしたので2019年の時点で34年が経っている。　2）　[29]　「宮本はやとは日本のアニメ会社を始めた」　3）　[30]　「プレイランドでは，身長130センチならブルーライトニングに乗れる」　4）　[31]　「アレックス人形を買いたければどこへ行くか」「ウェアランド」

重要　問7　[32]　1「『サクラの森』がもうすぐオープン」（○）

★ワンポイントアドバイス★

【5】の長文は，広告文の読解問題。地図のエリアの説明を正確に読み取ろう。

＜理科解答＞

【1】 1　【2】 3　【3】 1　【4】 3　【5】 2　【6】 5　【7】 2　【8】 5
【9】 3　【10】 2　【11】 4　【12】 1　【13】 3　【14】 2　【15】 3
【16】 3　【17】 4　【18】 3　【19】 2　【20】 1

○配点○

各5点×20　　計100点

＜理科解説＞

重要 【1】（運動とエネルギー－記録タイマー）

ア　切ったテープの長さが長くなっているのは，速さが増加したためである。切ったテープごとの増え方はどれも5.0cmずつなので，加速度は一定である。　イ　一定の加速をしているので，その向きに一定の力がはたらいている。　ウ　問題の記録タイマーは60打点で1秒間なので，6打点は0.1秒間を表す。Dの平均の速さは，距離÷時間＝18.0cm÷0.1秒＝180cm/秒＝1.8m/秒である。

エ　切ったテープ1本が0.1秒を表すので，2本で0.2秒，3本で0.3秒というように，図2の横軸は時間をあらわす。

【2】（電力と熱－発熱量と電力量）

ア　流れる電流は$\frac{15\mathrm{V}}{50\Omega}$＝0.3Aだから，3分間での発熱量は，15V×0.3A×180秒＝810Jである。

イ　5kgの物体にはたらく重力は50Nだから，50N×x〔m〕＝20Jより，x＝0.4mである。　ウ　どちらの器具にも100Vの電圧がかかるから，2時間の電力量は，（600＋110）W×2h＝1420Whである。これは，1.42kWhである。

基本 【3】（音の性質－弦の出す音）

AとBを比べると，Aの方が強く弾いて振幅が大きいので，大きい音が出る。弦の長さは同じなので，音の高さは同じである。AとCを比べると，Cの方が弦が短いので，振動数が増えて高い音が出る。BとCを比べると，Cの方が弦が短いので，振動数が増えて高い音が出る。また，Cの方が強く弾いて振幅が大きいので，大きい音が出る。つまり，BよりCが高くて大きい音が出る。

やや難 【4】（電流と電圧－回路の全抵抗）

15Ωの抵抗に0.2Aの電流が流れているので，かかる電圧は，$0.2\mathrm{A}\times15\Omega=3\mathrm{V}$である。抵抗が並列になっている部分の電圧は1.5Vだから，回路全体の電圧は，$3\mathrm{V}+1.5\mathrm{V}=4.5\mathrm{V}$である。電源から流れ出る電流が0.2Aだから，回路の全抵抗は$\frac{4.5\mathrm{V}}{0.2\mathrm{A}}=22.5\Omega$である。別解として，右上の抵抗に流れる電流は$0.2\mathrm{A}-0.05\mathrm{A}=0.15\mathrm{A}$，右上の抵抗は$\frac{1.5\mathrm{V}}{0.15\mathrm{A}}=10\Omega$，右下の抵抗は$\frac{1.5\mathrm{V}}{0.05\mathrm{A}}=30\Omega$，並列部分の合成抵抗は$\frac{1}{10}+\frac{1}{30}=\frac{4}{30}$より，$\frac{30}{4}=7.5(\Omega)$，回路の全抵抗は，$15\Omega+7.5\Omega=22.5\Omega$というように，順次求めてもよい。

【5】（運動とエネルギー－慣性の法則）

誤りは2である。物体に質量がある限り，必ず慣性はある。

基本 【6】（気体の性質－5種類の気体の利用）

誤りは，ウとエである。ウで，食品の変質を防ぐには，化学反応をほとんどしない気体を封入すればよく，窒素が使われることが多い。アンモニアでは食品に悪臭がつく。エで，燃料電池に使われるのは水素であり，水素と酸素から電気エネルギーを取り出す。

【7】（溶液とその性質－密度と濃度）

$1\mathrm{cm}^3$あたり0.8gの物質が$45\mathrm{cm}^3$あるので，質量Aは，$0.8\mathrm{g/cm}^3\times45\mathrm{cm}^3=36\mathrm{g}$である。質量パーセント濃度Bは，$\frac{100}{100+150}\times100=40(\%)$である。

【8】（原子と分子－酸化と還元）

誤りは，エとオである。エで，マグネシウムMgを燃焼させると，白い酸化マグネシウムMgOになるが，これに塩酸を加えても気体は発生しない。MgO＋2HCl → $MgCl_2$＋H2Oとなる。オは，酸化銅CuOは酸素を取り除かれて銅Cuになったのだから還元されており，炭素Cは酸素と結びついて二酸化炭素CO_2になったのだから酸化された。

【9】（電気分解とイオン－電気分解でできるもの）

誤りは3である。塩化銅$CuCl_2$の水溶液を電気分解すると，銅イオンCu^{2+}が引き寄せられて銅Cuが付着するのは陰極である。陽極には塩化物イオンCl^-が2個引き寄せられて塩素Cl_2が発生する。なお，2では，陽極から塩素Cl_2が，陰極からは水素H_2が発生し，その塩素は消毒薬のにおいがする。

【10】（酸・アルカリ・中和－酸やアルカリの性質）

誤りは，イ，ウ，オである。イは水素H_2が発生する。ウはアルカリ性なのでBTB液は青色に変わる。オはpHが7のとき中性で，数字が小さくなると酸性であり，数字が大きくなるとアルカリ性である。

【11】（植物の体のしくみ－呼吸と光合成）

問1　正解はウである。呼気の中に含まれる二酸化炭素を水に入れるためである。二酸化炭素は植物の光合成の原料となる。

問2　正解はイである。アサガオの葉の光合成で二酸化炭素がすべて使われた。

問3　正解はアである。アサガオの葉の働きを調べたいときは，アサガオの葉がない実験も準備しなければならない。

【12】（ヒトの体のしくみ－心臓のつくり）

アは，左心室から全身に血液を送る大動脈である。イは肺で酸素を受け取って戻ってきた血液が入る左心房である。ウは全身から来た血液を肺に送る右心室である。dは弁といい，血液の逆流eを防ぐはたらきがある。

【13】（動物の種類とその生活ー動物の分類）

誤りはイとウである。イは，ハ虫類も含まれる。ウで，バッタやカブトムシは昆虫類である。甲殻類は，エビやカニ，ミジンコなどのなかまである。なお，エのように，二枚貝や巻貝のなかまは，イカやタコと同じ軟体動物である。

重要 【14】（生殖と遺伝ー細胞分裂と生殖）

誤りはアとエである。アは染色体が複製されたあと2つに分かれ，2つの核ができてから，細胞質が分かれる。エは，新しい個体を作ることが生殖であり，受精卵が新しい個体に変化していくことを発生という。なお，オはジャガイモやサツマイモのように，種子でないところに栄養分が蓄えられ，まるで種子のように芽や根を出す無性生殖の一種である。

【15】（生物どうしのつながりー土の中の分解者）

実験の初めにはデンプンを入れていた。しかし，土をのせたあと数日たつと，ヨウ素液の色が変わらなかったのだから，デンプンはなくなっている。これは，土の中にいた菌類や細菌類が，デンプンを分解したためである。

【16】（大地の動きー火山と火成岩）

正しいのは3である。1で火山ガスの成分のうち最も多いのは，90％以上を占める水蒸気である。二酸化炭素は数パーセント，他は微量である。2で気体成分が抜け出すとおだやかな噴火になる。3は正しく，マグマの中に気体成分が大量にあるため爆発的噴火をする。4で地下のマグマだまりにおいて早い段階から結晶になっていた部分は斑晶である。石基は急に冷えた微結晶やガラスなどである。5でカンラン石や輝石が含まれるのは黒っぽい火山灰である。

やや難 【17】（大地の動きー震源の推定）

初期微動継続時間の長さは，震源からの距離に比例する。だから，震源からA，B，C，D地点の距離の比は，15：90：60：45＝1：6：4：3である。そこで，A：B：C＝1：6：4となるような場所を探すと，ちょうどAの一つ南（図でAの1目盛り下）の点が，Aから1目盛り，Bから6目盛り，Cから4目盛りになっていて，条件を満たす。ここが震源である。Dは震源から3目盛りにあるので，選択肢のうちでは，エがあてはまる。

重要 【18】（地層と岩石ー化石と地質時代）

アは古生代の海にいた炭酸カルシウムの殻をもったプランクトン，イは新生代の亜熱帯にすんでいた巻貝，ウは新生代の海辺にいたホ乳類，エは古生代の海底で生活していた節足動物，オは中生代の海で繁栄した軟体動物である。新生代はイとウである。

【19】（天気の変化ー雲の性質）

誤りは2である。大気のうち，雲ができたり雨が降ったりする部分を対流圏といい，ふつう地面からおよそ10km程度まで，熱帯地方や，日本でも夏であれば16km程度までである。ちょうど飛行機が飛ぶ高度がこのくらいである。それより上には水蒸気が少なく，ふつうの雲はできない。

【20】（天気の変化ー気象観測）

誤りは1である。雲量は0と1が快晴，2～8が晴れ，9と10が曇りである。なお，2で風力は0～12の13階級である。

★ワンポイントアドバイス★

1問の中に，いくつかの要素が混ざっている問題も多い。甘く見ずに，ていねいに解いていこう。

＜社会解答＞

【1】 問1 [1] 3　問2 [2] 2　問3 [3] 3　問4 [4] 2　問5 [5] 3　問6 [6] 5
問7 [7] 1

【2】 [8] 1　【3】 問1 [9] 1　問2 [10] 1　問3 [11] 2　問4 [12] 5

【4】 問1 [13] 4　問2 [14] 3　問3 [15] 5　問4 [16] 1　【5】 [17] 4

【6】 [18] 4　【7】 [19] 5　【8】 [20] 3　【9】 [21] 2　【10】 [22] 3

【11】 [23] 4

○配点○

[1]～[4] 各4点×4　[5]～[8] 各5点×4　[9]～[16] 各4点×8　[17]～[20] 各5点×4

[21]～[23] 各4点×3　計100点

＜社会解説＞

【1】（日本と世界の歴史－日本史・世界史の政治外交史，社会・経済史，日本史と世界史の関連）

問1 [1] 殷は黄河流域におこっているので，3が誤りとなる。

問2 [2] 土偶は縄文時代であるから，2が誤りとなる。

問3 [3] Cは富本銭である。富本銭がつくられた時代に壬申の乱がおきているので，それを説明している3が正しいものとなる。

基本　問4 [4] Dは平清盛である。彼が行っていたのは日宋貿易であるから，2が誤りとなる。

問5 [5] 織田信長が長篠の戦いで破ったのは武田勝頼である。バテレン追放令を出したのは秀吉である。したがって，イとオが誤りとなる。

問6 [6] フェートン号はイギリスの軍艦である。ペリーが結んだのは日米和親条約である。したがって，ウとオが誤りとなる。

問7 [7] Gは柳条湖での南満州鉄道の爆破現場を調査している国際連盟が派遣したリットン調査団である。したがって，1が正しいものとなる。

【2】（日本の歴史－各時代の特色：現代）

重要　[8] 1955年から73年にかけて年平均10%程度の成長を続けてきた時期を高度経済成長期という。当時の国民総生産(GNP)は世界第2位，また，三種の神器と呼ばれたものは，テレビ・洗濯機・冷蔵庫である。そして，1973年ユダヤ人とアラブ人のパレスチナ問題の中で起きた第4次中東戦争がきっかけとなって石油危機(オイルショック)が起こった。この経済危機によって高度経済成長は終わりを告げた。その後，自動車の対米輸出が主な原因として日米貿易摩擦が起きている。

【3】（地理－日本の地形図）

やや難　問1 [9] 伊勢志摩スカイラインがあるのは穏やかな山の斜面ではなく，急な斜面である。

問2 [10] 寺院の地図記号は見られない。

問3 [11] 等高線をたどってみると，25000分の1の地形図では，主曲線は10mごとにひかれているから，A地点とB地点の標高差は約40mとなる。

問4 [12] 選択肢の中で三重県と隣接しているのは京都府である。

【4】（地理－世界の地形・気候，諸地域の特色，産業）

基本　問1 [13] 赤道は4の緯線である。

問2 [14] Aはタイである。タイはアジアNIESには属していないので，3が誤りである。

問3 [15] Bはフィリピンである。フィリピンは環太平洋造山帯に属しているので5が正しい。

問4 [16] Cはシンガポールである。シンガポールは，1年を通して高温多雨の熱帯雨林気候に属しているので，その雨温図は1となる。

【5】（公民－政治のしくみ）

[17] 法の支配とは，法によって，全ての政治権力は制限されるというしくみでオにあたる。立憲主義とは，憲法は政府の権力を制限して国民の人権を保障するという思想であるのでイにあたる。国民主権は，国民が政治のあり方を最終的に決めることができることを示しているのでアにあたる。

【6】（公民－その他）

[18] 4は，「沖縄県にあるすべての米軍基地を日本側に返還する計画が盛り込まれた」という事実はないので，そこのところが誤りとなる。

【7】（公民－政治のしくみ，地方自治）

やや難 [19] 住民運動などは政治参加の1つのかたちであるので，5が誤りである。

【8】（公民－政治のしくみ）

[20] 選択肢の中では，国会の仕事は，内閣総理大臣の指名，法律の制定，予算の審議・議決，内閣総理大臣の不信任決議案の提出である。内閣の仕事は，予算の作成・提出，最高裁判所長官の指名とその他の裁判官の任命である。

【9】（公民－経済生活）

[21] ウは直接税の説明であるから誤り，オは直接税の主に所得税における累進課税の説明として誤っている。

【10】（公民－経済生活）

[22] 3は民間企業というところが誤りである。

【11】（公民－経済生活，人権）

重要 [23] 社会権はワイマール憲法にはじめて登場したので，4が誤りである。

★ワンポイントアドバイス★

【9】[21] 累進課税とは主に所得税に適用され所得が多ければ多いほど税率（所得に対する税金の割合）が高くなる方法である。【10】[22] 高福祉高負担の国では，医療保険や年金保険を担うのは原則として国である。

<国語解答>

【一】 問一 a 2 b 5 c 1 d 4 問二 3 問三 1 問四 4 問五 1 問六 2 問七 5 問八 3

【二】 問一 (a) 4 (b) 5 (c) 1 問二 4 問三 2 問四 5 問五 5 問六 2 問七 1 問八 3

【三】 ア 4 イ 1 ウ 2 エ 3

【四】 ア 3 イ 1 ウ 2 エ 5 オ 4

【五】 ア 3 イ 1 ウ 2

○配点○

【一】 問三・問七・問八 各5点×3 問四 4点 問五・問六 各3点×2 他 各2点×5

【二】 問一　各2点×3　　他　各5点×7　　【三】 各2点×4　　【四】 各2点×5
【五】 各2点×3　　　計100点

＜国語解説＞

【一】（論説文－漢字，空欄補充，内容理解，要旨）

基本　問一　a 「紛らわす」が正解。1「粉末」，2「紛争」，3「交流」，4「混合」，5「農耕」。
b 「利く」が正解。1「機会」，2「効果」，3「新聞」，4「気分」，5「利益」。
c 「眺め」が正解。1「眺望」，2「延長戦」，3「希望」，4「傍聴席」，5「拝観」。
d 「旋律」が正解。1「五線譜」，2「宣伝」，3「扇風機」，4「旋回」，5「染織」。

問二　「不本意」は，望むところでないこと，という意味。

重要　問三　直前の段落の「友達がいない状態があまりに怖いために，本来つき合わなくてもいい相手とずっとつき合ってしまう人は多いのではないか」に注目。

問四　「たまったものではない」は，耐えられない，我慢できない，という意味。

問五　「……ようだ」「……みたいだ」などの言葉を使って，あるものを別のあるものに例える表現技法は直喩。

問六　「受動的」は，他から働きかけられていること。

問七　直後の「カラオケに行って楽しいという発散」とは対照的なものを選ぶ。

やや難　問八　三つ前の段落の「自分自身に向き合うような時間，もしくは自分の技量を深めていく時間」「脳を真っ赤に燃え上がらせる知的活動のひととき」にあたるものを選ぶ。

【二】（小説－語句の意味，内容理解，空欄補充，表現理解，心情理解，主題）

問一　(a)「えしゃく」と読む。　(b)「こぶ」と読む。　(c)「遮二無二」と書く。

問二　直後に「よく食欲があるなと思っているだろう」とあるので，「こんな時」とは，「食欲」がふさわしくないような「時」であることがわかる。

基本　問三　直後の「直美は，もうダメかもしれない」という言葉に，徹也の気弱な気持ちが表れている。

問四　自然らしい風景ではなく無機質で，物質的な風景であることに注意。風景が現実の厳しさを暗示している。

問五　「もう一番，いくか」という「ぼく」の言葉が，徹也にとっては意外だったのである。

問六　「ぼくは息が苦しかった。何も考えていなかった。ただこうして身体を動かしている限り，何も考えなくてすむ」という「ぼく」の気持ちをとらえる。

重要　問七　「ここで待っていても何の役にも立たない。少し歩こう」「こんな時に，よく食欲があるなと思っているだろう」「相撲をとろうぜ」という発言のように，徹也にはぶっきらぼうな面がある。また，「ぼく」と相撲をとる場面から，自分を理解してくれる「ぼく」には率直に心を開いていることがわかる。この内容に合うのは1である。

やや難　問八　本文中に比喩表現は多用されていない。また，良一（「ぼく」）は「子供の頃から，乱暴な遊びには加わらなかった」という表現はあるものの，思春期の自分たちを懐かしむ回想が書かれているわけではない。よって，3が正解。

【三】（季語）

ア　「時雨」は，秋の末から冬の初めの頃に，降ったりやんだりする雨のこと。　イ　「東風」は，春に東方から吹いてくる風のこと。　ウ　「納涼」は，暑さを避けて涼しさを味わうこと。
エ　「山粧う」は，晩秋に山が紅葉によっていろどられることをいう。

【四】（慣用句）

ア 「心血を注ぐ」は，心身の力のありたけを使ってする，という意味。　イ 「的を射る」は，ものごとの肝心な点を確実にとらえる，という意味。　ウ 「二の足を踏む」は，ためらって，どうしようかと迷う，という意味。　エ 「脚光を浴びる」は，舞台に立つ，という意味，あるいは，社会の注目の的となる，という意味。　オ 「雪辱を果たす」は，前に負けた相手に勝つ，という意味。

【五】（表現，文法）

ア 「過半数」は，全体の半数を超える数，という意味であり，超える，という意味が含まれている。よって，「過半数を超えた」という表現は，同じような意味の語が重複して使われていることになる。　イ 「好物は」という主語に対応させるには，述語は「エビフライだ」のように直す必要がある。　ウ 「たとえ……(し)ても」という形が正しい。

★ワンポイントアドバイス★

読解問題として現代文が二題出題されているほか，季語や慣用句，表現，文法の知識を問う問題も出題されている。ふだんの学習では，国語辞典・漢和辞典を活用しながら，いろいろな種類の問題を解き，基礎力を保持しておこう！

解答用紙集

○月×日 △曜日　天気（合格日和）

◆ご利用のみなさまへ

＊解答用紙の公表を行っていない学校につきましては、弊社の責任において、解答用紙を制作いたしました。

＊編集上の理由により一部縮小掲載した解答用紙がございます。

＊編集上の理由により一部実物と異なる形式の解答用紙がございます。

人間の最も偉大な力とは、その一番の弱点を克服したところから生まれてくるものである。　――カール・ヒルティ――

※データのダウンロードは 2024 年 3 月末日まで。

東京学参株式会社

桜丘高等学校　2023年度

◇数学◇

※解答欄は実物大になります。

解答番号

1	2	3	4	5	6	7	8	9	10	11	12	13	14	15	16	17	18	19	20	21	22	23	24	25	26	27	28	29	30	31	32	33	34	35	36	37	38	39	40	41	42
1	1	1	1	1	1	1	1	1	1	1	1	1	1	1	1	1	1	1	1	1	1	1	1	1	1	1	1	1	1	1	1	1	1	1	1	1	1	1	1	1	1
2	2	2	2	2	2	2	2	2	2	2	2	2	2	2	2	2	2	2	2	2	2	2	2	2	2	2	2	2	2	2	2	2	2	2	2	2	2	2	2	2	2
3	3	3	3	3	3	3	3	3	3	3	3	3	3	3	3	3	3	3	3	3	3	3	3	3	3	3	3	3	3	3	3	3	3	3	3	3	3	3	3	3	3
4	4	4	4	4	4	4	4	4	4	4	4	4	4	4	4	4	4	4	4	4	4	4	4	4	4	4	4	4	4	4	4	4	4	4	4	4	4	4	4	4	4
5	5	5	5	5	5	5	5	5	5	5	5	5	5	5	5	5	5	5	5	5	5	5	5	5	5	5	5	5	5	5	5	5	5	5	5	5	5	5	5	5	5

記入例　良いマーク　悪いマーク

桜丘高等学校　2023年度

◇英語◇

※解答欄は実物大になります。

解答番号																																									
1	2	3	4	5	6	7	8	9	10	11	12	13	14	15	16	17	18	19	20	21	22	23	24	25	26	27	28	29	30	31	32	33	34	35	36	37	38	39	40	41	42
1	1	1	1	1	1	1	1	1	1	1	1	1	1	1	1	1	1	1	1	1	1	1	1	1	1	1	1	1	1	1	1	1	1	1	1	1	1	1	1	1	1
2	2	2	2	2	2	2	2	2	2	2	2	2	2	2	2	2	2	2	2	2	2	2	2	2	2	2	2	2	2	2	2	2	2	2	2	2	2	2	2	2	2
3	3	3	3	3	3	3	3	3	3	3	3	3	3	3	3	3	3	3	3	3	3	3	3	3	3	3	3	3	3	3	3	3	3	3	3	3	3	3	3	3	3
4	4	4	4	4	4	4	4	4	4	4	4	4	4	4	4	4	4	4	4	4	4	4	4	4	4	4	4	4	4	4	4	4	4	4	4	4	4	4	4	4	4
5	5	5	5	5	5	5	5	5	5	5	5	5	5	5	5	5	5	5	5	5	5	5	5	5	5	5	5	5	5	5	5	5	5	5	5	5	5	5	5	5	5

記入例　良いマーク　悪いマーク

桜丘高等学校　2023年度

◇理科◇

※解答欄は実物大になります。

解答番号

1	2	3	4	5	6	7	8	9	10	11	12	13	14	15	16	17	18	19	20	21	22	23	24	25	26	27	28	29	30	31	32	33	34	35	36	37	38	39	40	41	42
1	1	1	1	1	1	1	1	1	1	1	1	1	1	1	1	1	1	1	1	1	1	1	1	1	1	1	1	1	1	1	1	1	1	1	1	1	1	1	1	1	1
2	2	2	2	2	2	2	2	2	2	2	2	2	2	2	2	2	2	2	2	2	2	2	2	2	2	2	2	2	2	2	2	2	2	2	2	2	2	2	2	2	2
3	3	3	3	3	3	3	3	3	3	3	3	3	3	3	3	3	3	3	3	3	3	3	3	3	3	3	3	3	3	3	3	3	3	3	3	3	3	3	3	3	3
4	4	4	4	4	4	4	4	4	4	4	4	4	4	4	4	4	4	4	4	4	4	4	4	4	4	4	4	4	4	4	4	4	4	4	4	4	4	4	4	4	4
5	5	5	5	5	5	5	5	5	5	5	5	5	5	5	5	5	5	5	5	5	5	5	5	5	5	5	5	5	5	5	5	5	5	5	5	5	5	5	5	5	5

記入例　良いマーク　悪いマーク

桜丘高等学校　2023年度

◇社会◇

※解答欄は実物大になります。

解答番号																																									
1	2	3	4	5	6	7	8	9	10	11	12	13	14	15	16	17	18	19	20	21	22	23	24	25	26	27	28	29	30	31	32	33	34	35	36	37	38	39	40	41	42
1	1	1	1	1	1	1	1	1	1	1	1	1	1	1	1	1	1	1	1	1	1	1	1	1	1	1	1	1	1	1	1	1	1	1	1	1	1	1	1	1	1
2	2	2	2	2	2	2	2	2	2	2	2	2	2	2	2	2	2	2	2	2	2	2	2	2	2	2	2	2	2	2	2	2	2	2	2	2	2	2	2	2	2
3	3	3	3	3	3	3	3	3	3	3	3	3	3	3	3	3	3	3	3	3	3	3	3	3	3	3	3	3	3	3	3	3	3	3	3	3	3	3	3	3	3
4	4	4	4	4	4	4	4	4	4	4	4	4	4	4	4	4	4	4	4	4	4	4	4	4	4	4	4	4	4	4	4	4	4	4	4	4	4	4	4	4	4
5	5	5	5	5	5	5	5	5	5	5	5	5	5	5	5	5	5	5	5	5	5	5	5	5	5	5	5	5	5	5	5	5	5	5	5	5	5	5	5	5	5

記入例　良いマーク　悪いマーク

桜丘高等学校　2023年度

◇国語◇

※解答欄は実物大になります。

解答番号					
1	1	2	3	4	5
2	1	2	3	4	5
3	1	2	3	4	5
4	1	2	3	4	5
5	1	2	3	4	5
6	1	2	3	4	5
7	1	2	3	4	5
8	1	2	3	4	5
9	1	2	3	4	5
10	1	2	3	4	5
11	1	2	3	4	5
12	1	2	3	4	5
13	1	2	3	4	5
14	1	2	3	4	5
15	1	2	3	4	5
16	1	2	3	4	5
17	1	2	3	4	5
18	1	2	3	4	5
19	1	2	3	4	5
20	1	2	3	4	5
21	1	2	3	4	5
22	1	2	3	4	5
23	1	2	3	4	5
24	1	2	3	4	5
25	1	2	3	4	5
26	1	2	3	4	5
27	1	2	3	4	5
28	1	2	3	4	5
29	1	2	3	4	5
30	1	2	3	4	5
31	1	2	3	4	5
32	1	2	3	4	5
33	1	2	3	4	5
34	1	2	3	4	5
35	1	2	3	4	5
36	1	2	3	4	5
37	1	2	3	4	5
38	1	2	3	4	5
39	1	2	3	4	5
40	1	2	3	4	5
41	1	2	3	4	5
42	1	2	3	4	5

記入例　良いマーク　悪いマーク

桜丘高等学校　2022年度

◇数学◇

※解答欄は実物大になります。

解答番号																																									
1	2	3	4	5	6	7	8	9	10	11	12	13	14	15	16	17	18	19	20	21	22	23	24	25	26	27	28	29	30	31	32	33	34	35	36	37	38	39	40	41	42
1	1	1	1	1	1	1	1	1	1	1	1	1	1	1	1	1	1	1	1	1	1	1	1	1	1	1	1	1	1	1	1	1	1	1	1	1	1	1	1	1	1
2	2	2	2	2	2	2	2	2	2	2	2	2	2	2	2	2	2	2	2	2	2	2	2	2	2	2	2	2	2	2	2	2	2	2	2	2	2	2	2	2	2
3	3	3	3	3	3	3	3	3	3	3	3	3	3	3	3	3	3	3	3	3	3	3	3	3	3	3	3	3	3	3	3	3	3	3	3	3	3	3	3	3	3
4	4	4	4	4	4	4	4	4	4	4	4	4	4	4	4	4	4	4	4	4	4	4	4	4	4	4	4	4	4	4	4	4	4	4	4	4	4	4	4	4	4
5	5	5	5	5	5	5	5	5	5	5	5	5	5	5	5	5	5	5	5	5	5	5	5	5	5	5	5	5	5	5	5	5	5	5	5	5	5	5	5	5	5

記入例　良いマーク　悪いマーク

桜丘高等学校　2022年度

◇英語◇

※解答欄は実物大になります。

記入例　良いマーク　悪いマーク

解答番号

1	2	3	4	5	6	7	8	9	10	11	12	13	14	15	16	17	18	19	20	21
1	1	1	1	1	1	1	1	1	1	1	1	1	1	1	1	1	1	1	1	1
2	2	2	2	2	2	2	2	2	2	2	2	2	2	2	2	2	2	2	2	2
3	3	3	3	3	3	3	3	3	3	3	3	3	3	3	3	3	3	3	3	3
4	4	4	4	4	4	4	4	4	4	4	4	4	4	4	4	4	4	4	4	4
5	5	5	5	5	5	5	5	5	5	5	5	5	5	5	5	5	5	5	5	5

22	23	24	25	26	27	28	29	30	31	32	33	34	35	36	37	38	39	40	41	42
1	1	1	1	1	1	1	1	1	1	1	1	1	1	1	1	1	1	1	1	1
2	2	2	2	2	2	2	2	2	2	2	2	2	2	2	2	2	2	2	2	2
3	3	3	3	3	3	3	3	3	3	3	3	3	3	3	3	3	3	3	3	3
4	4	4	4	4	4	4	4	4	4	4	4	4	4	4	4	4	4	4	4	4
5	5	5	5	5	5	5	5	5	5	5	5	5	5	5	5	5	5	5	5	5

桜丘高等学校　2022年度

◇理科◇

※解答欄は実物大になります。

解答番号																																									
1	2	3	4	5	6	7	8	9	10	11	12	13	14	15	16	17	18	19	20	21	22	23	24	25	26	27	28	29	30	31	32	33	34	35	36	37	38	39	40	41	42
1	1	1	1	1	1	1	1	1	1	1	1	1	1	1	1	1	1	1	1	1	1	1	1	1	1	1	1	1	1	1	1	1	1	1	1	1	1	1	1	1	1
2	2	2	2	2	2	2	2	2	2	2	2	2	2	2	2	2	2	2	2	2	2	2	2	2	2	2	2	2	2	2	2	2	2	2	2	2	2	2	2	2	2
3	3	3	3	3	3	3	3	3	3	3	3	3	3	3	3	3	3	3	3	3	3	3	3	3	3	3	3	3	3	3	3	3	3	3	3	3	3	3	3	3	3
4	4	4	4	4	4	4	4	4	4	4	4	4	4	4	4	4	4	4	4	4	4	4	4	4	4	4	4	4	4	4	4	4	4	4	4	4	4	4	4	4	4
5	5	5	5	5	5	5	5	5	5	5	5	5	5	5	5	5	5	5	5	5	5	5	5	5	5	5	5	5	5	5	5	5	5	5	5	5	5	5	5	5	5

記入例　良いマーク　悪いマーク

桜丘高等学校　2022年度

◇社会◇

※解答欄は実物大になります。

解答番号																																									
1	2	3	4	5	6	7	8	9	10	11	12	13	14	15	16	17	18	19	20	21	22	23	24	25	26	27	28	29	30	31	32	33	34	35	36	37	38	39	40	41	42
1	1	1	1	1	1	1	1	1	1	1	1	1	1	1	1	1	1	1	1	1	1	1	1	1	1	1	1	1	1	1	1	1	1	1	1	1	1	1	1	1	1
2	2	2	2	2	2	2	2	2	2	2	2	2	2	2	2	2	2	2	2	2	2	2	2	2	2	2	2	2	2	2	2	2	2	2	2	2	2	2	2	2	2
3	3	3	3	3	3	3	3	3	3	3	3	3	3	3	3	3	3	3	3	3	3	3	3	3	3	3	3	3	3	3	3	3	3	3	3	3	3	3	3	3	3
4	4	4	4	4	4	4	4	4	4	4	4	4	4	4	4	4	4	4	4	4	4	4	4	4	4	4	4	4	4	4	4	4	4	4	4	4	4	4	4	4	4
5	5	5	5	5	5	5	5	5	5	5	5	5	5	5	5	5	5	5	5	5	5	5	5	5	5	5	5	5	5	5	5	5	5	5	5	5	5	5	5	5	5

記入例　良いマーク　悪いマーク

桜丘高等学校　2022年度

◇国語◇

※解答欄は実物大になります。

解　答　番　号

1	2	3	4	5	6	7	8	9	10	11	12	13	14	15	16	17	18	19	20	21
1	1	1	1	1	1	1	1	1	1	1	1	1	1	1	1	1	1	1	1	1
2	2	2	2	2	2	2	2	2	2	2	2	2	2	2	2	2	2	2	2	2
3	3	3	3	3	3	3	3	3	3	3	3	3	3	3	3	3	3	3	3	3
4	4	4	4	4	4	4	4	4	4	4	4	4	4	4	4	4	4	4	4	4
5	5	5	5	5	5	5	5	5	5	5	5	5	5	5	5	5	5	5	5	5

22	23	24	25	26	27	28	29	30	31	32	33	34	35	36	37	38	39	40	41	42
1	1	1	1	1	1	1	1	1	1	1	1	1	1	1	1	1	1	1	1	1
2	2	2	2	2	2	2	2	2	2	2	2	2	2	2	2	2	2	2	2	2
3	3	3	3	3	3	3	3	3	3	3	3	3	3	3	3	3	3	3	3	3
4	4	4	4	4	4	4	4	4	4	4	4	4	4	4	4	4	4	4	4	4
5	5	5	5	5	5	5	5	5	5	5	5	5	5	5	5	5	5	5	5	5

記入例

良いマーク

悪いマーク

桜丘高等学校　2021年度

◇数学◇

解答番号																																									
1	2	3	4	5	6	7	8	9	10	11	12	13	14	15	16	17	18	19	20	21	22	23	24	25	26	27	28	29	30	31	32	33	34	35	36	37	38	39	40	41	42
1	1	1	1	1	1	1	1	1	1	1	1	1	1	1	1	1	1	1	1	1	1	1	1	1	1	1	1	1	1	1	1	1	1	1	1	1	1	1	1	1	1
2	2	2	2	2	2	2	2	2	2	2	2	2	2	2	2	2	2	2	2	2	2	2	2	2	2	2	2	2	2	2	2	2	2	2	2	2	2	2	2	2	2
3	3	3	3	3	3	3	3	3	3	3	3	3	3	3	3	3	3	3	3	3	3	3	3	3	3	3	3	3	3	3	3	3	3	3	3	3	3	3	3	3	3
4	4	4	4	4	4	4	4	4	4	4	4	4	4	4	4	4	4	4	4	4	4	4	4	4	4	4	4	4	4	4	4	4	4	4	4	4	4	4	4	4	4
5	5	5	5	5	5	5	5	5	5	5	5	5	5	5	5	5	5	5	5	5	5	5	5	5	5	5	5	5	5	5	5	5	5	5	5	5	5	5	5	5	5

記入例　良いマーク　悪いマーク

◇英語◇

解答番号																																									
1	2	3	4	5	6	7	8	9	10	11	12	13	14	15	16	17	18	19	20	21	22	23	24	25	26	27	28	29	30	31	32	33	34	35	36	37	38	39	40	41	42
1	1	1	1	1	1	1	1	1	1	1	1	1	1	1	1	1	1	1	1	1	1	1	1	1	1	1	1	1	1	1	1	1	1	1	1	1	1	1	1	1	1
2	2	2	2	2	2	2	2	2	2	2	2	2	2	2	2	2	2	2	2	2	2	2	2	2	2	2	2	2	2	2	2	2	2	2	2	2	2	2	2	2	2
3	3	3	3	3	3	3	3	3	3	3	3	3	3	3	3	3	3	3	3	3	3	3	3	3	3	3	3	3	3	3	3	3	3	3	3	3	3	3	3	3	3
4	4	4	4	4	4	4	4	4	4	4	4	4	4	4	4	4	4	4	4	4	4	4	4	4	4	4	4	4	4	4	4	4	4	4	4	4	4	4	4	4	4
5	5	5	5	5	5	5	5	5	5	5	5	5	5	5	5	5	5	5	5	5	5	5	5	5	5	5	5	5	5	5	5	5	5	5	5	5	5	5	5	5	5

記入例　良いマーク　悪いマーク

桜丘高等学校　2021年度

◇理科◇

解答番号																																									
1	2	3	4	5	6	7	8	9	10	11	12	13	14	15	16	17	18	19	20	21	22	23	24	25	26	27	28	29	30	31	32	33	34	35	36	37	38	39	40	41	42
1	1	1	1	1	1	1	1	1	1	1	1	1	1	1	1	1	1	1	1	1	1	1	1	1	1	1	1	1	1	1	1	1	1	1	1	1	1	1	1	1	1
2	2	2	2	2	2	2	2	2	2	2	2	2	2	2	2	2	2	2	2	2	2	2	2	2	2	2	2	2	2	2	2	2	2	2	2	2	2	2	2	2	2
3	3	3	3	3	3	3	3	3	3	3	3	3	3	3	3	3	3	3	3	3	3	3	3	3	3	3	3	3	3	3	3	3	3	3	3	3	3	3	3	3	3
4	4	4	4	4	4	4	4	4	4	4	4	4	4	4	4	4	4	4	4	4	4	4	4	4	4	4	4	4	4	4	4	4	4	4	4	4	4	4	4	4	4
5	5	5	5	5	5	5	5	5	5	5	5	5	5	5	5	5	5	5	5	5	5	5	5	5	5	5	5	5	5	5	5	5	5	5	5	5	5	5	5	5	5

記入例　良いマーク　悪いマーク

◇社会◇

解答番号																																									
1	2	3	4	5	6	7	8	9	10	11	12	13	14	15	16	17	18	19	20	21	22	23	24	25	26	27	28	29	30	31	32	33	34	35	36	37	38	39	40	41	42
1	1	1	1	1	1	1	1	1	1	1	1	1	1	1	1	1	1	1	1	1	1	1	1	1	1	1	1	1	1	1	1	1	1	1	1	1	1	1	1	1	1
2	2	2	2	2	2	2	2	2	2	2	2	2	2	2	2	2	2	2	2	2	2	2	2	2	2	2	2	2	2	2	2	2	2	2	2	2	2	2	2	2	2
3	3	3	3	3	3	3	3	3	3	3	3	3	3	3	3	3	3	3	3	3	3	3	3	3	3	3	3	3	3	3	3	3	3	3	3	3	3	3	3	3	3
4	4	4	4	4	4	4	4	4	4	4	4	4	4	4	4	4	4	4	4	4	4	4	4	4	4	4	4	4	4	4	4	4	4	4	4	4	4	4	4	4	4
5	5	5	5	5	5	5	5	5	5	5	5	5	5	5	5	5	5	5	5	5	5	5	5	5	5	5	5	5	5	5	5	5	5	5	5	5	5	5	5	5	5

記入例　良いマーク　悪いマーク

桜丘高等学校　2021年度

◇国語◇

解答番号													
1	2	3	4	5	6	7	8	9	10	11	12	13	14
1	1	1	1	1	1	1	1	1	1	1	1	1	1
2	2	2	2	2	2	2	2	2	2	2	2	2	2
3	3	3	3	3	3	3	3	3	3	3	3	3	3
4	4	4	4	4	4	4	4	4	4	4	4	4	4
5	5	5	5	5	5	5	5	5	5	5	5	5	5

解答番号													
15	16	17	18	19	20	21	22	23	24	25	26	27	28
1	1	1	1	1	1	1	1	1	1	1	1	1	1
2	2	2	2	2	2	2	2	2	2	2	2	2	2
3	3	3	3	3	3	3	3	3	3	3	3	3	3
4	4	4	4	4	4	4	4	4	4	4	4	4	4
5	5	5	5	5	5	5	5	5	5	5	5	5	5

解答番号													
29	30	31	32	33	34	35	36	37	38	39	40	41	42
1	1	1	1	1	1	1	1	1	1	1	1	1	1
2	2	2	2	2	2	2	2	2	2	2	2	2	2
3	3	3	3	3	3	3	3	3	3	3	3	3	3
4	4	4	4	4	4	4	4	4	4	4	4	4	4
5	5	5	5	5	5	5	5	5	5	5	5	5	5

記入例　良いマーク　悪いマーク

解　答　番　号

1	2	3	4	5	6	7	8	9	10	11	12	13	14	15	16	17	18	19	20	21
1	1	1	1	1	1	1	1	1	1	1	1	1	1	1	1	1	1	1	1	1
2	2	2	2	2	2	2	2	2	2	2	2	2	2	2	2	2	2	2	2	2
3	3	3	3	3	3	3	3	3	3	3	3	3	3	3	3	3	3	3	3	3
4	4	4	4	4	4	4	4	4	4	4	4	4	4	4	4	4	4	4	4	4
5	5	5	5	5	5	5	5	5	5	5	5	5	5	5	5	5	5	5	5	5

22	23	24	25	26	27	28	29	30	31	32	33	34	35	36	37	38	39	40	41	42
1	1	1	1	1	1	1	1	1	1	1	1	1	1	1	1	1	1	1	1	1
2	2	2	2	2	2	2	2	2	2	2	2	2	2	2	2	2	2	2	2	2
3	3	3	3	3	3	3	3	3	3	3	3	3	3	3	3	3	3	3	3	3
4	4	4	4	4	4	4	4	4	4	4	4	4	4	4	4	4	4	4	4	4
5	5	5	5	5	5	5	5	5	5	5	5	5	5	5	5	5	5	5	5	5

記入例　良いマーク　悪いマーク

◇英語◇

解答番号

1	2	3	4	5	6	7	8	9	10	11	12	13	14	15	16	17	18	19	20	21	22	23	24	25	26	27	28	29	30	31	32	33	34	35	36	37	38	39	40	41	42
1	1	1	1	1	1	1	1	1	1	1	1	1	1	1	1	1	1	1	1	1	1	1	1	1	1	1	1	1	1	1	1	1	1	1	1	1	1	1	1	1	1
2	2	2	2	2	2	2	2	2	2	2	2	2	2	2	2	2	2	2	2	2	2	2	2	2	2	2	2	2	2	2	2	2	2	2	2	2	2	2	2	2	2
3	3	3	3	3	3	3	3	3	3	3	3	3	3	3	3	3	3	3	3	3	3	3	3	3	3	3	3	3	3	3	3	3	3	3	3	3	3	3	3	3	3
4	4	4	4	4	4	4	4	4	4	4	4	4	4	4	4	4	4	4	4	4	4	4	4	4	4	4	4	4	4	4	4	4	4	4	4	4	4	4	4	4	4
5	5	5	5	5	5	5	5	5	5	5	5	5	5	5	5	5	5	5	5	5	5	5	5	5	5	5	5	5	5	5	5	5	5	5	5	5	5	5	5	5	5

記入例　良いマーク　悪いマーク

◇理科◇

解答番号					
1	1	2	3	4	5
2	1	2	3	4	5
3	1	2	3	4	5
4	1	2	3	4	5
5	1	2	3	4	5
6	1	2	3	4	5
7	1	2	3	4	5
8	1	2	3	4	5
9	1	2	3	4	5
10	1	2	3	4	5
11	1	2	3	4	5
12	1	2	3	4	5
13	1	2	3	4	5
14	1	2	3	4	5
15	1	2	3	4	5
16	1	2	3	4	5
17	1	2	3	4	5
18	1	2	3	4	5
19	1	2	3	4	5
20	1	2	3	4	5
21	1	2	3	4	5
22	1	2	3	4	5
23	1	2	3	4	5
24	1	2	3	4	5
25	1	2	3	4	5
26	1	2	3	4	5
27	1	2	3	4	5
28	1	2	3	4	5
29	1	2	3	4	5
30	1	2	3	4	5
31	1	2	3	4	5
32	1	2	3	4	5
33	1	2	3	4	5
34	1	2	3	4	5
35	1	2	3	4	5
36	1	2	3	4	5
37	1	2	3	4	5
38	1	2	3	4	5
39	1	2	3	4	5
40	1	2	3	4	5
41	1	2	3	4	5
42	1	2	3	4	5

記入例　良いマーク　悪いマーク

桜丘高等学校　2020年度

◇社会◇

解答番号																																									
1	2	3	4	5	6	7	8	9	10	11	12	13	14	15	16	17	18	19	20	21	22	23	24	25	26	27	28	29	30	31	32	33	34	35	36	37	38	39	40	41	42
1	1	1	1	1	1	1	1	1	1	1	1	1	1	1	1	1	1	1	1	1	1	1	1	1	1	1	1	1	1	1	1	1	1	1	1	1	1	1	1	1	1
2	2	2	2	2	2	2	2	2	2	2	2	2	2	2	2	2	2	2	2	2	2	2	2	2	2	2	2	2	2	2	2	2	2	2	2	2	2	2	2	2	2
3	3	3	3	3	3	3	3	3	3	3	3	3	3	3	3	3	3	3	3	3	3	3	3	3	3	3	3	3	3	3	3	3	3	3	3	3	3	3	3	3	3
4	4	4	4	4	4	4	4	4	4	4	4	4	4	4	4	4	4	4	4	4	4	4	4	4	4	4	4	4	4	4	4	4	4	4	4	4	4	4	4	4	4
5	5	5	5	5	5	5	5	5	5	5	5	5	5	5	5	5	5	5	5	5	5	5	5	5	5	5	5	5	5	5	5	5	5	5	5	5	5	5	5	5	5

記入例　良いマーク　悪いマーク

解答番号																																									
1	2	3	4	5	6	7	8	9	10	11	12	13	14	15	16	17	18	19	20	21	22	23	24	25	26	27	28	29	30	31	32	33	34	35	36	37	38	39	40	41	42
1	1	1	1	1	1	1	1	1	1	1	1	1	1	1	1	1	1	1	1	1	1	1	1	1	1	1	1	1	1	1	1	1	1	1	1	1	1	1	1	1	1
2	2	2	2	2	2	2	2	2	2	2	2	2	2	2	2	2	2	2	2	2	2	2	2	2	2	2	2	2	2	2	2	2	2	2	2	2	2	2	2	2	2
3	3	3	3	3	3	3	3	3	3	3	3	3	3	3	3	3	3	3	3	3	3	3	3	3	3	3	3	3	3	3	3	3	3	3	3	3	3	3	3	3	3
4	4	4	4	4	4	4	4	4	4	4	4	4	4	4	4	4	4	4	4	4	4	4	4	4	4	4	4	4	4	4	4	4	4	4	4	4	4	4	4	4	4
5	5	5	5	5	5	5	5	5	5	5	5	5	5	5	5	5	5	5	5	5	5	5	5	5	5	5	5	5	5	5	5	5	5	5	5	5	5	5	5	5	5

記入例　良いマーク　悪いマーク

桜丘高等学校　2019年度

◇数学◇

解答番号																																									
1	2	3	4	5	6	7	8	9	10	11	12	13	14	15	16	17	18	19	20	21	22	23	24	25	26	27	28	29	30	31	32	33	34	35	36	37	38	39	40	41	42
[1]	[1]	[1]	[1]	[1]	[1]	[1]	[1]	[1]	[1]	[1]	[1]	[1]	[1]	[1]	[1]	[1]	[1]	[1]	[1]	[1]	[1]	[1]	[1]	[1]	[1]	[1]	[1]	[1]	[1]	[1]	[1]	[1]	[1]	[1]	[1]	[1]	[1]	[1]	[1]	[1]	[1]
[2]	[2]	[2]	[2]	[2]	[2]	[2]	[2]	[2]	[2]	[2]	[2]	[2]	[2]	[2]	[2]	[2]	[2]	[2]	[2]	[2]	[2]	[2]	[2]	[2]	[2]	[2]	[2]	[2]	[2]	[2]	[2]	[2]	[2]	[2]	[2]	[2]	[2]	[2]	[2]	[2]	[2]
[3]	[3]	[3]	[3]	[3]	[3]	[3]	[3]	[3]	[3]	[3]	[3]	[3]	[3]	[3]	[3]	[3]	[3]	[3]	[3]	[3]	[3]	[3]	[3]	[3]	[3]	[3]	[3]	[3]	[3]	[3]	[3]	[3]	[3]	[3]	[3]	[3]	[3]	[3]	[3]	[3]	[3]
[4]	[4]	[4]	[4]	[4]	[4]	[4]	[4]	[4]	[4]	[4]	[4]	[4]	[4]	[4]	[4]	[4]	[4]	[4]	[4]	[4]	[4]	[4]	[4]	[4]	[4]	[4]	[4]	[4]	[4]	[4]	[4]	[4]	[4]	[4]	[4]	[4]	[4]	[4]	[4]	[4]	[4]
[5]	[5]	[5]	[5]	[5]	[5]	[5]	[5]	[5]	[5]	[5]	[5]	[5]	[5]	[5]	[5]	[5]	[5]	[5]	[5]	[5]	[5]	[5]	[5]	[5]	[5]	[5]	[5]	[5]	[5]	[5]	[5]	[5]	[5]	[5]	[5]	[5]	[5]	[5]	[5]	[5]	[5]

記入例　良いマーク　悪いマーク

◇英語◇

解答番号																																									
1	2	3	4	5	6	7	8	9	10	11	12	13	14	15	16	17	18	19	20	21	22	23	24	25	26	27	28	29	30	31	32	33	34	35	36	37	38	39	40	41	42
1	1	1	1	1	1	1	1	1	1	1	1	1	1	1	1	1	1	1	1	1	1	1	1	1	1	1	1	1	1	1	1	1	1	1	1	1	1	1	1	1	1
2	2	2	2	2	2	2	2	2	2	2	2	2	2	2	2	2	2	2	2	2	2	2	2	2	2	2	2	2	2	2	2	2	2	2	2	2	2	2	2	2	2
3	3	3	3	3	3	3	3	3	3	3	3	3	3	3	3	3	3	3	3	3	3	3	3	3	3	3	3	3	3	3	3	3	3	3	3	3	3	3	3	3	3
4	4	4	4	4	4	4	4	4	4	4	4	4	4	4	4	4	4	4	4	4	4	4	4	4	4	4	4	4	4	4	4	4	4	4	4	4	4	4	4	4	4
5	5	5	5	5	5	5	5	5	5	5	5	5	5	5	5	5	5	5	5	5	5	5	5	5	5	5	5	5	5	5	5	5	5	5	5	5	5	5	5	5	5

記入例　良いマーク　悪いマーク

桜丘高等学校　2019年度

◇理科◇

解答番号

1	2	3	4	5	6	7	8	9	10	11	12	13	14
1	1	1	1	1	1	1	1	1	1	1	1	1	1
2	2	2	2	2	2	2	2	2	2	2	2	2	2
3	3	3	3	3	3	3	3	3	3	3	3	3	3
4	4	4	4	4	4	4	4	4	4	4	4	4	4
5	5	5	5	5	5	5	5	5	5	5	5	5	5

15	16	17	18	19	20	21	22	23	24	25	26	27	28
1	1	1	1	1	1	1	1	1	1	1	1	1	1
2	2	2	2	2	2	2	2	2	2	2	2	2	2
3	3	3	3	3	3	3	3	3	3	3	3	3	3
4	4	4	4	4	4	4	4	4	4	4	4	4	4
5	5	5	5	5	5	5	5	5	5	5	5	5	5

29	30	31	32	33	34	35	36	37	38	39	40	41	42
1	1	1	1	1	1	1	1	1	1	1	1	1	1
2	2	2	2	2	2	2	2	2	2	2	2	2	2
3	3	3	3	3	3	3	3	3	3	3	3	3	3
4	4	4	4	4	4	4	4	4	4	4	4	4	4
5	5	5	5	5	5	5	5	5	5	5	5	5	5

記入例　良いマーク　悪いマーク

桜丘高等学校　2019年度

◇社会◇

解答番号					
1	1	2	3	4	5
2	1	2	3	4	5
3	1	2	3	4	5
4	1	2	3	4	5
5	1	2	3	4	5
6	1	2	3	4	5
7	1	2	3	4	5
8	1	2	3	4	5
9	1	2	3	4	5
10	1	2	3	4	5
11	1	2	3	4	5
12	1	2	3	4	5
13	1	2	3	4	5
14	1	2	3	4	5
15	1	2	3	4	5
16	1	2	3	4	5
17	1	2	3	4	5
18	1	2	3	4	5
19	1	2	3	4	5
20	1	2	3	4	5
21	1	2	3	4	5
22	1	2	3	4	5
23	1	2	3	4	5
24	1	2	3	4	5
25	1	2	3	4	5
26	1	2	3	4	5
27	1	2	3	4	5
28	1	2	3	4	5
29	1	2	3	4	5
30	1	2	3	4	5
31	1	2	3	4	5
32	1	2	3	4	5
33	1	2	3	4	5
34	1	2	3	4	5
35	1	2	3	4	5
36	1	2	3	4	5
37	1	2	3	4	5
38	1	2	3	4	5
39	1	2	3	4	5
40	1	2	3	4	5
41	1	2	3	4	5
42	1	2	3	4	5

記入例　良いマーク　悪いマーク

桜丘高等学校　2019年度

◇国語◇

記入例　良いマーク　悪いマーク

解答番号					
1	1	2	3	4	5
2	1	2	3	4	5
3	1	2	3	4	5
4	1	2	3	4	5
5	1	2	3	4	5
6	1	2	3	4	5
7	1	2	3	4	5
8	1	2	3	4	5
9	1	2	3	4	5
10	1	2	3	4	5
11	1	2	3	4	5
12	1	2	3	4	5
13	1	2	3	4	5
14	1	2	3	4	5
15	1	2	3	4	5
16	1	2	3	4	5
17	1	2	3	4	5
18	1	2	3	4	5
19	1	2	3	4	5
20	1	2	3	4	5
21	1	2	3	4	5
22	1	2	3	4	5
23	1	2	3	4	5
24	1	2	3	4	5
25	1	2	3	4	5
26	1	2	3	4	5
27	1	2	3	4	5
28	1	2	3	4	5
29	1	2	3	4	5
30	1	2	3	4	5
31	1	2	3	4	5
32	1	2	3	4	5
33	1	2	3	4	5
34	1	2	3	4	5
35	1	2	3	4	5
36	1	2	3	4	5
37	1	2	3	4	5
38	1	2	3	4	5
39	1	2	3	4	5
40	1	2	3	4	5
41	1	2	3	4	5
42	1	2	3	4	5

MEMO

大切なことはメモしておこうネ！

MEMO

大切なことはメモしておこうネ！

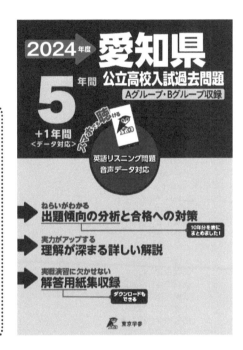

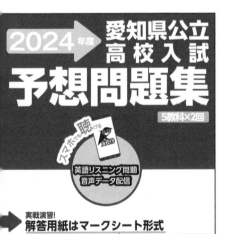

東京学参の
高校別入試過去問題シリーズ

＊出版校は一部変更することがあります。一覧にない学校はお問い合わせください。

東京ラインナップ

あ　愛国高校(A59)
青山学院高等部(A16)★
桜美林高校(A37)
お茶の水女子大附属高校(A04)
か　開成高校(A05)★
共立女子第二高校(A40)
慶應義塾女子高校(A13)
国学院高校(A30)
国学院大久我山高校(A31)
国際基督教大高校(A06)
小平錦城高校(A61)★
駒澤大高校(A32)
さ　芝浦工業大附属高校(A35)
修徳高校(A52)
城北高校(A21)
専修大附属高校(A28)
創価高校(A66)★
た　拓殖大第一高校(A53)
立川女子高校(A41)
玉川学園高等部(A56)
中央大高校(A19)
中央大杉並高校(A18)★
中央大附属高校(A17)
筑波大附属高校(A01)
筑波大附属駒場高校(A02)
帝京大高校(A60)
東海大菅生高校(A42)
東京学芸大附属高校(A03)
東京実業高校(A62)
東京農業大第一高校(A39)
桐朋高校(A15)
都立青山高校(A73)★
都立国立高校(A76)★
都立国際高校(A80)★
都立国分寺高校(A78)★
都立新宿高校(A77)★
都立墨田川高校(A81)★
都立立川高校(A75)★
都立戸山高校(A72)★
都立西高校(A71)★
都立八王子東高校(A74)★
都立日比谷高校(A70)★
な　日本大櫻丘高校(A25)
日本大第一高校(A50)
日本大第三高校(A48)
日本大第二高校(A27)
日本大鶴ヶ丘高校(A26)
日本大豊山高校(A23)
は　八王子学園八王子高校(A64)
法政大高校(A29)
ま　明治学院高校(A38)
明治学院東村山高校(A49)
明治大付属中野高校(A33)
明治大付属中野八王子高校(A67)
明治大付属明治高校(A34)★
明法高校(A63)
わ　早稲田実業学校高等部(A09)
早稲田大高等学院(A07)

神奈川ラインナップ

あ　麻布大附属高校(B04)
アレセイア湘南高校(B24)
か　慶應義塾高校(A11)
神奈川県公立高校特色検査(B00)
さ　相洋高校(B18)
た　立花学園高校(B23)
桐蔭学園高校(B01)
東海大付属相模高校(B03)★
桐光学園高校(B11)
な　日本大高校(B06)
日本大藤沢高校(B07)
は　平塚学園高校(B22)
藤沢翔陵高校(B08)
法政大国際高校(B17)
法政大第二高校(B02)★
や　山手学院高校(B09)
横須賀学院高校(B20)
横浜商科大高校(B05)
横浜市立サイエンスフロンティア高校(B70)
横浜翠陵高校(B14)
横浜清風高校(B10)
横浜創英高校(B21)
横浜隼人高校(B16)
横浜富士見丘学園高校(B25)

千葉ラインナップ

あ　愛国学園大附属四街道高校(C26)
我孫子二階堂高校(C17)
市川高校(C01)★
か　敬愛学園高校(C15)
さ　芝浦工業大柏高校(C09)
渋谷教育学園幕張高校(C16)★
翔凜高校(C34)
昭和学院秀英高校(C23)
専修大松戸高校(C02)
た　千葉英和高校(C18)
千葉敬愛高校(C05)
千葉経済大附属高校(C27)
千葉日本大第一高校(C06)★
千葉明徳高校(C20)
千葉黎明高校(C24)
東海大付属浦安高校(C03)
東京学館高校(C14)
東京学館浦安高校(C31)
な　日本体育大柏高校(C30)
日本大習志野高校(C07)
は　日出学園高校(C08)
や　八千代松陰高校(C12)
ら　流通経済大付属柏高校(C19)★

埼玉ラインナップ

あ　浦和学院高校(D21)
大妻嵐山高校(D04)★
か　開智高校(D08)
開智未来高校(D13)★
春日部共栄高校(D07)
川越東高校(D12)
慶應義塾志木高校(A12)
さ　埼玉栄高校(D09)
栄東高校(D14)
狭山ヶ丘高校(D24)
昌平高校(D23)
西武学園文理高校(D10)
西武台高校(D06)
た　東京農業大第三高校(D18)
は　武南高校(D05)
本庄東高校(D20)
や　山村国際高校(D19)
ら　立教新座高校(A14)
わ　早稲田大本庄高等学院(A10)

北関東・甲信越ラインナップ

あ　愛国学園大附属龍ヶ崎高校(E07)
宇都宮短大附属高校(E24)
か　鹿島学園高校(E08)
霞ヶ浦高校(E03)
共愛学園高校(E31)
甲陵高校(E43)
国立高等専門学校(A00)
さ　作新学院高校
（トップ英進・英進部）(E21)
（情報科学・総合進学部）(E22)
常総学院高校(E04)
た　中越高校(R03)＊
土浦日本大高校(E01)
東洋大附属牛久高校(E02)
な　新潟青陵高校(R02)＊
新潟明訓高校(R04)＊
日本文理高校(R01)＊
は　白鷗大足利高校(E25)
ま　前橋育英高校(E32)
や　山梨学院高校(E41)

中京圏ラインナップ

あ　愛知高校(F02)
愛知啓成高校(F09)
愛知工業大名電高校(F06)
愛知産業大工業高校(F21)
愛知みずほ大瑞穂高校(F25)
暁高校（３年制）(F50)
鶯谷高校(F60)
栄徳高校(F29)
桜花学園高校(F14)
岡崎城西高校(F34)
か　岐阜聖徳学園高校(F62)
岐阜東高校(F61)
享栄高校(F18)
さ　桜丘高校(F36)
至学館高校(F19)
椙山女学園高校(F10)
鈴鹿高校(F53)
星城高校(F27)★
誠信高校(F33)
清林館高校(F16)★
た　大成高校(F28)
大同大大同高校(F30)
高田高校(F51)
滝高校(F03)★
中京高校(F63)
中京大附属中京高校(F11)★
中部大春日丘高校(F26)★
中部大第一高校(F32)
津田学園高校(F54)
東海高校(F04)★
東海学園高校(F20)
東邦高校(F12)
同朋高校(F22)
豊田大谷高校(F35)
な　名古屋高校(F13)
名古屋大谷高校(F23)
名古屋経済大市邨高校(F08)
名古屋経済大高蔵高校(F05)
名古屋女子大高校(F24)
日本福祉大付属高校(F17)
人間環境大附属岡崎高校(F37)
は　光ヶ丘女子高校(F38)
誉高校(F31)
ま　三重高校(F52)
名城大附属高校(F15)

宮城ラインナップ

さ　尚絅学院高校(G02)
聖ウルスラ学院英智高校(G01)★
聖和学園高校(G05)
仙台育英学園高校(G04)
仙台城南高校(G06)
仙台白百合学園高校(G12)
た　東北学院高校(G03)★
東北学院榴ヶ岡高校(G08)
東北高校(G11)
東北生活文化大高校(G10)
常盤木学園高校(G07)
は　古川学園高校(G13)
ま　宮城学院高校(G09)★

北海道ラインナップ

さ　札幌光星高校(H06)
札幌静修高校(H09)
札幌第一高校(H01)
札幌北斗高校(H04)
札幌龍谷学園高校(H08)
は　北海高校(H03)
北海学園札幌高校(H07)
北海道科学大高校(H05)
ら　立命館慶祥高校(H02)

★はリスニング音声データのダウンロード付き。

都道府県別 公立高校入試過去問 シリーズ

- 全国47都道府県別に出版
- 最近数年間の検査問題収録
- リスニングテスト音声対応

公立高校入試対策 問題集シリーズ

- 目標得点別・公立入試の数学（基礎編）
- 実戦問題演習・公立入試の数学（実力錬成編）
- 実戦問題演習・公立入試の英語（基礎編・実力錬成編）
- 形式別演習・公立入試の国語
- 実戦問題演習・公立入試の理科
- 実戦問題演習・公立入試の社会

高校入試特訓問題集 シリーズ

- 英語長文難関攻略33選（改訂版）
- 英語長文テーマ別難関攻略30選
- 英文法難関攻略20選
- 英語難関徹底攻略33選
- 古文完全攻略63選（改訂版）
- 国語融合問題完全攻略30選
- 国語長文難関徹底攻略30選
- 国語知識問題完全攻略13選
- 数学の図形と関数・グラフの融合問題完全攻略272選
- 数学難関徹底攻略700選
- 数学の難問80選
- 数学　思考力―規則性とデータの分析と活用―

〈リスニング問題の音声について〉

本問題集掲載のリスニング問題の音声は、弊社ホームページでデータ配信しております。

現在お聞きいただけるのは「2024年度受験用」に対応した音声で、2024年3月末日までダウンロード可能です。弊社ホームページにアクセスの上、ご利用ください。

※本問題集を中古品として購入された場合など、配信期間の終了によりお聞きいただけない年度がございますのでご了承ください。

高校別入試過去問題シリーズ

桜丘高等学校　2024年度

ISBN978-4-8141-2662-0

発行所　東京学参株式会社
〒153-0043　東京都目黒区東山2-6-4
URL　https://www.gakusan.co.jp

編集部　E-mail　hensyu@gakusan.co.jp

※本書の編集責任はすべて弊社にあります。内容に関するお問い合わせ等は、編集部まで、メールにてお願い致します。なお、回答にはしばらくお時間をいただく場合がございます。何卒ご了承くださいませ。

営業部　TEL　03 (3794) 3154
FAX　03 (3794) 3164
E-mail　shoten@gakusan.co.jp

※ご注文・出版予定のお問い合わせ等は営業部までお願い致します。

2023年9月8日　初版